中原作家研究论丛之二

ZHOUDAXIN ZUOPIN YANJIU
周大新作品研究

审　定　孙先科

主　编　刘钦荣

副主编　张延文　刘　鹏

河南大学出版社
HENAN UNIVERSITY PRESS
·郑州·

图书在版编目（CIP）数据

周大新作品研究 / 刘钦荣主编. — 郑州：河南大学出版社，2018.1
ISBN 978-7-5649-3219-0

Ⅰ. ①周… Ⅱ. ①刘… Ⅲ. ①中国文学－当代文学－文学研究 Ⅳ. ① I206.7

中国版本图书馆 CIP 数据核字（2018）第024405号

责任编辑	陈　巧　李　慧
责任校对	姚占伟
封面设计	王　韧

出版发行	河南大学出版社
	地址：郑州市郑东新区商务外环中华大厦2401号　邮　编：450046
	电话：0371-86059712（高等教育与职业教育出版分社）
	0371-86059701（营销部）
	网址：www.hupress.com
印　刷	北京虎彩文化传播有限公司
版　次	2018年8月第1版
印　次	2018年8月第1次印刷
开　本	710mm×1000mm　1/16
印　张	20.75
字　数	333千字
定　价	68.00 元

（本书如有印装质量问题，请与河南大学出版社联系调换）

"中原作家研究论丛"编委会

顾问（按姓氏笔画排序）

二月河　于向英　孙先科　吴长忠
李庚香　何白鸥　杨　杰　南　丁
赵　健　童庆炳　谢　冕　鲁枢元

编辑委员会（按姓氏笔画排序）

弓　民　王鸿生　田中禾　白　烨　吴义勤　吴子林　孙　郁
孙广举　刘先琴　刘庆邦　刘济良　刘海燕　刘震云　邵　丽
李国平　李佩甫　李　洱　李敬泽　李静宜　何　弘　何向阳
鱼　禾　周大新　陈思和　陈福民　陈晓明　孟繁华　张　宇
张志中　张　闳　张燕玲　贺绍俊　施战军　耿占春　高海涛
黄发有　梁鸿鹰　阎连科　程光炜　谢有顺　蒋丽珠　墨　白

"中原作家研究论丛"理事会

主任委员（按姓氏笔画排序）

孙先科　刘钦荣　张延文

理事委员（按姓氏笔画排序）

孔会侠　白玉红　甘　浩　刘安军
刘　鹏　张云霞　杨　烜　郑积梅
郭浩波　惠保德　蔡　莹

"中原作家研究论丛"总序

新时期以来，中原作家异军突起，他们的创作受到了相关方面的广泛关注和认可。对中原作家的研究开始逐步进入科学化、系统化的新阶段，这对于中原文化的发展和建设起到了一定的促进作用。为了将相关研究进一步推向深入，郑州师范学院、中国当代文学研究会和郑州市文联等机构共同发起成立了"中原作家研究中心"，并联合中国现代文学馆等部门，发起并筹办了"中原论坛"。"中原论坛"拟每年举办一届，论坛主办单位为中国当代文学研究会、中国现代文学馆和郑州师范学院，由中原作家研究中心承办，会议级别为国家级学术会议。该论坛拟就中原作家群的代表性作家和文学现象进行重点研究，每届论坛就一位代表性作家的作品进行专题研讨。论坛将邀请国内外著名评论家、著名作家、高校教授和部分核心学术期刊主编参与。"中原论坛"将以论坛本身为依托，使中国当代文学研究向着深远处开拓。每届论坛必定会产生许多高质量的学术成果，将这些学术成果及时加以整理和出版，成了本丛书编纂的重要契机。

本丛书以"中原论坛"研讨会中产生的成果为主，但不局限于此。对于有价值的相关研究成果，我们一概欢迎，择优录用。中原作家研究中心是一个开放型的研究机构，"中原论坛"是一个开放性的综合论坛，"中原作家研究论丛"也必将成为当代文学、文化研究当中的具有开启性作用的高品位的优秀思想成果的汇编。本丛书拟根据实际情况，每年推出若干部理论专著，每部专著就中国当代文学和文化发展当中的某一个重要研究对象进行全面、深入、开放的研讨，与时俱进，有序发展。本丛书的编纂遵从学术的自由与独立精神，坚持正确的社会舆论导向，呈现时代发展的脉络，体现东方文化和华夏民族的独特性，向着国际化的方向迈进。

作为带有一定的地域文化研究特征的论丛来说，这并不意味着僵化和偏狭。我们恰恰要避免由此带来的困扰与不足,从此时此地出发,为人类社会及时提供关于某一类型的文化、人群的思想和精神发展演变的动态图景,打开瓶颈,突入前沿,指向未来。中原是中华文化的摇篮,自古以来养育了老子、墨子、庄子、韩非子、贾谊、杜甫、白居易、韩愈、李商隐等文学巨人。他们的思想光辉像日月一样存留在天地之间,为大地上的生灵驱除幽暗未明之处的荒凉与忧伤。

"盖文章,经国之大业,不朽之盛事。"一千九百年前,曹丕就把文章的作用抬高到了一个无与伦比的高度。为了推动中国当代文学的发展与研究,我们以此论丛而"立言",并真诚地希望得到广大读者和专家的支持。

"中原作家研究论丛"编委会

2017年9月

目 录

多元视角下的周大新研究
——周大新文学创作学术研讨会述评……………张延文（001）
平和中温暖无限的叙事
——周大新论………………………………………北　乔（015）
新官场文学的经典之作
——评周大新长篇小说《曲终人在》……………胡　平（036）
有意味的形式
——周大新长篇新作《曲终人在》的叙事艺术分析……沈文慧（049）
社会现实批判与政治权力人格的深层透视
——关于周大新长篇小说《曲终人在》…………王春林（060）
周大新：《曲终人在》不是官场小说，是人生小说………丁　杨（072）
周大新长篇小说《曲终人在》在京研讨……………武翩翩（077）
试析周大新《安魂》的宗教情怀……………………杜　昆（079）
魂灵寻觅：从冲突、忏悔到救赎
——评周大新的《安魂》…………………………刘艳宗（085）
超越死亡的亲情救赎
——评周大新的《安魂》…………………………贺玉高（095）
穿透骨髓的安魂曲
——评周大新长篇小说《安魂》…………………李晓伟（103）

启蒙的伦理价值
——论周大新的《平安世界》…………………张延文（111）
虞西鸣：现代军人形象的新坐标
——周大新《碎片》分析……………………………张延文（119）
介入与诗学
——论周大新《步出密林》…………………………张延文（127）
怎样讲好"军旅故事"
——由周大新长篇小说《预警》想到的……………傅逸尘（134）
新艺术视角下的人性和战争
——重读周大新的《战争传说》……………………刘海燕（138）
现代审视与乡土坚守
——从《湖光山色》看周大新的创作意识…………孙拥军（148）
格子网图案：巨大而神秘的文化象征
——对周大新长篇小说《第二十幕》的一种解读……樊洛平（151）
传统与现代的悖论
——周大新小说命运主题的演变与深化……………张延文（162）
简洁与想象：论周大新长篇小说的审美品格…………郭浩波（170）
"向上的台阶"上的"个人悲伤"
——对读周大新和方方的两部中篇小说……………吕东亮（178）
周大新小说的人性书写论隅……………………………关　峰（190）
体贴叙事：周大新的伦理—美学实践…………………王鸿生（198）
根植于乡土大地与现实生活的文学书写
——周大新长篇小说的思想内涵与文化精神………沈文慧（203）
欢笑与悲戚
——周大新笔下的女性世界…………………………谢　颖（215）
论周大新小说的儒家文化精神…………………………靳书刚（219）
文化的自决与文学的自觉
——周大新小说的文化形态学诠释…………………石长平（225）
周大新：我想写让人感觉温暖和美的作品……………宋　庄（234）

南阳作家群创作中的"城与人"主题探析
——以周大新为例……………………………………刘彩霞（241）
"周大新文学创作学术研讨会"纪要…………李静溪　张延文（246）
首届中原论坛周大新文学创作学术研讨会纪要………李静溪（262）
琴心筑军魂　凛然天地间
——军旅作家周大新访谈……………………张延文　周大新（278）
他从南阳盆地走来
——京城专访作家周大新…………………………………奚同发（300）
他的创作永远关注着故乡河南
——与周大新谈他的长篇小说《湖光山色》……………奚同发（309）
文学以传达爱来推进共识
——访作家周大新…………………………………………顾　超（315）
储备阅读才能开启创新……………………………………周大新（319）
一亩田不够贪官一道菜……………………………………周大新（320）
窥见当下人们的精神世界…………………………………周大新（325）

多元视角下的周大新研究
——周大新文学创作学术研讨会述评

张延文

摘　要：2014年11月30日，在郑州师范学院举行了由中国当代文学研究会、中国现代文学馆、郑州师范学院联合主办，中原作家研究中心承办的周大新文学创作学术研讨会。本文从周大新文学创作的主题、叙事、作品、风格等方面，对会议研讨的内容进行总结、述评，得出了诸多新颖、独特的学术研究成果，这对于周大新研究和当代文学研究都有一定的借鉴意义和推动作用。

关键词：周大新；研讨会；主题；叙事；风格

著名作家周大新自1979年开始发表作品以来，已有包括小说、诗歌、散文、评论等在内的600多万字的文学作品问世。周大新的作品传播广泛，获得过包括茅盾文学奖、全国优秀短篇小说奖、冯牧文学奖在内的多个文学大奖。周大新作为军旅作家和中原作家群的代表性作家之一，在国内外有着巨大的影响力。对于周大新的研究、评论也成了当代文学研究当中的一个要点和热点，而且相关工作还处于逐步深化之中。周大新研究类型广泛，成果包括单篇论文、学术专著等，数量、质量都很可观。比如，和周大新研究有关的学位论文就涵盖了从学士到硕士、博士各个阶段的学位申请论文。从中可见周大新研究对于当代文学、文化研究的重要性。2014年11月30日，在郑州师范学院举行了由中国当代文学研究会、中国现代文学馆、郑州师范学院联合主办，中原作家研究中心承办的周大新文学创作学术研讨会。这次会议是有关周大新的首次专场学术研讨会。来自全国各地的知名专家、学者，以及作家白烨、陈福民、李洱、胡平、李国平、梁鸿鹰、高海涛、陈曦、陈晓明、王鸿生、张志忠、梁鸿、程德培、南丁、李佩甫、邵丽、何弘、孙广举、张宇、樊洛平等30多人，以著名豫籍军旅作家、茅盾文学奖获得者周大新的创作与中国当代文学、民族性的关系等为切入点，以文学创作为人民服务的新路径和内驱力为主要话题，深入研讨，畅所欲言。对于周大新的创作，大家都不吝美辞，给予了高度评价。对于本次会议所产生的学术观点和认识，本文拟从主题、叙事、作品、风格等方面进行系统性的总结和论述。

一、主题

对于周大新小说创作主题方面的研究，之前大都局限在乡土和军旅两个方面。本次研讨会上，与会专家、学者对此有了拓展和深化。

中国社会科学院文学研究所研究员、中国当代文学研究会会长白烨指出，周大新在创作上非常有活力，是复合型的作家。很少有作家像周大新那样，涉及如此广泛的题材。比如，他20世纪90年代写的一部长篇小说叫《第二十幕》，这部作品讲的是民族工业问题；他后来获奖的一部作品叫《湖光山色》，这部作品以当下的旅游业为题材；他还写过一部作品叫作《预警》，这部作品是军事题材的作品；他前不久写过的《安魂》，从总体上来讲，属于学人或者知识分子题材的作品。同时，他还写过《21大厦》，这部作品从总体上来讲，涉及当下的中国社会，尤其是商业上的、精神上的某些困惑。这5部长篇小说正好包含工农商学兵五个题材，这样的涉猎范围是比较难得的。有的作家在某一个方面做得好，也至多涉及其中的前三个方面，但周大新在每一个方面都做得很好、很突出。

著名批评家、中国作家协会创研部原主任吴秉杰认为，《第二十幕》是关于传统的家族史方面的书写，它的不同寻常之处在于对经济发展冲动进行了人性角度的处理，显示出了我们对当时那个时代家族书写的一种特殊的输出路径，这是周大新对中国文学的一个重要贡献。周大新从官场小说的视角评论当代历史，体现了价值观的问题。周大新认为各种各样的人，其实都是穿上了不同服装的农民。他的作品中反映出的人物内在的冲动和焦虑，是对农民性的本质和他们新的身份的矛盾、精神冲突和焦虑的反映，这个问题应该是中国这几十年来最突出的一个问题。农民不断进城,从事各种各样的职业,产生了身份的错乱和不同的焦虑。这是周大新世界观的体现。另外,《银饰》的主题是关于传统文化对中国人性的戕害。

解放军报社文化部编辑、军旅文学评论家傅逸尘认为,军旅小说的创作存在着与时代生活不同步等方面的问题,而周大新的长篇小说《预警》可以为解决类似的问题提供借鉴。周大新的《预警》可以概括为一个人物、一种语境和一个话题。在小说建构上,周大新的创作寓写人于讲故事中,塑造了典型环境中的典型人物,通过故事这一外在的途径和载体,传达出了深厚的思想情感和实现了精神上的超越。在语境上,周大新的军旅题材小说《预警》坚守了现实主义的文学观念,从鲜见的反恐视角切入日常生活,通过孔德武这一典型环境中的典型人物,直面欲望与理性的冲突,发出了对当下中国现实和军人精神世界的双重预警。在话题上,周大新在《预警》一文中突破了传统军旅小说写作的经验范畴,将孔德武这个鲜活的现代军人放置在广阔而复杂的生活图景中,准确地把握和认知了新型高素质军人的伦理道德问题。

中国现代文学馆办公室副主任、批评家北乔认为,在军旅文学正在走向衰败的情况下,周大新独自扛起了军旅文学的大旗。他的三部军旅题材的作品《汉家女》《战争传说》和《预警》,可以说是一名军人由士兵到军官的成长史。其中,《预警》从新的叙事空间剖析了腐败尤其是情感上的腐败给军人带来的巨大的精神震荡。可以说,腐败对人的腐蚀是一种预警。

除此之外,陈晓明、梁鸿、程德培等人提及了周大新创作当中的乡土问题,特别是南阳盆地的地域文化特色。整体上来说,对于周大新创作主题方面的探讨,包含了他创作主题的各个方面。特别是对于军旅、乡土、性别等主题上的开拓深度,以及主题与时代文化及传统的关系、主题的国际性等方面,大家都表现出了极大的热情。可以说周大新的创作在主题方面有诸多创新之处值得我们关注。

二、叙事

与会的专家、学者对周大新小说叙事的特点也进行了专门的探讨、评论。

北京大学教授、著名评论家陈晓明认为，周大新的小说结构处理得大气，采用的是一种质朴本真的现实主义笔法，外在的历史结构是一种历史本身的自在状态，内在的是小说中人物心理的投射。

同济大学人文学院教授、著名评论家王鸿生则从现代传播语境与叙述的关系入手，将周大新作品当中的叙事问题进行了深层剖析。他认为，在当代社会文化发展的背景下，由于现代性当中出现的符号学的统治，还有整个现代国际资本的结构，这个三位一体已经形成了一种控制程序，替代了所谓的道德共识和传统权威的统治。这样的后果是：20世纪文学一个重要的使命就是重新寻找"人"。但三位一体是在消灭个体，这就是我们在20世纪90年代以来在大面积的文学作品中看到的一种经验与语言的同质化现象——语言和故事、题材千篇一律的深层原因。他认为这是他解读周大新作品的背景。他还讲了三个关键词：一是情感伦理，即作品的特点是心灵和土地结合，周大新的目光总是朝下，尊重自己笔下的所有人物；二是叙述语言，即周大新把叙事和抒情结合起来，把方言雅化，这使抒情、叙事都非常自然，对人的尊重就表现在他的语言态度上；三是汉语智慧，即周大新自觉地把大叙事、小叙事结合起来。王鸿生认为周大新的作品也有一些问题：作品的吸附力还不够，不同价值观冲撞太直接，尤其在进入情节流程以后变化不够多。王鸿生既总结了周大新创作当中的优点，也指出了一些需要注意的问题。

在河南省作协主席、著名作家李佩甫看来，周大新在小说叙事方面具有个人独特的风格，在文体探索上一直能够保持独立性，进行踏实的探索，这一点是难能可贵的。他指出，在20世纪80年代的时候，中国作家受到了一次文化上的巨大打击，魔幻现实主义把一批作家打得稀里哗啦，周大新一直是受魔幻现实主义影响最小的作家。当大家都被魔幻现实主义笼罩的时候，周大新没有被笼罩。周大新一直在跋涉，在左冲右突，企图在文学上建立自己的文学叙事形式。周大新一直都在讲述中国故事，他是标准的中国故事的讲述家。

河南省文学院院长、著名评论家何弘则从具体的文本入手来解析周大新作品的叙事特点。他认为，《战争传说》通过一个女间谍娜仁高娃的视角来描写战争给双方带来的一些问题。这样的视角和写作方法体现了作者回到事物本真状态的独特的写作特点，反映了作者对于文学创作"三结合"的基本态度，"三结合"即心灵和土地的结合、叙事和抒情的结合、大叙事和小叙事的结合。娜仁高娃，即后来改叫汉族名字"殷星"的瓦剌女子，作为一个间谍，潜伏在明朝的一名太监身边，最后直接促成了明英宗这样荒唐而不负责任地离开北京到前线督战结果被俘的闹剧。周大新基本上没有从正面对这场战争进行书写，而是通过女性的视角、女间谍的命运来描写这样一场战争给双方带来的一些问题。在作品当中，在对战争的书写上，周大新没有站在一个正义的或者非正义的或者一个民族的这样一个框架上面来书写。特别是对汉族和少数民族的战争，周大新完全放弃了民族主义中狭隘的观念，而是写了一名女性在战争中所受到的伤害。周大新写作的一大特点就是回到一种本真状态，从一个很小的视角切入，反映一个大的历史变迁。

《中州大学学报》主编、评论家、作家刘海燕认为，周大新能进入女性的内心生活，这是他能写好女性的重要原因。她谈到周大新对沈从文和托尔斯泰的喜爱——沈从文和托尔斯泰是两个在写作方面有明显差异的作家——从周大新的作品中可以看出周大新的大叙事和小叙事的结合可能就源于他从托尔斯泰那里学习到的创作的开阔性和从沈从文那里学习到的写作的细腻性。

郑州师范学院中原作家研究中心的张延文认为，对叙事的掌控能力，以及细节塑造的真实性是周大新作品当中很突出的优点。另外，周大新在创作当中将形而上和形而下进行巧妙地结合：周大新的作品是现实主义为主的，但他的写作有一种很明显的形而上和形而下的结合，即通过突破一般的形而下的局限的方式来表达形而上的问题，从特殊达到一般，从而在无形之中提升了作品的思想价值和艺术品位。

当然，大家也谈到了周大新创作中的一些问题和将来他需要跨越的一些东西。因为周大新的平视视角和向下看的习惯，造成了他的作品火气不足，所以他作品本身的那种硬劲儿还是有待提高的。大家都对他有很大的期许。

三、作品

与会人员在研讨过程当中对周大新的大部分文学作品都有所涉及。总体来说，研讨更为集中在《第二十幕》《预警》《湖光山色》《安魂》《战争传说》等几部长篇上面。我们择其要者摘录如下：

白烨认为，《第二十幕》在周大新的作品中有着特殊地位，是他作品的亮点、高峰，但同时也是被忽略、低估的作品。他认为出现这种状况的原因有两点。第一，《第二十幕》是一部典型的以小见大的长篇巨著。它通过尚达志、尚立世、尚昌盛一家三代，苦心经营尚吉利织丝厂的艰辛历程，既写出了民族工业发展的步履维艰，塑造了工商业民族典型代表人物尚达志，又通过治家、兴业中与各种权势力量的矛盾和冲突，以及斗争中的此消彼长，从一个独特的角度折射出了近百年的社会演变，在艺术地吸纳历史和熔铸思想上作出了自己的独特贡献。它弥补了当代长篇小说长期以来，除了较好的农耕文明的家族文化作品，而没有工业文明的家族文化的题材和人物的空缺。周大新重点塑造了尚达志这样一个把丝织业当家业更当作人生理想的执着追求者，对其倾注了满腔热情，给予了丰富的想象，使得这个人物一步步地超越一个手工业者的局限性。尚达志和《白鹿原》里的白嘉轩一样，都不失为民族文化和传统精神的典型代表。第二，作者通过对卓远的描写，揭示了一个很重要的历史真相，那就是：百年政治对于民族工业的萌生和发展基本上没有起过积极的推动作用，有的只是消极的影响；不被看中的知识分子阶层，才是真正立身民间、扶正祛邪的健康力量。

陈晓明认为，《第二十幕》中的文化代码，体现在女主人公盛云纬身上。在资本发展变化的历史进程当中，盛云纬的性格是在成长进步的，是随着历史的发展而发展的。这部作品所包含的文学质地朴实、本真、结实。它写的历史、人物、中原的文化和人物的关系、故事的构造，单纯而有力道。这种本真性有一种来自于生活的直接性、质朴性和纯粹性，在作品中能够直接地打动我们，给我们一种生活质地的感受。《第二十幕》采用的是一种质朴而本真的现实主义手法。其实，这部小说的结构处理得非常大气，结构上的考虑是基于一种历史结构的。虽然是历史线性的一种展开，但是可以看到作者选取了一个大的历史时间、一个个的点和一个个的面，使时间的演进、故事的变化都藏在内里。这种结构处理的内化技巧，不是一种外在的技巧，不是以一种外在的结构去描写历史，而是将其交付给历史本身，是在历史的一种自在的过程当中呈现历史，以赋予历史一种自身的转折、变异、突变等等。当然，这也包括那种悬念和伏笔的设置。人物和小说的结构以及与历史的关系是通过心理结构的投射而实现的，历史实际上是人物心理的一种投射。看上去，它是外部的本真的自在的一种状态，是历史的一种自然的发展。《第二十幕》里面的文化底蕴是非常深厚的，是非常坚实的。

评论家程德培指出，《第二十幕》应该是周大新的全部作品中，他自己也绕不过去的一部作品，也是中国当代文学史，特别是小说史无法绕过去的一部作品。《第二十幕》有很大的寓言性和超前性。周大新用一生中最好的10年，写出的这部作品，在其作品当中具有的重要性可想而知。

郑州大学教授、评论家樊洛平从格子网图案切入，对周大新的《第二十幕》作出了解读。他认为，《第二十幕》不仅是一部民族工商业的兴衰史，更折射出20世纪中国社会递嬗演变中各种政治力量、文化传统、人性挣扎形成的巨大网格。作品在写民族工商业命运沉浮的同时，通过对书中人物的塑造和精神的追索，贯穿了知识分子的济世理想和社会诘问。在现实主义的描述中，作品又融入了"格子网图案"这一象征元素。"格子网图案"贯穿作品始终，具有丰富的内涵，也吸引书中各色人物去解读，同时也成为解读《第二十幕》的路径之一，虽然最终所有的解读又化为无解，陷入更大的无限之中。具体来说，格子网图案至少从三个方面凸显了它的存在意义。第一,它的每次出现,都连缀了社会政治时局的风云变幻,成为世事演变的神秘预言和征兆,仿佛其中有着一种无法抗拒的宿命。第二,格子网图案的纵横交织,寄寓着书中各色人物对于世事人生的理解。这种解读,一方面突出了尚达志在工商业命运沉浮中的人生感悟,另一方面贯穿了知识分子的思索。第三,格子网图案中无尽的经纬线伸向了遥远的古代历史,伸向了丰厚的南阳地域文化,成为玄妙神秘的文化符号。书中人物对它的释义,连缀的是一种对历史文化的解读。

刘海燕认为,《第二十幕》显示了周大新先生让人敬重之处,理由有三点:一是周大新先生写得从容,有大家的从容和耐心,文字基底非常密实;二是他做了大量的准备工作和研究,例如有关绸缎的、有关历史的;三是作品表达了许多社会复杂的东西,尚氏家族几代人拼命努力,但怎么也找不到发展的秩序,所有的一切都被时局摧毁,使人感觉到历史深处的这种冷风不时吹来。

《解放军艺术学院学报》主编、评论家陈曦重点评论了《湖光山色》。她认为,《湖光山色》围绕着女主人公暖暖历经人生磨难而意志弥坚的生命意志展开,描摹了乡村官场的图景,表现了乡村官场在某种程度上的失控情况,揭露人性欲望的贪婪,这是小说最动人心魄的题旨。在阅读时,读者可以深深地感受到弥漫在全书里的浓厚的楚文化色彩。这部作品表现了周大新先生试图接续并崇高化中国传统文化的意图和他以楚文化为依托表现出的对现实社会的思考。从文学虚构与否的角度来看,这些楚文化符号可以这样分类:一类是有历史依据的;另外一类是周大新先生创造和虚构的。可能还有一些是流传在楚地的民间传说,但内容应该大多源自于作者的虚构。而虚构部分更能显示作者的创造力,也最能影射小说的题旨。提及楚文化,最具有代表性的人物便是屈原了。但是小说中几乎所有的人物,包括扮演文化启蒙角色的谭文博,其实都与屈原的思想有相当的隔膜。这使她感到一种失望和悲哀。由小及大,她还认为屈原的作品,早就被编入文学教材,但他的灵魂和精神并没有真正地进入国人的内心,并没有成为国人人格建设的必要借鉴。她认为我们的文化其实是有根的文化,却被我们自己生生斩断了,因而我们失魂落魄、无所归依。在这部小说当中,作者将这样的现实进行了冷峻的书写,折射出了当下中国在精神上的贫困,这一点令人痛心。

刘海燕认为《安魂》是一部具有生命启示录性质的作品。著名作家南丁认为《安魂》是作者的亲历，周大新亲历了白发人送黑发人的悲痛，他笔下的天国的确是公平公道的，这虚拟的天国是周大新的梦想。何弘认为，作品《安魂》构建了一个天国世界，其价值可以和《圣经》放在一起比较。何弘还认为，这种书写更大的意义在于提出了人类对生命的思考，为生命的"安利"提供了一种可能性，而许多文学作品在涉及人物精神空间的时候往往写得比较苍白，所以说这部作品具有较大的借鉴意义，今后大家应该更多地关注这些非常规的作品。北乔认为，《安魂》最伟大的地方就是它对人性的敬畏，对生命的敬畏；周大新用自己的痛苦，抚慰了我们所有人的心灵。张延文认为，《安魂》是一部从国内进入国际文坛的比较好的作品，它通过形而上的思考，让主人公与西方最伟大的思想家和历史人物对话，折中了东西方文明的冲突，是能起到一定的国际文化交流的作用的。陈富民认为，《安魂》是一部非常重要的作品，周大新在生活当中遭受到了重创，同时这也成就了他的这部作品。周大新想同生命对话，一方面他是要慰藉自己；另一方面是因为他要把这种私人经验转化成公共经验，用自己的痛苦抚慰我们所有人。《安魂》是一部非常伟大的作品。《小说评论》主编李国平重点评价了《安魂》在当代文学中的精神性写作所达到的高度。

关于《预警》，吴秉杰认为，周大新写出了三个层面的"预警"：第一个层面是对于战争的预警，写作中展示了周大新的军事才能；第二个层面是预警了人性，揭露了人都是有欲望的，有利益追求的，这就表现了周大新的心理描写的才能；第三个层面是对当代人精神丧失的预警，比如对爱国主义精神丧失的预警、人生的思考能力降低的预警等。此外，傅逸尘和北乔也对《预警》发表了自己的看法，前面已有概述，此处就不再赘述。

四、风格

对于周大新创作当中的艺术风格、文化价值等问题，与会人员都给出了客观公正的评价。

　　首都师范大学文学院教授、评论家张志忠认为周大新的小说表述有诗意，具有中原作家的特色，他的作品有着一个渐次变化的成长过程。周大新的作品就像苏轼的两句诗"大瓢贮月归春瓮，小杓分江入夜瓶"，能把质朴、平庸的细节描写得有诗意。并且他的作品中经常会出现一个象征物，除了写实又有一点儿超越现实，有一点儿形而上的意味，这使其作品更具有诗的意蕴和哲思。周大新文如其人，他和他的作品既有使命感又有智慧，其智慧既包含生存智慧又包含政治智慧，体现了中原作家的特色，这在其《汉家女》《湖光山色》《向上的阶梯》等作品中都有所体现。作为一个乡土派小说的作家，周大新刚开始只写南阳盆地，格局小，开拓创新的这一面相对不足、力度不够。但后来，到了20世纪八九十年代，他的格局大了，眼界开阔了，更具有现代意识，作品也有了很大的变化。如果说《第二十幕》是一种心灵的还乡，那么《湖光山色》里面的暖暖就代表周大新的这种行为上的还乡、当下的还乡。

　　梁鸿鹰认为，周大新的作品讲的是典型的中国故事，反映了中国人的生存方式、思维方式和情感方式，既写了在漫长的宗法制社会里中国人背负着的因袭的负担，也写了他们在新的时代里奋发向上的、精神突围的追求，当然还写了在大变革时期，特别是军人在大变革时期所面临的奋斗历程和精神困境。周大新讲述的军人故事，是典型的在大地上成长起来的中国军人的故事，反映了一个当代知识分子的可贵的精神追求和他的心路历程。他向我们讲述的中国故事，真正是有筋骨、有道德、有温度的。在他的作品中，我们看不到消极、阴暗，看不到平庸、无为的一面，他总是有一种向上的、理想的、明亮的东西，这是周大新给我们最大的启示。前几年，梁鸿鹰在一篇文章当中写到周大新的作品，是这样说的："人们不得不惊异于周大新叙述之庄重、语言之素朴，以及情节之简练，东方文字的端庄静谧与美丽往往从不同作品不自觉地自然流溢。每一位认真的读者，从他的不同时代的作品中总能感受到浓郁的中国风格与气质扑面而来。理由很简单，他的作品一直很好地保存了我们民族文化的精神，是属于我们中国人自己的文字。"

　　陈晓明认为，一方面，周大新的作品有生活含量，有历史含量，更有文化含量，周大新的历史是文化史；另一方面，周大新的作品是关于文化性格的书写——他的作品在文化的书写和人物性格的刻画上构成了一种辩证的关系。与贾平凹对西北文化单纯的处理方式不同，周大新作品中表现出的中原文化是混沌的，是具有张力的。周大新的作品凸显了中原传统文化的一个显著特点，就是父子关系，这在《第二十幕》《银饰》《向上的台阶》都有体现。在女性形象的塑造上，周大新的创作体现了中原特色，他塑造了一系列独具魅力的中原女性形象，令人向往、着迷。

程德培谈到了周大新作品与"二"的关系。从事物的复杂性上，他联想到"二"与周大新的关系，不仅仅是书名，还有如善与恶、男人和女人、城市和农村，都是周大新的"二元"观体现；"二"和他的作品主题密切相关，比如说现代性和人性、你到底是爱物还是爱人。这些是我们永远难以回避、难以回答的问题。

作为周大新的同乡，作家、评论家梁鸿对周大新作品中的圆形盆地及作品里的文化意蕴特别感兴趣。她认为，土地所埋下的文化因子、历史痕迹，远远超出我们日常经验所见，只有把目光重新投进去，重新去发掘那片土地之后，那种历史的因子和文化的因子才会慢慢地呈现出来。周大新就是扮演了这样一个角色——他是文化的发掘人。周大新作品中的圆形盆地里有种文化秩序。那个秩序已经转化为日常的生活经验，已经转化为非常自然的自在的生活状态。如果小说里面有一个外部的空间，比如说大的现代空间或城市空间，那么当周大新面对那个外部空间的时候，那种圆形盆地的文化整体性是非常鲜明的。这种整体性实际上是一种非常坚硬的内核。这个内核成为一种情感性力量来抗争现代的生活，抗争我们所谓的城市伦理和乡村的冲突与矛盾。在这一点上，周大新触及得非常深刻。他几乎所有的小说都是面对当代困境的——当代发展的困境、文化的困境，当然也包括农民的困境。

同为中原作家群代表性人物的李佩甫、张宇、邵丽等人，都对周大新的为人、为文给予了高度的评价。李佩甫将周大新誉为"文坛楷模"，认为周大新不仅是"50后"作家的楷模，也是河南作家的楷模。李佩甫认为，周大新的为人、为文一直是大家学习的榜样，就像南阳的伏牛山，表面上看很平缓，但是博大雄浑、气象万千。他认为周大新的坚强是一般人无法相比的，周大新将人生当中两次摧毁性的打击转化成精神成果，写出了《第二十幕》和《安魂》。从表面上看，周大新很温和，但内里的坚强没有人能比，令人敬佩！张宇用生动的语言指出：周大新从偏僻的乡村走到城里，从被动地融入社会，看到谁都不敢得罪，看到猫都要绕着走，到慢慢地进入一种习惯——见谁都说好话，最后变成了我们走路要紧，向前走才是我们最后的力量，他慢慢地成长起来了。文坛有种不成文的看法：谁说周大新的坏话谁就是坏人；谁和周大新不团结，这个人就有问题。周大新确实是做人的楷模，是作家的楷模。"远学孔繁森，近学周大新！"河南省文联副主席、作家邵丽指出，周大新是一位令人尊敬的河南籍作家。他的为人为文都有值得我们学习的地方，那就是河南籍的作家不管走到哪儿，笔下流淌的总是难以割舍的中原情愫。这是一种习惯，是一种文化，更是一种情怀。当年，《香魂女》获得第43届柏林国际电影节金熊奖，真是名满天下。后来，像《21大厦》以及反映都市生活的长篇小说，都非常丰满厚重。她说，周大新的研讨会只是一个开头，今后会组织更多的、有关河南籍作家的作品研讨会，把省内、省外的两种优势结合起来，把河南文学的血脉打通。邵丽也期待周大新能写出更多更好的作品，以丰富家乡父老的精神生活。

李国平认为，对于周大新的研究，目前需要引入新的视野、新的参照，比如以新时期的文学为参照，比如以当代文学的30年为参照，应该赋予研究以文学史的视野。我们应该观察《安魂》出版之后周大新此后的创作会不会有什么新知，会不会打开一个新的精神空间。周大新描述的中国故事，暖色为主调，但是底色是创伤性的。在新时期的文学这个大层面上看周大新或者是评估周大新的作品，都应给予周大新新的评价。周大新是一个有世界观的作家，通过他的生命观、历史观、伦理观可以表现出他独特的探索世界的方式。

评论家孙广举特别强调了一个作家的胸襟、胸怀。他认为，周大新既质朴、谦虚、温和，又内秀、智慧、坚强，有着非常宽阔的胸襟和气度。这可能是和他的故乡南阳优秀的文化传统有关。周大新也是有天下意识的，他的心很大。《第二十幕》是对20世纪中国，或者是对南阳的一个把握。把握南阳的精神灵魂，同时也是对中原精神、灵魂的把握，是对中国精神、中国灵魂的把握。周大新的这种写作方式是回望家园式的。周大新看到了家园的神奇、家园的神采，特别是看到了家乡的神秘。他企图在更高更深的层次上去把握乡土，把握中国，使中国当代文学在中国广阔的疆域里面都有很出色的文学成就。周大新给我们作家的启示就是：要不断地扩大自己的视野，扩大自己的胸襟，能在宏观的视野下去把握乡土，然后把描写对象由乡土变成中原，使中原变成人类的一个乡土。周大新就代表了中国文坛的这样的一种正大气象。周大新在创作上还处在盛年期，孙广举预祝周大新能够取得更大的成就。

胡平认为中国有两个作家在精神写作上达到了前所未有的高度：一个是史铁生，一个是周大新，他们俩人的创作跨越了生死两界，达到了相当深的哲学高度。

傅逸尘认为周大新的写作是一种巴尔扎克式的写作，是一种社会书记员式的写作。他的每一部长篇小说几乎都涉及不同的生活领域、不同的历史阶段，这种写作伦理也是当下特别稀缺的。周大新的创作是那种有穿透力的、有概括力的、有思想高度的创作。周大新的创作在温情的表面之下蕴含着很大的力量。周大新是一个非常有力量的作家。

北乔认为周大新是一个低调而极具生命力的作家。他的作品给人的整体感觉是在复杂的人性中寻找人性的光芒和温暖，正是他的人格高度带来了他的作品高度。在军旅文学正在走向衰败的当下，周大新独自扛起了军旅文学这面大旗。

张延文认为，从周大新的作品中可以看到他的家乡南阳的一些很细微的东西。让人敬畏的是，周大新能把南阳盆地里的文化表现得这么充分、系统和全面。这对于地方文化的重建，文化伦理、社会伦理的理解和重建，起到了促进作用。

陈福民认为，从某些方面来说，周大新是一个被冷落的作家。虽然周大新的内心是热的，但是周大新在文学的潮流中是冷的。在文学发展的30年当中，军旅文学现在正处于过渡期，在这个过渡期当中特别需要周大新这样的一个写作者、长跑者、领跑者。

作为评议人，梁鸿鹰对于此次会议作出了非常恳切的总结。他指出，周大新体现了优秀作家的共有特点：丰厚性、独创性和人格魅力。周大新的创作和中国的关系，跟当代文学的关系，跟民族气质的关系，跟中国人的道德、情感的关系，跟中国人艺术处理的方法、看待世界的方法，是紧密相关的。这也是大家紧紧围绕的一些话题。一谈到这些的时候，大家才感觉到对周大新创作的讨论是缺位的。周大新的创作和我们民族精神的关系，跟我们国家的历史的关系紧密相关，他写的是在我们国家从积贫积弱到强大起来的过程当中，面临了哪些问题、处理过哪些问题、能够给我们留下了什么。其中，大家谈到了他的作品和我们国家的性格有哪些关系。同时，大家也感受到他在作品当中，对民族性格的把握，对父与子的关系、男人和女人的关系等的描写和把控。对这些，周大新都有很深的触碰和思考。周大新的回答是跟他脚下的这片土地紧密结合起来的，是从自己的那个村庄、村庄的那条河流、自己身上穿的那件衣服、自己嘴里说的话出发的。他的这些作品深深地融入了中国现代化的进程中。周大新使用的语言有深深的中原大地的特色，是跟古汉语紧密相连的。周大新作品的语言，给人最深的感触是对动词和名词用法的掌控，既有古意又有他自己独特的用法。周大新的作品当中是有秩序的，这种秩序就是长幼有序；他作品中的伦理底线是很完整的，是尊重他笔下的人物的。正是因为如此，他的作品才有一种深深的感染力。周大新从一个卑微的人成长起来，在整个成长过程中，他觉得生活给了他很多，那么他也要给生活一些东西，要把他看到的这些记录下来。当然，大家也谈到了他的创作中的一些问题和将来他需要跨越的一些东西。大家都对他有很大的期许，希望他能够有所突破。与自己同时代的这些作家相比，如何实现这种文化上的、精神上的超越，这就是摆在周大新面前的一个非常严峻的课题。通过此次会议，大家也看到了一种新的取向：无论是对人的研讨，还是对作品的研讨，大家还是有一种冲动和打算，要实事求是，要讲真话，要讲道德。这种氛围营造起来对于当代文学、文化研究，是很有价值和意义的。

平和中温暖无限的叙事
——周大新论
北乔

在当代文坛，河南作家方阵令人惊讶。而河南南阳作家群也相当有实力，代表人物有乔典运、周大新、二月河、周同宾、行者、痖弦、田中禾、张一弓、柳建伟、汗漫、赵大河等。一个地级市有如此多重量级的作家，在中国应该是唯一的，这本身就是一个颇具研究价值的课题！作为其中一员的周大新，其平民性的创作理想与实践，对于南阳盆地文化的掘进和提升有着独特的品性与价值。

周大新的第一篇小说《前方来信》发表在1979年3月25日的《济南日报》副刊上。这篇三四千字的短篇小说，不仅是周大新创作的真正起步，更隐伏了他的创作诉求和品性。可以说，在他至今的所有作品中，或主题或叙述或气质或精神或立场，都能在《前方来信》中找到线索。《前方来信》是一篇军事题材的小说。致力于军事文学创作，是周大新创作理想很重要的一部分。这篇小说以书信体的形式展开叙述，信是前方军人写给他后方家乡的朋友的。写信是最朴素的诉说，长长的邮路联结着他乡与故乡。对于故乡的怀想、走出故乡的生活，成为周大新长久的文学主题。小说的叙事空间是战场，但表现重点在普通百姓的普通情感之上。关注平民百姓，关注战争中普通人的心理，历来是周大新平民情怀的焦点所在。唯一让我们有些模糊的是，作品中的故乡并没有实在地出现。但我们已经分明感受到周大新心中故乡的些许气息。不久，周大新在其作品中不但将"南阳盆地"作为心中和笔下的家园，而且对此有了极为明确的意向："把南阳盆地人的真实而不是虚假的生存境况写出来，并不顾忌它是多么奇特、多么单调、多么落后、多么不可理喻。"[1] 对于作家来说，在创作的起步之时，

---

[1] 周大新：《笔墨之交·周大新致陈骏涛》，《昆仑》1988年第5期。

就能够如此明晰创作理想和内容,这样的自觉意识是不多见的。

周大新的作品中有两个主要的世界:一个是现代军旅生活的世界,通过这个世界也能适时回到过去的战争;一个是豫西南南阳盆地的农村人和市镇人生活的世界,那些走出盆地的人们,根依然在盆地,或者说盆地总是他们挥之不去的生命和精神的家园。一般而言,军旅作家的创作都有这样两个资源和战场,但周大新还是有他的特殊之处:题材繁多,但其中的精神特质是相似相近的,具有同样的指向,表现了一个作家的执着与坚韧,营构出周大新式的文学世界。在当代作家中,周大新是低调的,却又是极具分量的。

周大新出生和成长在南阳盆地,自然深受此地民间文化的滋养。"在童年和少年时代,世界对于我们来说和成年时代不同……对生活,对我们周围一切的诗意理解,是童年时代给我们的最伟大的馈赠。如果一个人在严肃而悠长的岁月中,没有失去这个馈赠,那他就是诗人或者作家。"[1] 周大新充分利用了这样的馈赠,坚守南阳盆地传统的民间文化,做虔诚的开掘者和解读者。他又不是一味地固守,而是深刻地意识到传统文化所遭遇的挑战,理解走向现代意识的渴望,并着力图解这样的裂变,以实现主体的文化建构策略和立场,推动传统文化的创造性转化和现代文明的优化发展。在这样的现代性冲突中,他让生命行动上升为一种文化行动。南阳盆地自足的文化和周大新以自觉的区域文化意识进行的审美诉求,共同建构了周大新的文学审美场域。可以说,南阳盆地是周大新创作的灵魂生发地和精神意象场。

与其说他行走于文化深处,还不如说他怀揣南阳盆地的民间文化行走在阳光下。他是南阳盆地民间文化的生命载体,又是走出盆地的文化守望者。他来自于平民阶层,又始终保有平民情怀,关注的主要人物都是一些平民,写的也都是平民生活。将平民的身份带到写作状态中,让自己一直作为平民在写作,是周大新一贯的创作追求和创作体现。他的所有作品,都深蕴着浓醇质实而清朴真诚的平民意识,显示了他是一位具有独立主体

---

[1] [俄]帕乌斯托夫斯基:《金蔷薇》,戴骢译,上海:上海译文出版社2007年版,第235页。

精神的作家。他有自己的思想，有自己进入精神世界的方式，有自己的叙述方式，有自己的语言风格。他的姿态、叙述、精神内质都是平民化的。他以平民的身份，处于平民的立场，以平民的眼光和心灵打量这个五光十色的世界，状写平民的生存状态、文化人格和饱满人性。一以贯之的创作理想和文本世界强烈的平民化气息，使周大新在当代作家中极具个性气质。而他的创作，又如平民一样，看似平常无奇，无树大招风之外表，却有丰足的内蕴和能量。在当下社会，周大新沉住了气，抵制住了社会上的诱惑，在慢慢地用心灵去写作，像农民一样不事张扬，精心侍弄着自己的庄稼。

对于周大新而言，平民作家只是一个称呼，是他人对他的认同。而作为平民的写作，才是他创作的本真品质。

一、军旅文学中的百姓情怀

自20世纪80年代以来，军旅文学的英雄叙事渐渐走开了人性化的圆形形象之路，新历史主义的战争小说、农家军歌、理想军人和兵味小说几主沉浮，相继出现了徐怀中、李存葆、莫言、陈怀国、阎连科、朱苏进、阎欣宁等代表性的作家。与他们相比，周大新似乎并不太引人注目，其军旅文学的创作也始终处于这些主战场的边缘。许多时候，周大新就像大地，看似平平常常，可一旦探入其里，细细研读、品味，才发现那是一座富矿。与他的具有经典作品的某些特质的非军旅题材相比，周大新的军旅文学作品的数量并不多，甚至可以说相当少，但这丝毫不影响他在当下军旅文学中的地位。这当然得益于他少而精的作品以及看似寻常却最奇崛的文笔功力。正如他在2002年获得第三届冯牧文学奖军旅文学创作奖时得到的评语一样："二十年来，周大新在密切跟踪现实军营生活的前行步履和当代军人心灵变化轨迹的同时，又时时深情回眸远逝的童年时光和乡里故事。他在两条战线上左右开弓，得心应手。他以勤勉坚韧的精神、秀丽灵动的笔触和沉着稳健的风格，分别创造出了军营和乡村两个小说世界，充分显示了他同时植根于军营和乡土两方文化厚土的优势，以及与时俱进的创作实力，成了在中国文坛上持续活跃并且愈来愈受到大众关注的军旅小说家。虽然他的三部曲《第二十幕》代表了他目前的最高文学成就，但是我们在清点新时期以来军旅文学成果的时候，仍然无法忘怀他早期完成的《"黄浦"五期》《汉家女》一类新颖、别致、精巧并产生了广泛影响的中短篇小说。因此，我们有理由期待周大新为军旅文学持续写出更加厚重的黄钟大吕之作。当然，这样的评价还是着重认定了周大新的乡土题材创作，其军旅文学作品的品质和气象的独特价值，并没有得到全面的考量，至少没有聚焦到其精粹。周大新的军旅文学涉足历史战争、当代战场及和平营区，却总嵌进个性化的百姓情怀，处处闪现平民气质，有着自己的军营人物谱系，这是他的最大价值所在。

如前所述，周大新军旅文学中的平民性在他的处女作《前方来信》中已经得到了相当的展现。这种平民性的军人形象，与当代军旅文学中的农民性军人和贵族化军人是有区别的。《前方来信》中的场景虽在前方，但对战争的描述简略到最低限度，更没有对于战略、战术的军事化叙述。周大新用心于战争之下的老百姓的心态和情感，表达了自己对于战争的理解和看法。江波、阮松和阿妈都是战争的受害者，战争让他们亲如一家的情谊受到了破坏。周大新对战争有着自己清醒的认识："在任何情况下不能参加大屠杀，听到屠杀敌人不应当感到得意和高兴。"[1] "作家和平民一样，无力也无权阻止一些屠杀事件的发生，但他可以呼吁，呼吁停止屠杀。如果连呼吁也发不出，那还要作家干啥？"[2] 这是以平民的视角去看待战争，透视战争之下的普通百姓的苦难和期冀。周大新自觉地肩负起这样的使命，并努力实践着。《战争传说》表面上是有关瓦剌女子娜仁高娃献身民族战争的故事，但实质上是以这样一个女人的心灵和目光去体味战争的残酷和人性的沉沦。带着与明朝不共戴天之仇的娜仁高娃，初是为了挑起战争而达到复仇的目的，最后却自愿放弃复仇。周大新借娜仁高娃，让朝野与民间、战争与民众得以串联，战争中人性的扭曲、情感的煎熬和生命的践踏得到局部的放大。娜仁高娃在复仇之路上走得越远，越感受到战争是她所

---

[1] 周大新：《去看战场》，北京：解放军文艺出版社2002年版，第113页。

[2] 周大新：《去看战场》，北京：解放军文艺出版社2002年版，第114页。

有痛苦的根源，这其实是人在战争中最真切最本能的体验。痛恨战争、拒绝战争是平民的基本情感。周大新站在平民的立场，剥离战争的诸多外在元素（包括正义的、智慧的、文化的等等），回到战争是人类暴力的最高形式这一核心。

周大新关注的是战争之下人的生命和情感的态势，这一点在《硝烟中的祝愿》中得到了充分的显现。对于杜排长而言，硝烟弥漫、炮声连连的战场，只是他心理的显影剂。因为妻子红杏出墙，杜排长满腔屈辱，一心要雪耻，他的心早已经飞离了战场。这时候，我们看不到作为军人的杜排长，看到的只是一个男人的尊严和愤怒。当他从战友们的家书中看到每个人都有自己的苦恼时，当他看到全班战士先后牺牲时，他开始自责只想着自己的事儿，忘了全班兄弟，从而升起了斗志，血洒疆场。从男人到军人的跨越，是杜排长两种心理状态的转换。也就是说，男人和军人的角色其实都生长在他的心中，这原本也是人的多面性的具体体现。他的心理变化来自于心事关注的方向，来自于外界对他的刺激。我们充分理解他，对他没有任何的指责，触摸到的是他滚烫的血性——男人的血性和军人的血性。这两种血性有暗合之处，作者又将其描写得入情入理。因而，杜排长这样的军人更加真实，更倾向于人性的本源。这些血肉饱满的军人，是真正的人与军人的结合体。

《汉家女》当是英雄叙事中精彩的一笔。创作于20世纪80年代中期的这一作品，令今天的读者读来仍然颇有意味。汉家女这一形象没有因为时间的流逝而消淡，在文学人物形象长廊中依然有着一席之地。这在一定程度上显示了其经典作品的成色。周大新将高大全式的英雄进行了拆解，还原了英雄的世俗化，解构原本就不该属于英雄的话语，让英雄回到了平民之中。汉家女身上有许多毛病，有着源自文化匮乏的劣根性。从这一层面上看，她就是个乡村的女孩子，一个平民的代言人。她的这些缺点，因为真实，因为没有丝毫掩饰，反而显得她可爱可亲。我们对她有亲近感，是因为汉家女就在我们的日常生活之中，我们的身上多多少少有她的影子。她的不足依然是阳光的，是我们可以欣然接受的，也是人性的本真显现。周大新的才华在于对人性进行了纵深性的开掘。深度的透视洞开了我们最为熟知的人性多层面。从深入进去到再回到生活的平面，这样的艺术功力是相当深厚的。汉家女这一形象的最成功之处在于：平民化的品性在进入营区后没有被削减，而军营文化对她又有了熏染。她身上含有双重文化，这双重文化在不时的角力中相互依存。对于不同的事，她有不同的处理方法和原则，一切因事而定。生活中，她贪小便宜，耍小聪明，有着许多的小九九，是个极为世俗化的乡村女子。而当她的军人身份成为主流时，她表现出的又是军人那样的豁达和无私。"置身于生活之中，用我们在其中创造了生活的眼光看生活。"[1]周大新还原了英雄的平民化生活，也刻画了平民的英雄气质。人，其实并不是纯粹的或极端化的，周大新以汉家女这一形象表达了对人的客观化认可。汉家女是真正凡人与英雄的完美融合，是真正生活化的英雄，这与红色经典时的英雄大有区别。而当代军旅文学发展到今天，在我看来，也没有新的英雄形象之于汉家女这一人物有本质性突破。《小诊所》中的岑子同样有双重文化。离开乡村时，乡村文化就已经在他身上凝固。战场上的战友情深、无价情义与他原有的乡村文化特质有天然的相通之处。只是再回到乡村，当下的文化对他而言是缺失的。杏儿他哥的行为与金排长的举动形成鲜明的对照：岑子是以金排长为参照来评价杏儿他哥的，所以他才对杏儿他哥的种种行为表现出不解，并产生了迷茫。埃里克森曾说过："在人类生存的社会丛林中，没有同一感也就没有生存感。"[2]岑子的不解与迷失，实际上是个体坠入文化真空后的必然结果。

　　周大新善于从文化的角度去思考军人的成长，评析军人独特而又普遍的人性。这是对生活的尊重，对人性的尊重，是对人生辩证而切实的理解。在当代军旅作家中，周大新如此的创作理想有其个性，虽然不张扬，但容不得我们不去注视和敬重。《"黄埔"五期》其实反映的是有关军人提干这一敏感而又无法回避的命题。这样的命题，可以十分清晰地展露军人的内心和精神所指。如何面对晋升和转业，如何走好军人的成长之路，是军人

---

[1] [奥地利]卡夫卡：《卡夫卡随笔集》，叶廷芳编，黎奇等译，深圳：海天出版社1993年版，第95页。

[2] [美]埃里克·H·埃里克森：《同一性：青少年与危机》，孙名之译，杭州：浙江教育出版社1998年版，第115页。

特别是和平年代军人生活的重要主题,这也是当代军旅文学的重要叙事内容,甚至是最为重要的内容。周大新在之后的《碎片》《铜戟》和《军界谋士》等诸多作品中,一直在铺陈和思索这一主题。当然,当代军旅文学叙事也从来没有游离过这样的主题,并产生了相当数量的作品。周大新笔下的军人不是穿着军装的农民,也非天生为军人的精英,或者过于诗化的军人,他在平民话题与精英话语中找到了一个平衡点。对于文学而言,极致的不平衡,有时更能震撼人,但并不一定就是唯一的。在周大新的作品中,我们找不到绝对化的军人,也许这还与他的儒家文化理念有关。但不管怎么说,他对军人的感悟,在没有消淡军人崇高形象的同时,让军人的生存状态最大限度地与现实生活保持了一致,具有了普遍性中的特殊性。《"黄埔"五期》是新时期军旅文学对和平年代军人进行日常化叙述的最成功的开篇之作。别说是在20世纪80年代初,就是在当下,这部作品以及随后的《碎片》和《铜戟》里日常生活中的军人话语,依然是鲜活的。我们完全可以认为,在这叙事语境中,当代军旅文学仍然没有突破这一范式。也许,这也是周大新本人近些年来没有创作反映当下军人生活作品的原因。他没有找到新的突破口,又不愿意重复自己,那么只有在沉寂中苦思。《"黄埔"五期》中的一群干部学员面临着职务能否提升的过渡期,表现出了不同的思想和行为变化。事实上,这一过渡期是军旅生涯同时也是人生之路的转折点。有了这样的试金石,军装里的心灵自然会抖动出普通人的这想法、那想法,原本隐匿的世俗都在不经意中闪现。这些军官,在某些时候,不由自主地回到了平民的角色。周大新细腻而生动地描绘了一幅时常世俗、时常崇高的军人日常生活图,让每位军人的形象都是那样的人性化。而借冀成训说出的"那些没有实际才能而又企望当上军官或保持军官职位的人,是军界最不道德的人"[1]的话,同样是小道理中隐含着大智慧。《铜戟》中军人的神性与人性的冲突,则将军人置放于既要遵从军人的精神操守又要考虑物质生活的清贫这样一种两难的状态,而且必须要作出选择。军人也是平常人,但当他们真要在军人与平常人中必选其一时,他们总是选择了军人。这样的军人,才是真正的军人。这也是我们常说的,要把军人当作

---

[1] 周大新:《"黄埔"五期》,《上海文学》1984年第5期。

人来写,要对军人这一特殊群体进行人性化的叙事。显然,周大新在努力实践这一叙事要求,并取得了成功。

二、圆形盆地·原型意象·文化理想

"伟大的小说家们都有一个自己的世界,人们可以从中看出这一世界和经验世界的部分重合。但是从它的自我连贯的可理解性来说,它又是一个与经验世界不同的独特的世界。"[1]而对于当代中国作家而言,与其说他们是这一理论的实践者,还不如说是福克纳的效仿者。莫言的高密东北乡、贾平凹的商州、阎连科的耙耧山脉,以及李锐的吕梁山脉等,都已经成为文学作品中作家的独立王国。在笔者看来,周大新此种文学的自觉意识更为浓郁,他在创作中营建"南阳盆地"的计划有着文化的整体构想和诉求。被山或高地围绕的平地,称之为盆地。南阳盆地,位于秦岭、大巴山以东,桐柏山、大别山以西,其北是秦岭山脉东端的伏牛山地,其南是大巴山脉的东端。这是一个与世隔绝的、物质与文化都相对自足的独立世界。处于盆地之中的人们,总是要仰望的,总是渴望走出去的。盆地低于海平面,承受着太多的外来倾泻。走出与坚守,成为盆地人无可选择的文化行动。这本身也是中华传统文化所面临的处境。以故乡为情感的创作,是他生命的必然选择。然而,立足于一个更高的文化地标去看待南阳盆地的文化内涵,继而舒展更大的文化雄心,就得益于此人强烈的文化意识和使命感。

早在周大新写《汉家女》的时候,他就将其中的女主角命名为汉家女。《汉家女》是周大新的成名作,在军旅文学史上有着无可替代的位置。有关它的解读和研究,直至今日还未旁落。然而,几乎没有人对汉家女这一女孩的名字发问过。这个名字的特殊性在于它不符合中华传统中取名的习

---

[1] [美]勒内·韦勒克、奥斯汀·沃伦:《文学理论》,南京:江苏教育出版社2005年版,第249页。

惯，显然是周大新杜撰的。仅从字面上理解，这个名字指称的不是个体，而是一个群落。汉家女，汉家的女儿，汉族之家的女儿，深受汉文化哺育成长的女儿。从这一名字上，我们应该可以窥探到周大新对自己创作的文化语境的定位。而到了1988年，他就对作品中的"南阳盆地"形成了清晰而系统的创作追求："我写《豫西南有个小盆地》，对它的作用不敢妄想，但我估计人读了这些文字后，大约可以得出一个印象，南阳盆地是圆形的。"[1] 圆，是地理性的，更是文化性的，后者才是周大新创作的要旨所在。《说文》说："圆，全也。"《吕览审时》说："圆，乃丰满也。"《康熙字典》说，圆即圆满、周全、完备等之意。南阳盆地的"圆形"之意首先正在于此。有关周大新"南阳盆地"的研究，已经出了不少的成果，只是没有得到应有的重视，更重要的是没有将周大新作品的精神世界与中华文化进行打通和对接。在我看来，周大新以自己的创作建造着中华文明场。换而言之，周大新作品中的"南阳盆地"，是整个中华文化的缩影。如此一来，南阳盆地已经不是地域性的，而是中华文明的话语符号。

的确是这样。在很大程度上，周大新没有过多地强调南阳盆地地域性的文化差异，我们感受到的是中华文化的一点一滴。他的一部部作品如同一条条小河流向盆地，以集聚似的方法汇拢中华文化的精要。细读他的作品，我们会发现，他除了被鲜明地贴上"南阳盆地"的标签，其他并没有过多地沉迷于"南阳盆地"个性化的文化，所描述的风俗人情和伦理，都可以在中华文化中得到指认，而非有着南阳盆地浓重的色彩。可以说，他是打着南阳盆地这一旗号，引领我们进入中华文化的大语境中。在他的作品中，随处可见原始图腾、神话传说、风俗梦境和神秘灵事，这些原型意象都是中华传统文化的源头。在《湖光山色》中，周大新以阴阳五行来结构全篇。"历史上的阴阳五行说在中国思想发展史上占有相当重要的位置，阴阳说是对宇宙起源的解释，五行说是对宇宙结构的解释。用现代科学的眼光看，阴阳五行说的缺陷显而易见，但它在当时对人类认识和把握外部世界所起的作用是巨大的。直到今天，它还在或多或少地影响着我们的生活。《湖光山色》借用阴阳五行来架构全书，来说明事物的对立统一、彼

---

[1] 周大新：《圆形盆地》，《解放军文艺》1988年第6期。

此消长，说明事物的循环运转、相生相克，并无重扬此一学说之意。"[1] 从周大新的话中，我们能感受到传统文化在他生命中的积淀程度。他作品中的家庭伦理都是中国最为传统的，尤其在《第二十幕》中，他将此种家庭精神演绎至极致。他在许多文本中的叙述，都是立于中庸的态度，埋伏着宿命论。许多时候，他总是让人物走着圆形之路，比如《走出盆地》中的邹艾、《老辙》中的费丙成、《湖光山色》中的暖暖等。让南阳盆地成为中华文化的映射之地，产生一滴水见太阳之功效，也是周大新的"南阳盆地"与其他作家地域性创作的真实目的所在。所以，当我们由此进入周大新的作品时，我们大可以感受到他的博大，触摸到传统文化的温暖与潮湿。

古人还有"圆而神，方以智"之说，其中"圆"指行为处事时的"通、活、融、满"，"神"即"神、通、广、大"的宇宙观。可见，圆之于古人，不但成为图腾崇拜的象征，也赋予方圆思辨的哲学意象。圆与圆形结构在中国传统文化意境的深层结构中包含了丰富的哲理和品味不尽的巨大思辨内涵。朱熹《太极图说解》说："圆者，无极而太极也。"他说，太极只是一个混沌的道理。"混沌"正是圆形的一种状态。正是这种久远的圆形崇拜，发展形成了一种"圆文化"。人们在生活的方方面面，力求归趋于"圆合"，追求一种圆满无缺的境界。清代褚人获在其《坚瓠余集》的卷一《赵岐解圆字》中曰："唯圆则无障碍，故曰圆通；唯圆则无为缺，故曰圆满；唯圆其机尝活，变化出焉，故曰圆转，又曰圆融。"有关圆的这些意象，我们也都可以轻易地从周大新的作品中找到对应的地方。周大新对以农耕文明为主体的中国传统文化是自信的、偏爱的，这样的态度出现在他许多的作品里。比如，《无疾而终》中的瞎爷对于人生的豁达、乐观，对于命运的宗教般的虔诚。再如，南阳盆地人对欲望的极度警惕，为人处世的厚道、善良和通达。又如，《向上的台阶》中廖怀宝的成长之路，一直是循着传统文化的足迹行走的，他从小抄《论语》，他父亲看《资治通鉴》以便为他指点，在他跌入低谷之时受到了沈鉴师爷般的相助，等等。可以说，周大新的作品就是对圆文化的注解。他的创作实践也是一个圆：以传统文化为核心，一切围绕这一核心运行；每一次的创作从起点到终点，而终点又

---

[1] 周大新：《周大新重建田园乌托邦》，《华商报》2005年5月11日。

是下一个注解的起点，周而复始。圆形文化，成为周大新文本世界的灵魂和骨架。

个人的故乡已经被他置换成一个民族的家园，他对故乡的那分依恋和追忆也就拓展为文化乡愁。以小我去实行一个民族的文化的宏大叙事，处于地域之中又跳出地域去观照整个民族的生存境界，周大新无疑是走得最远的。

有着文化自觉意识的周大新，在还原历史文化图景的过程中思考着传统文化的价值和命运。对笔者而言，笔者更关注周大新对于中华文化发自生命内在的传承以及他张扬的方式。他的所有文本都是中华文化最具代表性的那一部分的凝结，而且是极为自觉的行为结果。周大新在建构和维护传统文化时，更多的是在互动性的比较中进行的，在对抗甚至是毁灭中回望传统文化的价值，在破中立，以此验证传统文化的经典与实用。当然，从中我们也可以体味到他对传统文化遭遇现代文明冲击时的焦虑和不安。

《走出盆地》最为集中地体现了他的这一捍卫文化的行为。邹艾为了走出盆地，几乎付出了自己的全部，然而在外面打拼数年后还是落魄地回到了盆地。她在外的经历和她的与南阳盆地相对立的思想，促使她的行走成了一个圆形。周大新在叙述中，三线并进，除了邹艾这条线，还有七仙女的神话传说和老四奶的说古事。神话传说是民族意识的载体，是民族文化的意象结构。事实上，邹艾的遭遇也正是七仙女的遭遇。而老四奶的说古事，说的是邹艾上辈人的事，这在内质上与七仙女的传说是相同的。不同的是，老四奶口中的邹艾上辈人的事，是人间的故事，是整个生命长河的缩影。这一切都在暗示，邹艾想丢弃盆地文化，进入外来文化空间生存发展是不可行的。南阳盆地是她的生命和精神之根，一旦离开了，她只能在空中飘浮。周大新对于传统文化相当挚爱。在他看来，传统文化是根基，万万丢不得。面对现代文明不能够完全舍弃传统文化，不能忘本地献媚现代文明，否则将会如邹艾一样悲惨，这是他所坚守的文化立场。

同是女人，同是走出盆地，《新市民》中的沫沫几乎是在走邹艾的老路。沫沫在小的时候看到了城里下来的新媳妇的穿着打扮，就萌生了要成为城里人的想法。这是一种物质的刺激与驱使，是与邹艾有区别的。而且，沫沫走出盆地的脚步比邹艾快得多，轻灵得多。邹艾是用肉体与尊严，用种种的招数慢慢走出盆地的,这是一种文化和人格上的背叛。沫沫只是抓住了商机,依靠自己的勤劳和智慧,跳出了一种文化领地,顺利地进入了新文化空间。她在努力地接受新文化、新生活,但骨子里的传统文化是无法清消的。丈夫的学坏和离她而去,她挺住了。可当丈夫一败涂地时,她天性的善良仁慈又让她接受了丈夫,并拒绝了美好幸福的可能。沫沫表面上成了市民,但内心的那份文化依靠一直没有变。也正因为如此,转变十分不彻底的她,根本就没有真正融入城市,没有成为文化意义上的市民。

《21大厦》中的小保安走出盆地,是为了谋生。"21大厦"是一座高58层的商住两用的豪华大厦,它意味着一个浓缩版的现代都市。保安小谭是带着盆地文化,即传统文化,进入这样一个都市的,身上几乎堆积了所有我们传统文化的为人优点,如真诚、纯朴、善良、勇敢、敬业、热心助人、不图回报。他的职位和卑微的身份,让他可以轻而易举地看到形形色色的人和他们的生活。进出"21大厦"的人根本无视他的存在。这种情况下,小谭更可以走进他们的生活。这一切,就比较实在地还原了进出"21大厦"那些人的真实情况。所以,保安小谭其实是一个站在明处的窥视者。生活者与窥视者属于两个不同的文化阵营,原本在南阳还算可以的小谭成了弱者,强者是那些沾染现代文明的人。人性迷失,欲望泛滥,情感物质化,"21大厦"成为人类文明的垃圾场。保安小谭最后像鸟飞翔一样从楼顶跳下,以一种惨烈的举动对当下文化发出了控诉。这是由盆地文化催生的义举,他飞翔的姿势其实是最后一次展现了他对传统文化的膜拜。

《怪火》中的柳镇时常有稀奇古怪的失火事件发生。怪,自然是因为人们一时找不到原因罢了。然而,仔细分析文中开始列举的几次怪火,缘由基本上可以理清。而文本重点叙述的怪火,个中秘密更是十分明了。哥哥、嫂子和弟弟,有了好营生,过上了好日子,但他们道德堕落,为人无情,身上已经没有一丝传统伦理,他们的灵魂和行为早已与传统文化决裂。爹是传统文化的代言人和维护者,火是他放的。他用火烧毁了当下的一切,是因为这一切背弃了传统。在他的文化观中,背弃了传统,而且又没有仁义道德,那么就要毁掉。当然,他的动机存在很大的误区。他以为将物质性的东西化为灰烬,自己的后代就可以回到传统文化的道路上。他将物质视为原罪,忽视了人性本身的变化。他是可悲的。但他点起的火,总是让黑暗有了一些光明。

在《旧世纪的疯癫》中，邹氏家族每一代总有疯子出现，这是一个巨大的隐喻。在文化意义上，疯子常常是人类文明的先行者。邹氏家族后代总有疯子出现，其实是对于传统文化的某种抗争。当然，这也是周大新在抚爱传统文化之下的理性感知。在他看来，传统文化绝不是十全十美，至少需要一些进步的力量。只是，传统文化如何迈出前行的步伐，是一个很值得深思的问题。邹振翼是为了找出治疯病的医术到日本去的，试图借域外文化之力解自身文化之症结。可是，原本正常的他，在与好战分子接触后，出于民族之情杀了曾经疯狂地屠杀过4300多中国士兵的津川。最后他被篡改为因疯癫而亡，他的日本媳妇也被"传染"，最后死在疯人院。面对军国主义的思想和行为，邹振翼反而时常怀疑是自己的思维出了问题，是自己疯了。他举起手术刀，摘下了津川的心脏，也切除了自己对于域外文化的幻想。

对于传统文化，周大新在偏爱、挚爱的同时，也深知其病症。在《湖光山色》中，他集中裸露了传统文化深层次的灰暗面。他没有任何的隐瞒，揭露得十分彻底，而且直抵要害。暖暖在村里是个公主式的人物，美丽而善良，朴素而聪慧，又到北京打过工，富有时代精神。这样一来，暖暖就是乡村古老文化与现代文明完美融合的化身，是一位十分理想化的人物。尽管有暖暖的引领，但乡村文化依然沉渣泛起，人性处于恍惚或迷失的状态。暖暖集传统与现代的精华加上传统文化内在的变革力量，最终也未能治愈顽症。这时，我们才真切地感受到，传统文化中的丑陋与醇美同样根深蒂固，同样是那样自然地生长着，同样具有强大的韧性。湖光山色是诗意的，可暖暖的人生是苦难的，抗争是艰辛苦涩的，乡村的变化也早离诗性而去。从中，可见周大新的失落和追念，当然还有对心中纯真的守望。当然，周大新对于传统文化的坚守和变革的迷茫，也流溢于文本之中。

米兰·昆德拉曾说"小说的精神是持续的精神：每一件作品都是对前面作品的回答，每件作品都包含着小说以往的全部经验"[1]。的确，在《第

---

[1]　[捷]米兰·昆德拉：《小说的艺术》，唐晓渡译，北京：作家出版社1992年版，第19页。

二十幕》中，无论是对外在形式还是对内在营构，无论是对人物谱系还是对风尚意象，无论是对于传统文化的认同还是对其的揭露，周大新对它们的处理与以往的作品都是一脉相承的，构成了一个系统。一路走来，周大新在诉说对盆地文化之恋的同时，也在寻找着走出盆地之可能。

周大新传统文化叙事的根本点在于寻觅传统文化的新生命，并从一开始就坚定了自己的文化理想，那就是：传统文化是民族立命之本，有其强烈的生命力和取之不尽的精神源泉；但传统文化也要在发展中成长，在吸纳外来文化和现代文明中壮实；对传统文化要正本清源，坚守经典，而非彻底颠覆或本末倒置。在《第二十幕》中，周大新详尽地阐述了自己的这一文化理念。《第二十幕》作为他对于传统文化全面深入思考和追问的文本，厚重而圆满，当是他文化理想的大厦和具体的文化行动宣言。

《第二十幕》是一部史诗性的宏篇巨著，以一个家族几代人的命运力陈百年沧桑，历述人事变迁，结构布局缜密，视野开阔而细腻，语言精致而流畅，内涵丰厚，堪称中国的《百年孤独》。这是一部家族史、民族工业史，但内里是民族文化生存发展史。在传统文化中，家是社会的基点，是建造一切的基石，是整个民族的缩微。家族叙事，是史诗性作品的重要行为，因而其负载的功能相当多，只是不同的作品侧重不同而已。在《第二十幕》中，周大新的家族叙事更多地指向文化意义。尚氏家族命运承担的是一个民族文化的叙事，是对价值的弘扬，是对生存与发展图景的描绘。

显然，周大新在诚爱之下对于传统文化的理解是深入透彻而全面的。《第二十幕》成为周大新创作中最完备最宏大的文化场域，我们完全可以将《第二十幕》当作中国传统文化的感性文本来阅读。在尚氏家族中，家长有着绝对的权威，拥有一切的权利；家族利益是一切人的最高的利益，一切以有利于"霸王绸"家族目标的实现为最高准则和行动纲领。正如小说中卓远为女儿容容分析得那样："这种家庭通过辈辈相传的教育，让为实现那个目标而奋斗的精神深深浸入他们家庭成员的血液和头脑，使实现那个固定目标成了这个家庭成员活在世上的目的。"[1] 家族成员的成长，最终都要以家族文化和伦理来检验，在精神上都要认祖归宗。女子无才便是

---

[1] 周大新：《第二十幕》（上），北京：人民文学出版社1998年版，第348页。

德,男人是家里的天,强烈的男权意识和对父权的崇拜在故事文本中处处皆是。这些弥漫于尚氏家族的精神和文化气息,丝丝缕缕都是传统文化的血脉精髓。而尚达志这个人物更是传统文化活的载体,其言行就是对传统文化的灵性抒写,是儒家文化的化身。他时刻为"霸王绸"的生产焦虑,总有一种"生于忧患"的精神。他对于家族精神的维护和强化,对于贪图物质享受的高度警惕,对于儒家文化伦理的传承,是那样执着。他强烈的"爱物胜于爱人"是男人立业之为,与儒家的"立功"思想极度吻合。他一生隐忍、节俭,更是儒家人生圆形哲学的精义所在。

《第二十幕》与一般的家族叙事文本还有着一点根本性的不同,那就是叙述的内驱力来自于家族精神。尚氏家族的命运走向一直是由家族精神维系的,所有人的言行举止都在家族精神的笼罩和制约之下。因而,家族精神成为文本和人物的双重支撑。是的,如前所述,尚氏家族的家族精神就是传统文化的凝聚,或者说是周大新以民族文化之精粹浇铸成了尚氏家族精神。对于《第二十幕》,最具价值的是:如此的家族精神立足的传统文化的根基,是因时而动、因势而变的。这其中蕴藏的,自然也就是周大新的文化理想。

《第二十幕》讲述的是尚氏家族织造"霸王绸"的故事,这本身就是一个巨大的隐喻。丝绸当是中国国粹,是民族文化的象征物。种桑养蚕,是乡村人的家常事,也是农耕文明的重要内容。剥茧、抽丝、织绸,原本也是最为原始的手工业。但到了工业文明时期,纺织又首先走上机械化之路。纺织技术需要提高,需要借助现代化的机器,而养蚕之本不会变,蚕丝的选拣也离不开老经验。所以,霸王绸的织造和发展过程,折射的就是传统文化与现代文明交错互动的过程。固守和珍惜传统的母本,有立场、有选择地接受新文化,或激活或改造传统文化,才是传统文化生存和发展的正确之路。同样,尚氏家族的荣辱兴衰也是与家族精神的守旧与新变紧紧相连的。无论是"早课",还是诸多的家族仪式和规范,都在强调家族文化的内质。尚达志身体力行,又时常对家族之规进行解读和完善。每当尚氏家族遇到重大事情或遭遇冲击时,尚达志有关家规族训的言说就会如期而至。尚达志是保守的、固执的,但同时他又是通达的、求变的。为了织造"霸王绸",他主动学习和采用先进的技术;随着社会的发展,他也在改造家族精神，充实一些富于时代性的内容。他清楚地认识到，工商业的发展必然要与现代化对接，要对传统进行革新和超越。在剔除传统中的不合理因素的同时，他也十分注重外来文化的注入。就是在他成为百岁老人之时，他仍然能放眼世界，大胆改革，竟然还兴办丝织大学。正如余英时先生所说："相对于任何文化传统而言，在比较正常的状态下，'保守'和'激进'都是在紧张之中保持一种动态平衡。例如，在一个要求变革的时代，'激进'往往成为主导的价值，但是'保守'则对'激进'产生一种制约作用，警告人不要为了逞一时之快而毁掉长期积累下来的一切文化业绩。相反的，在一个要求安定的时代，'保守'常常是思想的主调，而'激进'则发挥着推动的作用，叫人不能因图一时之快而窒息了文化的创造生机。"[1] 尚达志正是如此面对家族传统，使"保守"与"激进"、"立"与"破"达到一种和谐。因为这样的和谐，传统文化得以传承，并得以绵绵不息、时有新鲜，从而焕发出强劲的生命力。

可以说，他的《第二十幕》，回望了整个20世纪，以平民生活为牵引，勾勒出了这段历史发展的线条。而《21大厦》本身就是21世纪的象征，是对新世纪之初的精神描摹。他在点旺传统文化薪火的同时，也在晾晒其阴暗，为的是重塑民族精神。

三、女性形象的平民叙事

周大新是一位十分关注女性并着意女性形象塑造的作家，他毫不掩饰对母性博爱的崇拜。他说过："我认为女人与男人相比，女人身上的好处、长处更多一些。她们身上的善良、宽容、忍耐等优点都让我感动。我愿意歌颂她们，关心她们，帮助她们。我不愿意把她们写得太坏。"[2] 对女性怀着虔诚、敬意态度的当代作家中，周大新和刘庆邦是笔者十分在意的，恰

---

[1] 余英时：《钱穆与中国文化》，上海：上海远东出版社1994年版，第216页。

[2] 周大新：《去看战场》，北京：解放军文艺出版社2002年版，第45页。

好他们都是河南人。从地域文化的角度分析，这里面也许还有共通之处。刘庆邦笔下的女性是诗意的，这是对女性传统美的追忆，是对生活滤净后的诗性。同样，周大新对女性也是尽绘其美，他的笔下流露的是对女性传统美的向往。二者的差异在于周大新笔下的女性就生活在我们身边，刘庆邦笔下的女性生活在过往的回忆中。周大新站在民间的立场，像讲述亲朋好友的故事那样平实而现实地叙事，以此塑造富有传统美德的女性群像，建造属于自己生活观念和审美取向的女性世界。

周大新十分欣赏传统美德浸染之下的女性，这或许不是女权主义的理想所指，也非精英分子的话语，却是平民视角之下的女性生活。《汉家女》中的汉家女泼辣，有男性化的一面，但对于丈夫、对于家的那分爱，是女性天性的焕发，自然不做作。一个要上前线的战士从没有见过女人的身子，而偷看了她洗澡。她又骂又打，是出于女性传统贞操观的本能。后来得知了原委，她主动要给那个战士看身子，让他亲吻搂抱，则显露的是一分女性的柔爱。《香魂女》中的银娥坠入命运的深渊，但出于对儿子的爱，还是让另一个女人走上和自己一样的命运，虽然她最后醒悟了。可以说，这两者都是出于女性的大爱。还有《银饰》中的碧兰、《紫雾》中的素素、《伏牛》中的西兰和《走出盆地》中的邹艾，都闪耀着善良、坚韧、宽容、敢于追求而又勇于承担的健康精神，为了心中所向，具有令我们叹为观止的牺牲品质，她们构成了令我们感动而钦佩的女性人物长廊。

同样是在《第二十幕》中，周大新对于女性形象的刻画达到了广度和深度的双重极致。盛云纬、宋小瑾、草绒、顺儿、容容、栗丽、绫绫、卓月、曹宁贞等众多女性人物，出身不同，性情各异，或执着倔强，或纤柔和顺，或清高孤傲，或纯美清澈，命运也是令人扼腕的，但她们个个都闪烁着大美和大爱的光芒，让我们看到她们美丽的心灵和身影。在这之中，盛云纬这一形象倾注了周大新的完美之意，形象也达到完美之境。盛云纬出身于大户人家，从小受过良好的教育，读书、学琴、练字，家里是按大家闺秀的标准来培养她的。12岁以后，父亲去世，家道日渐败落，她倒学得了一手结丝织绸的好手艺。她长得端庄标致，具有东方女性特有的美。她为人善良、正直、重情义、待人宽容，性格细腻而坚韧。她对尚达志有恨，恨他爱物甚过爱人，没能舍弃物欲追求自己的幸福，从而让她一辈子活在煎熬之中。可与此同时，她却终其一生深爱着尚达志，甚至达到了灵肉分离的境界。无论世道如何变化，无论尚达志遭遇何种变故，她的爱是那样坚定，可以为尚达志付出自己的一切。为了自己所爱的男人，她不惜牺牲自己的幸福，把一切的痛苦深埋于心底。她的这种爱是无私的，不求索取的；她的爱与恨是炽热的，她的心胸是开阔的，处世是畅达的。她可以向社会和人生的许多东西妥协，但绝不向自己深藏的情感妥协。她是尚达志的情人，又是一位母亲，男女情爱和母爱在她血液里流动，一生奔涌不息。是的，她外表美丽，知书达礼，温柔纤细，是理想的爱人；她心思缜密，能为爱守住一切的私密，是理想的情人；她怀天下之大爱，容纳世间一切，可谓母仪天下，是理想的母亲。可以说，她就是一位美丽的女神、人间的天使。她占尽人间之美、天下之爱，智慧超群，但命运十分悲苦。尽管一生身处水深火热中，她却坚强地活着，心中时时装的是他人。周大新对盛云纬是敬仰的、膜拜的，是同情的、怜悯的。从盛云纬身上，我们看到了中国传统女性的大美大爱，说她是传统女性的杰出代表并不为过。这样的女性，活泛在传说之中，跃动于人们的心头唇间，也切实地行走于我们的生活之中。

如果说，盛云纬浑身散发着浓浓的传统气息和历史的光泽，那么《湖光山色》中的暖暖就生活在我们的现实生活中，暖暖是传统之美与现代文明的复合体。暖暖走出盆地到北京打工，是一个长了见识的乡村女性。北京，更多的是文化意义的象征。她在北京打工，表明她进入了当下文明的核心地域。对于乡村人而言，能到北京打工，是高人一等的，是有脱胎换骨之感受的。在北京打工的暖暖，尚未结婚。按照乡村习俗，未成婚的姑娘还是个孩子，还处在成长期。这就是说，暖暖先是在盆地的传统文化中成长，后又受到最前沿文化的哺育。因而，当她再回到盆地时，她才真正完成了一个人的成长。她是因为父亲有病才回乡的，这暗示着她的根永远是在乡村，都市只是她接受新文化的驿站。走出盆地的脚步，最终被生命和精神之根绊倒，但这并不影响她在成长之路上沐浴灿烂的阳光。一个女孩，年轻貌美，聪慧有情，有乡村的自然纯朴，又有大都市的时尚熏染，那当是时下理想女性的化身。而这之中，暖暖高远的眼光、强烈的上进心和不懈的追求奋斗，让她现代女性的光环更为耀眼。

暖暖把在城里辛苦打工挣来的八千元全送去给娘治病。当娘出院时，家里的钱也花得精光，这意味着暖暖从北京带回来的只剩下思想之类的精神财产。暖暖重新回到了真格儿的农民身份，不得不在楚王庄下地干活。从此，她的生活踏上了新的征途。暖暖不愿屈从于村长的权势与村长弟弟成婚，却要嫁给一无所有的旷开田。因锄草剂事件被骗，旷开田被诬告进监狱，暖暖被迫委身村长詹石磴。为了扩大经营，她又一次投怀送抱。但这并没有打倒她，反而让她更加坚强，思维也更加活跃起来。她利用村里的楚长城遗址，吸引四面八方的游客，做起了绿色旅游业生意。然而，苦难总是如影子般尾随着暖暖：当她的事业有了很大改观时，曾经深爱着她的丈夫又抛弃了她；她试图合法经营时，又被已经离了婚的丈夫暴打一顿；她努力改变了家境，却失去了家庭；有青葱嫂，她看到了致富的希望，却失去了女儿的纯洁。其中，詹石磴和旷开田给予她的苦难和他们的罪有应得让人印象深刻。詹石磴依仗权势欺侮过暖暖，占有过他想占有的女人，终了眼睁睁地看着亲生女儿被他人玩弄。她看好的淳朴男青年旷开田，也无法避免在物欲与权力的诱惑下变质：旷开田由穷光蛋变为首富，飞扬跋扈，到底也摆脱不掉银铛入狱的结局。暖暖更没想到的是：当她希望利用本地的旅游资源使这个村庄摆脱贫困时，却给整个村庄带来了无尽的灾难。

暖暖是不幸的，却是可敬的。对詹石磴，她有深仇大恨。但在詹石磴不久于人世之际，却以德报怨，以仁爱之心冲淡往日冤仇，甚至还为詹石磴送去了医治的费用。如此圣母般的大爱，是植根于她生命和灵魂深处的，是传统伦理催化的产物。同时，她身上的现代意识又是那样鲜明。比如鼓动旷开田参与村长选举、发现本土资源价值、开办旅游公司、请律师打官司等等，无一不显露了她的民主意识、经济意识、创新意识和法治意识。周大新赋予了暖暖最完美的女性形象，这也是他对女性之美的尽情展露。

在这里，我们发现，周大新并非是将女性作为"被看"对象，是在男权色彩之下拿捏女性。在他看来，男女是有别的，而这种有别落到生活之中，就是男人有男人的活法，女人有女人的生存之念。在他的作品中，男性与女性常常是处于对立状态的。但深入其里，我们会发现互倚才是男女真实的生存状态。我们常常会陷入理论话语制造的陷阱，过于夸大男女之间的不平等地位或者过于理想化地寻找女性意识的突破，而否认了男女有别。男女之别，是生理上的，也是心理上的；男女的和谐当是各尽其能，各展其美，各守其质。如果彼此越位了，彻底颠覆了性别角色，抹杀男女之别，那么也就违背了天理人伦，也就是反人性的。

我们同样可以发现，周大新刻画的女性世界中的人物，命运都是悲苦的，可以称得上女性的苦难叙事。这是对女性生存状态的如实书写，也是对女性命运的深度思考。无论是集传统美德于一身的古典女性，还是随文化而新的时代女性，她们给了人间温暖，可以拯救男性，却无法真正左右自己的命运，无法建设自己的幸福家园。在周大新的笔下，女性都是水命，滋润着人世间的一切，自己就兀自悄然流淌。水无形，就可幻化万物之形；水，看似柔润，但蕴有无限力量。这就是女性的大美。周大新用心、用情地诉说着女性之美，倾心纵情地彩绘女性世界的丰盈与饱满。而女性不幸凄悲的命运，与其说是缺憾，还不如说是周大新以此为女性呼喊，让世人走进她们的心灵，倾听她们的脉搏，更多地发现她们的真善美，体味她们对于这个世界的付出和对于人生的支撑，从而敬重她们、关爱她们，最终与她们和谐相处、共度人生。

结束语

乡土，是人类灵魂的栖息地。平民，生活在底层，最能品尝到人生的滋味，是民族坚实的大地。他们的命运，是整个人类生存状态的现实本真的写照。周大新为平民的写作，是对传统文化的生存与发展的叩问，是对民族的自然性和历史性的梳理，是对人类生存境遇的书写。平民意识，是他观照民族和人类的一种向度、一种路标、一种阐释方式和价值视野。

他平和略带同情地讲述平民百姓的心路历程，其实是拷问人性，以此激荡沐浴于民族文化之里又迎面遭受现代文明冲击的心魂。他笔下的人物，人性是丰满的、多向的、有阳光的，也有血腥冷酷的，但都是鲜活的，都是人类众多生命的真实行走。他不作道德性的评判，是为了加大人性的开掘深度。无论是男性还是女性，周大新都从文化的视角肢解他们的内心，让他们的原生态大白于天下。他的创作是审美想象、情感体验和文化追问的结果,呈现出内心的巨大焦虑和怀疑,体现出对民族生存、人类群体意识和永恒价值的寻找与追求。

强烈的民族精神和对文化的深度体悟,使周大新用心关注文化由传统向现代转型,并采取了扬弃的态度,在歌颂中坚守,在批判中重建。他以植根于人类大地的人文精神,对世界,对人,对"存在"与"在"作出深刻思考与回答,对民族生存状态、自我存在意义、自我存在方式、现实图景关注等倾入了平民的现世的人文关怀。走出盆地,是为了寻求更广阔的生存空间,尽管是一次次的失败。但周大新就是要在这绝望之上建立起自己的人文精神支点,坚守着作家的良知和使命。不确定性表明思索总是在路上,对话一直进行着。

我们有理由相信,周大新的创作对20世纪和21世纪多元文化挟裹下的人性走向的研析,是有深度和力度的;对于那些迷失于物欲沼泽的灵魂,他的平民化叙述,是有指示性作用的。他诚实的平民情怀的创作,深入了历史,融入当下语境,心灵始终在场,而且直抵人性和社会深处。他真诚面对内心的巨大焦虑,不回避民族发展的忧思和人类生存的漩涡,批判中有脉脉温情,使他的话语更具力量。"所有第三世界的文本均带有寓言性和特殊性,我们应该把这些文本当作民族寓言来阅读。"[1] 应当说,周大新的作品是一个内蕴极其丰厚的寓言世界,是值得我们细细品读的。

---

[1] [美]米弗雷德里克·詹姆森:《处于跨国资本主义时代中的第三世界文学》,《新历史主义与文学批评》,北京:北京大学出版社1993年版,第230页。

新官场文学的经典之作
——评周大新长篇小说《曲终人在》
胡平

一名作家的创作计划是常常不对外宣布的,所以作家有时能给人带来惊喜,对于周大新来说更是这样。你无法预测他正在写什么,但几乎可以肯定的是:他只要在写,就会是全新的探索。这一次,他给人带来的惊喜是分外的:长篇小说《曲终人在》的出版激动了新闻界,网上以"周大新小说《曲终人在》首次涉足官场""《曲终人在》:拆解中国官场的奥秘"等标题热烈地回应了作品的问世。大凡读过《曲终人在》的,不论普通读者还是业内人士,多交口称誉,给予高度的评价。这些都说明这部作品获得了广泛的社会影响,作者在新题材的处理上再次获得了期待的成功。因此,这部新作是值得细细研究的。

从谷俊山谈起

现在,大家知道,周大新写《曲终人在》与谷俊山有关。周大新任总后勤部创作室主任时,谷是总后勤部副部长,两人都住总后勤部大院,见面时免不了寒暄几句。一个很受尊敬的领导、熟识的邻居,忽然出了很大的事,自然带给周大新一些刺激,促他思索这样一些问题:一个人如何能同时过两种生活?是什么使谷副部长敢于侵吞国家巨额财产?谷副部长又是怎样顺风顺水,直至登上治理国家和军队的高位?这种思考成为他创作的初始动机。在定稿的小说里,身居军队要职的魏昌山终于住进了监狱。他来自乡下,由不谙世事到人情练达,再到万劫不复,走了一个轮回。他的原型正是谷俊山。魏昌山不是小说的主角,只是一个配角。这个配角却是了解此作的一把钥匙,是作品最初孕育的细胞。创作是一个完形过程。依照沃特海默的解释,创作过程是从一种结构上不完整或不令人满意的情境(S1)走向一种提供了解决的情境(S2);在从S1到S2的过程中,缺陷被填补了,一种更好的完形也就形成了。这种集合、组织和形成结构的过程在所有创造性思维中都存在着。创造者首先想出S1的某些特征,然后依靠这少量的特征必定可以回忆出完整的S2。谷俊山事件是一个强烈的信号,它催生了一部长篇小说,向文学家提出了一个难以回避的现实命题。

《曲终人在》的出版,展示了周大新创作丰富的可能性。如果同意把《曲终人在》大致归于官场文学的话(也许没有别的名字更接近),那么就意味着周大新的小说创作开拓出了一个新的领域。——也许人们从未想过周大新能写出超群出众的新官场小说。

作家和运动员是很不一样的:运动员的能量集中爆发在体能最好的几年;作家的能量在创作中不断发散,又在生活中不断积聚。理论上说,一个精于体验和表达的好作家,是可以一辈子写不完的。周大新就是这样的作家。他涉猎的题材很广,首先当然是以家乡南阳盆地为背景的乡土题材,如《第二十幕》《湖光山色》等;又有军事与战争题材,如《汉家女》《战争传说》等;再有历史题材,如《银饰》;国安题材,如《预警》;都市题材,如《21大厦》;家庭题材,如《安魂》等。特别在创作后期,几乎一部作品一种题材,直到今天忽然拿出他的官场小说。周大新被证明是一位适应性极强的作家,一位善于艺术完形的作家,他不喜欢重复自己,一段时间里常将兴趣集中于一种领域,直到聚集的能量充分释放。处理每一种题材,他的投入是全力以赴的。例如,写反映明朝中叶北京保卫战的《战争传说》时,周大新专门拜访历史学专家,力求在对战争理论、战争本质和全部战争史的深度认知下考察一场具体战争,从而把作品写得风生水起、意蕴厚重。令人诧异的《21大厦》证实了作者适宜都市写作的灵活性。作品透过一个保安的视角,将栖息在豪华大厦里形形色色的各样人的生活方式和生活秘密揭示得淋漓尽致,使人不得不佩服作者穿透新环境、新时代的力度。

同时,周大新的写作又始终是诚实和忠于内心的。作为军队作家,他的军旅生活积累虽然相当厚实,但他从不轻易涉及现代军事场景,一贯保持着审慎态度,这是需要许多定力的。他只构思属于能够自如表达真切感受和真挚感情的样式,结果是保持了他总体创作的无可置疑的文学品质。

谈过了这些,再来看《曲终人在》,就可以意识到这部作品又一次开辟了他创作的陌生天地,使人们又认识到一个新的周大新:一个极长于写官场的周大新,他还在重新发现自己。他与王跃文走了相反的路:后者先在官场写作上取得盛名,后不满于人们以为他只能写官场,发表了《漫水》和《爱历元年》等作品,证明他写别的同样是出色的;前者先在其他领域里成就赫然,然后转向官场,同样表现不凡。这说明周大新和王跃文都是真正的作家,是能写一辈子还写得很好的作家。这种作家并不多见,他们只能以"才华充盈"来形容。

《曲终人在》是一部高档次的官场小说,是能改变人们对官场文学观感的作品,它表明作者是真正熟识官场的。一般写官场的作者,不乏觊觎官场之人,大都并未真正在官场上混过,写出的东西不免沉溺臆想,常将自己的价值观混淆于人物。周大新完全不同,他处的位置使他有条件广泛地接触官员,包括接触高级官员,譬如谷俊山那样的高级官员。他笔下的高级官员们,应该是皆有原型,从形貌到性格多有依据,所以读者不致怀疑内容的真实性。凭这一部作品,周大新也可被视为中国现代官场小说的经典作家。

当然,写这样一部作品的念头,在周大新那里应该盘旋了不止一两年,迟迟没有付诸实施,更多与外部环境有关。他自己说:"直到'十八大'以后,看到中央反腐这么认真,决心很大,我觉得应该开始写了。"是谷俊山事件促使他最后下了决心。外部环境对于作家创作具有非常大的影响,直接关系作家的情绪和由情绪动员的想象。将来写文学史,可能需要把"十八大"后一批"正统"作家不约而同地创作的一批反腐与官场作品归于另一个阶段。除《曲终人在》外,还包括苗长水的《梦焰》、陶纯的《一座营盘》等。这些正统作家过去是不肯蹚这道水的,他们的介入以及形成的新的创作潮流,确与时代氛围密切相关。

对旧官场小说的超越

官场小说的滥觞可追溯到晚清的《官场现形记》等谴责小说；新时期以来，"反腐小说"为官场小说的前身。与反腐小说相比，官场小说更重视对官场文化、官场生态的揭示，读者众多。而长期以来，这类作品多以描绘官员腐败生活与政治较量、提供升官秘籍、满足读者窥视心理为圭臬，采取模式化生产方式，忽视文学性，基本被视为消费文化的一种，为文学界所看轻，一般严肃型的作家很少进行此类创作。

有政治，有官员，便有官场。"十八大"以来所掀起的反腐风暴，正说明官场治理已成为举国上下的头等大事。在这一形势下，文学创作继续对官场书写保持沉默是不合时宜的。

较长时间以来，中国主流文学对社会生活中政治生活的回避与疏离是显豁的，这一倾向还被辅以理论上的支持。通行的看法认为，文学中的政治情绪与政治意图对文学性产生直接的危害。但问题的另一方面在于，中国的国情决定了中国官场对社会生活的方方面面影响重大，对社会人的人格形成与人际关系也起到至为关键的作用。因此，主流文学中官场写作的缺失，并非一般的不足，而可视为严重脱离现实生活、脱离文学责任的结构性损伤，也成为严重脱离读者的一种原因。这不能说明作家们不关心政治，但他们日常频繁的话题往往在作品中觅不到踪迹。在这样的背景下，周大新《曲终人在》的意义就显得非同寻常了。

周大新给官场文学带来的，不仅是一部来自主流作家的作品，也是一种来自对主流文学界的改造。

通俗的、消费的官场文学，虽然触及某种生活实质，但它们关照的主要是官场中的"场"，而不是官场中的"人"。它们对官员的描写经常是意念化、庸俗化和同质化的，很难反映官员群体复杂的完整的现实形象。这类作品中，高层神秘领域的呈现、潜规则的解读、职场升迁捷径的演示，成为吸引读者的主要来源。红极一时的《二号首长》，封面上赫然印着"当官是一门技术活",这句话道明了全书的看点,即向上爬的路数。某次,调查表明,官场小说读者中党政机关的公务员占30.5%,工商企业工作人员占27.1%,事业单位工作人员占20.3%。三者相加,占到了阅读总人数的79.7%。公务员中,级别越低,阅读率越高。这种情况说明了这类小说的生成基础和实用性,也反证了文学性的稀薄。

周大新自然是深谙流行官场小说的弊端的,他要对这种样式进行脱胎换骨的改造:首先使文学完全回到人学,突出人物在作品中占据的核心地位。

《曲终人在》的结构,即已清楚地宣示了作者不同的写作理念。作品采取采访实录形式,集合了不同人等对已故省长欧阳万彤的回忆,以此完成对主人公人生轨迹的追溯,及对其思想、性格多方面特征的揭示。这当然是为了更集中地述说人物。

什么是人物以及如何写好人物呢?茅盾对此有过精到的阐释,他说:"'人'是我写小说的第一个目标。我以为总得先有了'人',然后一篇小说才有处下手。不过,一个'人',他在卧室里对待他的夫人是一种面目,在客厅里接见他的朋友或亲戚又是一种面目,在写字间里见他的上司或下属又另有一种面目,他独自关在一间房里盘算心事的时候更有别人不大见得到的一种面目。因此要研究'人'便不能把他和其余的'人'分隔开来单独'研究',不能像研究一张树叶子似的,可以从枝头摘下来带到书桌上,照样子描。'人'和'人'的关系,因而便成为研究'人'的时候的第一要义了。于是,单用了'人'还不够,必须有'人'和'人'的关系,而且是'人'和'人'的关系成了一篇小说的主题,由此生发出'人'。"我们可以看到周大新对前省长的塑造正体现了这一方式。在书中,作家"周大新"应聘撰写前省长的传记,分别接触到欧阳万彤的妻子、前妻、儿子、亲戚、秘书、司机、朋友、上级、同乡,以及其他有过交往的人们。他们向作家讲述了各自眼中的欧阳万彤,对他评价不一。欧阳万彤的面目,在他们的讲述中不断变换角度,不断得到补充和丰富,不断由模糊走向清晰。在不同人的面前,他显露出不同的侧面,给人留下不尽相同的印象,即使他的两任妻子、与他关系最密切者,对他的印象也有差异。正是如此,一个当代省长的形象得到了全面、立体和精细的刻画,这是绝大部分官场作品从未做到过的。周大新以自己的文学修养,刷新了官场写作的格局。

正面的突破

同样具有重要意义的是,这部作品改变了官场小说的一贯定式,其主人公不是贪官,而是一个较为正直的、造福桑梓的好官。相对官场写作的通则,这是难以逾越的鸿沟,不过周大新做到了。

从不承认有官和官场,到承认它们的存在,是中国社会的进步。但官场很大,官员众多,人心不同,人各有志。倘若官场上皆为贪官,是不可能出现今日之反腐局面和"官不聊生"的现象的。一般写官场的作家不愿写好官,是由于好官不好写,正所谓画鬼容易画人难,说到底还是由于没当过官,熟悉的官员太少,或写官员的本事不到家。文学作品中的"好官"不是概念,不是理论对象,不是江水英、郭建光、杨子荣、李玉和那类宣传性的画像,应该是活着并使读者理喻的人。在当下的官场生态中,一个好官的存活是难免要付出一定的道德代价的,描摹"现实形态下的好官"也就成为创作上的一种挑战。只有高手,才能解答好这道难题。

看来,周大新正是这样的高手。他笔下的欧阳万彤,并非江水英、郭建光、杨子荣或李玉和,并非大公无私,而是大公有私。特别在钻营官场初期,他是用了些手段的。他想当官,最早出于不受人欺负的动机。为了娶县长的女儿,不惜与未婚妻分手;为了当上县长,走过魏昌山岳父的路子;妻子林蔷薇想升迁,他缠不过她,利用位置帮她实现了愿望;遇到重大变故遭到免职时,又是靠了魏昌山岳父才东山再起。魏昌山是他的同乡,早年没有他脑筋活络。是他在关键时刻指点迷津,指挥魏昌山大胆追求有背景的女同学武姿,将生米煮成熟饭,使这个凤凰男进入京城老将军家庭,从此官运亨通。最后,欧阳万彤也并非完全忠实于配偶,在女演员殷菁菁面前有过一时的失态。

这样一个挑得出毛病、不那么符合章程的官员,能否还算一个"好人"?这就要看人物所处的环境了。欧阳万彤是农民出身,祖辈无人做官,现世门户卑微。欧阳万彤家曾为水沟的事与邻人发生纠纷，家里有男人被打瘸腿，却因对方乡里有人，告不下状来。所以，父亲一心指望欧阳万彤将来能有一官半职，保护门庭。如此说来，欧阳万彤不放弃一切机会往上爬，还是有值得同情的理由。爬上去以后，要保住位子，要继续进步，也还是需要寻找靠山和人脉资源的，他做了一些在中国官场上不得不做的事。也许他不这么干，官场上就没有他这个人，小说也就失去了主人公。

可是，欧阳万彤仍然是个有良知的官员。他说："我们这些走上仕途的人，在任乡、县级官员的时候，把为官作为一种谋生的手段，遇事为个人、为家庭考虑得多一点，还勉强可以理解；在任地、厅、司、局、市一级的官员时，把为官作为一种光宗耀祖、个人成功的标志，还多少可以容忍；如果在任省、部一级官员时，仍然脱不开个人和家庭的束缚，仍然在想着为个人和家庭谋名谋利，想不到国家和民族，那就是一个罪人。"这话是顺应情理的。依照马斯洛的理论，人类有五种主要需要：生理需要、安全需要、爱与归属的需要、尊重需要、自我实现的需要。这些需要由低层次至高层次，依次发展。当上省长后的欧阳万彤，官做大了，身上的责任重了，对生命价值和自我实现的认知也有所修正，属于自然的事情。作品中的这一笔很是关键，为主人公后来的所作所为奠定了人性基础，也把他和其他一些官员区别开来。我们在其他官场作品中从未见到过对官员心理进行这样的描述，它基于作者对官员复杂心态的深入体察。

欧阳万彤是个要做事的官员，想使清河省经济和社会发展在他手里再上一个台阶。他努力固守农业，发展工业和信息化产业，进行商业环境的营造，实现教育事业的兴旺；他积极扶持民营经济，救助了一批民营企业；他关注民生，亲自为民工子女上学打开通道。对于政治，他是直接参与者，也是颇有想法的探求者，曾设想在一省对改造政协功能进行实验，使省政协委员不由组织部门选定，而由各界别民主选举产生，实行对各级官员的监督。他关心国家安全，主张少购买美债，警惕由美国控制因特网产生的安全隐患，尽快控制稀土开采出口，发展尖端武器的生产能力。在军事上，他则希望能够解决好军队的用人问题，加速更新武器装备，抓紧训练。在施政上，他具有高级官员的胸怀，乐于听到不同意见，包括不入耳的尖锐意见，不会动辄给人扣上"不同政见者"的帽子；他与不少高级知识分子交友，与他们交流有关社会发展的见解；对于大学里出现的似应取缔的《新启蒙》那样的"自由主义"刊物，他果断采取保护措施，提供资金支持，将编辑部纳为市委的智库。可以说，作为高级领导的欧阳万彤，已成长为一个自觉的政治家、想有大作为的政治家。这样的领导干部，并不稀少，他们活跃在中国官场上。而能够写出这样一位有现代气派的政治人物，写出他的精神气质、知识结构、活动范围、兴奋点和处理政务的方式，却不是普通的官场作家能够做到的。对一名封疆大吏的入微刻画，展示了作家的多方面才能。周大新毕竟身处上层，具有深入上层生活的特殊资源：他能够了解到熟悉的官场人物；他平时关心和思考的问题、积累的阅历、对国情的熟悉程度，不会弱于一个普通省部级干部。真正厚重的官场小说，是他这样的人才能写出来的。

《曲终人在》的重点，放在叙述一位正派的官员如何在官场中洁身自好、艰难持守和力求开拓，更多地体现了正能量。在中国大部分文学题材的表达里，写假比写真容易、写恶比写善容易、写丑比写美容易、写卑贱比写崇高容易，这已成为一条普适的规则。周大新选择了努力表现真善美与崇高的方向，显然是走上了困难的道路。但其创作的意义是非凡的：能够正面揭示理想与现实的冲突，使理想与现实在相互对映下展示得更为强烈。

在小说中，周大新着力写出了为官不易的一面。他们要应对的东西毕竟太多，决策之下引出的影响也是难以忽视的。他们并非常常风光，倒可能是最不自由的人：欧阳省长有时一顿饭要吃四五次，疲于应酬；如厕不得轻松，因为厕所外常有人等着请示汇报。令他终身抱愧的是，当县长时，有过一名叫阮若的年轻干部来告庞副县长的状，说庞侮辱了他的妻子。欧阳万彤经调查后驳回了申诉。三天后，阮和妻子竟抛下幼女双双自杀。这才导致庞作案真相的暴露，使欧阳万彤痛悔不已。这些描述，在官场以外的读者读来，会是新鲜和异样的，会留下较深的印象，因为这类内容不易在别的文字中读到。

周大新初次把神圣的做官写成了一种通俗的行当："做官和挖煤一样，只是一种职业，而且是一种风险等同的职业。"这是行话。对于有良知的官员来说，需要时时提防职场陷阱；对于缺乏良知的官员来说，也需要提防遇到"塌方",这一点上,谷俊山也会有同感。

欧阳万彤要做好官,面临的风险就更大。他自己警惕性高,但妻子经验不足,导致一任妻子因被公关而入狱,一任妻子险些落水。他手中握有实权,便首先要面对亲戚、朋友、同学的索取,其次要面对把他提拔上来的领导的索取,第三要面对同级别官员想交换利益的压力,第四要面对来自各种老板的压力,第五要面对来跑官的下属的情面,第六要面对班子里意见相悖者的算计。所以,这个官当得并不快活。做工作和得罪人是一对双胞胎。海富集团的矿业污染了河岸,造成了当地癌症高发、婴儿畸形。欧阳万彤采取措施坚决制止,但引来从本省到邻省到中央的大量电话。一家歌厅因市里安全督查不严,夜里失火,烧死了二十几个青年男女。欧阳万彤严厉处分该市市长,遇老领导劝阻,他反复解释,而对方对他摔了电话。京城童公子来省里拿高速公路的标段承包权,被欧阳万彤搪塞过去,招致公子破口大骂。老板简谦延的污染企业使村民健康受到损害,当地生出的孩子缺胳膊少腿。欧阳万彤管了。简谦延怀恨在心,设计陷害了欧阳万彤的前妻林蔷薇,由此导致欧阳万彤被免职。市财政局副局长关越阶非法挪用公款借贷给简谦延,被欧阳万彤查处,但关越阶的岳父是省委副书记秦成康。从此,秦与欧阳结下死仇,成为迫使欧阳万彤以后辞职的重要的政治力量。另外,欧阳在处理食品造假、制造伪劣工程材料、官员贪污索贿等事件上,也都得罪过人。为此,他遇到过不明卡车的突然冲撞,被传说患有老年痴呆症,收到过威胁信,亲生儿子与他断绝了关系。更要命的是,他所得罪的北京的高官,决定了他不得不主动在省长位置上退了下来。他只活到六十岁出头,而恨他的人们连追悼会都没有放过:殡仪馆外有一群戴墨镜、戴口罩的男女敲锣打鼓,拉出了"热烈欢送酷吏欧阳万彤去地狱报到"的横幅。

实际上,欧阳万彤不是不懂人情世故的领导干部,他处理每一件情况复杂的事情,都尽量做得委婉,不使对方多伤面子。省里高官夫人们拉拢他妻子常小韫聚会打牌,有意输给她不少钱,欧阳万彤获知后要常小韫把所有钱分几份购买礼品送给夫人们;表弟把女雇员的肚子搞大了,对方索赔十万元,惊慌的表弟要姑姑出面和他说,请公安局出面了结,他不肯办,但拿出五万元帮助了表弟;童公子来求他时,他表面上有所应承,实际上在招标时一视同仁。可是尽管他用心良苦，却少有人能原谅他，都认为他的做法不够正常。这就是国情。《曲终人在》通过一位清官的执政经历，深刻揭示了"十八大"前官场的现实生态：清官不可能独自挑战和改变一种生态，其作为也就是有限的。欧阳万彤的结局具有悲剧色彩，是他能预料到的。他早就认识到问题的关键在制度建设。他曾私下对秘书表示过，中国官场和外国官场有所不同：外国官场是一个受到法律严格限制和新闻媒体严密监督的场所，所有进入官场的人首先被作为可能的犯规者和犯罪者对待，对其所有的行为进行监督；中国的官场被看作一个伟人的熔炉和道德高地，谁当了官谁就是最聪明和最有道德的人，他的言行就是最符合道德的，他对治下的百姓就有了父母对儿女一样的威权，被称为父母官，他就有了裁判一切的权力，谁也不能对他的决策和话语进行质疑。他以为，这个问题将来一定要解决，要对官员进行有效的监督。他对中外官场都有研究，认识可谓鞭辟入里。他虽然没有实现自己所有的政治抱负，但在任上仍然恪尽职守、政绩突出，赢得了当地群众的高度赞誉。需要看到，欧阳万彤这样的官员，不是孤立的现象，他是具有代表性的。他讲自己从政的动机主要是出于官场是一个人实现自我价值的地方，能让一个人显示自己的政治才华和行政治理才能，满足一个人内心统治他人的欲望、进入中上层社会的渴望、为民族为国家效力的愿望。这种自白是实事求是的，代表了生活中存在的千千万万个正直官员的心态。他们不是为了发财才奔波在这条路上，他们有政治抱负想实现，有政绩想留下，也都曾在现实面前被撞得伤痕累累，他们是中国未来的希望。这部作品纠正了普通官场小说的片面与偏颇，还原了官场真实复杂的场景和官员情态。

《曲终人在》应该被推荐到各级党校中去，相信许多官员读了它后在心灵上会产生震动和共鸣，有的甚至会泪流满面。作品如果能够道出他们的困惑与辛酸、希冀与艰难，强固他们心中游移的理念，就已经达到了自身的目的。这是一部值得各阶层读的长篇小说。

小说也让人们看到了文学与新闻的差异：通过新闻，人们了解到某些官员的清正廉洁、勤勉敬业，某些官员的营私舞弊、玩忽职守，涉及的主要是事实和表象；而文学可以使人们像了解自己的处境、情绪、思绪、愿望那样了解官员，走进官员的灵魂深处。

曾经有过一些这样的作品：作者力图表现"主旋律"，写出鲜活的有血有肉的"正面人物"，也下够了功夫，但到头来所谓正面人物总是不如"反面人物"生动。周大新做到的，却是写欧阳万彤比写魏昌山、简谦延生动。主旋律作品能写到这种地步，需要作家具有多种素质的配合，是很不容易的。

无论在文学性的强化或内容的改造上，这部作品对旧官场文学的超越都是显著的，它建立了新官场文学的一些规范。

艺术之活力

《曲终人在》展示了作者在艺术上的蓬勃活力。周大新的确善于在小说中塑造人物形象。除欧阳万彤外，书中出现的其他人物也有各自存在的理由，各有各的特色。他们多为欧阳万彤的叙述者，怀着不同的心情，操着不同的口音，使用不同的语言，讲述着他们和其他人与被叙述者的关系，这些关系的总和构成了大千世界。作者对他们着墨有限，可是不放过点滴使他们展现自己的机会，涉笔成趣。如写魏昌山，写他家地窖里收有几百箱茅台酒，有些标明窖藏五十年；他与老板们的交往由收现金到收卡再到收金条，形式不断变化；入狱后，他每揭发出一个贪污与受贿者，都会在下次提审时问清该人是否已经被抓，如果没有，就拒绝揭发新人，并把这视为参与反腐的行为。再如写简谦延，写他表面上四处巴结权贵，送金钱又送女人，极尽奉承之意，但他比权贵更精明。童公子被抓后，他能立刻拿出详尽的录像资料，证明自己不曾行贿，只是被童索贿敲诈，从而逍遥法外。又如写林蔷薇，写这个县长的女儿起初对欧阳万彤没多少感觉，由于看到他仕途的前景才嫁给他。县长父亲倒台后，她失去了优越感，反而增加了对丈夫的感情。丈夫的官位每升一级，她都要求自己也相应地有所提拔，最终坏了丈夫的事。被捕后，她又咬紧牙关与丈夫撇清关系，为保护丈夫坚持离婚。又如写祝陀，写他如何官迷心窍，利用老婆常小韫搭救过欧阳万彤的关系，要老婆求情于欧阳为自己谋取位置；以后又想提拔时，暗示老婆用身体勾引欧阳万彤以求达到目的。书中魏昌山的老将军岳父只出现过一两次，作者写他每天晚上要由警卫员们在厅里发动摩托车引擎，使他沉浸在类似战争年代吉普车里行军的氛围中，方能安然入睡。这些人物从京城高官到乡下老农，千人千面，显示了作者熟练的素描技巧。写诗需要年轻一些，写小说则需要成熟一些。周大新能自如地写出职业、经历、地位、做派很不相同的人物，写出各种事件和各种人物关系的关节，自然得益于他的丰富经历和悟性。此作中出现了不少来自人物的理性思考，大都富于见地而不造作，其中包含的一些隽永的警句也耐人咀嚼。应该说，这次创作也为周大新提供了尽情发挥的平台，使他的人生历练得到充分表达。

艺术活力也表现在作者对个人风格的追求和对文本形式、结构的设计上。作品开头的文字就是新颖活跃的，那是以"周大新"本人名义致网友的一封信，说明他受人委托为一位已过世的省长写一部传记，现公开披露若干实录素材；如有人愿出版未来的书稿，并附首印五万册、版税12%的条件，可与他联系。这个别开生面的开头，不只风趣，也因为作者采用的正是拟纪实文体，专意以原始材料形态呈现内容，使读者感到真切。这种写法适应了现代读者注重事实的阅读心理，收到了良好的效果。

素材的表面罗列，没有影响作品的纵深感与故事性。虽然小说中各种人的追忆是分别独立的，但涉及的内容互有穿插。由于口述人所处位置、利害关系、观察视角、采访次序的不同，对同一对象、同一事件的叙述有时带来一些出入和冲突，也留下一些空白，这反而加重了作品的悬念感。

明显的现代悬疑色彩吸引着读者，读者会发现叙述者对主人公的评价大相径庭；在事实真相的揭发上也充满不确定性，需要通过细读一一拼接。譬如，欧阳万彤突然辞职了，书中没有具体解释这一举动的原因，他本人也未作任何表露，这件事上人们有各自的猜测，哪种说法都不能形成定论，要靠读者的独立理解来完成。又譬如，书中的作家"周大新"对常小韫采访了两次，她是他采访的第一人和最后一人。第一次采访中，读者能感觉到这个女人对亡夫的态度不温不火，似有保留。第二次采访中，作家则怀有特殊目的——他已怀疑她与旁人谈到的阮若有关。追问之下，常小韫终于承认，她就是阮若夫妇留下的独女。当年，由于欧阳万彤的工作错误，造成了她父母的自尽。当她发现欧阳万彤就是当年的县长时,她已嫁给了他。实际上,作者在进行文体实验时,眼睛盯着另一方面。他不会为了创新牺牲小说的故事性;他为了保证读者有兴趣地读故事,在作品中埋下了一些草蛇灰线,激发着读者的阅读兴味。

此外,作品里反复出现的唢呐、画笔、大雁和唢呐曲《百鸟朝凤》等意象,在写实空间之上开拓了象征的场域,也形成与其他官场作品不同的意境。欧阳万彤满月抓周时,他的农民父亲希望他将来官运亨通、蔽荫家族,但他没有抓住那方白萝卜刻成的官印,却抓住了一把唢呐和一支画笔。长大后,欧阳万彤果然更喜欢这两样东西,心底里更愿做个吹鼓手或画师——是家庭的压力促使他走上官场。在仕途上,他为无数人羡慕,人们给他以豪华排场,像百鸟朝凤一样供奉他。但只有他自己和最亲近的人才晓得,他其实过得很糟糕,危机四伏,很难兴奋起来。他成为众人的中心,却像离群的大雁那样孤独,唯独自一人拿起唢呐吹奏《百鸟朝凤》时,才能依稀找回另一个自我。最终,他在保险箱里留给后人三样物件:一张孤雁图、一张唢呐曲简谱和一封匿名警告信。前两样物件正是他灵魂的写照,浓缩了他的精神世界,也给人们留下人生与哲学的思索。在为官之道上,他官拜省部级,标志着不俗的成功。但在人生道路上,他又是一个失败者:他的一生是违心逢迎官本位文化的一生,身不由己的一生。如果再来一次,他也许会选择快快乐乐地去吹唢呐,做一个普通人。这些意思,已超越了全书的大部分内容,就不是所有读者能够理喻和认同的了。

《曲终人在》的出现,标志着新型官场文学的形成。它是周大新创作历程中一部不平常的划阶段作品,是令作者再露峥嵘的作品,也是近期中国长篇小说创作的重要收获。这部力作表明,除乡土文学写作外,官场写作或许是周大新创作的又一强项。尽管他显示出这种才能晚了一点,也尽管他的下一部作品可能不再是官场小说。

有意味的形式
——周大新长篇新作《曲终人在》的叙事艺术分析
沈文慧

一般认为，当代官场小说是"侧重表现20世纪70年代末期以来国家公共权力结构中的人情世态，其中既包括这些题材领域中具体的权力运作、人士往来，也包括公共权力对官场中'人'的精神渗透所造成的心灵景观，并着重强调它们都是围绕公共权力而展开的"。其基本特征表现为："以权力运作为中心，以官员为主人公，官、钱、权、色、位五素俱全，重在写官场生态和官运沉浮。"一些优秀的官场小说紧握时代脉搏，贴近现实生活，从官场这一特殊窗口透视中国改革开放和现代化建设的艰难历程，揭示、反思当代中国官场运行机制和官场文化生态，针砭时弊，匡扶正义，体现出强烈的批判现实主义精神和犀利的思想锋芒，表达了人民的心声和时代的呼声，彰显出正义的力量。但官场小说的庸俗化书写倾向也是显而易见的：一些创作者文化品格丧失，"视权术为智慧"，"奉欲念为信念"，过度渲染官场权术，大肆铺排权、钱、色交易。加之题材的同质化、叙事方式的模式化、表达方式的娱乐化，官场小说正在沦为一种庸俗的类型化小说。

周大新的新作《曲终人在》写的虽是官场中的人和事，却不热衷于描写权力运作、宦海沉浮，对一些官场小说精心演绎的权、钱、色交易极力淡化。应该说《曲终人在》是一部"去官场化"的官场小说。如果官场是一条河，周大新就是站在河边的凝望者与反思者。而叙事手法的新颖别致则是《曲终人在》最引人注目的艺术探索和创新。本文将借助叙事学的相关理论知识，重点探究《曲终人在》的叙事特征及其艺术功能。

一、反情节化的情节结构

周大新擅长讲故事,他的小说大多有跌宕起伏、引人入胜的故事情节。这些故事一般线索清晰,既悬念迭出又环环相扣,如同一棵大树,枝枝虽多,花叶虽繁,但都围绕主干生长展开,即使重叠错综也不会让人眼花缭乱、无所适从。因此,他的小说有很强的可读性,且很受影视青睐,多部作品被改编为电影或电视剧。周大新对故事情有独钟,他认为"故事是小说最基本的成分",是作家借以塑造人物的工具和传递思想感情的载体,"如果没有故事,小说的思想意蕴就无法负载,作家要想把自己的情感传导给读者,不借助故事便很难完成"。因此,故事是小说"区别其他文学样式的最本质的界限"。

故事属于叙事作品的内容层面,但叙事学并不研究故事的具体内容,而是研究故事的组织形态和事件、人物、情节、环境等构成要素。故事由两个或两个以上的事件组成,事件就是指"事物从一种状态向另一种状态的转化"。从叙事功能的角度看,事件可以分为功能性事件和非功能性事件。功能性事件是推动故事发展的动力,非功能性事件则不对故事的发展产生影响。罗兰·巴特将前者称为"核心"事件,后者称为"卫星"事件。"核心"事件是故事的关键点或转折点,一旦省略,基本叙事逻辑就不能成立;"卫星"事件不关涉故事发展的逻辑走向,但可以补充、丰富"核心"事件,使之更加丰满、更有韵味。故事是事件的组合,而情节则是事件之间的联系与发展。詹姆斯·布朗认为:"情节是事件的发展过程……是小说和戏剧的基石……是故事得以成型的基本骨架。"可见,故事与情节是一体两面、密不可分的。高尔基认为,情节是人物之间的关联、矛盾、同情、反感和一般的相互关系,是某种性格、典型的成长和构成的历史。他强调的是情节之于人物形象塑造的重要作用。他还认为,矛盾冲突的形成与解决是情节构成的基础;小说创作的关键是从错综复杂的矛盾冲突和形形色色的生活事件中,选取最能展示人物性格、心理的事件,经过提炼、加工、改造，形成富有表现力的情节。德国戏剧理论家古斯塔夫·弗赖塔格用一个金字塔形的几何三角形来表示情节结构。他认为情节由上升、高潮和回落三大部分组成。当然，这种弗赖塔格塔式金字塔不是规则的三角形"攀升进程"，要比转化后的"回落进程"漫长得多，整个"攀升进程"既有内在冲突也有外在冲突。

如前所述，周大新是讲故事的高手。一方面，他善于制造紧张激烈的矛盾冲突，将人物置于尖锐复杂的矛盾斗争漩涡中，在进退维谷的艰难抉择中透视人物的情绪、心理和感情，从而烛照人物的性格特征和人格走向。例如，在《第二十幕》中，多次让主人公尚达志在爱情、亲情与祖传丝织业之间抉择。每一次抉择，都令他痛苦万分，但最终他都是为保全丝织业而放弃爱情、亲情。这样的情节设置充分揭示了尚达志潜意识中的"重物轻人"的文化心理和"利益至上"的功利主义价值观。同时，尚达志的每一次抉择都是决定故事发展走向的功能性事件或核心事件。这样的核心事件不仅在塑造人物、揭示主旨方面意义重大，其叙事功能亦非常强大。正是这些功能性事件或核心事件的有机组合，建构起作品波澜壮阔的叙事景观。另一方面，他善于利用误会、巧合以及草蛇灰线、伏脉千里等中国传统的叙事手法，巧置悬念，巧留空白，激发读者阅读的兴趣和探究的热情。例如，《预警》主要通过巧妙机智的伏笔设置悬念，组织事件，推动情节发展，"把坚硬的思考通过跌宕的故事从容地展开"。在他的作品里，透着一种"针对故事整体力量"的"虔信与坚定，这是他写作的基点，一个无法更动的确然"。毫无疑问，绚丽多姿、蜿蜒曲折的故事是周大新小说艺术魅力的构成性因素。有学者认为，这种"坚硬的'单纯'"尽管不乏智慧，但在赋予周大新持久写作动力的同时，也在一定程度上妨碍了他作品的深刻性和复杂性。

但这种对故事的热爱在他最近的作品中得到了克制。他于2012年出版的《安魂》，通篇是父子二人情意绵长的对话。父子间情感的交流、沟通是故事的主线，也是整部作品沁人心脾的力量之所在。在其新作《曲终人在》中，则将这种非情节化的情节结构方式进行得更彻底，整部作品没有贯穿始终的主线，完全摒弃了"破题、开端、发展、高潮、结局"的传统小说情节的结构模式，也没有弗赖塔格塔式金字塔所强调的"上升、高潮、回落"三个情节结构段。小说的主体部分是27份采访录音整理稿，采访内容涉及主人公欧阳万彤的家庭、婚姻、工作、交友、休闲等诸多方面。虽然有些被采访者的讲述有很强的故事性，但整部小说呈现的只是一部人物传记"素材"。这种故事结构方式不仅是周大新对自己已有作品的突破，更超越了一般官场小说的叙事成规。如前所述，当代官场小说"以权力运作为中心"，着重展现"官场生态"和"官运沉浮"，围绕"钱、权、色、位"营造高潮迭起、活色生香的故事情节。而周大新浓墨重彩书写的却是"人心"，通过各色人等的"眼睛"聚焦欧阳万彤工作、生活的各个方面以及人生历程的不同阶段，着重表现他面对现实压力时的困惑和突围，反映出一个有所作为的高级官员坚持为官底线、做人原则时面临的各种压力，折射出人的艰难抉择，深入挖掘人性的深层逻辑，塑造出一个有血有肉的官员形象。作品采用第一人称限知视角，讲述人仅仅讲述自己所看、所知、所感的事情，避免了为追求故事情节的连贯性、完整性、典型性而造成的生硬和刻意，也回避了第三人称全知视角讲述高层官员生活的虚假性。

　　27份采访录音整理稿涉及采访对象26人，不同讲述人因其身份、地位、教育背景、人生经历、性格心理等差异，其叙述语言也多姿多彩、摇曳生辉，不仅充分彰显了小说语言的个性化、口语化特征，也令人读来感觉真实自然、亲切生动，而且在更深层次上揭示了不同讲述人的人生观、世界观、价值观及其文化心理、道德品行和精神境界。因为"第一人称叙事所表现的一切都与叙述者有一种生命本体上的联系，因此这种叙述便必然有一种性格化的意义，它是超乎叙事本身所提供的内容之外的"。反情节化的情节结构在清河大学教授任一鸣、原民国黄河委员会委员沈儒域、圆山寺主持智贤法师等人的采访中几乎被推向极致。任一鸣、沈儒域与欧阳万彤关于当下中国热点问题的讨论仿佛长篇累牍的时政评论，乏味冗长；圆山寺主持智贤法师关于人生、生命等形而上问题的讨论则玄远幽微，生涩晦暗。这些无疑都是小说情节设置的大忌，其语言表达方式更是在挑战读者的耐心和毅力。我相信周大新对此心知肚明，那么他为何要冒险进行这种文体实验？在一次采访中，他直言："我都六十多岁了，现在不写就没有时间了。"他有太多关于社会、人生的深切思考要表达，甚至不惜挑战小说艺术之大忌，借小说人物之口，以高度学理性、玄妙性的语言，阐述自己的文化理想、治国理念和人生态度。其艺术成败暂且不论，他以文学创作关注现实、干预现实的努力和激情无论如何都令人肃然起敬。

总之，《曲终人在》非情节化的情节结构方式打破了真实与虚构的界限，给读者带来陌生化的阅读感受和全新的审美体验。

二、多元视角与多重聚焦叙事视角

叙事视角就是"叙述者讲述故事的角度，或者说叙述者得以完成叙事的方式"，亦可称之为叙事聚焦。根据普林斯在《叙事学词典》中给叙事视角下的定义，"聚焦"是指"描绘叙事情景和事件的特定角度，反映这些情景和事件的感性立场"。表层意义上，叙事视角（或称叙事聚焦）关注的是"通过谁的眼睛看"；深层意义上，视角体现的是"透过一个人的利益、立场和世界观看"，也就是说视角内在关联着叙述者内在的意识形态、价值体系、文化心理以及利益、兴趣、立场等微妙的心理情感。因此，叙事视角成为作家文学表达的重要艺术手段。

第三人称全知叙事视角是传统小说的常规视角，周大新的很多作品如《第二十幕》《湖光山色》《预警》《向上的台阶》等采用的都是第三人称全知叙事视角。在这种叙事视角中，叙述者拥有"上帝之眼"，全知全能，人物的一切活动（内在的、外在的）都在叙述者的掌控之中。与第三人称全知叙事视角的无所不知、无所不能相比，固定视角（或称内聚焦）的表达空间则受到诸多限制：叙事视角定位于某一人物，一切都严格依据这一人物的知识、情感和知觉来表现。周大新在《21大厦》《战争传说》等作品中主要采用了第一人称固定视角。《21大厦》的叙事视角定位于保安小谭，始终用保安小谭的视角来观照"21大厦"这个光怪陆离的现代社会。小谭来自农村，是城市中的农民工，他的视角在一定意义上就是"乡土视角"。正是在"乡土视角"的审视下，21世纪的都市社会生活不过是"一袭华美的袍，上面爬满了虱子"。《战争传说》通过被动卷入战争的瓦剌女间谍的视角（即女性视角）来观照明代历史上著名的"北京保卫战"，揭示了战争的根源在于男性的征服欲和权力欲，以及由此给普通人尤其是妇女、儿童带来的沉重灾难，体现出作者对战争的独特思考。在新作《曲终人在》中，周大新对叙事视角的运用更加娴熟自如，作品也因此更具艺术张力。

《曲终人在》扉页的"致网友"别出心裁，既是整部作品的引子，也预告了作品的结构方式和叙事方式。有了"致网友"的引入，后面的"素材目录"就顺理成章。"素材目录"由四部分构成：一、欧阳万彤省长去世讣告；二、采访录音整理稿（特别注明按采访先后排序）；三、欧阳万彤私人保险柜所藏之物品；四、《清河晚报》关于欧阳万彤遗体告别仪式的报道。四部分均采用了"展示"而非"讲述"的叙事方式，仅仅"展示"事件的本原状态，不作任何价值判断和情感表达。由此观之，作品整体上采用的是外在视角（外聚焦）。在这种叙事视角中，叙事者保持中立、客观的立场，仅仅展示事件本身及人物的语言、行为、外貌和环境，摒除叙事者的"个人印记"和"主观色彩"，亦被称作"零度叙事"。这种叙事手法给文本留下了大量的"空白"和"未定点"，形成"召唤结构"，吸引读者"把作品与自身的经验以及自己对世界的想象联系起来，产生意义的反思"。外聚焦的叙事视角和"展示"而非"讲述"的表达方式被认为是现代小说的重要标志，以海明威的《白象似的群山》为代表。在《曲终人在》中，贯穿四部分的"零度叙事"为读者提供了广阔的阐释空间，吸引读者激活自身经验对文本进行审美再创造并作出个人化的判断，例如：欧阳万彤私人保险柜所藏之物品意指什么？有何艺术功能？又如：如何看待《清河晚报》关于欧阳万彤遗体告别仪式的报道？欧阳万彤究竟是万民拥戴的清官还是令人痛恨的酷吏？对此，作品均未作出回答而是戛然而止。

与整体部分的外在视角、"零度叙事"不同，小说的主体部分，即"采访录音整理稿"，则采用了第一人称固定视角（内聚焦）。这里又有以下三种不同情况。

一种是"一点式"内聚焦，始终采取一个人物的视角。如通过姑妈的视角展示欧阳万彤从童年到青年时期对唢呐的热爱、跟农家姑娘赵灵灵青梅竹马的爱情及其最终夭折的过程；通过保姆华小羽的视角表现欧阳万彤因受妻子牵连被免职后闲居在家的情景；通过继女常笑笑展示家庭生活中的欧阳万彤，既是慈祥的父亲也是生活的导师；通过司机汪吉庆讲述欧阳万彤曾经遭遇的一次有惊无险却蓄谋已久的车祸；通过内科主任包建山讲述有人曾拿100万元收买他，让他散布"欧阳万彤得了轻微老年痴呆症"谣言；等等。这些叙述者因与主人公的特殊关系而拥有别人不具备的叙事权利，其叙述的内容也因此获得权威性和可靠性。

第二种是"多点式"内聚焦，即通过几个人物的视角来表现聚焦对象的不同时段或多个方面。例如，关于欧阳万彤的爱情、婚姻生活，就由姑妈欧阳兆绣、朋友岁灿兰、第二任妻子常小韫等三个人分别讲述，因为她们只是欧阳万彤婚姻生活不同时段的旁观者或参与者。再如，关于不法商人简谦延如何贿赂、腐蚀国家干部，疯狂进行钱权色交易，牟取暴利的行为，则通过农民夏兆丰、服装模特丰润韵、演员殷菁菁、清河省原纪委副书记汪洭浒等人的讲述来揭示他的庐山真面目。

第三种是"多重式"内聚焦，即采用不同人物的视角聚焦同一件事。"对第一人称叙事来说，叙事动机是切身的，是根植于他的现实经验和情感需要的。"例如，教授任一鸣、秘书郑方繁、清河省原常务副省长段德源等人都从各自的角度和立场猜测欧阳万彤辞职的原因。又如，妻子常小韫向传记作家"周大新"讲述自己成为省长夫人之后如何洁身自好，保持朴素本色，从不以权谋私；但秘书郑方繁的讲述却恰恰相反：成为省长夫人的常小韫很快被权力冲昏了头脑，不仅爱出风头、与商人打得火热，而且背着欧阳万彤大搞权钱交易。

从整部作品的外在视角、"零度叙事"到主体部分的第一人称固定视角，从不带任何感情色彩的外聚焦到带着叙述者浓重"个人印记"的"一点式""多点式""多重式"内聚焦，形成了作品的多元视角和多重聚焦。不同叙事视角既矛盾、对立，又交叉、统一。读者需要借助自己的"前理解"，对之进行增补、删减、修正、缝合、衔接，使之形成内在的逻辑关联和深层的意义建构，其独特的戏剧性张力在此过程亦得以生成。

三、叙事声音与叙事语气

在一次关于《曲终人在》的访谈活动中,周大新说《曲终人在》是"一部激愤之书、忧虑之书"。不错,"忧虑"是弥漫在作品字里行间的一种情绪、一种气韵,叙事学谓之"叙事语气"。这种"叙事语气"的形成与"叙事声音"密切相连。"叙事声音"涉及的是叙述者在叙事过程中介入的程度,通常有"缺失的声音、隐蔽的声音、公开的声音"三种。

《曲终人在》涉及26位采访对象,加上传记作家"周大新",共有27位叙述人。每个人都在讲述与欧阳万彤有关的事情,每个叙述者都在有意或无意地通过自己的声音表明自己的立场、态度、价值观,这必然是一个"众声喧哗"的文本。尽管叙事发生时,主人公欧阳万彤已经去世了,但与同样离开了人世的子君(鲁迅小说《伤逝》中的人物)不同的是,周大新让欧阳万彤始终牢牢掌控着话语权,不断发出自己的声音。这使得欧阳万彤的声音从"喧哗的众声"中超拔出来,成为一曲高亢激昂又悲壮忧愤的主旋律。——只不过这种话语权是借助叙述人得以实施,他的声音也是通过叙述人的转述得以呈现的。通过叙述人之口,读者听到了他惩治不法商人和贪官污吏时果决坚定的声音,听到了他面对威胁、恫吓时冷静从容的声音,也听到了他应对上级压力时无奈隐忍的声音,以及他回顾自己年轻时因轻率而导致一对夫妇自杀的沉痛、悔恨的声音,更听到他分析中国官场、权力时清醒、忧虑的声音以及他思虑国家战略问题时睿智、深刻的声音。通过这些声音,读者触摸到了一个高层官员复杂的心灵世界:高度的责任感、强烈的忧患意识、勇于担当的精神、为人民谋福祉的情怀,以及深刻的自省、沉重的压力和深切的无奈。

保险柜里的物品清单,则"无声胜有声",传达了更为复杂幽微的意蕴。首先是那幅画,是那经常在欧阳万彤梦中出现的画面:一只穿越树林、云团、飞过天空的大雁,既孤独落寞又义无反顾。然而,雁过留声,那飞翔的姿态就是生命曾经怒放的明证。其次是那张泛黄变脆的唢呐独奏曲谱《百鸟朝凤》，它承载着欧阳万彤青春的激情、梦想和爱情，但这一切都因步入仕途而不得不舍弃。卢梭说："人生而自由，却无往不在枷锁之中。"即使官居高位，也有无法实现的梦想和难以言说的悲伤。最后是一封来历不明的信，这封兼具恐吓、威胁、炫耀、挑衅的信件显然出自欧阳万彤曾经严惩的那些不法之徒之手。他们口出狂言："在今天这个时代，权力是可以倒腾来的，你可以用政府给你的权力来制约我们，我们也可以用倒腾来的权力来制约你！"他们肆无忌惮："历史不是人写的？只要是人写的，金钱就可以左右史书的内容！"他们无法无天："这个省……很有可能是我们的，当然，名义上还是属于全省人民的！"在生命垂危之际，欧阳万彤将此信公之于众，是想告知世人：一些贪官污吏何等猖獗，放任下去后果不堪设想，反腐倡廉、从严治党的任务何其艰巨、何其迫切！

在所有被采访者、叙述人中，有两个人特别引人注目。一个是欧阳万彤的同乡魏昌山。作为一个与欧阳万彤对照性的人物形象，他们由亲密的朋友一步步疏远到最终决裂，这个过程也就是魏昌山不断被权力、金钱腐蚀，个人欲望无限膨胀的过程。就是这样一个精神腐烂、灵魂变质的人也在心底佩服欧阳万彤，认为他是一个"心中常怀忧虑的人"，跟他绝交是"犯傻"，是抛弃了一个"提醒者"、一个"真朋友"。另一个则是秦康成。作为欧阳万彤的同事，省委副书记秦康成则认为欧阳万彤"偏执、人格不健全"，认为他惩治不法商人、反腐倡廉弄得"官不聊生""人人自危"，是"典型的哗众取宠"，对他的女婿更是"栽赃陷害"。然而，不管秦康成如何理直气壮、言之凿凿，他都是一个"不可靠叙述者"，他发出的声音是"虚假的声音"。

判断一个叙述者是否"可靠"，他的声音是否真实，可以从两方面进行考察。一方面是从叙述者的视点所展现出来的思想观念、价值判断、意识形态立场等是否与"隐含作者"的思想规范相一致。韦恩·布斯称"隐含作者"为"作者的第二个自我"，作者的一个"隐含的替身"。"不管一位作者怎样试图一贯真诚，他的不同作品都将含有不同的替身，即不同思想规范组成的理想。"米克·巴尔认为："隐含作者是本文意义的研究结果，而不是那一意义的来源。只有在本文描述的基础上，对本文进行解释以后，隐含作者才可能被推断并加以讨论。"可见，"隐含作者"在作品中所体现的是一整套思想规范,它是作品思想、意义的来源。"如果一个故事的叙述者是'不可靠的',那么他关于事件、人、思想、事物或叙事世界里其他事情的讲述就会偏离隐含作者可能提供的讲述。"另一方面是以个体读者作为衡量标准。读者围绕叙述文本中各种相互冲突的细节和令人疑惑之处,结合自身的阅读经验和伦理体系作出价值评判。正是在作者、文本、读者的相互循环互动中,我们发现了秦康成在"事实／事件轴"上的不可靠报道,在"伦理／评价"轴上的不可靠评价以及在"知识／感知轴上"的不可靠解读。他"虚假"的声音从反面衬托了欧阳万彤"声音"的真实性和权威性。

妻子常小韫同样是一个特别值得关注的叙述者。在第一次采访中,她的讲述看起来真诚坦率,其实隐瞒了许多自己为权力、金钱所迷惑,以权谋私的信息,这种"事实／事件轴"上的不可靠报道使之成为"不可靠叙述者"。在第二次采访中,面对大量事实,她再也无法隐瞒,只得将一切和盘托出,由"不可靠叙述者"变为"可靠叙述者"。作品通过这种复杂的叙述声音既表现了人性的幽暗、微妙,更以常小韫这个曾经深受权力危害、对权力不屑一顾的淳朴女子,在拥有权力之后居然难逃权、钱诱惑的事实,思考"腐败"的生成机制极其超强的腐蚀力。

总之,26个采访对象或叙述人中,有打工者、农民、保姆、司机、医生、秘书等普通人,也有高官、教授、高僧、工程师、企业老总、服装模特、演员等各色人,还有欧阳万彤的姑妈、妻子、儿女、外甥、女婿等亲属。每个人都在讲述欧阳万彤的故事,都在描述自己"眼里""心中"的欧阳万彤。这些故事各自独立,更有千丝万缕的内在关联,或前后矛盾、相互龃龉,或互为印证、相互补充。在众声喧哗、莫衷一是的讲述中,主人公欧阳万彤的形象如浸在显影液中的底片,一点点清新明朗起来。清新明朗的不仅是他的外在形象,更是他的精神世界、理想追求和职业操守,使一种业已被面具化、脸谱化的复杂的人物形象得以还原。

结语

　　米兰·昆德拉认为"小说家有三种基本可能性：讲述一个故事，描写一个故事，思考一个故事"。在我看来，《曲终人在》就是在"思考一个故事"。它思考的是当今中国的官场生态、反腐斗争的严峻形势以及"官本位"的文化根源与生成机制，这些思考通过反情节化的情节结构、多元视角与多重聚焦、叙述声音与叙事语气等新颖别致的形式技巧得以实现，这种"有意味的形式"赋予了作品充实的思想意蕴和充沛的艺术魅力。特别是作品整体上的"零度叙事"和多重内聚焦的有机结合，使叙述者意图、立场的隐晦就如一片毛玻璃隔开了"隐含作者"与个体读者的距离。这种雾里看花的有意设置扩充了读者阐释的维度，也使得文本意义在相互冲突的叙述主体的对撞中得以丰富和深化。还是米兰·昆德拉说得好："在艺术中，形式从来都不仅仅是形式。"每一部小说，不管怎么样，都对一个个问题作出回答：人的存在是什么？他的诗性在哪里？

社会现实批判与政治权力人格的深层透视
——关于周大新长篇小说《曲终人在》

王春林（山西大学文学院，山西太原　030006）

摘　要：作为一部长篇政治小说，周大新的《曲终人在》借助于多达26位第一人称叙述者的复调叙事方式，对当代国人一种普遍化的政治权力人格进行了深度剖析，其中尤以主人公欧阳万彤这一典型形象最为引人注目。对政治权力人格的深层透视、社会现实的强烈批判，表现出《曲终人在》优秀的思想艺术价值。

关键词：社会现实批判；政治权力人格；复调叙事

2010年秋，文学创作中一向关注、表现拉美政治现实的秘鲁作家略萨被授予诺贝尔文学奖。在得知他获奖的消息之后，笔者发表了一篇文章，旨在由略萨的获奖而重新探讨文学与政治之间的关系。其中有这样一段话："然而，与所谓的文学为政治服务相比较，对于我们的作家而言，恐怕更多的还是应该在政治社会性题材的意义上来理解、看待文学与政治之间的关系。这也就是说，我们必须把政治看作是社会上客观存在着的对于我们的日常生活产生着重要影响的一种社会事物。既然说我们可以有表现乡村生活的乡村题材小说，也可以有透视市民生活的城市题材小说，还可以有审视战争生活的战争题材小说，那么为什么就不能存在一种专门以社会政治现象为主要表现对象的政治小说呢？在有了略萨等一大批诺贝尔文学奖得主政治介入性很强的文学创作强有力的示范作用之下，这样的问题，其实已经不称其为问题了。对于20世纪80年代的那种'去政治化'的纯文学观念依然存在着很大影响力的中国文学界而言，确实已经到了应该重新理解文学与政治，并在此基础之上重建二者密切关系的时候了。一个根本的问题在于，我们的作家所面临的难题，并不是应该不应该表现政治的问题，而是到底是否具备理解并包容表现社会政治的思想艺术能力的问题。这样看来，一个迫在眉睫的紧迫任务，就是怎么样很快地改变中国作家对于文学与政治关系的理解，迅速地设法提高中国作家包容表现社会政治现象的艺术能力。唯有如此，我们方才具备一种与世界一流作家进行艺术对话的可能性。这正可以被看作是略萨获奖带给我们的一种有益启示。"之所以在这里重提笔者数年前关于文学与政治之间关系问题的基本看法，是要借此对茅盾文学奖得主周大新的长篇小说《曲终人在》作出某种恰当的题材定位。因为小说的主人公是清河省一位辞世不久的退休省长，也因为事涉官场腐败现象，所以批评界多把此作看作是一部"反腐小说"或者"官场小说"。虽然不能说类似的一种理解、定位没有道理，但相比较而言，笔者还是更倾向于把《曲终人在》定位为一部旨在深度透视、挖掘政治权力人格的政治小说。从这个角度来看，周大新在一部长篇小说中包容、表现社会政治现象方面所作出的积极努力，无论如何都应该引起我们的高度关注。

小说之所以被命名为"曲终人在"，最主要的原因在于：小说的主人公、那位清河省的前省长欧阳万彤因心脏病发作而突然弃世，受他的妻子常小韫与继女常笑笑母女的委托，"周大新"便四处采访收集相关材料，以完成一部关于这位前省长的人生传记。对于这部传记的写作目的，常小韫说得非常明白："委托你做这件事的目的，就是想让世人通过你的文字了解他，让后人知道有欧阳万彤这样一个省长活过。"套用一句俗话来说，也就是要为欧阳万彤"树碑立传"。就这样，人虽然已经去世，但"周大新"却要通过采访的方式力图真实地复活、再现欧阳万彤曾经的生存状态。小说标题"曲终人在"，很显然指的就是如此一种具体情形。而这也在事实上构成了作家的一种限制性色彩极其鲜明的叙事策略。所谓限制性叙事，就是指在小说文本中出现了众多的第一人称叙述者，他们站在不尽相同的精神价值、立场上讲述自己所了解的那部分故事，完成着各自的叙事目的。因为每一位叙述者所知有限，都只能够讲述属于自己的那部分故事，都不可能越界去讲述自己不了解的另外的那些故事，所以才被看作是一种限制性叙事。具体到这部《曲终人在》，"周大新"为了完成传记的写作，曾经先后采访过与欧阳万彤有过各种交集的相关人士达26人，这26人均从他们各自的角度讲述着他们所了解的那位欧阳万彤。从叙述学的层面看，先后出场的26人就都可以被看作是其叙事权利明显受到了限制的第一人称叙述者。多达26人从各自不同的精神价值、立场出发讲述着欧阳万彤的故事。一种众声喧哗的复调叙事效果的取得，就是顺理成章的一件事情。在这里，多达26位第一人称叙述者的设定，其实就意味着他们的话语权得到了相当程度的尊重与保障。

关于小说中叙述者所拥有的话语权，曾经有论者写道："他所言极是。我还必须补充的是，历史学家面对的文献，多是当时的人根据自己的目的对'事实'进行的叙述。因为目的不同，所叙述的'事实'也不同。对历史学家最大的一个挑战是，你所拥有的史料不过是过去的人为我所用讲的故事。除此之外，你往往没有或很少有其他的线索。历史学中的批判性阅读，特别要注意是谁在叙述、目的是什么，然后发现这种'叙述特权'掩盖了什么事实或是否压抑了其他人的叙述。举个例子，我们看中国的史料，讲到某王朝灭亡时，往往会碰到女人是祸水这类叙述和评论。其中的评论，一看就知道是史学家的个人意见。但他的叙述有时则显得很客观，特别是那些没有夹杂评论的叙述。没有批判性的阅读，你可能会简单地接受，以为这些是既定事实。但是，当你意识到这些全是男人的叙述，特别是那些希望推脱责任的男人的叙述时，你就必须警惕。因为女人在这里没有叙述的权利，她们的声音被压制了，没有留下来。那么，你就必须细读并从现有叙述的字里行间，发现其中的破绽。"同样的道理，周大新这部《曲终人在》中的26位第一人称叙述者，在应邀讲述与欧阳万彤有关的故事时，实际上也都怀着各自不同的"目的"。这一方面，最典型不过的例证就是清河省委原副书记秦成康的叙述。身为多年争斗不已的政敌，尤其是自己的女婿还曾经因为贪腐行为承受过欧阳万彤的严厉惩处，秦成康对欧阳万彤的刻骨仇恨就真正称得上是势不两立。也正因此，出现在秦成康叙述中的欧阳万彤，自然也就变成了不通人情的酷吏、阻挠经济发展的绊脚石。既然如此，对于众声喧哗的复调限制性第一人称叙述方式，我们所应持有的态度，就是一种格外谨慎的一分为二的辩证姿态。一方面，多达26人的第一人称叙述方式的设定，的确可以被看作是小说艺术形式现代性的一种具体体现。之所以这么说，是因为把众多的人物设定为叙述者，就意味着赋予了他们足够充分的话语权，是对于他们各自主体性的尊重与张扬。在充分尊重人物主体性的同时，因为把阐释判断事物的权利最终交付给了广大的读者，所以如此一种多位叙述者的特别设定，实际上也就意味着对于读者主体性的充分尊重。正因为这种艺术设定最大限度地实现了对于人物与读者的双重尊重，所以自然也就成了小说具有现代性的关键性因素之一。毫无疑问，对于周大新《曲终人在》中多达26位第一人称叙述者的艺术设置方式，我们必须在这个意义上加以理解。另一方面，因为这些叙述者与被叙述者之间亲疏远近的关系不同，他们在进行叙述活动的时候，很显然更在意于自我形象的塑造和建构。这样一来，在他们的叙述过程中，对于欧阳万彤的形象时有歪曲，也就自是题中应有之义。虽然说此种情形的出现，对于他们来说事出必然，但我们在阅读时不能不保持足够的警惕，必须作细致的真伪辨析。

同时，我们也应该注意到，虽然《曲终人在》中的第一人称叙述者多达26人，但作为被叙述者的欧阳万彤一直都不在场。而这，实际上也就意味着无论这些叙述者怎样地信口开河或者干脆就是信口雌黄，已经彻底离开了这个喧嚣世界的欧阳万彤都没有作出自我辩解的权利。周大新的这种叙述设计，非常容易让我们联想到鲁迅先生的短篇名作《伤逝》。"我们注意到，《伤逝》的副标题为'涓生的手记'，小说采用第一人称的叙述方式，通篇都是叙述者也就是男主人公涓生在面对我们讲述故事。这也就是说，我们所有关于涓生与子君爱情故事的一切信息，均是通过涓生的叙述行为而获得的。这就带来一个相关的问题，即涓生的叙述是否完全可信的问题。换言之，谁能够保证涓生的叙述在揭示事物真相的同时就没有遮蔽或者自我矫饰的成分存在呢？按照小说文本的交代，我们很容易就能够得出曾经勇敢地反叛封建传统的子君，在与涓生结合之后，只是一味地沉溺于饲油鸡、养阿随这样的日常家庭事务之中，因而精神退化，因而导致涓生对于子君爱情的衰退消失这样一种印象和结论来。然而，关键问题在于，对于涓生的这种描述行为，子君认可吗？事情的真相果真如此吗？但非常遗憾的是，我们自始至终都没有能够听到子君的声音，子君自始至终都是一个'在场'的沉默者。假如将小说的叙述者置换为子君，那我们所看到的肯定会是另一种完全不同的小说面貌。这实际上就涉及了话语权利的问题。

谁拥有话语权,谁实际上也就拥有了阐释并进而判定事物性质的权利。从这样一个角度来看,鲁迅先生在《伤逝》中对于叙事视角的设定也就具有了一种特别的意味。虽然我们无法断定鲁迅当初对于这样一种叙事视角的选择是否有特别的意味在其中,但我们从小说文本的实际来看,的确能够感觉到这种特别意味的存在。这样,如果我们把《伤逝》的叙事视角,与人类社会自进入父系氏族社会以来就已经确立了的一种特别漫长的男权社会体制联系起来,那么将《伤逝》的一种基本思想内涵概括总结为'男权批判说'也就是不无道理的了。"《伤逝》中的子君是一位无法发声的沉默者,《曲终人在》中的欧阳万彤也一样因为已经身在另外一个彼岸世界而无法进行自我辩解。问题的关键在于,作家何以要进行如此一种叙述设定呢?在笔者看来,周大新如此一种叙述设定的本意,或许正是要彻底剥夺小说主人公欧阳万彤的发声权利。这样一种具有开放性特质的叙述方式的设定,在强有力地挑战读者审美判断能力的同时,也恰如其分地传达出了类似于武则天"无字碑"那样一种既然已经弃世那就功过是非任由世人评说的开放意味。

唐代大诗人白居易曾言:"文章合为时而著,歌诗合为事而作。"触动周大新《曲终人在》写作动机的主要原因,肯定是当下正在如火如荼地进行着的官场反腐运动。这一点,只要对小说完成后周大新在接受采访时一再提及的所谓谷俊山案件稍加留意,即不难得到证明。此外,他在小说首发式上还特别强调欧阳万彤这一人物形象理想性色彩的具备:"在他的身上,寄托了我对政界的全部理想。我写他的经历、他的作为、他的命运的目的是呈现目前官场的生态,让读者了解当下管理社会的官员队伍的景况。"正所谓:"上帝的归上帝,恺撒的归恺撒。"同理,周大新的写作动机归写作动机。作家的长篇小说一旦完成,对其理解、阐释的权利就不完全属于作家自己了。换而言之,作家的创作谈固然重要,固然能够帮助读者更好地理解、把握作品,但包括批评家在内的读者对于文本的阐释完全可以超出作家创作的范围。西方谚语所谓"一千个读者就有一千个哈姆雷特",中国传统所谓"诗无达诂"所强调说明的其实正是这个道理。具体来说,小说的主人公欧阳万彤,在周大新的心目中固然是一个难得的"好官"形象,但我们感兴趣的却是:在中国的官本位思想与长期官场生活的双重因素制约影响下，他的政治权力人格的形成与固化过程。首先来说中国的官本位思想。这一点，最突出地体现在欧阳万彤的爷爷和奶奶身上。先是爷爷。按照姑妈欧阳兆绣的叙述，在"抓周"的时候，欧阳万彤左手抓住了一把唢呐，右手抓住了一杆画笔。"没想到他爷爷也就是俺爹却很生气，从万彤手上扯过唢呐和画笔扔到了地上，然后把他用白萝卜削刻成的那方官印硬塞到他手上，对一脸糊涂的万彤说：你一个男子汉，喜欢唢呐和画笔算他奶奶的啥出息？你要有种，长大就到官场上去，弄个一官半职，让咱欧阳家也长长脸、换换门风！"仅有"抓周"还不算，为了彻底改换门庭，爷爷还偷偷摸摸地请来风水先生看风水，并且神不知鬼不觉地严格按照风水先生的安排，在欧阳家阴宅的东西南北四侧各埋了一个能盛一桶水的瓦盆。一直到病重在床，眼看着就要诀别人世，爷爷仍然不允许长孙万彤回家探视自己："别耽误他读书，咱欧阳家日后就指望他哩。只要他能当上官，我在阴间也高兴……"然后，是奶奶。当大学毕业之后的欧阳万彤面对着一边是赵灵灵、一边是县长的女儿林蔷薇这样一种两难选择的时候，深知爷爷心愿的奶奶，不惜老脸，出面毁掉了万彤和灵灵之间的婚约："你懂个啥？水往低处流，人往高处走。咱不能看着万彤有往高处走的机会再拽着他。咱家世代没有当官的机会，如今有了，咱不能丢！"

然而，说一千道一万，爷爷奶奶所代表的中国官本位思想终归也还是一种外力。欧阳万彤之所以走上仕途并最终成为省长一级高官，究其根本，其实是自己内心坚定选择的一种结果。这一结论，最起码能够得到以下这些文本证据的强力支撑：

其一，大学毕业后被分配到公社当秘书的欧阳万彤，在赵灵灵与林蔷薇之间最终作出的选择。选择了前者，他就很可能会辜负爷爷关于他当官的殷切期望；选择了后者，他的仕途就很可能顺风顺水、一路坦途。虽然在这一艰难的选择过程中，客观上也存在着奶奶助力的影响，但归根结底也还是欧阳万彤自己作出了最后的决定。倘若他自己既顾忌道德的约束，也在意爱情的美好，那他自然会选择青梅竹马的赵灵灵。但在经历了内心的一番痛苦挣扎之后，他最终选择了林蔷薇。他对于林蔷薇的最终选择，也说明欧阳万彤根本就无法拒绝仕途对他的强烈诱惑。

其二，"文革"后考进清河大学历史系读研究生的欧阳万彤对于同乡魏昌山情感道路的巧妙布局。虽然只是对武姿显赫的家庭背景有一种隐隐约约的感觉判断，但欧阳万彤之所以要千方百计地鼓励并协助魏昌山去大胆追求武姿，根本意图依然是在为自己未来可能的仕途搭桥铺路。到最后，欧阳万彤的这一番可谓煞费苦心的政治投资果然在其仕途的若干关键处派上了大用场。一次是在他担任天全市委组织部副部长职务两年后，西恭县县长缺位。依托于魏昌山岳父的干预，欧阳万彤得以顺利上位。再一次是他担任天全市市长期间，妻子林蔷薇受贿被捕，他也受牵连被免职。眼看着大厦将倾，这个时候，依然是魏昌山的岳父出面，"向一个大领导求了情，这才有了万彤后来的复职……"最后一次，则是在他由省委副书记转任省长的时候，考察组听到了一些对他不利的意见。当此关键时刻，端赖已经成为将军的魏昌山出面为他在京城四处游说转圜，他才如愿以偿地成了清河省的省长。道理说来也非常简单，若非在政治上有着成就一番大事业的绝大"野心"，欧阳万彤又怎么可能那么早地就为未来的仕途精心设计呢？

其三，当他的前妻林蔷薇因为受贿而锒铛入狱并主动提出离婚的请求之后，他虽然一再拒绝一再迁延，但最终还是同意离婚。按照林蔷薇自己接受采访时的说法，她之所以要执意离婚，乃是因为她清醒地意识到商人简谦延他们是"项庄舞剑，意在万彤"。"办案人员在审讯我时，有意把事情往万彤身上引，这引起了我的警惕。我意识到，他们的目的在万彤。"正因为明确地意识到了这一点，林蔷薇才会在接受审讯的过程中千方百计地设法保护欧阳万彤。需要我们加以认真考虑的一个问题是欧阳万彤在这个突发事件中的应对姿态。面对着林蔷薇的离婚请求，欧阳万彤虽然一开始并不同意，但最终还是放弃了自己的坚持。

如此一种细节处理方式，再加上此前欧阳万彤抛弃赵灵灵，在女性主义者看来，凸显出的自然是一种潜在的男权意识无疑。但笔者对所谓的男权意识并无太大的兴趣。相比较而言，笔者更感兴趣的却是强大的政治权力对于欧阳万彤正常人性世界的扭曲与戕害。毫无疑问，不管是对于两小无猜的赵灵灵，还是结发妻子林蔷薇，欧阳万彤最终扮演的都是令人不齿的背叛者形象。而导致他一再背叛的根本原因，就是他个人所谓的政治前程。早在很多年前，孔子就已经强调"父为子隐，子为父隐，直在其中矣"的合理性。到了当下时代，欧阳万彤却为了个人的政治前程而弃基本的亲情伦理于不管不顾。一言以蔽之，如此一种不堪状况的最终形成，所充分说明的，正是政治权力所拥有着的巨大魔力。赵灵灵的无端被弃，固然让人哀叹不已。但相比较来说，欧阳万彤与林蔷薇的分手，细细想来更是令人胆寒齿冷：共同生活多年的发妻不惜自己身陷囹圄也要拼全力保护丈夫，而身为市长的丈夫为了保住自己的官位却可以接受发妻的离婚请求。两相对照，我们便不难感觉到政治权力所具有的强大诱惑力。他的亲生儿子欧阳千籽，一直到他去世之后都坚持不肯原谅他，其根本原因也正在于此。大约也正是因为周大新意识到了混迹于官场中的欧阳万彤存在着精神迷失的状况，所以他才会特别地在主人公的私人保险柜里留下一幅画和一张唢呐独奏曲——《百鸟朝凤》的简谱。我们都知道，欧阳万彤不仅"抓周"时曾经一手抓唢呐，一手抓画笔，而且少年时也对这两门手艺颇为精通。这样看来，周大新关于欧阳万彤私人保险柜的设定也就颇具深意了。倘若说欧阳万彤的官宦生涯意味着他的某种精神迷失，那么这幅画与这张音乐简谱的被刻意珍藏，很显然就象征着欧阳万彤一种自我反省、批判之后的人性回归。

但是，且慢，关于欧阳万彤这一颇具人性深度的人物形象，我们还必须注意到其人性构成中某种悖论状况的存在。作为周大新精心塑造、刻画的一位理想化的官员形象，欧阳万彤的个人品质中被赋予了诸多"高大上"的成分。比如，从不以权谋私。即使是面对着发妻林蔷薇，面对着曾经有恩于自己的魏昌山，面对着姑妈欧阳兆绣，他也一样坚持原则毫不容情。再比如，不贪恋钱财女色。不管行贿者采用怎样形形色色的送礼手段，也无论围绕在他周围的女性怎样地搔首弄姿、卖弄风情，他都能够做到心如止水。这方面唯一的一次失态，就是在酒后和豫剧演员殷菁菁有过一次接吻、拥抱的"越轨"之举。如此一位严格自律的官员，在任用下级干部的过程中自然不可能遵循什么"潜规则"行事。然而，耐人寻味的悖论问题也正由此而生成。一方面，欧阳万彤在干部任用问题上一贯坚持原则，真正可谓有口皆碑。另一方面，他在自己仕途上的若干关键处，却是端赖于"潜规则"方才涉险过关的：一次是提升县长，另一次是市长的复职，还有一次则是升任省长。只要对官场政治稍有了解的人，就会清楚这三次职务变动对于一心仕途的欧阳万彤来说有多么重要。不容忽略的一点是：他的这三次关键性的职务变动，全都是魏昌山的岳父或者魏昌山自己鼎力相助的结果。就这样，自己的职务行为对于"潜规则"毫不容情，但自己的关键性职务变动却又端赖于"潜规则"的作用。两相对照，二者之间一种悖论意味的存在，就是显而易见的事情。能够在《曲终人在》中不动声色地发现这种悖论并把这种悖论现象生动地呈现出来，所充分显示出的正是小说艺术上极其鲜明的一种反讽色彩。现在的问题是，笔者不知道周大新自己是否已经清醒地意识到了这一悖论现象的存在，笔者也更不知道倘若他清醒地意识到了这一点之后又会对此作何解说。本来依靠着"潜规则"方才得以成功上位的一位官员，在自己的施政过程中却企图彻底摆脱这种"潜规则"的控制与影响，欧阳万彤的为官之道本身就注定了他生命中必然的悲剧色彩。

置身于政治化程度如此普及的一个国度中，不管你的社会身份是不是一位政府官员，你实际上都难以摆脱社会政治对你的捕捉与影响。很多时候，即使不是官场中人，也难免要在时代政治的浸染影响下不自觉地形成某种政治权力人格。而这，自然也就成了作家周大新在《曲终人在》中刻画、表现各种政治权力人格的社会与人性基础所在。具体来说，欧阳万彤之外，其他诸如魏昌山、常小韫、简谦延等一些人物形象的政治权力人格也都可圈可点，有值得加以深入探究的必要。参照周大新的创作谈，不难发现魏昌山这一贪官形象的现实原型肯定是军中巨贪谷俊山无疑。魏昌山固然是一位十恶不赦的贪官，但周大新的难能可贵之处在于他颇具说服力地写出了魏昌山贪腐行为背后的社会与人性逻辑。魏昌山的人生轨迹，多多少少有点灰姑娘变为王后的意味。只不过灰姑娘是嫁给了王子，而魏昌山则是凭借欧阳万彤的帮助成了武家的乘龙快婿。前后反差过大的两种生存方式，使魏昌山陷入了一生都未能摆脱出来的强烈的精神失衡状态。究其实质，他的人性蜕变，他最后堕落成为军中巨贪，皆与他少年时期过于贫困的屈辱生存体验密切相关。在魏昌山自己的叙述中，一个永远都无法忘记的场景就是父亲往墙缝里藏钱："父亲手里的积蓄，从未超过五块钱，家里放钱的地方就是父亲的破手绢。父亲总是把家里的几块钱积蓄小心地包在他那个破手绢里，然后塞进墙缝里，因为家里既没有柜子也没有箱子，桌子的两个破抽屉上也无钱安锁，没有放那几块钱的地方。"按照欧阳万彤对外甥颜飞的说法，魏昌山少年时曾经目睹过另一个难以忘怀的场景。家里为了申请一块宅基地盖房，专门请村支书喝酒，用仅有的五毛钱到镇上打了五两酒："他爹陪着支书喝，但其实他爹一直把酒倒给支书喝，自己一口也不敢喝。他爹原以为这半斤酒足够支书喝了，谁知支书酒量大，半斤酒下肚后还要喝，可他爹已经无酒可倒了。"酒没有喝尽兴，盖房的宅基地自然也就成了无望的泡影。两个难忘的生活细节，揭示出的是魏昌山内心始终都无法释怀的两个心结。成年后，飞黄腾达、成为军中高官的魏昌山，之所以要建大大的酒窖私藏大量的茅台酒，要贪污受贿并把巨额钱财埋在自家院子里，与那两个生活细节，与其少年时期过于屈辱的生存体验不无关联。两者之间内在关联的存在，是一目了然的事情。能够抓住两个看似无关紧要的生活细节写出魏昌山的内心隐秘，写出其贪腐的政治权力人格形成的某种人性逻辑，所充分凸显出的，自然是周大新一种非同一般的艺术表现能力。但与此同时，面对着魏昌山这一贪官形象，我们却仍然有着明显的不满足感。一方面，周大新的确已经触及并揭示出了魏昌山的某些内心隐秘。但在另一方面，作为一个军中巨贪，魏昌山实际上的人性世界却又绝非如此简单，要比《曲终人在》中所呈示出的境况复杂很多倍。打个不是很恰当的比方，假若说魏昌山的人性世界是一个浩瀚的大海，那么周大新所写出的大约不过是沧海一粟而已。也正因此，我们方才殷切期待着，假若有可能，周大新能够在未来的写作过程中，沿着自己已经打开的人性挖掘方向，继续深入到类似于魏昌山这样一类人物形象的精神世界之中，竭尽全力将其堪称复杂的人性世界的全部可能性淋漓尽致地揭示出来。

作为欧阳万彤的后妻，常小韫前后特别鲜明的人性变化，不仅触目惊心，而且也格外耐人寻味。一开始，常小韫之所以能够进入欧阳万彤的关注视野，主要因为她对于权力的拒绝与不屑。当她意识到在丈夫的心目中官位远远比自己重要的时候，宁愿离婚一个人带着孩子过苦日子，也不愿意再和丈夫迁就下去。因为有过前妻林蔷薇因受贿而锒铛入狱的惨烈教训，欧阳万彤再婚时开出的一个重要条件就是这个女人能够做到远离权力："除了我看着顺眼、心地善良、有一定学识之外，还有一个特殊的条件，就是她没有权欲且能看透权力。很多想接近我的女人不符合后一个条件，所以拖到了现在。"但谁也料想不到，就是这样一位极端洁身自好、曾经坚决拒斥政治权力的女性，在身为高官的丈夫身边时间待久了，居然也发生了令人难以想象的变化："我最初同她接触时，感觉也好。她那时不过问政事，不插手丈夫的工作，不招摇自己的夫人地位，不收他人送的钱物，对我们这些工作人员也很客气礼貌。但不知不觉中，她开始变了。我最先注意到的变化，是她穿得越来越讲究了。"就这样，在欧阳万彤秘书的视野中，从穿衣服越来越讲究开始，到后来的换工作、收受贿赂，一直到最后的插手人事、干预政事，常小韫一步一步地走向了自己的反面。一方面，有过前任丈夫的惨痛教训；另一方面，身边长期有一个一贯廉洁自律的高官丈夫相伴。但即使如此，常小韫也终于还是无以自控地走向了堕落的深渊。为什么会如此？关键原因恐怕还在于当下时代这样一个政治权力失控与滥用的社会文化语境。当下的社会现实中，类似于欧阳万彤这样能够做到严格自律的官员可以说是凤毛麟角。大多数的官员虽然不至于如同魏昌山那样简直就是肆无忌惮地疯狂贪腐，但大多数的官员恐怕也是处在类同于省委副书记秦成康那样的一种状态之中。置身于如此一种社会文化语境之中，受到某种贪腐"场"效应的强劲辐射影响，如同常小韫这样定力平常的普通人，要想彻底拒绝来自于周围环境的腐蚀性影响，实在是非常艰难的一件事情。这里，我们还必须注意到欧阳万彤与常小韫之间另外一个重要差别的存在。除了所谓定力大小的差异，欧阳万彤之所以显得定力非凡，能够彻底做到"拒腐蚀永不沾"，关键原因还在于他有着一种可谓高远的社会政治抱负——要想在政坛上真正有所作为，成就一番大事业。对于欧阳万彤来说，严格自律乃是一种必然的要求。相比较而言，常小韫只是一位普通女性。对她来说，在不承担更大风险的前提下，利用自己高官夫人的地位适当捞取一点好处，其实是合乎常情、常理的一件事情。

因为关涉到对于《曲终人在》这部长篇小说思想题旨的理解和定位，所以我们在结束本文前无论如何都必须对一个人物形象加以分析，这个人物就是那位简直手眼通天的企业家简谦延。小说中，作为欧阳万彤对立面存在的人物形象，除秦成康之外，另外一位就是简谦延。率先出手贿赂林蔷薇，然后又状告林蔷薇索贿的，是简谦延；暗中操纵货车司机，企图制造车祸并致欧阳万彤于死命的，是简谦延；借助于医生之口，四处散布欧阳万彤患老年痴呆症谣言的，是简谦延；试图买通并控制豫剧演员殷菁菁在男女问题上搞臭欧阳万彤的，是简谦延；唆使下属员工联名状告欧阳万彤"又庸又贪"的，是简谦延；到最后，出现在欧阳万彤私人保险柜里那封极具威胁性的恐吓信的炮制者，毫无疑问也还是这位简谦延。正所谓："道高一尺，魔高一丈。"这简谦延无论如何都称得上是手眼通天、神通广大。即使是如同欧阳万彤这样能力超强的政府官员，到头来也未必就是他的对手。关于此人的来历，豫剧演员殷菁菁曾经有所描述。只不过她的描述是转述，转述的是简谦延的话："我最初是一个官员，一个很小的官，县财政局的一个科员。有一天打麻将输了点钱，也就七八万块吧。赢家逼要得急，我没办法，就挪了点公款。可不巧，上边来查账，发现了我这点事。你说这能算啥大不了的事？可他们竟然把我开除了公职。我当时非常愤怒，他娘的处罚也太重了。"一再申诉无望之后，简谦延决定不再承认世界上的任何政府，要以一种疯狂的方式来报复整个社会。"感谢神灵的相助，让我遇见了一个人，一个很有能力也很有实力的官员。借他的力量，我很快拥有了自己的一方天地，也可以说是一个帝国。我名下是有几个公司，但我不想也不愿当一个纯粹的商人。"不想当一个纯粹的商人，那么简谦延想当什么呢？联系小说文本中的种种蛛丝马迹来判断，简谦延实际上是一个上通政府下通黑社会的可谓"黑白通吃"式的人物。面对如此一位"黑白通吃"的强势人物，即使能力超强如欧阳万彤者也难以真正成为他的对手。

总之，周大新的《曲终人在》无论如何都应该被看作是思想艺术品格相当优秀的政治长篇小说。

周大新：《曲终人在》不是官场小说，是人生小说

丁杨

这本书不是人们原来印象中的那种官场小说，读者在这本书里应该是学不到什么当官之道的。我是在写一个官员的一生。要说给《曲终人在》归类，也是"人生小说"。我想写人性，探索人性，只不过把这个人物放在官场罢了。

"假若有一天，人们把管理社会的权力交给了你，你将成为一个什么样的官员？"这是军旅作家周大新在其长篇小说《曲终人在》的"创作谈"中说的一句话。而这样的发问和反思隐隐贯穿于这部将近30万字的作品中，也如影随形般围绕着书中那些官场上的人物——特别是主人公清河省省长欧阳万彤的内心。

军旅生涯40余载的周大新写了30多年小说。他接触过不少军队和地方的官员，有些还成了朋友，但他极少在作品中触及这个领域。他的那些以乡土、军事或者城市为题材的作品中偶尔也会写到某个官员角色，但大多浅浅带过。对于写官场题材的小说，他有颇多顾虑。2012年，承载着周大新失独之痛的长篇小说《安魂》出版。人过花甲的他对于人生和写作有着更为深入的思考，酝酿着创作一部直指现实、反映官场人生的作品。随着近年来中国官方反腐重拳的出击，特别是原解放军总后勤部副部长谷俊山贪腐案发，身为总后勤部专业作家的他才下决心动笔写这部小说。

与以往写作不同，周大新在《曲终人在》中尝试了一种类似"虚拟纪实文学"的叙事方式。这部作品以清河省已故省长欧阳万彤之妻常小韫邀"周大新"采写《欧阳万彤传》为线索，通过传主生前的亲人、朋友、同事等二十几位讲述者（他们的身份包括官员、大学教授、司机、农妇、演员、企业家和杂志主编等）的讲述——讲述视角、语言风格、对传主的评

价各异，串联起这位政界人物的官场人生。这些人的回忆并未回避时下中国社会特别是官场的某些弊病，而作者所塑造的欧阳万彤这一角色的为人、为官之道尽显一位"好官"的正面形象。刚结束墨西哥、哥伦比亚、智利三国行的周大新日前接受了本报记者的采访。谈到这部长篇新作，他表示已得到若干政界读者朋友的反馈：他们认为这部作品对官员工作和生活的描写还算到位，对官场的问题不尽是谴责，也有理解。

读书报：你在军队这么多年，其实是有机会接触不少政界人物的，但始终没怎么去写他们。你在关于这本书的"创作谈"中说这是有意储存的写作资源，迟迟没有耕种的原因，一是你自己没有想好种什么、怎么种，二是外部气候环境也不是很适宜。现在《曲终人在》已出版，说说你对如今的外部环境有怎样的理解。

周大新：我对现在中国官场的认识更全面，大家也有更宽松的表达空间。我在《第二十幕》中曾写及一些关于对外贸易方面的问题。当时就有相关部门通过出版社和我联系，希望我今后别这么写，以免让读者联想。现在，中央对反腐有决心和行动，很多腐败的高官被抓，所谓禁忌也就不成立了。新闻界对有些官员的腐败有很多报道，这也是个信号。总之，文学的表达空间也变大了。

虽然题材是无限的，但能让一个作家激动的写作资源肯定是有限的。我写完《安魂》之后就开始构思《曲终人在》。那时觉得接下来的写作，特别可写的就剩下这个题材了。刚好那时总后勤部出了几个案子，特别是谷俊山的案子给我的触动比较大。他就和我生活在总后勤部大院，又是河南人，他的案子让我很感意外。这样的人是怎样登上高位的？为什么会产生这样的官员？对这些问题的思考让我觉得要是再不动笔就太遗憾了。

读书报：《曲终人在》没有前言后记，开篇就是一则以"亲们"开头的"致网友"，这有别于你以往作品的语言风格。

周大新：这则"致网友"是我在写这部长篇小说的时候就想到了，当时只是觉得这部长篇小说的题材（指官场腐败）有些敏感，不一定能出版，可能就是在网上发一下。后来还不错，先在文学期刊上发表，又出了单行本。

读书报：你成名多年，又是军旅作家，应该有写作题材和表达空间上的分寸感的。最终我们见到的《曲终人在》和初稿相比改动大吗？

周大新：没什么改动。写作的时候，我就想着如何既能把心里话说出来又能被读者接受。毕竟这类涉及官场题材的小说，很多作家写得已经让读者倒胃口了。大家读这类小说时往往有猎奇心理，无非想要看看黑幕。

读书报：网上有评论说《曲终人在》是周大新写的官场小说，你怎么看这种说法？

周大新：这不是人们原来印象中的那种官场小说，读者在这本书里应该是学不到什么当官之道的。我是在写一个官员的一生。要说给《曲终人在》归类，它也是"人生小说"。我想写人性，探索人性，只不过把这个人物放在官场罢了。

读书报：这种众多人物、多角度口述采访实录的"虚拟纪实"的叙事方式也是你在写作上的新尝试吧？

周大新：前面说了，我觉得从外部环境上来看，这个题材可以写了。但怎么写才能让读者觉得真实可信呢？其实我接触过很多的地方官员，有些也是我的朋友。和他们在一起聊天时，常常听到他们的某种炫耀，也会听到他们诉说心里的苦闷。我是军人，人家会觉得：你一个军人怎么知道地方行政机关的种种运行？你去写一位省长，大部分内容肯定是编造的。在此之前，很多官场小说就遭遇到读者的这种质问。而有这种疑问的读者在阅读时是不能投入的。所以，我想从叙事方式上先打消读者的这种心理障碍，这样他们才能在阅读时进入到我设计的情境中。

读书报：叙事方式确定了，接下来的写作就容易了？

周大新：对，对。这个方式也不是一开始就定下来的，我一直在想用哪种叙述角度使读者接受起来更容易，试了好几种叙述样式都不理想。对我来说，写作中最难的莫过于怎么来讲这个故事。每次开始写长篇小说时，确定叙事方式的过程都是最痛苦的。要讲好《曲终人在》的故事确实有不少难处，我确实不能说自己对一位省长的真实内心和他的工作状态、生活状态非常熟悉。即使他给我诉说一些他的情况，也不会让我窥视他的内心，总归还是有距离的，这种距离是我写作的短板。而只有这种"虚拟纪实"的叙述方法能避免我的短处，能消除读者的一些不信任感。不过，这种叙事方式也有"坏处"，那就是缺乏文字上的诗意。在我以前的很多小说中，我是很注意语言的诗意的。可是《曲终人在》的叙述视角不是"我"，诗意也没办法融进去。

读书报：书中"接受采访"的人物很多，每个人的身份、语言风格、讲述角度都不同，你这么写挺过瘾吧？

周大新：是挺过瘾的。我是借这些人之口把我想说的话都说出来。我都六十开外了，有些话再不说就没机会说了。不过，写长篇小说是体力活。现在要我写出二三十万字的作品，自己都害怕。过去，我都是手写，一部长篇小说要写两三稿，现在用电脑写还好一些。

读书报：你在"创作谈"中提到，《曲终人在》中的省长欧阳万彤承载了你对中国政界的全部理想，而书中的欧阳万彤无论对权力还是对金钱和女色都相当清醒。塑造这样的人物不担心读者将之视为"高大全"吗？

周大新：倒是没有这个担心，因为是我赋予了这个人物理想化的东西。到了我这个年纪，写的东西都是希望这个世界能变得好一些。面对社会的种种问题，要重建的话，损失和代价太大，只能渐变，让这个社会变得更好一些，那我就用写作来推动这种渐变吧。你要问我真的会有这样一位省长吗，我也无法回答。但我相信，中国能够发展到今天，还是有一些人充当着国家的脊梁的。生活中，我也确实遇到过一些好官。

读书报：你是如何确定这些人的出场顺序的？为什么故事从欧阳万彤的妻子常小韫开始，也是到她结束？欧阳万彤的前妻林蔷薇怎么出场那么晚？

周大新：这些都是我有意设置的。让常小韫先出场是因为是她想找人给欧阳万彤写一本传记。作为一个叙述者,用她开头比较顺利。至于后面那些人物的出场顺序,我是希望这些人的叙述既能各自独立,也彼此勾连,让大家有阅读兴趣。不同身份的人讲述同一个人肯定有不同的地方,这样不至于让读者读到某个人物的讲述时读不下去。让林蔷薇那么晚出场,是为了把全书的悬念往后留一留,毕竟她知道很多事。我想不要读者太早地知道全部,这样可以留一些阅读期待。

读书报:近年来,从余华的《第七天》到阎连科的《炸裂志》再到迟子建的《群山之巅》,中国当代作家的很多作品都越来越紧密地跟现实问题与社会事件关联,你在《曲终人在》中也写到了不少当今社会的热点话题与重要事件。面对如今中国社会的飞速变化和层出不穷的新闻事件与荒诞事情,文学的表现空间与功能是否受到某种挤压?

周大新:说到故事,文学中虚构的情节往往没有现实中发生的精彩。从这一点上来说,我确实能够感觉到作家创作的空间是被新闻挤压得变小了。很多真实发生的事,经由记者之笔写出来之后,要比很多小说精彩。

不过,文学的功能肯定不是仅仅告诉读者发生了什么事。现在是个信息爆炸的时代,文学要光靠讲故事或者传达信息是无法得到读者喜欢的。文学还得通过叙事来传达一些精神层面的东西,要比新闻媒体或者说自媒体多一些深层次的思考。文学还有个提供阅读审美的功能,要给读者美的享受,而这些往往是新闻做不到的。所以,今天的文学写作应该逐渐回归到文学的这些本来功能。

周大新长篇小说《曲终人在》在京研讨

武翩翩

2015年7月3日,由中国作协创作研究部、中国作协小说委员会、人民文学出版社联合主办的周大新长篇小说《曲终人在》研讨会在京举行。中国作协副主席李敬泽出席会议并讲话。

李敬泽谈道,在当下的"反腐"浪潮中,公众对官员群体有着较高的认识欲望,对这一群体生活状态的想象也很普遍。周大新在《曲终人在》中有力地回应了这种想象。在这样一个话语场中作出自己的创造、判断和表现,难度是很大的。另外,在我们的文化中,对恶和黑暗的想象很充沛,但在精神主题的建立上相对较弱,可凭借的美学资源、精神传统和社会背景、文化背景都相对欠缺。周大新在作品中,并没有简单地写一个好官或一个坏官,而是塑造出一个在审美意义和伦理意义上都站得住的人,这也是很具挑战性的事。周大新在这方面作出了令人赞叹的探索。

关注现实、深入生活、扎根人民,构筑了周大新创作的基本风格。在与会专家看来,周大新也一直在突破自己。从《第二十幕》的历史题材到《21大厦》的现实关注,从《湖光山色》的农村生活到《安魂》的个人境遇,他从未忘记作为一位作家的使命。他的小说注重人的心理的起伏变化,并在精神向度、人物塑造和艺术探索上呈现出一种开放的现实主义风格。《曲终人在》是周大新继长篇小说《预警》之后,又一部直接反映当下社会现实的力作。作品关注腐败问题,没有回避现实中的矛盾,而是直面矛盾,深入思考,追求人物的饱满真实。周大新在这部作品中以"拟纪实性"的手法,通过20多篇采访记录,将他的忧思传递给每一位读者。作者通过这些互相矛盾又互相佐证的采访,尽可能地还原出一个完整的欧阳万彤的形象。《曲终人在》这种"拟纪实性"手法,保留着生活的粗糙和尖锐,却又深刻地触动了社会现实本质。这部作品更为深刻的地方在于探讨了人生的意义：每个人都面对着一个自己的世界，不论身份，都有曲终的时候，但人生的意义还在。

与会专家认为，这部作品讲述人的使命和责任、道德和操守，呼唤风清气正、刚健有为，也呼唤全社会关注健康的心理状态和正面价值体系的建立。该作品对现实题材的把握和所秉持的价值立场，都体现了作家的忧患意识和责任心。

雷达、胡平、吴秉杰、梁鸿鹰、彭学明、张陵、王山、贺绍俊、高叶梅、孟繁华、牛玉秋、陈福民、李建军、李洱、李朝全、徐虹、肖惊鸿等参加了研讨会，会议由人民文学出版社副总编辑应红主持。

试析周大新《安魂》的宗教情怀

杜昆（信阳师范学院文学院，河南信阳　464000）

摘　要：周大新《安魂》这部对话录，实际上是一个灵魂的独语，在深情的人生回忆与奇异的天国想象中，流露出其浓郁的父爱和宗教情怀。周大新的宗教情怀富有终极关怀、救赎色彩和人文精神。从中西宗教文化传统来看，周大新的宗教情怀具有应激性和动态性，但还不够深远澄穆。然而，在当下文学语境和新文学传统中，《安魂》都值得珍视。

关键词：安魂；周大新；宗教情怀；终极关怀；人文精神

中图分类号：I206.7　**文献标志码**：A　**文章编号**：1003-0964(2015)03-0117-04

周大新的长篇小说《安魂》问世近3年，先后获得了《当代》《人民文学》颁发的大奖，也获得了广大读者的好评和尊敬。这部阴阳相隔的父子之间的"对话录"，实际是一个灵魂的独语，是一个失独父亲的自我忏悔和救赎。《安魂》的前半部分一边回忆儿子的人生历程，一边忏悔父爱中掺杂的许多虚荣心和功名心，流露出周大新的铭心之痛、无限怀念与深深自责；后半部分则为天国想象，虚构了儿子亡灵在天国的游历和访谈，表达了作者对生死、人性的感悟及思考。如果说《安魂》前半部分中那情真意切的怀念和悔恨容易让人产生同情、自省，那么后半部分中天国想象所展现的宗教情怀则让读者感到这不仅是一部泣血之作，而且是一部人性与神性交相辉映的小说，是一首沉郁而又旷达的安魂曲。显然，宗教情怀让周大新从个人的悲痛和苦难中坚强起来，超脱出来，终于完成了这部"既有经验性又有超越性和神性，既有现实性又有形而上性，既有生活质感又有人文情怀"的作品。因而，宗教情怀升华了《安魂》的审美品质，是慰藉亡灵、救赎自我、净化心灵的关键因素。

宗教情怀并不等同于宗教信仰：宗教信仰包含对某种宗教的认同和皈依；宗教情怀是在追问人生的本质问题（即生命意义）时所产生的宗教情绪与宗教意识，受宗教文化的深刻影响，是一种普泛性的生命关怀和终极追问，可以说是人类文明的一个基本元素，是人类精神生活中终极的、无限的方面。宗教情怀如同宗教一样起源于人类的生之困惑和死之恐惧，实质上反映了人类的终极需要。面对人生的苦难、困境和必死的命运，人类在追问和思考中，向往超脱世俗、宁静永恒。"人本质上是形而上学的宗教人，'不可避免'地构造形而上学的理念且具有宗教的情感，所不同的只是绝对之域理念的意蕴。"在文学作品中，作家进行布道式的写作，表达对某种宗教信仰的理解。比如，信奉神灵、思辨信仰，或者传达出对生命的敬畏、尊崇、悲悯和对命运与人生意义的困惑及探究等，都属于作家宗教情怀的显现。除了创作内容，宗教情怀也会影响甚至制约作家的文化心态、文本的叙述方式和审美取向。对于周大新来说，他虽然并不拥有某种明确的宗教信仰，但是在陷入失去独子的人生悲恸和精神危机时，他的宗教情怀被激发，投射在《安魂》这部作品中。

周大新原本是一个无神论者，却在《安魂》中坦诚地披露了自己的宗教行为和宗教心理，对人死之后的灵魂不再持有鲁迅、赵树理式的嘲讽和批判态度，也不再附和于对亡灵悬置不论的文人传统。首要原因是周大新深深沉浸在失去爱子的恐惧和痛苦中，情不自禁，不能自拔，自然渴望有神灵帮助治病救子，有天国存在让亡灵安息，正是这种心理激发了周大新的宗教情怀。"失独"的经历让周大新拥有了一种新的身份和视角去观察、思索和虚构世界，而浓郁的宗教情怀让其从悲痛、感伤走向沉思和宁静。

《安魂》的开篇即在向"上天"呼告命运的不公："上天为何要将一个二十九岁的生命决绝地拖走？我们没有做过任何该遭惩罚的事。凭什么要给我们这样的回报？！这有违常理！这不公平！""上帝、真主、基督、祖师爷、佛祖、老天爷、造物主、天国之神，你们总要给个理由吧？"这些呼告让我联想到《圣经》中丧失所有子女和财产的约伯——他坐在炉灰中痛哭并且质问上帝。在失去自己所深爱的亲人时，约伯和周大新的情感反应非常相似。约伯受难是出自撒旦的试探，后来又被赐福，其经历显示出上帝对于虽受难却仍虔信者的护佑和恩典。但对于没有明确宗教信仰的周大新来说，这不是一场考验。无辜受难，遭此横祸，他更需要一个平息内心伤痛、愤懑的解释，更需要一个可以依靠、寄托的精神力量。于是，一向不信神的周大新在儿子病情好转时，默默祷告，祈求神灵保佑儿子逃过此劫；在儿子病情恶化时，和家人在十字路口烧黄表纸祈求神灵带走灾星，后又求助于一个据说拥有和神灵相通功能的老太太；在儿子备受病痛折磨时，他和家人一起诵读《心经》，试图让其平静下来，脱离苦海；在儿子不幸病逝后，他请来皈依佛门的老奶奶为儿子诵经超度，希望亡灵安息。周大新同众多不信教的汉族人一样，在孤苦无依的困境中几乎到了见神就拜、六神无主的地步。不得不承认，周大新的宗教行为带有直接的实际要求，这正是中国人非常典型的宗教心理。正如有的学者所说："中国人在观念上没有把宗教置于支配万物的位置上，参与宗教活动的动机不是出自对崇拜对象的虔敬信奉和对超凡力量的真挚信仰，而更多地表现为一种世俗的要求与功利目的。"周大新在软弱无助、情感极度紧张时的宗教行为，明显是出于消灾免祸、寻求安慰的目的，具有应激性、功利性和动态性。我们很难把他的宗教意识归纳为某一具体的宗教。

  人是向死而生的，但死亡的过早来临让人生显得更加短暂而不幸。周大新对爱子周宁的生命万般眷恋，却不得不承受严酷无情的命运。爱子英年早逝，让他长时间陷入回忆、悲痛和思考中。周大新在《安魂》的后半部分展开了对人生意义的沉思和对天国情境的幻想。其中，颤域、惩域、涤域、学域、享域、圣域的虚构，亡灵渡过奈何桥，喝下息怨汤、迷魂汤或者保魂汤等细节，显示出中西宗教文化的驳杂影子。其中，儿子亡灵被女使者引领升天、与众多历史人物的亡灵进行对话，明显借鉴了《神曲》的设计。作家精心安排的亡灵访谈录，分明是他自己在逐步追问人从哪里来、为什么活着、活着有什么意义、人应该怎样活着等终极性问题。《安魂》中关于人死之后亡灵的活动、思想的书写，可以说在新文学史中是非常具有独创性的。周大新的内心虽然十分凄楚，但他精心描绘的天国景致是公正有序、善恶有报的，能给读者带来温暖和美感。细细品味作者的沉思和幻想，不论是形而上的追问，还是现实讽喻，都容易引起共鸣。《安魂》后半部分的文笔是诗意的、温润的，像泪那样温润，像血那样流动，闪耀着神性光芒和知识分子的人文精神。

周大新对他所描写的天国是信是疑？他更倾向于哪一种宗教精神？这些是值得寻思的问题。与周作人的"半是儒家半释家"以及史铁生的"昼信基督夜信佛"相似，周大新的宗教态度也是复杂难辨的，受到了佛教、基督教和民间宗教的综合影响。周大新在该小说中说：我虽然不是任何一种宗教的信徒，但我一直相信有天国的存在。相信天国与宗教信仰并不矛盾，但是周大新却否认了自己的宗教信仰。他这样回答记者："在我想象和虚构的过程中，我渐渐相信了自己想象和虚构的东西。我觉得它们是可能存在的。""在这部作品里，'天国'的世界，是我自己想出来的。我希望他可以生活的世界是美好的。也正因为是通过我自己的想象，这样也才能给我带来安慰。""的确是我自己愿意去相信有这样一个世界，因为想象这样的一个世界，也是对我自己的安慰。""一直相信""渐渐相信"和"愿意相信"，这种前后措辞的变化显示了周大新对天国的存在还在犹疑，他并不坚信。之所以如此，其中的根本原因还是周大新所生活的宗教文化环境并不纯粹，他仍然受到理性的强烈干扰。一个世纪以前，俄国作家梅列日科夫斯基说："当代人毫无防卫地直接面临不可言状的黑暗……人们从未像现在这样，感情上感到信仰的必要，而理智上却懂得信仰的不可能。"如今，世纪之交的中国文坛也遭遇了这种时代的精神危机。超越世俗的宗教情怀愈发有生长的土壤，人们需要从物质化、世俗化的尘世解脱出来，寻觅精神乐园和灵魂自由。宗教信仰是超乎理性维度的。"根据托马斯·阿奎那的看法，宗教的真理是超自然超理性的，但它不是'非理性的'。单单依靠理性我们不可能深入信仰的神秘中去。然而这些神秘并不与理性相矛盾，而是使理性尽善尽美。"

周大新在《安魂》中毫不掩饰自己失独之后的痛苦与脆弱，天国的想象对他来说是最好的寄托。小说中的天国是一个象征，那里有他与人类所憧憬的爱与真、宁静与安息，他在那里得到希望与安慰。于是，叙事的过程成为一个自我疗救、心灵安顿的过程。《安魂》中别开生面的亡灵书写所体现出来的叙事上的先锋性及精神上的超越性，已经逸出了文学史的写作传统，使读者体验到阅读的新鲜感，并从感伤压抑中走向解脱和升华。作家忏悔自己的功名心和虚荣心，追问生命的起源、意义和价值，表达对人生、死亡、命运的终极思考，呈现了真正的知识分子对自我、生死、人性的严肃反思和剖析。

毋庸讳言,《安魂》所体现出来的宗教情怀还不够深远澄穆。从天国亡灵之间的访谈内容来看,周大新具有浓郁的人文精神,因为他思考的重心仍然集中于人与人、人与社会、人与自然的关系上,而对人性与神性、人与神之间的关系缺乏深入思辨和想象。虽然文本中反复提及"天国""天国之神",然而,"灵魂不死"问题的搁浅、"上帝形象"的缺席,使得作品所具有的宗教精神失去了重要的环节,作品并未对人死之后的价值世界展开充分思考。小说中的亡灵经由天使引领得以进入天国,但没有经过"炼狱"的磨难,罪恶之魂的忏悔与救赎也付之阙如,蒙神"拯救"并未真正实现。这与基督教的宗教精神还是相差甚远的。由于并未坚信天国的存在,且受到多种宗教文化的杂糅影响,周大新塑造的天国更像是一个东方乌托邦。那里公正有序,善恶有报,亡灵们幸福地相聚在一起,神秘而诗意却无世俗气息。整体来看,周大新的《安魂》缺乏象征性的审美意蕴,也缺乏西方宗教文化中"天堂"所具有的神圣感与完美感。即便如此,这种尊重灵魂的写作,在充斥权力、金钱、性欲的文学语境中如空谷幽兰,值得珍视。谢有顺说:"书写经验、讲述欲望的时代正在过去,文学的生命流转正在重新转向对灵魂的审视。"笔者相信这是文学发展的大势。不论尊重灵魂的写作时代是否已经来临,富有宗教情怀的《安魂》都可以视为这个物质化、世俗化时代的安魂曲。

从思想史和文学史的角度来看《安魂》,它也具有一定的独创性。五四以降的新文学虽有无数的死亡叙事,却很少书写人死之后的灵魂,这个奇特现象耐人寻思。新文化运动以提倡新文化、新文学、新道德为使命,崇尚"德先生"和"赛先生",因而把中国传统文化中的鬼神思想视为迷信,猛烈鞭挞。受西方科学思想的影响,当然部分也由于中国自古以来就存在的无神论的影响,五四时期的文化先驱极力揭露鬼神思想对国民的毒害。其中,鲁迅的《故乡》《祝福》等小说最为著名。它们明显流露出对鬼神思想的批判和嘲讽,同时交织着对底层民众的同情与哀怜。台静农、王鲁彦、吴组缃、杨振声等作家,延续着鲁迅开创的国民性批判之路,继续揭批乡村鬼神思想的愚昧和落后。由于鲁迅等作家具有强烈的启蒙精神,因而"他们关心的主要不是鬼神信仰本身,而是鬼神在人们心中的浓重投影和人们面对鬼神的种种心态",即新文学旨在揭示病苦、新民立人,所以侧重于写活人的心态,而不是死人的灵魂。国民性批判传统对现代知识分子影响深远。即使以弘扬国民"优根性"而著称的沈从文,也在《神巫之爱》等作品中对敬拜鬼神的习俗持揶揄态度。赵树理在名作《小二黑结婚》中,同样对鬼神思想抱以批判立场和嘲讽态度。20世纪40年代,徐訏、张爱玲、钱钟书等作家书写了荒诞诡异的"鬼话",不回避对鬼魂的兴趣,以此窥探人类自身的奥秘,尤其是人性的缺憾和阴暗。新中国成立之后,作家们继承了对鬼神思想的批判态度,使以鬼神信仰为思想核心的宗教在文学作品中的处境显得尴尬起来。于是,新文学中的鬼神描写几近消失。与此对应,新文学也中断了古典文学中谈狐说鬼的志怪传统。其实,鬼神思想是以灵魂不死观念为基础的。新文学作家对鬼神思想的批判或回避,根本原因还是受到神灭论、无神论思想的影响,不信人死之后灵魂继续存在。新时期以来,贾平凹、阎连科、莫言、迟子建等作家对民间文化中的鬼魂思想很感兴趣。姑且不论这是否标志着灵魂不死的思想在作家群体中的复活,起码他们对亡灵展开各种想象和叙事,让新时期文学更接地气,更具有中国文学传统风韵,也增添了神秘和浪漫的审美因素。因此,反观《安魂》,周大新虽然并不坚信灵魂永恒的观念,但是他所叙述的亡灵对话,结构别开生面,语言真挚贴切,不仅蕴含人文精神,而且富有终极关怀和自我救赎色彩。这些宗教情怀和艺术特征在新文学史上是具有一定的深刻性和独创性的,理应得到批评界更全面、更深入的阐释。

魂灵寻觅：从冲突、忏悔到救赎
——评周大新的《安魂》
刘艳宗

周大新在长篇小说《安魂》中，以泣血之笔展开了与英年早逝的儿子的对话，并以纪实的方式再现了儿子周宁短暂的一生，在痛楚的回忆中表现出那来自灵魂深处的自责和忏悔。小说的前半部描写了儿子从出生到被病魔夺去生命的历程，充溢着浓浓的父爱和家庭的温馨；小说的后半部描述了儿子到天国之后的生活。小说借助儿子与古今中外的伟大思想家、科学家、文学家等的灵魂对话，实现了精神层面的自我救赎，达到了对当下社会、人生中许多热点、焦点问题的深度探讨。

一、父子冲突——沉重的父爱之殇

《安魂》最打动人的是父亲的爱，那深沉浓烈得无以复加的爱令人动容。特别是在儿子患病后，为了给儿子治病，作为父亲的周大新作出了艰苦卓绝的努力，付出了能够付出的一切。他在回忆中的追悔和自责，及在绝望与希望并存中的坚强，充分展示了父爱的厚重和坚韧。"当他听说国外研究出一种能治脑胶质瘤的药物，二十几万人民币一针时，便发疯地想去挣到200万元。一切药物都失效后，他曾绝望地携妻携子到十字路口去烧黄表纸'驱邪'。也曾不顾一切地请到一个来京卖菜的老太太到家里施展'特异功能'。在每一种理性与非理性的搏斗中，父亲的拼死挣扎令人掩卷长叹。"读者跟随着父亲血泪铸就的爱，和作为父亲的作者一起充满希望，又一起充满绝望，设身处地地体验着父亲的痛苦。什么最能撕碎人的心？那便是看着自己的孩子承受着病痛的折磨而无能为力。什么最让人绝望？那便是眼睁睁地看着自己的孩子一点点被病魔夺去生命而束手无策。人类在享受着爱的同时，总是不可避免地要承受不期而至的灾难和痛苦。

在爱与痛中，理性地解读作者的自责、悔恨，隐隐可以感觉到埋伏在父爱中的父子冲突。这种冲突来自于现实生活，主要表现在父亲对儿子人生道路自以为是的决定和干预，对儿子内心意愿的忽视，对儿子心理的不了解，等等。《安魂》中的父子冲突，与以往文学作品中那种带有浓厚意识形态和文化象征意味的父子冲突有着本质的区别。

自从新文化运动开始，进化论的观念深入人心，启蒙思想者对传统文化进行了全方位的反思和批判，封建的父权文化受到了前所未有的冲击。在文学艺术的表现上，父子冲突主要从社会政治层面上着手，表现为长辈与晚辈所代表的两种思想力量的较量。父子关系呈现出落后与进步、保守与文明、专制与自由、腐朽与新鲜二元对立的模式。在这种文学表现中，父亲成为僵化、专制、保守的化身，具有文化符码的特征。到了20世纪30年代，在革命文学和民族战争的时代背景下，父子冲突"由家庭伦理转换到阶级伦理叙述。在革命性叙述中，老一代的父亲被更确切地定位在与儿子对立的阵营中，扮演着不觉悟、不革命的落后分子角色"。新时期以来，父子关系在多元文化背景下呈现出复杂多样的关系，既有寻根文学的崇父倾向、先锋作家的弑父倾向，又有世纪末的文学寻父倾向。父子关系随着社会文化背景和思想背景的变化而变得丰富多彩。

不论现当代文学中父子关系的表现形式和内涵发生怎样的变化，都存在一个共同的特征，即父子关系与时代的意识形态、社会思想、文化氛围有着最直接的关系。"发生在家庭内部的父子之间的较量，凝聚了整个社会政治、经济、文化、意识形态的较量，参与了中国社会国家民族身份、阶级地位、价值观念等诸多方面的建设。"文学作品中的父子关系之所以产生不同的内涵和象征意义，是文化想象和文学表达之间相互作用的结果。从一定意义上说，父亲是被想象出来的，不同时期的父亲被涂抹上了不同的文化色彩和象征意义，真正个体的父亲往往在子辈的言说中被压抑、遮蔽和扭曲，父亲在文学中成为自觉或不自觉的"失语者"。"他们的白发与皱纹被涂抹上了政治批判、文化反思的油彩。我们看不见他们的眼神，更无由抵达灵魂深处。"从文学是人学这个文学创作的根本原则来衡量，不能不说多年来文学中的"父亲"一直是被书写、被想象、被象征的对象，缺乏从真实人性的角度实现对父亲的关注。《安魂》则让笔触直接切入父亲真实、丰富的内心世界，从父亲的角度来表现父亲，使这个父亲显得那么真实，那么真诚，情感是那么丰富，意志是那么坚强。作者是那么认真地在做父亲，爱孩子可谓是爱得呕心沥血、博大如海、厚重如山。

然而，就是这个真实的父亲，这份厚重的父爱，在父子之间也无法避免冲突。在儿子成长的过程中，父亲是儿子人生道路的指引者、参与者、决定者。在每一个人生过程中的关键阶段，父亲总是按照自己的意愿为儿子作抉择。这固然是父亲在行使责无旁贷的监护、指导、教育的职责。但在实际生活中，这种职责却不由自主地越过了应有的边界，慢慢地演化成了父亲对儿子的干预：小学期间，无视儿子的专长，武断地改变了儿子可能的人生轨迹；小学毕业，强迫儿子考重点中学，给孩子施加很大的压力，儿子接受了；考大学时，要求孩子放弃喜爱的文科选择理科，儿子同意了，尽管备考的过程很苦很难；大学期间，无情地拆散了儿子可能最幸福的爱情，儿子含泪应允了；毕业后要求儿子考研，儿子实现了父亲的愿望。在这些父亲主动决定、儿子被动执行的人生大事里，都隐含着无形的父子冲突。我们不怀疑父爱的浓度，但需要质疑爱的纯度。儿子的人生设计很多是从父亲的愿望出发，而不是儿子的。尤其是当儿子走出懵懂、走向成熟、有了自己的主见和意志后，作为父亲，对儿子的过度关心就变成了对儿子生活的武断干涉，对儿子内心感受的无视和对儿子情感的不尊重，特别是亲手拆散儿子和女朋友小怡的关系。而这个姑娘，从日后来看，是儿子和他们的家庭多么值得拥有的亲人。故而，这一点使父子的冲突变得更加激烈、无法调和。为了不让父亲生气，孝顺的儿子选择了妥协，接受了父亲的决定。这何尝只是对父爱的妥协，这是对自我情感和人性的压抑。这样的"父慈子孝"的父子关系是当下父子冲突的一种典型形式，颇具时代特色。

这虽然是一个家庭的悲剧，但这个孩子成长中的烦恼分明是当下社会语境和社会心理状态下中国独生子女成长的缩影，是一个时代独生子女与社会体制跟教育管理模式的冲突，具有广泛的社会代表性：遍地都是望子成龙、望女成凤的家长,到处都是要求孩子只埋头于书本的家长。虚荣、攀比、功利心强不能不说是家长们隐藏的深层心理动因。当这种心理成为一种常态,并且表现在对孩子的学习、升学、考试的严格要求和对孩子个人兴趣、情感、意志的无视和干涉时,孩子便失去了充分表达自己愿望的空间,整体性地沦为家长和教育体制、社会体制的奴隶。孩子在家长和社会的合力管束下很容易变成社会人才生产线上的人才产品。被压抑了独特的本性,这也是当下教育遇到的最大的问题。然而,即便人们认识到这一点,但残酷的社会竞争和用人体制决定了很少有家长敢于拿孩子的未来做赌注,也就决定了无数的孩子已经并继续被现有得不合理机制塑造着、压抑着、清醒或不清醒地苦恼着。

从人性的角度来解读父子冲突,父亲发出了来自灵魂深处的忏悔。从社会的角度分析,则通过孩子之口给出了一种社会性的原因剖析,表现出孩子对父亲的理解和宽容。"你们20世纪50年代出生的人,其实活得很艰难。大饥饿影响了你们身体的正常发育,'文化大革命'影响了你们精神的正常成长,严格的计划生育规定影响了你们家庭的正常结构……""也因此,你们这代人身上有很多毛病:由于尝过饥饿的滋味,就特别喜欢囤积食物,生活中节俭成癖;由于尝过'文革'的苦头,就做事谨慎过分,一遇政治风险便想掉头而去;由于家庭结构不正常,就对孩子给予过多的希望,给孩子施加过大的压力……"从这个意义上说,这里的父子冲突是人的本性与功利化社会的冲突,父亲所谓的理想安排实质上是一种世俗意义上的理想。当父亲在追悔的同时,他不仅仅是作为一个父亲在反思和忏悔,更是对被世俗功名观念压抑的纯真人性进行忏悔。

这里的父子冲突不是对社会文化先行理解后塑造的,而是现实生活中真实存在但不为人所明确认知的父子冲突。因其真实,所以更能折射出社会文化对人的影响,从而激起人们对家庭教育、社会文化和人性弱点的认识和反思。周大新对自我的解剖体现出可贵的文化品格和社会担当的责任意识,使一个知识分子的大爱情怀在父子的冲突中得到升华。

二、灵魂忏悔——灰暗的人性之思

当作者从人性的角度重新认识父与子的关系时，其灵魂深处充满了对儿子英年早逝的沉重忏悔。忏悔源自于基督教的原罪意识。在基督教文化的熏陶下，忏悔成了西方人普遍使用的一种自我赎罪方式，在文学中最有代表性的是18世纪卢梭的《忏悔录》。在书中，卢梭无情地暴露自己人性中的阴暗面，解剖自己的灵魂，并对自己所犯下的罪过产生深深的忏悔。俄国作家托尔斯泰称卢梭是"18世纪全世界的良心"。如果说相信人性本善的卢梭之所以暴露自己的流氓、无赖、撒谎、耽于肉欲等人性中的罪恶是为了揭露社会的腐败和道德的沦丧，是为了现实社会让人从善变成恶，从而把主旨最后归结到社会批判层面上的话，那么托尔斯泰的作品则从人生而平等的观念出发，与自己所隶属的贵族阶级决裂，对贵族的罪恶进行谴责和反省，对自己荒唐的贵族生活进行忏悔，让平等、博爱的人类理想走得更加超远。西方文学中的忏悔意识对中国现代作家产生了深远的影响，巴金便是典型的代表，其《随想录》被誉为中国的《忏悔录》。在这部世纪大书中，巴金既对自己人性中的恶进行了彻底揭露，同时也对人类普遍存在的人性弱点发出了预警。在书中，巴金真诚的忏悔显现了这位老者对民族文化那可贵的忧患意识和对人性的深刻理解。但由于巴金的忏悔难以超越那个疯狂年代的时代背景，一定程度上使忏悔停留在现实的层面上，影响了对人性的开掘深度。周大新的忏悔则完全是从心灵层面展开的，是对自己无过错或者说无意过错的一种苛责忏悔。"忏悔是一种对以往犯下的错误甚至罪恶的深刻认识，常带有强烈的情绪因素。忏悔者所面对的是无可挽回的既成错误，因此忏悔必然伴随着情感上的痛苦和灵魂的内在折磨。它是对自身恶行之顽劣性的无可奈何的认可，因此又更多地带有主观上的自我谴责。它不像反省那样，可以心安理得地寻找造成这种错误的客观原因。"从这个意义上来说，卢梭或者托尔斯泰包括巴金的忏悔都是有客观原因的,尽管他们都超越了心安理得的反省,是真诚的忏悔,也能够起到对人的灵魂产生影响的作用。但在客观上,他们忏悔的终极目标是引导人关注社会问题,而非人性问题、灵魂问题。因为他们的错误在某种程度上是社会造成的,是社会造就了人性中恶的膨胀。而周大新的忏悔则与他们的忏悔有着本质的不同:周大新的所谓"错误"是想象出来的,他没有有意地去做错事,他的出发点都是毋庸置疑的爱,他的忏悔是"苛求"出来的,他在解剖自己的灵魂时看清了自己人性中的灰暗和丑恶。周大新的忏悔从对儿子病因的追溯上展开,他把任何有可能致病的因素都归结到自己的过失和错误上,这也使他的追忆让读者倍加痛心。一方面是在儿子婴幼儿时期对儿子喂养、管理、关爱等方面的失误,让他认为自己不是一个合格的父亲。比如,出生时因为难产被产钳拉出,"也许,这一拉,使你的头部受了伤,为后来的疾病埋下了最早的祸根"。"我好后悔呀!孩子半夜哭是因为饿得难受,但不知道加点奶粉,致使你在最需要营养的时候受了亏,也许这也是你以后得病的根源之一。""我真蠢!""我不是一个合格的父亲。"这些自我评价体现了作者对自己作为父亲的职责履行不到位的谴责。另一方面是对儿子人生道路上重要事件的干预进行心理层面的深刻检视,看出了自己灵魂深处的虚荣、世俗和功利。儿子上小学时,家里因为官司,把儿子送到北京,其间儿子有病身体受损,作者追悔的实际上是把自己的声誉和家庭的荣誉放在儿子的健康前边,没有意识到孩子才是最金贵的。不让儿子进体校学跳远,原因是看不起体育这门专业,想让儿子长大了去当官,为家族争得荣誉。他说自己是一个被中国官本位传统浸染透了的俗人。因为虚荣心和功名心,他不顾孩子的实际,逼着孩子报考重点中学;儿子上高中时,不让处在青春叛逆期的儿子做任何学习之外的事情,不了解儿子的心理,只关心孩子能不能考上大学。为了脸面上好看,为了儿子在部队好提升,催逼儿子读研究生。更有甚者,为了给周家找一个才貌双全可以向外人炫耀的儿媳妇,生生拆散儿子和小怡的恋爱——作者对这桩事情的后悔程度最深——他说自己就是一个凶恶、卑鄙、不可饶恕的恶煞。

作者在对儿子施以关爱的同时,无形中暴露出来的是功名、虚荣等人性的弱点和灰暗面。这些隐秘的心理被作者自己清醒地认识到,并因此而对儿子造成的伤害发出深深的忏悔。生于中原、长于农村的周大新既吸收了中原文化坚韧、勤奋、善良、宽厚等优点，但同时也不可避免地受到了传统封建文化观念的影响，并将这种影响渗透到对儿子的教育中。让自己争气是一种骨气，逼孩子给家长"争气"就显得有些虚荣。如果说读周大新的其他小说可以让读者走进部队、深入南阳盆地、融进都市生活并领略小说中人性的善与恶、美与丑的话，那么读周大新的《安魂》则让读者认识到现实中的作者如他塑造的人物一样，不是十全十美的：他也有普通人的弱点，他也不是一个超凡脱俗的人，尤其在自己的儿子身上，他无法做到生活现实与文学理想的有机统一，无法做到爱得脱俗。儿子的离去使他在痛悔中认识到功名、利禄、地位、身份、金钱、名誉都没有拥有一个温馨的家重要，没有拥有一个健康的儿子重要，没有亲人相濡以沫地活着重要。周大新说："现在看到楼里看电梯的年轻人，我会想，儿子要是看看电梯，也没什么不好的，只要他在。"如果人生可以重来，他完全会选择另外一种方式来面对儿子。但人生无法假设，更不能重来，作者只能在对儿子的无限思念中，在痛苦的追忆中，展开与儿子灵魂的对话，来表达一个灵魂对另一个灵魂的忏悔。

三、精神救赎——直面死亡之旅

中国现当代文学作品中直面死亡的作品不多，原因有二。一方面，中国有重生轻死的传统观念。孔子曰："未知生，焉知死？"人活着首先要关注的是如何活着、活好，人们不情愿把死放进考虑之列。该种观念影响了人们对生与死的看法，使得一般的人不愿意过多地去直面死亡，更不愿意去书写死亡。另一方面，从活着的人的角度看，死亡是件令人恐惧并竭力回避的事情。但近些年来，随着恶性疾病发生率的居高不下和意外伤亡的频频发生，一些作家因为这样或那样的原因与死亡有了零距离的接触，从而触发了他们对生死问题的思考和关注。之后，死亡意识才开始在文学作品中得以呈现。除史铁生从个人特殊的经历中直接写到过死亡，表达一个肢体残疾人对生死问题的理性探索之外，周国平、周大新也分别以文学纪实手法创作了《妞妞——一个父亲的札记》和《安魂》。

周大新的《安魂》是在知道儿子身患肿瘤、一步步走向死亡的情况下，用全部的生命兢兢业业地照顾儿子、刻骨铭心地疼爱儿子、沉静坦然地迎接死亡时，作为父亲的周大新用他至情至性、柔肠百转的父爱，唱响了对生命的礼赞。整个凄美的过程饱含着哀婉的诗意。当儿子长大成人、一切安排就绪的时候，当儿子羽翼丰满、终于可以展翅独自高飞的时候，当父亲做好一切准备享受含饴弄孙的晚年生活的时候，灾难突然降临，改变了一切。死亡在希望—绝望—希望—绝望的胶着盘旋中一步步走近，生命在拼死的挽留中慢慢远去。这部作品是作为父亲的作家，在经历中年丧子之后直面死亡时感性与理性交织的创作，真实地袒露了死亡的过程和死亡的真相。

事实上，在现实生活中，人们只有经历了死亡才会觉悟到死亡的含义，也才能够对人生有更理性、更深刻的认识。亲人的死亡让作家开始重新审视生死。周大新说："送儿子去天寿园歇息之后，我没法不回忆过去。回忆时，除了痛楚之外，愧疚一直在折磨着我。就是在那时，我决定，我一定要把我这分愧疚写出来，要不然，我可能活不下去。"因为要活下去，所以必须直面死亡。"只有直面死亡，人才会思索生死的价值和意义，人才能享有生的欢欣和死的尊严。""人直面死亡，就是为了把对死亡的认识转化为人之生活的过程与生命进程的动力，将死亡转化为规划人生的源泉和促进人生发展的动力。"

在痛与悔的逼仄中，作家只有一个选择，就是再次回望死亡、经历死亡、写作死亡。周大新以极大的勇气和坚韧的毅力写就了《安魂》。写作的过程是痛楚的，是情感的深度煎熬。但作为作家来说，写作又是最好的疗伤药，也是最好的心灵安慰剂。周大新说："儿子的走，让我的写作更多地变成了倾诉，让我觉得文学真是可以起到心灵救赎和抚慰的作用。没有文学，我会活得更苦。"在文中作者通过近乎自虐的忏悔方式，在自我否定中实现灵魂的救赎。

写作《安魂》既是对自己的精神救赎也是对儿子的心灵安慰。对儿子的安魂，目的是让儿子在书中得以永生。在父亲的书中，一个风华正茂、坚强、勇敢、淡定、宽容的周宁获得了永生。父亲以这样的方式让儿子的生命得以延续。此外，周大新也想通过《安魂》，为儿子精心打造了一个宁静、和谐、平等、公正的天国世界。作者说："那也是我自己愿意去的地方，所以我花了很多精力，想把天国建好。"在这个世界里，死并不意味着生命的结束，而是另外一种生命形式的开始。小说后半部分详细地描写了灵魂升入天国后的生活。那种生活迥异于人世间的生活，人间善恶报应在天国里得到了全面的实现。儿子到达享域，不仅见到了自己的爷爷、奶奶、外公、舅舅等过世的亲人，让他继续享受比在人间更丰厚的亲情关爱，而且找到了灵魂相悦的异性知己，了却他在阳世时生命中的最大遗憾。作者让儿子在天国里拥有这分超越欲望的纯净的灵魂之爱，是对儿子在人间感情受创伤的一种弥补，也是对自己的一种安慰。更为重要的是，儿子在天国接受王阳明的教诲指导，同伏尔泰、爱因斯坦、达尔文、弘一法师这些人类伟大的灵魂进行对话，得到天国之神的赏识和认可，这也是作者对儿子未来生活的一种想象。通过这种方式，让儿子得到在人间不可能得到的巨大的心灵慰藉。这是一个父亲对儿子执着的爱的无限延续：儿子飞远了，但父亲的爱超越生死之隔，无时无处不在环绕着他。父爱的伟大、厚重和彻底，由此可见一斑。这种爱慰藉着在现实功名利禄压迫下的人类日益苍白的灵魂，温暖着坚硬粗糙的社会感情。

　　周大新给儿子在天国生活的安排和设计，如让儿子与达尔文、苏格拉底、爱因斯坦、莫扎特等先贤的灵魂对话时探讨关于灵魂价值、面对苦难的态度、人为何要不停地互相比较等话题，"也是他长久以来一直思考的关于生命的终极意义。他希望儿子在天国仍能增长知识和智慧，也借先贤之口诉说自己对人生的感悟，引发人们对一些形而上问题的思考，而不是只关心手里的钱和头顶的官帽"。这些先贤的见解足以让当下世人疲惫的心灵得到滋润，让蒙尘的灵魂受到洗礼。"这一个人痛楚结晶的琥珀，或能擦亮他者的人生。"从中我们可以看到周大新人性中光辉和博大的一面。因此，"表面看来，《安魂》是为痛失爱子周宁而作；实际上，则是周大新在为儿子安魂的同时在为自己安魂，也为天下那些失去孩子的父母安魂；更重要的是，他也是在为这个时代安魂。"安魂既是对作者的心灵救赎，也是对儿子的救赎，更是对当下社会人心的救赎。

日前，2012年度小说评奖结果揭晓，《安魂》获得《当代》长篇小说论坛2012年度最佳奖。这个奖从一定程度上说明，文学作品对灵魂、人性的关注更有现实价值。《安魂》不仅仅是一般的家庭纪实小说，它凝结了作者深重的思考。作家超出个人的哀痛，将冷静理性的目光投射到人类社会更深广的现实观照中，让智慧照进人生，让阳光照亮灵魂。"人生问题的解决必求之于对死亡问题的体认，而死亡问题的解决又必求之于人生问题的化解。"周大新通过个人的爱与痛，在对生死问题、灵魂问题所进行的哲学思考中，让死亡和活着得到了辩证的统一。

超越死亡的亲情救赎
——评周大新的《安魂》
贺玉高（郑州大学文学院，河南郑州　450001）

摘　要：周大新的小说《安魂》的前半部分既不脱离日常生活的真实气息，又通过死亡视角升华了日常生活中的亲情，使小说的亲情感人至深。小说的后半部分所虚构的天国来信既有对亲人灵魂得救的期望，又有对人生意义的拷问，还有对乌托邦世界的想象。小说的某种非个人化因素影响了作品更丰富意蕴空间的产生。但此小说的价值不能单从审美方面考虑，因为救赎也是文学同样重要的功能。

关键词：周大新；安魂；死亡；救赎

　　周大新的小说《安魂》，以儿子的死亡为界，分为两个部分：前半部分以父子对话的形式，回忆了儿子29年的生命历程，特别是儿子患病以来的种种经历和父亲的心理反应；后半部分则是虚构了儿子灵魂的天堂来信。全书按顺序从己未到癸亥，再从甲子到戊子，一共30章。这些以干支历的年代为标题的目录，使它看起来像是一本编年史或日记。

一、死亡视角下的庸常亲情

　　这部小说的动人之处在于其情感的真诚。老年丧子，人生之大痛。父子之情，人间至亲之情；死亡离别之情，人间最悲伤、最强烈的感情。作为真实发生于身边的事情，作者所饱含的情感是不言而喻的。如同约伯，痛苦的父亲也曾仰问苍天："上天为何要将一个二十九岁的生命决绝地拖走？我们没有做过任何该遭惩罚的事。凭什么要给我们这样的回报？！这有违常理！这不公平！"[1] 他充满深情地回忆了儿子降生、成长、上学、恋爱、工作、生病的各个阶段，并且充满了忏悔之情：你降生时，我不能够在你妈妈身边守护，造成了难产；也许是使用了产钳，为你后来的疾病埋下了最早的祸根；没有计划生育，把你生在20世纪80年代；没有育儿知识，让你刚生下来在营养上就受了亏；你没满月，我就离开了你的身边，可能也是导致你后来得病的一个原因；你半岁的时候，第一次打你，多么不该；你4岁的时候，我不舍得给你买变形金刚，让你伤心；当初不该让你上那所教室过于拥挤的小学；不该因为你多花5块钱叫你下跪认错，还打了你；不该把你拉到河滩吓唬你，来矫正你对电子游戏的依赖；不该因为家里的官司让你寄居别人家里；不该因名利心让你放弃从事体育的机会；不该逼着你考重点初中而累坏了你；不该在你反叛的青春期只知道强力压服你；不该在分文理科时不尊重你的意愿；不该强迫你考研究生；最后悔的事莫过于因为自己的虚荣心而阻止了你在大学里的恋爱……就在这些忏悔中，孩子的人生、孩子与父亲的生活在读者面前层层展开，父子间深厚的亲情也得到了真实的再现。

  在叙述形式上，小说采取了对话体。作品以第一人称为主，虚拟了父亲与儿子的对话。作者写这部作品不仅是为了安慰儿子的魂魄，更是为了安定自己的灵魂。因为，作者有太多的话要说，虽然很痛苦，但必须由他自己来回忆和叙述父子俩过往的点点滴滴。他有话要对儿子说，他也想继续与儿子说话，这保证了作者情感抒发的真实与自由。以这种方式呈现出的情感令人伤感、心碎，也令人感动。作者把对儿子的情感以非常现实的方式全部展现出来了，带着所有的人间泥土与烟火气息。比如，他不避讳自己功利甚至势利的职业观、婚姻观以及自己的各种功利考虑。在当前中国人的生活中，某种程度的人格分裂与两面性似乎是不可避免的。以第一人称来叙述自己的生活，实际上是非常困难的：要么俗，要么虚伪，甚至二者同时存在。作者不避讳俗，得到了真。这不可避免地影响到了作品中父亲和儿子的形象。作为父亲的"我"的形象并不高大，也不脱俗，而是充满烟火气。当"我"看见你降生时，最先想到的是"得挣更多的钱好把

---

[1]　周大新：《安魂》，北京：作家出版社2012年版，第2页。

儿子养壮养大"[1]；当你想选择体育专业时，"我"觉得"当官才是男人的正业……想让你去为我们这个家庭争得荣誉"[2]；当你找了一个农村的又不太漂亮的女朋友时，又使"我"拆散了你们，只因"我想听人家说，看看人家老周家找了一个多么漂亮的儿媳妇"[3]。儿子的形象也并不是理想化的。他与中国大多数独生子一样，承受了太多家人的溺爱与期待，因而并没有多少独立的意志：从选专业到升学、工作、婚姻，都是按照父亲的安排与命令进行的。他似乎也没有太多的浪漫情怀，不会为爱不顾一切，也理性地接受了现实社会的各种价值观，准备好好工作、尊重领导、光宗耀祖，然后找个漂亮老婆、结婚生子。

　　简单地说，作品中呈现的是一个充满庸常烟火气的家庭。亲情是一种世俗情感，日常的亲情不正是在这种烟火气中存在的吗？正是在这种烟火气中，父子亲情得以真实地展现，它让这亲情有所依附。作者没有美化亲情存在的背景，才使得这种亲情的现实质感扑面而来。我们在文学中倾向于为高贵而纯洁的生命状态与情感而感动；而实际生活中，我们更多地生活在庸常之中，我们的亲情也依附于这庸常之上。庸常的我们在功利中算计，艰难地向前或向上滚爬。在这过程中，家庭实际上成了我们多数人世俗生活中的一个基本支柱。这种世俗的情感对于多数中国人来说就是人生的终极价值。

　　作为一种大众文学形式的现代小说以庸常世界为描写对象是很正常的。但中国现代小说产生于那个救亡图存的时代背景下，它承担了过重的新民救国的责任：个人与民族、国家命运之间的关系成为永恒的话题，亲情也主要在这个框架内叙述，因而总带有一种宏大叙事的神圣气息。20世纪八九十年代的新写实小说表面上似乎又回到了个人庸常生活，非常写实，且多以生活的阴暗与庸常为主，其中也不乏亲情与温暖，但由于它们多是依附在奇观化的苦难之上（如余华的《活着》、刘恒《狗日的粮食》），让人读后觉得是别人的生活。还有一些作品则在描写庸常生活时刻意淡化、

---

[1] 周大新：《安魂》，北京：作家出版社2012年版，第10页。

[2] 周大新：《安魂》，北京：作家出版社2012年版，第33页。

[3] 周大新：《安魂》，北京：作家出版社2012年版，第51页。

回避这些柔软、细腻的情感。

《安魂》中的生活也是庸常的。在父子的生死对话中，饱满而真挚的情感让它与新写实小说中的庸常生活区分开来。死亡是这部小说的起点，从这个角度来观看庸常生活中的亲情，可以使这种亲情获得某种特殊的质量。这也使它与那些消费苦难、假装乐天的亲情电视剧区分开来。在那些电视剧中，主角死亡是叙述的结束而不是开始。生与死是最大的距离：死亡不但与生者隔离，而且也跟现实隔离；死亡让一切都成为记忆，封存在另一个空间中。正是这一距离能够使人摆脱、反思现实生存空间中无处不在的庸常与功利、算计，剥离出纯净的亲情。这正是这部小说能够感人至深的原因。

二、从个人救赎到乌托邦

死亡让生命化成了亲人的回忆。它虽净化了庸常，但是它的代价太大了。极度的痛苦使人无法理解死亡的必然性，人们也不愿接受死亡。当儿子在死亡的边缘上挣扎的时候，由于恐惧和无依无靠，他们开始有了对佛祖、上帝甚至类似萨满的民间巫术的需要。他们希望有一种超自然的能力来拯救儿子的生命。而当儿子去世后，他们对于神的需要则来源于对死亡、对此岸世界的不甘心与不满足。由此，才有了小说后半部分即超过全书一半的篇幅对儿子所进入的天国世界的描写。

作品的后半部分在结构上借鉴了但丁的《神曲》。主人公离开人间之后，在一个女性的带领下游历了地狱与天国。在某种神秘通感的作用下，在天国的儿子可以向父亲报告他在天国经历的一切。作者描写的天国世界，并不完全是基督教的天堂，而是融合了中国传统宗教、佛教与基督教而创造出来的一个彼岸世界。人的灵魂最早来到天国的"甄域"，所有的灵魂都被审判。人们在世间所做的任何事情都逃不过上天的眼睛。杀人的、作伪证的、诬蔑的、挑唆的、污染环境的、损人利己的、贪污受贿的、欺压良善的、以权谋私的……这其中的重罪者，他们的灵魂要喝下迷魂汤，在天国的另一个叫作"惩域"的地方永远孤独地生活，这实际上就是地狱。作者的声音中确认了这一点。"你说的大概就是地狱了……原来以为地狱在地底下，现在知道他其实是在天国，在天国的一个区域。"[1]而那些犯罪不严重的灵魂，则进入了洗涤灵魂的地方——"涤域"。这个地方的主要作用就是通过忏悔净化灵魂。只要全部坦白、忏悔就可以通过"净魂之门"的检验，并进入天国的"学域"。在此，净化过的灵魂可以学习做一种或几种自己喜欢的事情的本领，然后就可以进入"享域"去享受天堂的生活了。主人公的灵魂选择了学习采访与写作，目的似乎是要找到世间生活的意义。全书的最后，主人公的灵魂应邀飞向"圣域"接受天神召见，并期待与父母在天国团聚的日子。

　　就小说的主旨来看，天国情节的设置是要超越死亡的。而中国传统文化在具有超越性的彼岸世界上并不用心。儒家"不语怪力乱神"，而主要着眼于以家庭血缘为中心的世俗伦理。这种主流观念结合道教、佛教以及其他民间宗教，最后实际形成了祖先崇拜。人们活着是为了家族，死后变成了鬼魂，被家族的成员所崇拜。这是一种以现世世俗血缘家族关系为中心的伦理。这种传统在这部小说中得到了比较明显的体现。在天国的"惩域"，对犯重罪之人的最主要的惩罚是让他们喝下迷魂汤，不再能记起所有亲人，并永远不能与他们相聚。在"享域"生活的灵魂最幸福的事情之一是可以见到无数的亲人与祖先。他们还可以定期从天国的"天窗"观看还在人世的亲人。这使小说中超越死亡的天国之旅带着鲜明的中国特色与气息。

　　但是，这些关于家族的、亲情的描写并未占据天国来信的主要内容。我们注意到，从主人公的灵魂进入"甄域"开始，小说的人物就突然开始增多了，从父子的家庭世界开始转向更大的人群，进入众人的世界。主人公在"学域"学习采访与写作，在"涤域"记录蒙尘的灵魂的忏悔，在"享域"采访重要的历史人物。这些不同天国空间的功能设置和主人公的选择实际上都最终指向了对世人灵魂的拷问和对人生终极意义的探索。但作品中对人忽视灵魂的道德批判并无特别的新意，而对人生终极意义的探索似

---

[1] 周大新：《安魂》，北京：作家出版社2012年版，第161页。

乎也并不深入。面对不断询问人生意义的主人公的灵魂，被采访的魏源给出的答案竟是："不要再问。不要对任何问题都企图找到终极答案……让我们低下头回到现实，回到自己面对的生活现实，回到我们面临的具体问题上，而不要执意仰脸向前不停地发问……这样，人才能保持一种平衡，才能不是很累地活一生。"[1]另外，也许是作者对于他所选择的历史人物并不是十分了解，有些采访看起来并不深入。在书中，苏格拉底，这个西方文化史上仅次于耶稣的重要人物在天国竟然已经数个世纪无人拜访。而且，这个形而上学的大师最中意的职业竟然是种植者。他解释说："人只有做最基础的事情，才能最终理解人，才能真正认识自我。"[2]尽管这可以被看作是一个代表实用理性的中国人对于追求超越现实的苏格拉底的一种揶揄与批评，但看上去更像是对苏格拉底的误解。因为在整个对话中，我们没能看到苏格拉底为何要转变他的立场。

作品用很大的篇幅介绍了天国的各种"规矩"，使它超出了私人情感和个人灵魂清洁得救的范畴而成为作者心目中的一个带有乌托邦色彩的"理想国"。在笔者看来，这个"理想国"并不十分完美。根本上说，可能是由于这个天国太过沾染尘世的东西。它不像基督教所描绘的天堂，"理想国"里的一切还要经受时间的侵蚀，衣服还会破损，有着与我们一样的年月日区分。尽管名义上天国里所有灵魂都已脱离肉体并且一律平等，但他们脱离得似乎并不干净。他们不但带着人间的人格结构、记忆，而且还带有性别和原来的容貌。他们还具有对异性的渴望，也渴望异性的触摸。尽管不能做爱，但只要两情相悦，就可以同居。这里也有失恋和与之相连的独占的欲望与嫉妒。在这种情况下，"一律平等"变成了空话。而且天国中亲戚之间也可能"因对什么事情的看法不同而生出嫌隙来"[3]。对于存在的争执与冲突，天国里的裁决方法类似于陪审团制度。尽管在天国各种语言之间可以通过语言转换装置而不存在交流障碍，但事实上我们看到，灵魂们还是愿意依照各自的语言组成自己的社区。主人公有一次误入一个

---

[1] 周大新：《安魂》，北京：作家出版社2012年版，第265页。

[2] 周大新：《安魂》，北京：作家出版社2012年版，第286页。

[3] 周大新：《安魂》，北京：作家出版社2012年版，第238页。

全是瑞典人的区域，而主人公所居住的地方主要是由来自中国北方省份的人构成。这样，实际上的民族或种族区隔在此得到了延续。

天国不仅有图书馆，也有档案馆。尽管没有明说，但因为房子是需要申请的，所以实际上还存在着管理中心。而且天国的各个"域"都被用庞大的数字进行了编号，各个灵魂也都被编码，这些编码犹如身份证号码。这容易让人联想到实行计划经济的一个全能政府。虽然在很多地方，在父子对话中表达了他们对于现代化，特别是现代科技的不满，但笔者不得不说作品里的这个天国是一个相当现代化的天国，反映了作者对于现代化的想象。

三、审美还是救赎

整体来说，笔者更喜欢作品的前半部分。因为后半部分的天国想象不太能满足笔者的形而上需要，它的乌托邦对笔者也没有吸引力。更重要的是，笔者不能理解本来是亲情议题，最后却转入对乌托邦社会的想象和有关全人类的宏大叙事了。为何要从个人情感叙事走向理想国？乌托邦与启蒙主义是联系在一起的，而现代启蒙主义所经历的种种幻灭似乎丝毫没有影响到作者，这使这部小说在精神气质上不像是现代小说。我们在书中看到的情感结构更像是传统文人的家国情怀，而不是现代个体的情感结构。

这种动辄全人类的宏大叙事实际上在作品的前半部分已经有所体现，虽然被作者的真情所淹没，但偶然的出现也会破坏作者对于亲密关系的表达。比如，在父子的生死对话中，在描写生命中共同的一些经历时，孩子会突然大谈历史。"我在西安看那些古东西的时候，我没有别人的那分兴奋之情，更没有别人的那份效仿之心。我只是觉得惊奇，原来争权夺利、尔虞我诈、贪财贪色、企望不朽、打打杀杀，很早就有了。我们今人所有的毛病，都是前人传下来的。我还有些悲哀，原来只和皇帝、皇家相关的东西才能流在下来，普通人活没活过历史是不关心的。我在想，我们今天还要把自己身上的毛病，再传给后人？我们今天读历史，还是只谈那些大人物吗？"[1]这不太像是儿子跟父亲在谈家常，而像是在对一群人讲话，甚至是跟全人类讲话，这样的情况并不止一处。

这种个体意识被群体意识淹没的情况直接影响了小说的语言特点。语言上，作者持一种比较天真的、透明的语言观念。这从作者描写的天国中对语言问题的解决就可以看出来：天国中持不同语言的灵魂通过一个语言转换器，交流起来就可以没有任何问题。这种天真的语言观让作者常常不能穿透现实语言秩序坚硬的外壳，不能摆脱现实功利性的语言，找到自己个体的语言来表达个体的意义。私人情感表达中时时闪现的宏大叙事就是由此而来的。因此，作品的语言比较直白，意义较为单一。作者对不同风格、立场的语言不太敏感，不能在不同语言的冲突中发展自己的话语策略，没有使文本呈现更丰富、多层的含义，这使小说的艺术价值打了折扣。

但笔者高中学历的母亲显然并不同意笔者的看法。她已经80岁了，偶然从我的书桌上看到了这本书便开始阅读，经常被感动得热泪盈眶。这也使笔者开始思考文学的价值到底是什么。按照现代的文学审美标准，《新约》有什么语言的独创性呢？也许刘小枫的观察是正确的，西方的宗教衰退与诗学的兴盛是有内在关联的："当人感到处身其中的世界与自己离异时，有两条道路可能让人在肯定价值真实的前提下重新聚合分离了的世界。一条是审美之路……另一条是救赎之路。"[2]笔者想，对于作者而言，如果这部作品能够安慰在天上的爱子和人世间亲人的灵魂，它的审美已不是最重要的了。

笔者很喜欢这本书的封面。整体浅绿色背景的左下角，用写意的手法画着一个白色烛台和一支点燃了的蜡烛，一缕青烟从烛火上面袅袅飘散，只有蜡烛的火苗外焰呈现出一点的红色。烛台和蜡烛本来就小，使得蜡烛燃起的火苗显得更小了。但正是单纯的背景中的这一点点珍贵的红色把人们的注意力吸引到了火苗上面，让人感觉到这个火苗虽显得格外微弱，但格外珍贵。与左下角烛台和蜡烛对应的是竖排着的两个字"安魂"。愿逝者的灵魂得到安息，愿作者或亲人的灵魂得到安慰。

---

[1] 周大新：《安魂》，北京：作家出版社2012年版，第44页。

[2] 刘小枫：《拯救与逍遥》，上海：三联书店2001年版，第33页。

穿透骨髓的安魂曲
——评周大新长篇小说《安魂》

李晓伟

（山东理工大学文学与新闻传播学院，山东淄博　255000）

摘　要：周大新的新作《安魂》讲述了在痛失爱子之后，作家以一种毅然的姿态展开对生命与死亡这个命题的探寻，以与早逝的儿子对话的方式来呈现作者关于"生死"的形而上思考，并且跳出个人的悲痛，以深厚的人文关怀对当下进行了深刻的审视。

关键词：周大新；安魂；死亡；对话；人文关怀

"出生"是一个生命过程的开始，而"死亡"则意味着这一过程的终结。对于我们来说，它们都是一种事实，同时也是一种隐藏的秘密。亦如福斯特所言，出生和死亡，它们令人陌生的原因是：它们既是经验又不是经验，我们只能从别人口中了解。所以，我们可以认为，人的生命是伴随着一种遗忘的经验开始，又伴随着一种虽然参与但又无法了解的经验告终。于是，关于生命的开始与终结，在任何时候都能引起我们无限的思考。文学始终是人类精神、思想天然的记录者，而关于这一"秘密"的思索和追问也就成了文学的一个重要维度。生命的绽放始终是璀璨、鲜艳的，它所蕴涵着的生命力让每一个人都能为之怦然心动。相比之下，"死亡"就显得灰暗多了，它不仅是一个生命的物理存在形式的消逝，同时也将与这一生命体相关联的精神脉络一一切断，留下的只有悲痛。相信人们更愿意扮演的是生命的迎接者，而不是生命终结的见证者。但无奈的是我们不能遂愿，我们无时无刻都面临着与生命的告别。当生命降临之时，我们欣喜、欢呼。而当生命逝去，我们除了悲痛、懊悔，又能做些什么呢？周大新以他特别的方式给出了答案。

一、"向死而生"的抉择

在经历了中年丧失爱子的悲痛之后，周大新呕心沥血三年，为我们沉淀出了这一部厚重的作品——《安魂》。可以说在当下犹如浪潮一般涌现的出版物中，并不缺少关于生命的礼赞。然而，能够真正直面死亡这一事实的则不多，尤其是像《安魂》这样能够穿透骨髓与灵魂的"安魂曲"更是少之又少。儿子周宁还未到而立，正值年轻有为、渴望着在自己的岗位上作出一番成绩之际，却不幸逝去，留下的只有满满的遗憾与亲人的泣血哀哭："谁知道失去儿子的痛苦是怎样的呢？那不仅仅是心口痛，那是一种无可言说的痛，是一种难以忍受的空忙之痛，是五脏六腑都在搅呀！"在这样的哀情中展开"安魂"，不只是要为英年早逝的儿子安魂，同时也是在抚慰作家自己的心。小说通篇都是由父子俩人的对话构成。以"丙子"为界，前半部分以回忆为主题；而后半部分则通过作家的想象，将自己对于儿子的祝福与爱凝结为关于"天国"的幸福想象。

前半部分采用了纪实的手法，通过父亲不断回忆往事，从儿子出生到与病魔抗争，一直到最后离世，充满着父亲无比的哀痛与愧疚。他向儿子忏悔：当儿子出生时自己并未在身旁，同时又匆匆离开赶往单位，没有能够尽到父亲的职责；因为自己心情不好便仅仅为一小瓶墨水而打儿子；将自己的意愿强加于儿子身上，让儿子改学理科；当儿子有了情投意合的爱人时，又以封建家长式的粗暴干涉将其拆散……父亲反问自己："仅仅因为我是父亲，我就拥有了这种权力？！"这是父亲的深切自责，也是难以释然的痛楚，更是一种父辈深沉的爱。在父亲深情倾诉自己愧疚的同时，儿子周宁也在回应着。他不断地安慰父亲，同时也以自己抵抗病魔的心路历程来向父亲讲述着自己的超脱之路："人生就是一个向死的过程，我的人生不过是短些罢了。缩短些也不一定就是坏事。你想想，假若我再多活几十年，你尝过的那些生存压力之苦、撑持家庭之苦、人生奋斗之苦，我不也要去一一品尝？少尝一点人生之苦又有何不好？""爸爸，别再频频回头去找那些使你痛苦的原因了。"父子间的爱以及儿子与病魔抗争的顽强在行文中熠熠闪动。而从"丙子"以降,作家则展开了想象,以温情的笔触为自己的儿子以及读者描绘了一幅关于乌托邦式的天国乐土的画面。在那里,罪孽将被洗涤,纯洁的灵魂得以永生,自由地享受着神的赐福。

灵魂得到安息、平静,这是生死两端的共同心愿。如何让这一心愿实现呢?作家选择了与儿子"对话"的方式来倾诉,让这一曲"安魂"就这样平静地在言说中缓缓展开。整部作品就是由父子之间的或直接或间接的对话所结构而成的。对于这样的表达方式,周大新坦言:"我就是把想对儿子说的话说出来,我也知道儿子有很多话想对我说,因为他病情加重后失语而无法说出来。所以,只有通过对话才能实现我们父子的心愿,才能让我们俩都好受些,也才能对他的灵魂起到安慰的作用。"从这一层面上来讲,这些"对话"就不再仅仅是作家的简单想象了,而是他在面对死亡这一既定事实之时的担当。死亡固然可怖,但是当作家动笔书写的时候,就已经赋予了这一叙事行为独特的语言力量。在这些滚烫的文字中间,逝去的儿子"复活"了。

作家借助着这样特殊的言说方式——父子对话,将自己的心声悉数吐露。也就是说,这样的对话更可以被看作是一种作家个人的独白。他将自己对儿子的追思以及在经过生离死别洗礼之后所得的思考一一倾诉,虽然是借用了补偿性的想象话语,却仍然不失深刻、厚重。伴随着作家的回忆文字而浮现的,不仅仅是过往的时光,更是生命的一次重生。"叙事改变了人的存在时间和空间上的感觉。当人们感觉自己的生命若有若无时,当一个人觉得自己的生活变得破碎不堪时,当我们的生活想象遭到挫折时,叙事让人重新找回自己的生命感觉,重返自己的生活想象的空间,甚至重新拾回被生活中的无常抹去的自我。"的确如此,这样的"对话"式的叙事,作为作家的无畏尝试,通过文字的深情编织,把流逝的生命时刻串联了起来,不但让儿子重新"回到"了我们的时空,同样也让作家完成了他自己关于生与死的茫茫求索。这样的叙事方式就是作家的隐喻表达,不但是一种深情言说,同时也是自己对自己的开导。在层层推进的交谈之中,不但给予已消逝的生命以慰藉,也实现了仍留存于阳世之人的超脱。

斯多噶派的哲人说过这样一句话:"死并不是死者的不幸,而是生者的不幸。"它带来了阴阳两界的分隔、人情伦理的断裂，但在这一转折点之上，又将生者推向了直面死亡的一端，使我们得以郑重地审视这一亘古的"神秘事实"。爱子的英年早逝，首先给周大新带来的是白发人送黑发人的无比悲痛。他不断地追问："上天为何要将一个二十九岁的生命决绝地拖走？我们没有做过任何该遭惩罚的事。凭什么要给我们这样的回报？！这有违常理！这不公平！"儿子周宁却一直在劝慰父亲，希望父亲能够平静下来，坦然地面对自己的离去："一个人这一生要尝受什么，不管是好东西还是坏东西，不管是幸福快乐还是不幸苦痛，可能都有一个定数，这个定数不是由他本人决定的……因此，不论你得到了什么，都请接受吧，抱怨没有意义。"这是一种多么豁达的态度，从病魔发作到最后抱憾逝去，周宁始终保持着一颗平静却又坚强的心。他诵读心经，坚持参加气功锻炼，以一种洒脱来面对着逐渐走近的死神，也给了身边的亲人一分温暖与安详。

虽然儿子在阳世的生命已经终止了，但他的灵魂又在天国中得到了延续。死，对于阳世而言是一个终点，但对于天国却是一个崭新的开始。这就像儿子一再安慰父亲的那样："每个生命，都是由一个无任何欲望的安静状态起始的……""生命的终点和起点非常相似。""人从虚无中来，又向虚无中去，轨迹是一个圆圈呀……"小说在章节的编排上采取了历法中的干支纪年来做回目，并且刻意地没有按照从开头到结尾这样的顺序，而是从中间开始，最后却又首尾衔接，成了一个循环，这似乎也意味着作家的一番苦心：儿子的生命在一种"生发"的状态中戛然而止，但是他的灵魂又在另一层面继续延续着，生命的环形就这样悄无声息却又毅然坚定地运行着。

人，虽然作为个体，最终总归是要走向死亡，但是不可否认的是周宁在他的生命逝去之后仍然在这个世界里留下了"力"的痕迹。他在以自己的生命历练向我们展示了应该如何去生存、如何面对死亡，这种使生命最终能够得以聚存的"力"正是他对我们所有人的馈赠。这时的"死亡"也已经"超越了它的本体论意义，意味着精神生命的永恒存在"。这样的精神生命又是"具有内在超越性"的，有限与无限之间的隔阂就在此被打破。自始至终陪伴在儿子身边的周大新，从最初的痛不欲生中逐渐超脱而出。他与儿子携手面对这些磨难，一起为我们捧出了这份珍贵的礼物。这部作品既是父与子的深情对话,又是作家自己的痛苦沉潜。他并非是孤单的一个人,与儿子的共同历练给了他也给了我们这些读者这份面对生死时的超脱、平静。

二、时代的"安魂曲"

周大新在《安魂》的扉页上题写了这样一句话:"献给天下所有因疾病和意外灾难而失去儿女的父母。"显然作者的用心并不仅仅局限于自我的灵魂催眠,他也想借用这些泣血的文字为更多的"失独"家庭送去关切与慰藉。据统计,到目前为止,我国的失独家庭已经超过了百万之众。对于这样的现状,我们固然可以用数字来表达,可是隐藏在数字背后的苦痛是无法用简单的量化方式来表达的。在经历了"白发人送黑发人"这样的人生悲痛之后,他们已无法再生育。在余下的岁月里,他们都只能以自己羸弱的身躯来承担余生的孤独与悲苦。对于社会来说,他们俨然已是边缘之人了。而周大新便将笔触由己及彼地展开,以更多的笔墨着力于这一群体。这样的献词道出了作家与他们之间的感同身受。并且作家以此为基点,对当下的社会中普遍存在的人性问题施以深切的人文关怀,其中既有严厉的批判也有美好的憧憬,体现了一位优秀的作家所具有的现实主义精神。

与作品前半部中深刻的生死书写相得益彰的是作者在作品后半部中的奇妙想象。在作家的笔下,人死亡之后所前往的世界并非是一片黑暗的混沌之地。相反,那里被作家的想象力有意识地建构为一个是非分明、有礼有善的理想世界:在"甄域"中对灵魂进行道德审判;在"惩域"与"涤域"中分别进行惩罚与涤尘;在"学域"中,众灵魂们学习天国律规和一门自己愿意掌握的技艺;最后,灵魂得以进入"享域",去享受天国极乐。在作家的笔下,自己的儿子周宁学会了"对灵魂的访问之道",并且一次次地对各种灵魂进行访谈,有科学家、历史名人,也有普通人。周宁向不同的灵魂追问着自己的也是所有人的困惑:人到底从何而来?又将往何处而去?人活着的意义是什么?既然降生于世间,那么我们又将如何活下去?

也就是说,既然已经对"死亡"有了超越,那么对于与之相对的"生命"这一命题就有了进一步思考的可能。

对"死亡"的思考并不仅仅只是为了自我的安慰和超脱,更重要的是要从这一秘境之中探寻到生命的价值何在。这是作者在书中所进行的思考,同样也是给我们读者的启发:在时间的圣殿里,我们只是个过客,从生到死,又向死而生。如何在这样有限的时空中让生命实现应有的价值?周宁也正是带着这样的疑惑前去"访问"那些精英灵魂的。在这些精英的口中,不管是哲学家苏格拉底抑或是物理学家爱因斯坦,他们的答案都毫无例外地有着相似的指向:"人只有做最基础的事情,才能最终理解人,才能真正地认识自我……认识自然和自我是人活着的重要目的之一。只有在这样清醒的自我认知之后,才能真正地回答生命价值这一问题。"可以说,儿子在天国的这些经历以及他与许多伟大人物如达尔文、爱因斯坦、弘一法师等等的对话,也是一次与当下时代的全面交流。他关心人的生死、平等,也关心人自身价值的实现,这是周宁也是作家周大新个人的人文关怀的体现。这样的"访问"自然并非是新闻采访一样的简单记录,而是要将这些人间精英在人间历练过程中的所思所想都整理出来,这些对于人间事物和人的生存的思索又会以另外的方式来指点现世的芸芸众生,因此它呈现为一种隐喻式的书写。作家所期待的,或者说他要做的就是在其中努力开辟出一座"希腊小庙"式的精神园地,以一己之力为世界"涤尘"。因此,在小说中,周大新借助着书中人物之口这样地概叹着:"人是世上最伟大最智慧最勤劳的一种动物,但人身上还有不少凶残、邪恶、嗜血的野蛮遗存,若不加抑制和消除,其中的一些个体可能会成为可怕的人的异种。""大部分人还没学会正确对待同类,也没有学会正确对待其他生命,更没有学会正确对待他们赖以生存的环境……"作家以这样深刻的形而上的思考为基点,进而以之来打量社会现实生活,为"形而下"提供了强有力的精神营养。

在这些受访对象中,不论是品德高尚的人格楷模弘一法师,还是受到后人唾骂的反面人物袁世凯,这些正反两面的人物都不约而同地在探讨人性。将当下世态放置于历史人物的言辞之中,更能引人深思。在古今中外、正反善恶的参照坐标系当中,生命的价值就得以体现。"人生价值的比较不是人自身能完成的，它需要他者参与，要让旁观者来比较并进行评判；而且这种人生价值比较通常是在人生完成之后进行的，也就是人们常说的盖棺论定。"在这样的比较当中，作者强调的是要张扬人性的真善美。而对于人性中的弱点，如欲望的过度膨胀等，则需要加以排斥。

带着这样的思考所得，作家跳出文本的局限，更深入地关注社会现实，对存在于当下浮躁社会之中的丑与恶不遗余力地展开了批判。尽管社会会为人们披上形形色色的身份外衣，但是内在的良知才始终是评定一个人的标准，正如作品中人物王阳明所言的"知耻、知愧、知恩"。对于现实生活中各种丧失良知的丑恶行径，作家也借助古人之口一一加以针砭。借助天堂中对于灵魂的甄别与涤尘这样的奇思妙想所形成的窗口，我们得以看到这万花镜式的社会众生相：个别商人不顾民众饮水破坏环境，同时还行贿官员，威胁上告者，以此换来亿万家财，又因心肌梗死而死；身为纪检高官却嗜财如命，以各种方法敛财，最终在被"双规"的惊恐中上吊自杀；那些违法私开煤窑、发生事故之后又用炸药炸死举报人一家的凶恶的黑心煤矿老板最终不免坐上了审判席；等等。从自己身上的功利心、门第观念等等，再到社会中关于权力、金钱这些与欲望相交错从而产生的丑恶现象，周大新都给予了直面的揭露。在"天国"这一虚拟的语境（或称之为空间）中，每一个灵魂都在同样的标准之下受到平等的甄别：罪恶深重的将处以惩罚，仁爱、洁净的魂灵亦能安息。

一面坚持自己的写作立场，另一面用不失温情的文字书写，周大新同样为我们展现出心灵花园的芬芳之地。尽管有着如此多的污秽、黑暗以及罪恶，作者并没有忘记那些更多的真善美：那位在天国中传递信息、引领魂灵、又将周宁由人间引进天国的使者达雅，还有那热情开朗的天国邻居薄粼粼。"天国"作为一个逝者所安居的理想世界，也寄寓着作家对于当下的关怀：他渴望着美好人性的张扬和对人性中的弱点及丑恶的摒弃。正是这些真美善的存在让"天国"这一隐喻有了更多的可能性。在这种诗意与厚重的交织当中，"引领精神走向诗意存在的无限可能性"，为我们提供了一种可能的"真实化的审美人生"。这样的真实与虚构、批判与展望凸显的是一个知识分子所拥有的宽广的人文情怀。

这些有关"天国"的美好想象虽稍显生硬，但的确融入了作家自身深切的人文关怀。"就当下中国文学来说,《安魂》以洁净、悲悯的文字,荡气回肠的情感旋律诠释了生与死、善与恶、此岸与彼岸、忏悔与救赎的主题,建构了一种以情感力量、道德批判和哲学思考为根基的崭新的文学角度。"从人与自然的互动到每一个个体如何在这个大千世界中实现自我的完满,周大新的视角已经不再仅仅局限于个人的愁苦之中。他跳出了自己的"小我"视域,从而以一种"大我"的姿态来审视世界,试图为整个世界"安魂"。他让儿子的灵魂作为自己的代言人,通过与形形色色的灵魂相互碰撞,从而表达出自己对当下每一颗悸动的灵魂的抚慰。不管是他想为爱子"安魂"的初衷,抑或是最后超脱出来展开对整个时代的关怀,这都是一种需要相当勇气的担当。在这样一实一虚的穿插中间,周大新完成的不仅仅是个人的安魂与独白,更是一次对我们当下时代的深邃审视。

启蒙的伦理价值
——论周大新的《平安世界》
张延文

摘　要：周大新的《平安世界》是一部军事题材的科幻小说。作品以其肃穆崇高的内在品质，塑造出了张世和为代表的全新的现代军人形象。作品以通俗文学的方式来进行家庭伦理等严肃主题的叙述和探索。这既展示了周大新叙事上的创新能力，也为作品增加了道德启蒙的思想价值。

关键词：平安世界；科幻小说；新军人形象；道德启蒙；家庭伦理

著名军旅作家周大新的中篇小说《平安世界》，在其创作的作品当中，受关注的程度相对较低，但其别具一格、耐人寻味。《平安世界》创作于1995年。周大新在关于该作品的创作谈《祈望平安：〈平安世界〉文外谈》[1]当中，详细地讲述了有关这篇作品的台前幕后、来龙去脉。地震作为危害人类生存的一大灾难，曾经在周大新的内心造成了恐惧和不安。面对这个公共安全的杀手，在机缘巧合之下，周大新酝酿出了一部主要面对青少年读者的科幻题材的军事小说。周大新很赞同下述说法："《平安世界》抓住了科幻故事中最富有内在冲突性和最富有包蕴性的思想和事件，塑造出最富有感染力的艺术形象，将激发广大少年读者去想象，去体味小说的意旨。它犹如一盏人类理性的引路信号灯，警示着他们走向未来。"[2] 在这部小说里，他以人物对于金钱的态度来展开情节和冲突，希望能够唤起人类的理性，警示人们要在人性的贪欲面前觉醒，为建设平安世界奉献自我。

在军旅小说当中，《平安世界》也是比较特殊的。首先，在文体上，这是一部科幻类型的小说。科幻小说一般都带有较强的故事性，富于传奇

---

[1]　周大新：《我们会遇到什么》，南京：江苏文艺出版社2010年版，第190～193页。

[2]　周大新：《我们会遇到什么》，南京：江苏文艺出版社2010年版，第193页。

色彩，通常会被归入通俗文学的范畴。周大新在创作时，着力于写好人物，而非停留在故事情节的讲述或者科技发展的想象上，而是尽可能地赋予作品理想的光辉。它是周大新唯一的一部军事题材的科幻小说。其次，作品在人物形象的塑造上也很独特。小说的主人公张世和，不仅是个军人，还是一名科研人员、知识分子。当然，塑造带有知识分子特征的军人形象，在周大新的军旅小说里并非特例。中篇小说《碎片》里驻守在青藏高原唐古拉山输油泵站的上尉虞西鸣，以及长篇小说《预警》里的998部队作战局局长大校孔德武，都是典型的知识分子类型的新军人形象的代表。而且，两人都有着作为军人的最为重要的优秀品质——为了祖国的利益可以不惜牺牲自己的生命，是和平年代的新英雄形象。这其中除了想要在传统的军人形象的塑造上另辟蹊径之外，更重要的应该是因为周大新本人就是一个为军方服务的知识分子，在这些人物形象的塑造当中，自然会受到他个人的人生经验和审美理想的影响。

张世和，作为总后勤部军需研究所战时食品研究组的研究员，虽然在科研上成果累累——他主持的高能食品粒研究已经获得了预期成果，但在家庭里，并不是一个成功的丈夫。他的妻子金娜，由于嫌他挣钱少，不能为家庭带来优裕的物质生活，而经常与他发生矛盾和冲突。为了赚钱，金娜决定辞去在国家地震局的工作，独自一人去香港金丰商行上班。周大新也是在总后勤部工作。1995年春天，他调到北京后，领导希望他能够创作一些关于总后部队生活的作品，这也成为他创作《平安世界》的初衷。当时，他的生活条件也并不宽裕，一家三口住在一间房子里，儿子在桌子上写作业，他就坐矮凳趴在床上写小说。金娜抱怨丈夫时，就特别指出了家里居住的条件不好。小说里的情节在这里得到了现实的具体映衬。

金娜在国家地震局负责预报地震的部门工作，这其中还包含着丈夫的个人理想。作为著名的科学家张衡的第69代孙，张世和承担着战胜地震这个恶魔的家族使命。他的父亲作为一名地震预报方面的科学家，在一次地震当中身亡，在遗嘱中嘱托儿子将来一定要从事地震预报研究。为了和平，张世和被迫放弃了地震预报工作，就将希望寄托在妻子身上。所以，当他得知妻子为了金钱放弃地震预报工作时，感到难以接受。在小说《平安世界·引一》里，作者详细地描述了苍老的张衡由于无法研制出能够提前预知地震的地动仪,在得知京城地震的大灾变后,嘱托儿子继承他的遗愿,为研究地震预报而奉献自己。张衡是南阳人,和周大新是同乡。周大新作品当中的不少人物,都和周大新的故乡有关系,张世和以及虞西鸣都是南阳的。家族使命,在周大新的另外一部长篇小说《第二十幕》当中也有描述:南阳的丝绸世家尚家,为了织出"霸王绸"付出了艰辛的劳动,甚至不惜付出生命的代价来完成家族使命。作为一项看似难以完成的任务,家族使命带有一定性质上的血脉承传的文化隐喻,是关于优良的传统道德和核心家族伦理赓续的象征。

张世和在吞食了被雷击和污染过的高能食品粒之后,出人意料地获得了超能力:他可以看透地质结构,从而获得了地震预报的能力。具备了超能力的张世和,在为日本政府预报地震之后,拒绝接受对方高额的报酬,而是要求对方保证不对其他国家采取侵略行为,以维护世界和平。金娜看到丈夫的能力有利可图,就重新回到了他的身旁。但她利用丈夫赚钱的想法落空后,坚决和张世和离婚,自己远赴美国淘金。张世和接到美国人的邀请,在准确预测出了地震后,将获取的巨额报酬用来寻找遭遇地震险情的金娜。金娜在获救后,被前夫的行为感动,重新与他和好。但出人意料的事情再度发生:以张世和为首的科研小组,虽然历尽艰难,研制出了能够让人体获得透视特异功能的药粒,却发现食用后会对人体带来致命性的伤害,导致人体快速衰竭死亡。这里既有多重的巧合,也有天道循环的描写。对于意外,在故事的开端就有类似于警句的表述。"好奇者:你说今后这个世界会发生什么事情?预言家:我看什么事情都有可能发生!"[1] 由不可预知带来的心理上的恐惧,是人类对于外部世界产生敬畏感的重要原因之一。无常的命运对于陷入享乐主义的个人来说,无异于一记当头棒喝。而无法预知的大灾难,对于逐渐丧失了进取精神、陷入物欲的人类来说,也是很好的清醒剂。这其中,金钱对于人的美德的腐蚀作用,是不容小觑的。而张世和对于金钱的免疫力,应该说是和他的家族使命密切相关的——他担负着救世的责任。家族伦理和优良的传统,兼济天下、普度众生的美好愿望,起到了抵抗物化的作用,这对于当前社会市场化、崇尚金钱和欲

---

[1] 周大新:《平安世界》,北京:西苑出版社2012年版,第3页。

望的商业伦理也可以算是一种善意的提醒。

食用了高能食品粒之后，在张世和的血液里出现了一种东西。这种东西的形态极其特殊，在之前从未出现过，可以使人的血液变稀，像水一样，无法治愈。负责为他治疗的著名的英国医学家哈德博士对此作出了富于东方哲学意味的解释："这也是没办法的事，人类在科学上的每一次进步，都可能带来副作用。用你们东方的哲学来解释，也可解释得通，有和无、正和反、得和失，总是要求一种平衡的局面……一个人在视力上获得了巨大进展，那么在别的方面就可能……"[1] 事物之间的这种微妙的平衡和转化观念，在中国的传统哲学里颇为盛行，即所谓阴阳五行、相生相克，天理昭彰、不容轻忽。部队方面出于战争的目的，研制出的药粒，却在一次非常特殊的雷击事件后成了救人的工具，而拯救别人的英雄却因此失去了生命。这其中包含着善恶的循环、道德的悖论，使得小说的主题显得更为丰富多元了。

在面对个人的灾难时，张世和表现出了达观的态度。在他看来，缩短他一个人的寿命，从而让那么多的人避免了死亡，是值得的。张世和的牺牲和奉献精神，对于原本陷入个人享乐主义的金娜起到了心灵净化的作用。她最终也选择了吞服特效药粒。这药粒将善和恶混合在一起，考验着人类的良知。她想用生命的代价来换取十个月的地震预报员的使命，来拯救人类于未知的威胁之中。金娜的选择既出人意料，又合乎情理。在这里，道德的感化成了作品的一个重要的主题。但必须指出的是，就周大新的写作来说，这也是一个非常大的意外或者说特例。周大新在小说当中，塑造的正面的女性形象居多，而男性却往往具有这样或那样的缺点。在这部作品里，却出现了一个道德上臻于完美的丈夫对具有明显的道德缺陷的妻子进行了道德上的感化，并最终成功地实现了妻子心灵净化的目的。

2009年，在央视的一次访谈[2]当中，主持人李潘向周大新提出一个问题："在您的小说中，塑造了很多的令人印象深刻、怦然心动的女性的形象，

---

[1] 周大新：《平安世界》，北京：西苑出版社2012年版，第84页。

[2] 李潘、周大新：《子午书简——周大新眼中的湖光山色》，CCTV10 2009.12.12～2009.12.13

比如说香魂女，还有就是最新的这部《湖光山色》里的暖暖。您塑造的这些女性形象都是特别的善良，特别的美好。因此，有人说您是一个女性同盟者，是一个真正懂得女人、爱女人的男作家。您怎么看这个评论？"周大新作出了如下回答："很高兴。能有这个评价，我很高兴。我为什么写的女性的主角比较多呢？因为我认为在两性分工当中，女性从事的建设性的活动、劳动最多，她们生育孩子、哺育孩子，还有就是从事护理的护士、幼教的老师基本上是女性，她们做的一般都是这样的工作。而男性往往从事战争，从事破坏性活动的男性居多。所以我愿意把我的歌颂给女性。"

男女社会分工的差异，对于社会发展是非常必要的，可以有效提高社会生产力。女主内，男主外，这种男女社会分工方式在中国传统社会里是非常广泛和普遍的。同时，男女社会分工的差异也导致了他们在传统社会里社会地位上的不平等，即女性逐步沦为了男性的附庸。随着现代社会的来临，男女平等成为社会解放的重要动力，而科技的发展更进一步推动了男女事实上的地位平等。在信息社会里，男女性别差异在弱化，甚至在一定程度上出现了趋同现象：女性在体力上的不足，正在被信息时代的新的生产、生活方式所弥补。当然，由此出现的社会问题也不容忽视。比如，在中国的现代家庭里，由于本来应该在家庭里照顾孩子的妈妈外出工作之后，母亲的功能减弱，这对于孩子的成长是有不良影响的。作家对于性别观念的理解和认识，会深入影响其创作的艺术风格和社会主题。从周大新对于男女观念的理解来看，他是从道德批判和社会功能的角度来理解男女关系的，而非社会身份和社会作用的大小。

张世和的人物形象是非常特殊的，他是有着道德优势的：淡泊名利，敢于为天下先，具备了强烈的牺牲精神和集体意识，有着高度的自制力和自我反省能力。作为一名军人，他承担着和平的使命，而非杀戮。他以制止战争的发生、保护公共安全为己任。在家庭里，他也是一个好丈夫：他送孩子上学，关心和教育女儿的健康成长。比较起来，金娜的形象之所以不那么正面，就是因为她不再像传统的家庭妇女那样认真地做家务，照顾好孩子、丈夫的生活起居。相反，她把自己的时间和精力放在了工作上，每天都考虑着如何赚钱。为了提高收入，她不顾丈夫和女儿的感受，也不去照顾孩子，而是独自一人去外地打拼。她之所以心安理得地去做这些的理由就在于她要挣钱为家人买一栋带游泳池和网球场的别墅。而照顾家人的活，就只好交由机器人阿茜来完成了。在未来的社会里，机器人取代了女性照顾家人的功能。这是好事，可以让女性摆脱家务的困扰，但由此引起的伦理问题也令人忧虑。仅从目前来说，城市化和市场化带来的人口大迁徙，导致了乡村空巢现象的出现，已经带来了非常严重的社会问题：儿童和老人等弱势群体在乡村无人照料，孩子交给老人看管更加令人担忧。社会发展，特别是技术变革带来的家庭伦理、社会道德规范的转变，可能引发的社会问题也是《平安世界》着力表达的主题之一。

在《湖光山色》当中，楚暖暖和旷开田因为彼此相爱走到一起。面对爱情、婚姻，暖暖一直处于主动。为了改变生活处境，她曾经被村支书詹石磴所凌辱。在开田知道后，暖暖并没有向他作出任何解释。而事实上，暖暖第一次失身正是为了营救被陷害的开田，使他免于遭受牢狱之灾。暖暖和开田之间发生了矛盾之后，暖暖并没有主动地抓住与开田和解的机会，相反，采取了缄默的态度来加以冷处理，这只会导致两人之间的矛盾进一步激化。而暖暖最终和开田闹到决裂，也是因为彼此之间的互相不理解、不妥协。在《第二十幕》当中，宁贞为了帮助自己的老板也是心上人尚昌盛摆脱困境，使用美人计来对付尚穹，却遭到了尚昌盛的猜忌和怀疑，被骂为婊子。面对恩将仇报的尚昌盛，宁贞没有作出任何解释，还用话来激怒对方，并以自杀来明志。显然，暖暖和宁贞一样，面对类似的事件，根本不去寻求对方的谅解，这其中很有可能是因为觉得即使说出来，对方也不会真去谅解和宽容她们的不忠行为。那么，她们为了男人作出的牺牲，压根就丧失了行动的正当性。当然，这种正当性是作为主体的个人，首先要为自己的生命负责，这种观念是现代意识的。暖暖和宁贞尚处于传统的观念里，即女性在必要的时候要为男性牺牲自己，而且在贞节问题上，是根本没有讨论和解释的余地的。

同样面临着男女关系之间的矛盾冲突，张世和可以成功地去消解与金娜之间的问题，而暖暖和宁贞却根本就没有作出相应的努力，主动放弃了言说的权利。这里，也可以发现周大新对于性别差异的先入之见。这其中也许包含着男权意识，或者说对于男权的充分认知：在他看来，男性是不大可能为了女性去牺牲自己的根本利益的。另外，长期的军旅生活，使他深深地理解了权力的内涵：在部队里，面对上级的命令，下级必须无条件服从。这种权力观念的养成，是根深蒂固的。对于旷开田来说，他的人性发生变异的关键在于权力和金钱的腐蚀。与此同时，市场化带给乡村社会的还有享乐和卖淫。当村里的青年女性开始用身体换取金钱之后，村里的男人也开始把她们当作了交换取乐的商品。财富不足以改变人的精神世界。旷开田掌权后，和詹石磴一样没有任何实质上的改变，其行为甚至更为变本加厉、不知廉耻。而宁贞，在争取商业利益时不惜采取色诱。这种行为本身就很不道德，而且也触犯了刑法。抛开情感来说，作为尚家的后代，尚穹要求进行财产分配，并不为过，这是他的合法权利。当然，在这之前，尚穹曾经诈骗过尚昌盛，属于犯罪行为。在《第二十幕》里，叙事人显然没有把法律当作第一考量的准则，而是以道德的基准来衡量，或者说是以情理的方式来处理的。情大于法，以德治国，这显然也是非常传统的认识观念。

当然，作为文学艺术来说，情感是第一要诀。叙事人首先要保证故事的发展是合情合理的，而非合法合规。在《平安世界》中，作者重点讲述了金钱对于人性的异化，但男女主人公在面对挑战时，最终都以生命的代价维护了人性的尊严。在《湖光山色》当中，作者讲述了权力对于人性的异化，旷开田是完败的。在《第二十幕》里，商业资本与政治权力的博弈是无尽无休、此消彼长的，而人性在传统与现代的演进里变得日益软弱，宁贞的自杀从某种程度上来说也是一种绝望之举。在周大新的另外一部长篇小说《21大厦》里，小保安的自杀也表明了乡村社会伦理在面对现代化的城市生活时的绝望和无助。小保安认为，梅苑既然都跟他睡觉了，就会嫁给他。虽然小保安之前对梅苑呵护有加，是有恩的，但梅苑不过是把他当成了玩物而已。在她看来，就像男人可以玩弄女人一样，女人也可以恣意地玩弄男人，只要她有资本就行了；而小保安不过是个穷光蛋、乡巴佬，怎么可能会奢望跟已成为老板的她结婚呢？可以说，宁贞和小保安的自杀都是弱者的行为，属于自毁。这种悲剧和道德伦理的冲突结合起来，是无可无不可的。在周大新的作品里，悲剧占据了绝大多数。从整体上来说，《平安世界》勉强算得上是一幕正剧。它和周大新的另外一部中篇小说《碎片》类似，都是主人公用生命的代价来换取整个社会的平安幸福。这种牺牲精神是崇高的、纯洁的，对于人性可以起到一定的净化作用。这也许就是周大新创作的艺术特色之一，即对于纯洁、高尚的人性的呼唤与追寻。而正是由于他深知人性的复杂多变、世界的反复无常，所以在叙事主题上不免带有一些失望与失落。《平安世界》作为周大新的一部倾心之作，展示了他艺术创新的能力，及其肃穆崇高的内在品质，塑造出了张世和为代表的全新的现代军人形象。同时，《平安世界》也为人类社会未来的发展，提供了伦理道德等方面的启示和思索。这也为该作品增加了道德启蒙的主题和价值，即以通俗文学的方式来进行严肃主题的叙述和探索。

虞西鸣:现代军人形象的新坐标
——周大新《碎片》分析
张延文

摘　要:周大新军旅题材的中篇小说《碎片》,以20世纪90年代的市场经济改革为背景,塑造了和平时期新军人形象的代表人物——虞西鸣。他富有的奉献精神,与充满了金钱和权力崇拜的时代风潮格格不入。他用充满人性光辉的哲思完成了他平凡而又伟大的生命历程。

关键词:周大新;碎片;虞西鸣;军人形象;理想化

新时期以来,中国周边的局势和缓,国家处于一个相对和平的时期。新中国成立以后,一度非常繁荣的战争题材小说创作,也出现了较大的滑坡。与此同时,表现军营日常生活的叙事作品逐步成为主流,军旅作家崭露头角。莫言获得诺贝尔文学奖,更为军旅作家增光添彩,增加了军旅作家在中国当代文学阵容里的分量。然而,美中不足的是,军旅题材小说尚且缺乏具备经典价值的大作,即使有较为优秀的作品,也缺乏一个充分经典化的过程。

作为军旅作家代表性人物之一的周大新,创作出了《汉家女》《战争传说》《预警》等军旅题材的小说。这些小说得到了一定程度上的关注,评论界也给出了较高的评价。在周大新军旅题材的小说当中,有一部中篇小说《碎片》,受关注的程度较低。在朱向前主编的《中国军旅文学50年(1949~1999)》中对其有所提及,其中对该作品作出了如下评价:"周大新除了在战争中塑造英雄(如前述的《走廊》)之外,更关注和平时期军营生活中的无名英雄。20世纪80年代,他就创作了以大裁军为背景的《铜戟》,塑造了杜副营长这样的舍己为人的英雄形象。进入20世纪90年代,在走过青藏线以后,他又创作了书写和平年代英雄形象的《碎片》。小说借助一份遗产清单,通过'现金与存折''艺术品书籍''照片''证件证书''信件''离婚协议书'等若干生活碎片将驻守在青藏高原唐古拉山输油泵站的上尉虞西鸣的形象'拼凑'起来,描写了经年累月地坚守在青藏高原上的军人的生活,表现了当代军人在市场经济兴起之后,面对边陲与内地、风雪高原与繁华都市的反差,所作出的选择和默默无闻的牺牲,真实地折射出了和平时期军人平凡而崇高的精神世界。"[1] 该评价当然是中肯的。但对于《碎片》这部作品来说,仅仅进行社会主题的评论,显然是不够的。我们有必要从美学、叙事学、主题学等方面,对其进行进一步的发掘和开拓。

一、大变革时代的记录与反思

《碎片》发表于1997年第6期的《当代》,这篇小说创作于20世纪90年代中后期。此时,正值中国的市场经济改革快速推进之中,但社会开始出现第一次大规模的经济衰退。1984年10月,中共中央十二届三中全会召开,全会通过了《中共中央关于经济体制改革的决定》,社会主义商品经济开始逐步取代计划经济。1992年10月,中共第十四次全国代表大会明确提出建立社会主义市场经济,标志着改革开放进入了经济体制变革的深水区。1990年12月19日,上海举行了上海证券交易所开业典礼,新中国正式开始公开的股票交易。1996春天到1997年5月,股票市场出现了一轮大牛市,深成指数在一年多的时间里从900多点涨到6000多点。1997年7月2日,亚洲金融风暴席卷泰国。不久,这场风暴横扫马来西亚、新加坡、日本、韩国等地,中国也受到了巨大的影响,打破了亚洲经济急速发展的繁荣景象。《碎片》中的故事背景对于这段历史有着鲜明的反映。市场经济改革,使中国传统社会发生了巨大变化,也产生了一些不良的社会影响。社会转型期当中滋生的各种社会矛盾在经济危机来临之后被进一步激化,这一变化

---

[1] 朱向前:《中国军旅文学50年(1949~1999)》,北京:学习出版社2008年版,第73页。

很容易引起作家之类的公共知识分子的关注。但令人惋惜的是，能够深刻反映当时社会历史变迁的文学作品并不多，《碎片》就是能够较深刻地反映这一变化的具有代表性的作品之一。

上尉虞西鸣因突发心脏病猝死。通过整理他的遗物，可以从中窥视他的生活状况，也可以了解他生活的时代的社会环境。可以说，虞西鸣身后留存下来的就是那个时期中国社会发展的文化遗存。周大新用小说的方式为我们截取了一系列鲜活的社会横断面，并借助一名军人的口吻进行了一定程度上的反思与追问。虞西鸣出生于南阳一个普通的市民家庭，军校毕业后驻守在西藏边陲。那里环境险恶，生活条件艰苦；再加上不注意身体保养，一心一意地为祖国服务；在工作之外，还醉心于文学艺术以及考古等社会学、哲学的思考；在患上心脏病的情况下，仍然没有得到有效治疗。最终，他以身殉职。虞西鸣是孤独的，他孑然一身，遗世独立，和如火如荼的经济浪潮格格不入。他还要经受外界的诱惑和冷嘲热讽。不断发展的商品经济和传统的自然经济是水火不相容的，重农轻商在中国传统文化里有着非常牢固的根基。虞西鸣身上有着南阳盆地农耕文明的烙印。在他的笔记本里记录了一件事，"今天，在格尔木遇到一位姓胡的商人。他递过来一张名片，我边同他说话边不由自主地把他的名片撕成了碎片。那胡老板先是惊愕地看我一眼，随后生气地掉头而去。我非常尴尬，也十分奇怪：我怎会作出了这样的举动"[1]。虞西鸣在下意识当中将一位商人的名片撕碎，而他显然对于这位商人并不熟悉，这种不分青红皂白的做法连他自己都觉得无法理解——他对自己的行为感到了深深的困惑。这个细节描写颇有深意，入木三分，说明虞西鸣的行为带有一定程度上的非理性成分。虽然商品经济会带来问题，但不能因此就对其加以全面的否定。事实上，虽然虞西鸣是个值得尊重的奉献者，但其自身的行为对于其个人的人生悲剧也负有一定的责任。比如说，在查出了心脏病之后，事实上他已不适合在青藏高原服役，而他却拒绝申请回到内地治疗，这就令人费解。他希望用自己的生命来为一个他不能理解和认同的新时代殉葬吗？

虞西鸣并非不了解身边发生的巨大的社会变化，事实上他仍然无法避

---

[1] 周大新：《碎片》，《当代》1996年6期，第117页。

免地被时代的洪流裹挟其中。金钱和权力正在全面地毁坏传统伦理道德，破坏社会生态。学而优则仕，考大学曾经作为农家子弟鲤鱼跳龙门的一大法宝，到了20世纪90年代，在商品经济的大潮之中已不复存在。虞西鸣上军校，但并没有走上仕途，这令他的同学、朋友、家人很不理解。他昔日的同窗好友，虽然没有上过大学，却纷纷通过经商致富，通过做官享受荣华富贵的奢侈生活，而他却过着贫寒的日子。他的老同学先举做汽车配件生意，喝酒吃肉，盖起了小楼，沾沾自喜地说逢上了捡钱的时代。他的另一位老同学靳一航一笔生意赚了27万，马上要成为百万富翁。他的老朋友秦二岭、老董没上几天学，都通过函授花钱买了大学文凭。老同学奋进评职称，找人代写文章，找关系花钱发表，学术造假。身为大学生的侄子小潭厌学。小潭的同学中男生不求上进，游手好闲，沾染上很多坏习气；女生甚至陪酒做小三，腐化堕落。他的战友柴道欢转业后被提升为市委组织部的科长，贪污腐化，吃喝玩乐全免费，利用职权大肆收受贿赂，为亲戚朋友安排好工作。他的另一位同学庆祥开饭店，做KTV，养小三，让同学免费享受色情服务。这些让他的另一位同学久远感叹不已：一个五彩缤纷的时候来了，一个享乐享受的时代到了，一个让人心里又快活又没底的年月降临了；在这活脱脱的一派乱象中，大家浑水摸鱼，脏并快乐着。这些问题，到了21世纪以后，愈演愈烈，更加突出。《碎片》对于社会现实当中的不良现象的评判，具有一定的预言性质，可惜并未得到相关方面的及时关注和警惕。

　　虞西鸣在边疆保家卫国，家人却受到地方上土豪劣绅的欺压。一方面，底层人民生活处境并不乐观。虞西鸣的舅妈患病住院。表弟所在的工厂发不出工资，他被迫做点儿小买卖，想赚点生活费，所卖的东西却屡次被工商管理人员没收；没有出路又被妻子嫌弃，愤而喝药自杀；被抢救过来后想摆书摊，却苦于文化局没人，办不成营业执照。工人下岗，需要自谋出路，弱势群体在权钱交易的社会里又很难摆脱困境。在乡村，村支书为非作歹、欺男霸女、贪污公款、吃喝玩乐、横行乡里，虞西鸣的姑表妹银月差点被村支书奸污。在城里，情况一样不容乐观。虞西鸣18岁的妹妹虞小亚在商场购物时，被检察官的儿子范强虎强吻侵犯，又袭胸凌辱，反抗后反被恶人倒打一耙，起诉她犯故意伤害罪。虞西鸣被迫代妹妹辩护，请求法院能够公正判决。事实上，虞西鸣面临的人生困扰是多方面的：他报效国家，得到的报酬很低，身为上尉，死后几乎是赤贫的；他的身体状况恶化后，也未得到及时的照顾和治疗。《碎片》中的叙述反映了一个严峻的社会现实：由于社会发展的不均衡带来了社会矛盾的激化，并且这一趋势相当明显，而权钱交易、贪污腐化又使社会矛盾进一步激化。

二、现代军人形象的新坐标

　　和平年代，军人形象的塑造是新时期以来军事题材小说创作的一大难题。特别是新的英雄形象的塑造，在庸常的缺乏激烈冲突的语境下就更加无处着力。《碎片》中的虞西鸣就可谓在军营的日常生活里出现的全新的军人形象，由于他的奉献和牺牲也烘托出了新的英雄形象的艺术效果。虞西鸣一出场就已死去，这为作品带来了悲剧的氛围，增添了崇高的气氛，在他身上存在的负面因素也可以由于人物死亡而得到些许原谅。作为一名军人，虞西鸣在日常身份上并不成功，甚至还是婚姻家庭上的失败者。军人也是人，要过普通人的婚姻家庭生活。只是由于特殊的身份，比如两地分居、保密意识等等，反倒还会带来不便之处。虞西鸣的第一个女朋友尹小珊由于仰慕他助人为乐、不谋取个人私利的良好品质而与他相恋，并且对他的家人也很尊重。但由于她妈妈的阻挠，对婚后生活可能出现的两地分居等问题产生了心理困扰，提出了让他两年内转业、否则就分手的要求。虞西鸣最终放弃了这段恋情而选择了继续在部队服役。第一段恋爱的失败并没有对他产生太大的影响。不久，舅舅为他介绍了一个在宾馆做服务员的女孩——钟琳琳。尹小珊在市政府工作，长相漂亮，温柔贤惠，有修养。相比较而言，钟琳琳的社会地位要低一些，而且两人之间缺乏共同语言：虞西鸣寄给钟琳琳的书，她根本看不懂；她喜欢看的书都是非常实用的，她在意物质生活上的享受。这本来也无可厚非，作为普通人必须要面对日常生活中的柴米油盐问题。毕竟，两个人的恋人关系最终修成了正果，并且有了一段还算和谐的婚姻生活，只是这和谐不久就被打破了。

虞西鸣与钟琳琳之间的婚姻是通过传统的中间人介绍的方式促成的，而非通过自由恋爱，缺乏深厚的情感基础。对双方来说，都是一种退而求其次的妥协。但倒回来说，虞西鸣的第一段情感已经证明了柔软的感情是无法战胜坚硬的社会现实的。虞西鸣无法给予钟琳琳想要的生活，而钟琳琳的红杏出墙也便顺理成章了。钟琳琳通过炒股赚了些钱，到南方开了眼界，对丈夫就更加不屑一顾了。她难耐独守空房的寂寞，向帮助她发财致富的胡老板投怀送抱，最终导致家庭破裂，甚至不惜将所怀的孩子流产。当然，这孩子是不是虞西鸣的，很难说得清楚。两人协议离婚，最终通过破裂的方式达成了尊重与和解，带有一些讽刺意味。两人婚后居住的房子是女方的，共同财产只有四千元存款。虞西鸣的个人财产就局限于一些衣物而已，分无可分，着实可怜！钟琳琳就直言不讳地指出了他的报酬和他从事的工作是不相称的，她之所以和虞西鸣结婚是着眼于未来的。但虞西鸣显然没有对于妻子所预期的将来做出实际的有效行动，相反却走向了物质生活的对立面，这未必不是导致两个人婚姻解体的重要的影响因素。

在虞西鸣的笔记里有一则听来的故事。一位员外有三个女婿：大女婿是做官的，有权有势；二女婿是经商的，有钱；三女婿是当兵的，只会打打杀杀。前两个女婿是大女儿和二女儿遵父母之命找来的，三女婿是三女儿自己找的。中秋节晚上，一家人聚会，岳父为了让三女婿难堪，出题目为难他，让大家作诗。结果三女婿想不出好诗句，急中生智，把岳父母给捎带着咒骂了一通。这显然是"秀才遇到兵，有理说不通"的民间故事版。大家对于军人的传统看法就是粗鲁、没文化。然而，虞西鸣是反其道而行之的。他虽然是名军人，可他懂科学技术，他写的论文《冬季输油管道的养护》还获奖了。他毕竟是重庆后勤工程学院毕业的，受过正规的大学教育。而且，虞西鸣还自学成材，取得了北京大学人类学专业的函授文凭。除此之外，他还醉心于文学、历史学，并对哲学思辨非常着迷。他把大部分的业余时间都用在了阅读、写作与考古上，并对人与社会、人与自然的关系进行了深入思考。在这里，周大新塑造了一个全新的富于人性光辉的具有现代意识的知识型的军人形象。

虞西鸣喜欢美好的事物，做了一些手工艺品，还会写诗、散文和随笔等。作品中出现的虞西鸣的诗一共有三首：两首无题诗，一首《缺氧的土地是你的》。无题诗写在照片的背后，分录如下：

不走／了无痕迹／心里／空虚／走／痕迹也会消去／胸中／委屈。

文成公主／你当年走到此地／回望来路／是什么心绪／公主呵公主／我猜你／在那个时刻／有满腹犹豫。

《缺氧的土地是你的》原文如下：

虽然缺氧／但它是祖先开拓出的疆域／属于你／你必须守护／不能放弃／缺氧当然会损坏身体／高寒自然于人体无益／可要丢了这片国土你不怕后世子孙的唾弃／咬咬牙／坚持下去／无非是少活几年而已／这里虽然缺氧／但它是你的土地。

前两首诗里有着虞西鸣的犹豫和动摇，表现了他去留两难的困惑。后一首诗则坚定地表达了他决心为祖国献身的牺牲精神，展现了英雄阔大的情怀和抱负。

虞西鸣在笔记里记载了一则传说。有一年初冬，一支修整青藏公路的部队想改善生活，就派了一名司机和两个战士开着一辆小卡车到藏北的无人区去打野驴。他们打了满满一车野驴，却迷了路，油耗尽，车不能动了。大雪纷飞之中，几百头野驴朝他们围过来，围成一个圆圈，为他们遮挡风寒。野驴们还用舌头舔他们冻僵的手和脸，他们就是靠吃生驴肉和在活驴的保护下才保住了性命。半个月后，一架直升机找到了他们。那支部队从此严令不许再伤一头野驴。这则传说算得上是一则关于人与自然之间的生态平衡的现代寓言。同时，它也暗喻了在利益驱使下丧失了爱与宽容的所谓现代人的文明程度还不如一群野驴。这其中包含着作者对于现代文明利己性的讽刺。而虞西鸣的出现，恰恰是一个人在面对利益时不为其所动的安然与豁达，并以此来树立了一个理想化的正面形象。

虞西鸣的笔记里还有一则神话故事。在青海和西藏交界的山上，美丽的姑娘唐和牧牛的小伙古相爱了。一个叫拉的天神强迫唐做他的妾，被拒绝后将这块地方的氧气吸走了大半，让唐和古饱受缺氧之苦。这则关于唐古拉山的神话传说充满了地域文化色彩，暗喻了权力对于普通人的生活带来的破坏与伤害。虞西鸣的笔记丰富多彩，其中不乏精彩的思想片段，表现了一个看似平凡的军人极不平凡的内心世界：他希望自己能够兼济天下，普度众生；为了让世界更美好，宁愿忍受烦恼和磨难。这种奉献精神令人钦佩。他奋不顾身、公而忘私的精神代表着现代精神文明的高度，是先进文化的体现者，同时也是现代军人形象的新坐标。1963年，全国人民在党中央的号召下开始学习雷锋精神，雷锋作为军人无私奉献、爱党爱社会主义的代表人物得到了广泛的响应。在今天的社会语境下，虞西鸣这样的人物却不大被世人理解和接受。虽然他仅仅是小说当中虚构的一个人物形象，但其遭遇还是值得我们深思和警醒的。

当然，周大新的《碎片》在文体上也有创新之处，这种"碎片"式的文本结构带有鲜明的后现代社会的文化特质，契合了现代文明的碎片化的现实处境。文本当中存在着多种文体的自由运用，是叙事上的百科全书式的叙述结构的灵活运用。作品中出现的五十四封信都是别人寄给虞西鸣的，我们无法看到他给寄信人的回信。对话模式当中一方的缺失为文本的叙述带来了想象空间，充满了弹性，这是一个非常巧妙的创新之举。就数字来说，五十四也许暗含着五十四张扑克牌，生活的随意组合，难以预测。作品中还有大量的关于家庭、历史，乃至哲学的讨论。将历史与现实、个人的生活经验与人类的普遍处境紧密地结合起来，一方面提升了虞西鸣这个人物形象的精神高度，另一方面也提升了文本形而上的思想价值。这部作品提供给我们的问题还有很多。比如，关于社会发展与社会公平、公正之间的平衡问题，社会物质文明与精神文明的协调发展问题，人的利己性与利他性的关系问题，以及道德修养对于现实世界的作用和价值等问题，这些都是值得我们深入思考和反省的。而这部作品通过表现军旅生活和普通公众生活之间的联系和冲突，也为我们展现了一个时代庞杂的、深邃的面影。透过这些或明或暗的比喻和象征，可以透析出纯粹的、高尚的、理想化的军魂之美。

介入与诗学
——论周大新《步出密林》
张延文

著名的法国文学家、哲学家萨特在"二战"后，提出了文学应该"介入"社会生活、为自己的时代写作的观点。这种带有倾向性的写作，要求作家积极承担社会责任，对时代面临的重大问题进行探索并发表自己的意见，从而影响社会的发展。当然，萨特所提出的"介入"的前提是作家的自由立场。这就使得他本人能够摆脱传统的现实主义的窠臼。听起来，这和我们当前提倡的作家应"深入生活，扎根人民"有异曲同工之妙。然而，作家的写作和时代生活的关系问题，看似浅显易懂，但实际上却又相当微妙。文学介入社会现实的能力到底如何？承担了"介入"功能的文学作品，其艺术性的，或者说诗学的功能应该如何处理？这两个问题，对于任何一位艺术工作者来说，都是必须认真面对的。作家通过写作发表的对于社会问题的看法，即使在当时产生了一定的社会影响，也仍然需要足够长的时间来对其带来的社会效果进行进一步的衡量和考察，才有可能得出一个相对合理的判断和评价。那么，这就需要作家在"介入"和"诗学"这两个看似矛盾对立的因素上，作出恰当的处理，保证其在共时性和历时性上不至于出现某一方面的太大的偏差甚至空缺。

2014年10月1日，澎湃新闻刊登了一篇颇具争议的文章——《河南"新野猴戏"再起争议：是千年陋习还是文化遗产》。文中讨论了一起轰动一时的社会新闻事件：4名新野的耍猴人，因"非法运输野生动物"获罪。此事件还将著名作家周大新牵连其中。文中有关周大新的内容抄录如下：

> 作家周大新曾经发表过一篇小说《步出密林》，讲述耍猴人的心酸艰难，更表达了对耍猴这一古老传承的质疑：致富、谋生在现代社会可以采取其他多种手段，应该放弃这一"残忍"的方式。
>
> 9月29日，周大新对《河南日报》的记者说，新野耍猴为生的人

原来很多，有好几万人，慢慢都觉醒了，干别的去了，其实靠这个赚不了几个钱，还异常辛苦；对动物不尊重，强迫性训练，让做各种动作，野蛮残酷，很不"猴"道。

周大新的中篇小说《步出密林》以其家乡南阳要猴人的一段富于传奇色彩的故事为背景，描写了人与猴、人与人之间错综复杂的关系。小说发表于1991年，故事发生的时间始于1981年夏末秋初，距离2014年已有二三十年了，却被旧事重提，足见该作品所讨论的问题的重要性和作家对于社会问题的敏感性和预见性。改革开放初期，在面对大的社会变革之际，不同类型的人群开始出现了分化和重组。他们在新的现实面前作出的人生选择，将会改变他们今后的人生命运。

《步出密林》当中的"要猴人"作为一个特殊的社会群体，具有农民和流浪艺人的双重身份。以要猴为生的沙家请来村民为他们逮猴子，逮到了6只杂毛猴，邻居方振平却为此摔断了腿。在沙家人的悉心照料下，曾经绝望寻死的振平逐渐恢复了生活的希望。伤愈以后，他和沙家人一起外出要猴戏，并在猴戏班中成了重要的一员。他主演的"人猴大战"节目，赚足了观众的眼球，为沙家挣了不少钱。在"人猴大战"的表演中，伤残的振平经常遭到对要猴人带有敌意的猴王"老黑"的暴打。视钱如命的班主沙高对此毫不在意，但沙高的妻子荀儿看不惯，为此两人发生了激烈的争执。在一场表演中，不顾猴子死活的沙高，让母猴"黑巧"疲劳演出，导致其被摔死。猴群为了报复，抓伤了沙高的幼子金金。少了"黑巧"，沙高又特别为振平增添了两个节目。振平更加不堪重负，决定离开猴戏团，独自回去生活。沙高劝慰了善良的振平，让他留了下来。在一次表演当中，猴子病了，沙高却不愿意放弃已经售出的票款，强迫腿部负伤的振平演出。由于荀儿坚决阻止，暴怒之中的沙高用重拳将她打倒在地。荀儿悲痛欲绝，决定和丈夫离婚。沙高为了表明自己认错的决心，将财权给了妻子。荀儿自作主张，决定不再要猴戏。她将赚来的钱买了一台磨粉机，并将猴子放归了森林。

这部小说具有很强的社会现实性，发表后引起了一定的社会反响。1992年，西安电影制片厂拍摄了由《步出密林》改编成的电影《人猴大裂变》。这一部电影进一步扩大了故事的传播范围和社会影响力。正像故事当中讲述的那样,新野的"耍猴人"越来越少了,特别是年轻人,一般都不愿意再选择这种职业,这也许预示着该行当正在走入穷途末路。2015年1月20日,备受关注的新野4名耍猴艺人涉嫌非法运输珍贵野生动物一案,经黑龙江省林区中级人民法院依法审理后,在新野县人民法院进行二审公开宣判,四名上诉人被改判无罪。但相关的讨论并未因此停止,围绕着耍猴是否合理、该不该对动物进行保护,正反双方的意见都是非常鲜明的。一方认为,耍猴人的行为的确存在违法,在道德上也存在着可质疑的地方。另一方认为,新野猴戏作为省级非物质文化遗产,有着悠久的历史文化传统,而作为社会最底层的猴戏艺人,其处境也同样值得我们尊重和同情。猴戏到底是不是不文明、不人道,这个问题存在极大的争议,但作为文化遗产却是不争的事实。但我们必须清醒地认识道:猴戏的出现不单纯是因为文明,这种特殊职业的出现是因为底层人谋生的需要;它的衰亡也不是因为耍猴人的"良心发现",而是因为他们有了更为广阔的谋生手段。澎湃新闻报道里就指出了,年轻人是因为出去打工,才不愿意从事这门古老的行当,因为现在耍猴很辛苦,且收入并不可观。

　　虽然从艺术学的角度来看问题和从社会学的角度来看问题,会有视角上的不一致,但并不影响得出的结论:不论从哪个角度看,结论是一致的,且都符合客观发展的趋势。《步出密林》中,有一则关于沙湾猴戏起源的动人传说。早先,在沙湾村边有一片森林,从桐柏山延伸下来,林中猴子多,常跑到村里。那时,村中人少,人们生活寂寞,也欢迎猴子来耍闹,任其来去。慢慢地,家家都有些常来的林中客人。某一年,旱灾导致庄稼颗粒无收,天火又把村边的森林烧掉,人猴一起外出逃荒。在逃荒路上,为了让施主高兴能多给点,人会哼几句田歌,猴会翻几个跟头,这就是猴戏的雏形。这段故事非常迷人,将人猴之间的情谊凸显出来,描绘出了一幅人猴相依为命、和谐相处的美好图景。而且,猴戏的出现,除了双方是朋友之外,还因为天灾,彼此都失去了生活的依靠,属于天意使然。这则传说带有浪漫主义的色彩,融入了神话和审美的双重因素,这恰恰是促成猴戏发生的两个重要元素。

　　在《步出密林》中,人与猴之间的关系一直处于紧张的敌对状态,起因在于:人为了满足贪欲,将本来在森林当中无忧无虑、快乐生活的猴子逮捕，不顾它们的极力反抗，对它们进行了残酷的训练，这些训练也是不符合猴子的本性的。这让猴子对耍猴人产生了深刻的仇恨。人猴之间的关系与传说中描写的截然不同，传统的根据在这里被切断了。和传说相同的地方仅仅在于：耍猴人贫困的处境仍然没有改变，他们不得不借助猴戏来改善自己的生活状况。

  作为老一代耍猴人的代表——沙家的老爷子沙老宽对于捕猴和耍猴带有深深的罪孽感，他深知捕猴不是一件好事。在他看来，每次捕猴都会出状况，这是对于捕猴行为的惩罚。在捕到猴子后，他首先请求猴仙爷的原谅。那刚刚被逮到的6只猴子在他眼里变成了六副骨架，死在他眼前的猴子已经有14只了。被捉住的猴子的命都很短。耍猴让他感到屈辱，这种不光彩的行为并不是他想要的。在内心深处，他并不乐意自己的后人再去延续这一行为。然而，在生活的逼迫下，又不得不去做，因此"沙老宽望着在网中挣扎的六只猴子，泪囊肿大眸子混浊的双眼想浮出一个笑来，但最后溢出的，却是两滴混浊的老泪"。沙老宽并不赞成儿子沙高的行为，特别是他为了金钱不顾一切的行为。沙老宽会唱猴戏，会耍猴鞭，有一招"昏鞭"的家传绝技。但他一直没有把这门绝技传给儿子，这一方面是对儿子品行的担忧，另一方面也有让耍猴的技艺最终断在他那一辈人手里的想法。对于儿媳放猴回归山林，沙老宽是默许的。甚至可以说，儿媳的行为帮他作了心灵上的解脱。

  沙老宽会唱苍凉悲切的歌谣，这些曲子大都从祖上传下来。沙老宽的父亲唱过："叫一声小毛猴，你快呀打跟头；拿一根小拐棍，装个小老头。作个揖，磕个头，老少爷们给俺个窝窝头。"他自己唱道："打一鞭来撵月亮，打两鞭来追太阳。俺跟地主扛长工，地里打下三斗粮。交完租子粮囤空呀，一年到头饿肚肠。地主吃的鱼和肉，穷人喝的黑面粥，稀里糊涂喝不够。地主门前拴骡马，穷人少犁没有牛，耕田人儿当牲口……"沙老宽吃苦耐劳，善良，富有同情心，对自然充满了敬畏之心。同时，他经验丰富，每当要出问题时，会有敏锐的直觉。可以说，沙老宽就是优秀的猴戏传统的代表。他的儿子沙高，作为新一代，虽然在猴戏的发展上能够与时俱进，将现代的商业精神融入猴戏演出里，取得了一定的成功。但他为了眼前利益不计成本，毫无敬畏之心，对于猴戏的发展并不是好事，这是不可能持久的。沙高沉稳，能够控制自己的情欲，善于把握观众的心理，具有现代商业伦理的特点，和传统的耍猴人的精神并不一致。作为耍猴人，沙高却从不在意猴子的感受。猴子死了，在他看来没什么了不起，只要赚钱就够了。当然，沙高这个人物形象是复杂多元的：他虽然有恶的一面，但对于家人是有爱的；他想要致富的想法无可厚非；男人承担的社会责任要求他在某些时刻必须硬下心来。另外，沙高对于妻子买磨粉机的行为并不赞同，对于陌生事物还有排斥心理，对加工业是不信任的。从这一点来看，沙高的小农意识很强烈：封闭保守，自私残忍，墨守成规，不愿意去冒险。

沙高的权力意识很强。当他看到妻子要离开自己时，就以今后听妻子的来说服筍儿保持与自己的夫妻关系，使筍儿接受了他的提议。这种以权力交换来保持家庭的稳定性，是颇具深意的。筍儿温柔善良，富于好奇心，易于接受新鲜事物，是新女性的代表。筍儿是主动要求去山中捕猴的，一方面想为家里省钱，另一方面也是想看新鲜。当她看到捕猴带来的不良后果，就改变了原有的态度。筍儿与沙高之间的冲突，是善与恶的冲突，是新旧意识的冲突，同时也带有一定的两性冲突在内。新的家庭伦理，正在改革开放的背景下萌芽。最初的筍儿单纯可爱，大大咧咧。以后，她逐步成熟起来，通过斗争掌握了一定的主动权，从一个不起眼的角色发展成为了事件的主宰者。

《步出密林》的叙事模式是一女两男类型的，这也决定了在人物关系当中筍儿的主动性和中间地位。另外一位男性是方振平。方振平在刚出场时显得吊儿郎当，带有一点投机取巧的心理。作为沙家的邻居，振平家也是世代耍猴，家贫的他一心想要趁着机会换个新猴子。振平父母去世，没有兄弟姐妹，家里只有一只父亲传下的老猴子，振平也娶不来媳妇。振平对于女性带有天然的渴求：碰到筍儿的手，他会羞红脸；看到筍儿雪白的胸脯和饱满的臀部，他充满了对沙高的嫉妒。振平个性里有着幽默、善良的天分，做事漫不经心，他为自己的轻浮付出了惨重的代价。作为一个耍猴人，振平是有优势的。他善于表演，能够和猴子和谐相处，但他的命运是悲惨的。耍猴人的不幸集中在他身上。他对于筍儿有暗含的爱意，知恩图报，默默地为筍儿和沙家奉献，从不计较个人的得失。

除了人物之外，还有一群猴子。猴王老黑，是山林里动物的代表。老黑狡猾，报复心理强，有控制欲；年轻的雌猴黑巧温顺、可爱，却最早惨死；年轻的公猴黑猛滑稽憨厚。猴与人之间很少有和睦相处的时候，只有黑巧和人容易相处，因为它温顺乖巧。沙老宽手里的那根猴鞭是人与猴之间仇恨的象征物，这根鞭子世代相传，用上好的牛皮编成，鞭体被猴血浸染成了暗红色，粘着猴毛。通过规训和惩罚建立起来的猴子和耍猴人之间的关系，是残忍的，是赤裸裸的人对猴子的征服和盘剥。干活的振平可以吃牛肉，猴子无非吃些玉米棒。沙高还拿变质的食物来喂猴子，导致它们腹泻。人猴之间并没有出现传说里的相亲相爱的局面，发生在人猴之间的这种行为是极端不文明的。

"步出密林"，应该含有告别原始的、不文明行为的寓意。通过人与猴子的对比，我们无法得出人的行为比猴子文明的结论。人性当中的恶、自私与残忍，加上智力的优势，是更为可怕的。这部作品应该说包含有对人性的普遍价值的追问：爱与怜悯，超越物欲和情欲；人尊重伦理道德，而非像老黑和黑巧那样去杂交，这种行为可能诱发死亡的后果。所有的恶行都有着相应的后果，善的力量在和恶的搏斗当中占据了优势。人性的人道主义的叙事伦理，支撑着叙事行为的发生和发展，构成了文本的审美基调。

根据澎湃新闻的报道，一直跟随耍猴人、拍摄耍猴人生活长达12年的《中国国家地理》摄影师马宏杰认为传统艺人靠耍猴生存，直接用道德指责他们，过于草率，耍猴人对猴子的感情是真实的；目前，耍猴人的猴子大都是驯养繁殖的，从小和人类生活在一起，野性已经大大降低，驯化起来比较方便。但他也指出，耍猴的艺术价值已经越来越小了：传统的猴戏当中，让猴子戴面具、穿戏服唱戏，是有一定的文化价值和艺术价值的；而现在耍猴就是哪种方式挣钱就用哪种，经常使用人猴打闹的方式。这种取乐，在人类的日常娱乐生活当中，到底负面作用大不大，一直以来都是舆论争论的焦点之一。澎湃新闻的相关报道，与周大新小说里关于猴戏活动的描述大同小异，再次证明了在《步出密林》这部小说当中体现出来的周大新的预见性和洞察力。

文学对于现实的关注和影响，是文学生命力的源泉。绿色人文，对于人和自然、人与动物之间的和谐关系的追求，也是目前文化研究的一个热点。生态美学的兴起对于当代社会来说具有非常现实的实证价值。广义的生态美学包括人与自然、社会及人自身的生态审美关系，它对人类的生存状态和生态环境进行了理论和实践两个纬度的探讨和思考。《步出密林》中的主题也蕴含着生态美学的观念，以动态的角度来打量人类的生存状态。同时，小说设定的时代背景和地理环境，都为这个主题的展开提供了动力。从耍猴人的角度来观察新时期以来整个国民性的演变，及其与传统文化发生的关系、现代文明和传统文化伦理之间的冲突和融会，都可以找到一些切实的线索。由此可见，从一类人的命运来思考整个人类的命运，也是切实可行的。

周大新用生动活泼的文笔，提供了富于现场感的社会观察。这不同于一般的人类学的田野调查，而是从艺术审美的情感纬度介入社会生活的。在选择的对象上，这样的社会观察不一定具有代表性，却注重特色的、特殊的人物关系，尤其是情感关系。这就要求主观意识的第一性，而非人类学所秉持的客观立场。作家通过审美的方式描绘的社会生活，带有作者本人的先入之见与情感立场，虽然难免会带有个人视野的局限性，但也保证了自由意志的价值。通过《步出密林》，我们可以发现"介入"与"诗学"之间是可以达到高度和谐的。而通过影响人群的情感和认知来改变固有的伦理价值，还是需要一个切实的前提来作支撑的。作品深入现实的程度，不在于在多大程度上解决了人物关系之间的矛盾，就像茍儿为代表的耍猴人将猴子放归山林，通过解放对立面而使得自身也得到了解放。文学在要求介入的同时，要在介入活动当中放开自身的功能性，才能获得自由，接近诗学的本质。当耍猴这种谋生的方式，真正成了"非物质文化遗产"，作为一种精神性的存在，不再仅仅是一种技艺，或者说谋利的手段，当猴子和人之间的表演也不仅仅是为了取乐于看客，而是人猴之间和谐相处的表达方式，这就回到了沙湾关于猴戏传说的本源——尽善尽美、其乐融融。但这抽离了物质实存的具象性，更像是理想主义者的一场幻梦。

怎样讲好"军旅故事"
——由周大新长篇小说《预警》想到的
傅逸尘

讲故事是小说家的本分,亦是中国小说的传统。千百年来,讲故事的手艺代代相传,叙事方法亦随之花样翻新,于是乎故事绵延不衰、常讲常新。时下,文学界正在持续热议的一个话题——"讲好中国故事",其在意识形态和文学层面的丰富内涵依然需要"故事"来承载。

何谓"中国故事"?虽没有明确的定义,但有几个关键词依稀可见,那就是整合、概括和超越。在笔者看来,"中国故事"强调一种新的宏观视野和整体性的文学观念;强调整合当下中国人共同的生活经验和精神状态,并将其凝聚成为思想共识、情感基础和价值标准;强调展示中国立场、中国风格、中国气派和民族特色;强调包纳日趋多元多变的价值观念,概括渐趋破碎化的日常生活,处理和提升日益复杂且快速变化的"中国经验"。作为"中国故事"重要组成部分的"军旅故事",从题材上看,聚焦的是"中国梦,强军梦"的进程,直面的是新军事变革的实践,讲述的是军旅人生的喜怒哀乐,塑造的是新型高素质军人形象,关注的是战争进程或备战状态下军人的思想情感和精神命运;而从思想主题、价值判断、审美品格、精神向度、写作伦理等层面视之,军旅故事是与"中国故事"高度统一的,甚至在某种程度上说构成了对"中国故事"的重要支撑,这一点也是不为过的。

要想讲好"中国故事"就必须立足"中国现实",直面"中国经验",而不能简单地理解成了为讲故事而讲故事。故事是一种外在的途径和载体,最终需要被内化的情感、思想和精神所超越。具体到军旅文学领域,如何处理"军旅经验",尤其是把握好现实的、日常的军旅生活经验,是讲好"军旅故事"的关键所在,这对军旅作家的文学智慧和写作伦理亦构成了严峻的考验。受21世纪初年文学流变的影响,当下现实题材的军旅小说多半集中于表现军营中小人物的生存境遇，放大和捕捉小人物的日常生活经验。但是，这种日常化、碎片化、低视点的叙事伦理，其弊端也显而易见：它局限了作家的视野，禁锢了作家的想象力，狭限了作品的气象格局。部分军旅作家缺乏宏阔的视野和整体性的文学思维，缺乏聚焦当下军队新变化、观察军营新情况的自觉意识，缺乏穿透事相直达心灵的锐利目光。有的作品对军旅现实经验的表达还停留在事相的表层和故事层面的起承转合，没能向着更为本真的"存在"之境深潜，没有向着更富于生命痛感和思辨高度的写作伦理挺进。从这类"军旅故事"中，看不到我军新军事变革浪潮和信息化建设的图景，看不到我军战略战术、武器装备、训练方式和兵员成分的新变化。基于这些新变化所产生的新矛盾、新问题也没有得到及时反映，甚至连新型高素质军人形象在当下的很多"军旅故事"中都是缺席的。很多作品所关注的并非当下军旅生活中最震撼人心、最带有趋向性的景观，所传达的思想观念和价值判断并非是当下军队发展的主流，所塑造的人物形象并非是具有典型性和代表性的主体。

　　在这样的文学语境中阅读周大新的《预警》，笔者颇能感到眼前一亮。原因有三：其一，周大新大胆地选择了以鲜见的"反恐"视角切入军旅现实生活，为21世纪初年的军旅长篇小说开辟了"反恐"这一新的题材生长点；其二，迥异于时下流行的谍战小说以编织故事为本位的类型化叙事伦理，周大新坚定地持守现实主义文学观念，倾力塑造"典型环境中的典型人物"，为军旅文学人物画廊留下了"孔德武"这一独特而重要的人物形象；其三，周大新以忧患之心直面欲望与理性的冲突，对当下中国的社会现实和军人的精神世界发出了双重"预警"，显示出高度的思辨性和概括力。

　　《预警》有着一个近似谍战小说的类型化故事外壳，上阕讲述的是假象，下阕呈现的是真相。然而，进入文本的深层肌理，我们就会发现，谍战故事并非周大新的叙事重点，当下军人的现实境遇和精神状态才是作家关注的核心。孔德武是一个典型的和平年代的军人形象，其典型性并非源自敏感而重要的岗位。说到底他是一个并无多少传奇色彩的优秀军人：爱岗敬业，专业扎实，思想正统，心地善良，家庭和睦；尽管身处机关，面临职务的升迁和官场的竞争，但他的经历相对单一，思想较为纯粹。孔德武的自身形象、生活境遇和精神状态在当今部队中具有普遍的代表性。周大新对当下军营的现实图景、军人的日常生活进行了原汁原味的扎实描摹，在冷静的叙事中积蓄着撼人心魄的力量。

优秀的小说一定是不满足于仅仅表达作为个体的精神世界，更重要的则是通过对个体内心世界特别是陷入困顿中的精神挣扎，来表现复杂人性中的诗意与崇高，并将这种诗意与崇高升华至哲学或形而上的高度。只有这样，小说的气象格局才不至于显得狭小空洞，才更具有饱满开阔的精神气质。孔德武与间谍之间的斗争，既不是武力的对抗，也不是智慧和权谋的较量，说到底是欲望与理性的冲突，这种冲突和对抗贯穿于小说叙事的始终。周大新对孔德武内心世界的震动与变化、矛盾与挣扎进行了抽丝剥茧般的细腻刻画，包括方韵和潘金盈为说服孔德武而讲述的个人经历，虽无法验证真伪，但真实传达出当下社会的生存经验，亦引发了读者对社会公正缺失和腐败蔓延等现象的省思。小说的书名"预警"极富象征意义，既作为孔德武撰写的理论专著的主题隐喻着新军事变革实践的召唤，又作为理性与欲望冲突所引发的道德拷问纠结于孔德武的精神世界，更因其表征和揭示了时代的病症而弥漫于广阔的现实空间。周大新通过孔德武不无悲剧色彩的个人命运和包蕴英雄壮举的小说结局，对当今时代和军旅经验作出了细腻的书写、精准的概括和极富思想高度的超越，更以军旅作家的使命担当向全社会发出了一声振聋发聩的"预警"。

书写和平年代的军营生活，处理新军事变革背景下的军旅经验，塑造新型高素质军人形象，被普遍认为是一种"有难度的写作"。长期的和平生活，在某种程度上消弭了军旅经验的特殊性，平凡琐碎的日常生活亦成了"军旅经验"的常态。然而，文学的意义就在于创造一个迥异于庸常经验的崭新世界，并努力探索形而上层面的解决之道。从反映的生活基本面来看，《预警》的确写到了部队机关干部的日常工作和生活，也写到了官场斗争和情感纠葛。然而周大新的笔触没有停留在现实经验的表层，而是深入到了人物的内心世界，写出了人际关系的复杂与纯粹，检视出人性的卑微与高贵，见证了理想的坠落与飞扬。周大新对现实军旅经验的成功处理和有效提升，固然与作家的生活认知、情感投射和思想能力有关，还勾连出一个亟须对"军人职业伦理"进行重新认识、深化认识的问题。在笔者看来，职业化军人的伦理与传统的牺牲奉献和英雄主义精神之间的张力与错位，是塑造新型高素质军人形象、认知和把握军旅现实经验的重要向度，而周大新对此显然有着充分的自觉。孔德武作为一名职业军人，所承受的来自官场的竞争、工作的压力、家庭的负累和欲望的诱惑早已远远超出了单纯的打仗冲锋和传统的"英雄"观念所能覆盖的生活基本面，由这个人物所牵连出的广阔而复杂的社会图景也是远远超越了"军旅经验"的范畴。小说的最后，当孔德武意识到自己的行为会破坏国家安全，并有可能给人类带来巨大的灾难时，他毅然决然地选择放弃自己和妻子、女儿的生命。在最后的瞬间，一个大写的人挺立了起来。孔德武也不失为一个英雄，是一个富有人性深度和时代感的典型形象。周大新通过孔德武，深刻解读了职业化进程中的军人伦理，生动地诠释了当今中国社会和时代的变革。在这个意义上说，《预警》的写作是一种巴尔扎克般的社会书记员式的写作，是一种有力量、有思想、有高度的写作，是一种毛茸茸、活生生、充满穿透性和整体感的写作。

在既有的对军旅长篇小说的理解模式中，我们已经难以看到新鲜的经验、新鲜的感觉、新鲜的认知。只有在那些突破既定模式的新的写作方式与新的艺术形式中，我们才能看到新的生活与审美经验。《预警》充分表达了周大新的思想、情感、立场与态度，也因其出自创作者在现实生活中的真实感触与真切感悟，得以唤起读者的共鸣与思考。我认为这样的写作伦理，即与现实息息相通，并出之于创作者不得不发的创作冲动，才是最值得珍视的；只有这样的写作伦理才能突破既定美学标准的规范，提升并超越既有的"军旅经验"，创造新的文学经验；只有这样的写作伦理，才能与创作者的生命体验合二为一，写出创作者观察和理解的整个世界——包括意识与潜意识、无意识等不同的心理层面和精神空间；也只有这样的写作伦理才能讲好"军旅故事"，建构起一个丰饶且深邃的文学世界。

新艺术视角下的人性和战争
——重读周大新的《战争传说》

刘海燕（中州大学学报编辑部，河南郑州　450044）

摘　要：在历史战争题材的长篇小说《战争传说》中，周大新以"传说"化的艺术形式，使文本获得了开放性的艺术空间；以民间视角表达历史生活和战争生活，去关注战争中普通人的生活和命运；以现代历史观和爱一切人的悲悯情怀，去审视历史权术和战争的残酷，表现真实及复杂的人性，表现出普通人的内心对于爱与和平的强烈渴望。

关键词：周大新；战争传说；历史战争题材；现代历史观；民间视角

军旅作家周大新是一个需要不断重读的作家。这也是2014年11月底，由当代文学研究会、中国现代文学馆和郑州师范学院联合举办的周大新作品研讨会上，与会专家的共识。专家们更多地谈到的是他的长篇小说《第二十幕》，认为作品里面有很多东西有待发掘。他们还重点谈到了《安魂》这部具有生命启示录性质的作品以及周大新获得的第七届茅盾文学奖的作品——《湖光山色》。也有一些专家提到了军事题材的小说《预警》等。但提到《战争传说》的仅有何弘和北乔两位。对这部2003年出版的历史军事题材的长篇小说来说，无论是当时还是十多年后的今天，研究者都比较少。

本来笔者也是被《第二十幕》的百年历史生活所吸引，但翻开《战争传说》，却意外地被作者带到了另一个新异的艺术天地。这个24万字的长篇小说，虽然不是《第二十幕》那样的近百万字的长篇巨著，但其"传说"化的艺术形式、历史观的现代性、民间的叙事角度、悲悯的情怀，以及引人入胜的故事等，在今天看来，依然有着独特的新意。

一、"传说"化的艺术形式和现代历史观

作为一部历史战争题材的长篇小说,《战争传说》在尊重史实的基础上找到了一种适合想象力发挥的路径,那就是采用正史之外的传说的方式,来讲述明朝中期的土木堡战役和北京保卫战。

这两场战争在史书中的记载均简洁明了,如《中国通史》这样描述:

……土木堡惨败,明朝皇帝被俘,五十万精锐尽失,二十万骡马、衣甲器械尽为也先所得。从此明军元气大伤,也先则更加野心勃勃,冀以一统天下……

……瓦剌久攻宣府、大同不下,便集中兵力,大举进攻紫荆关、古北口,进逼北京……也先攻城五日不下,又得到各地援军将赶到北京的消息,恐怕腹背受敌、退路被断,遂焚毁了明朝皇帝的陵寝殿,退出塞外。北京保卫战获得了胜利,明皇朝度过了一次严重的危机……[1]

但在民间,关于这两场战争的口头传说,很可能是内容众多、离奇而有趣、扑朔迷离、真假难辨的。

《战争传说》共写了六个传说,前四个传说和第六个传说都很短。前四个传说有些像是引子,让读者感受到我们回望久远的历史生活和战争时,最初看到的像是一片迷雾;前四个传说和第五个传说是互文的关系,它增加了第五个传说的神奇性和多义性;第六个传说可以说是对前五个传说的回望和延伸,拓展了第五个传说的想象性空间;第五个传说才是真正的主干。这部作品在形式上叫"战争传说",其实是作家周大新借传说这种自由的形式,用几十年人生历练的情智,展开的一场对于历史和战争的自由表达和创造。

这里,"传说"的意义不仅在于传说的内容,更是一种具有隐喻意味

---

[1] 转引自周大新:《战争传说》,北京:西苑出版社2012年版,第288页。

的艺术形式,一种突破框架、具有想象力和民间性的艺术形式,这种艺术形式表现起来非常自由。从其自由性和民间性来讲,它既现代又传统。例如,在中国文学史中,汉诗的源头就是"诗三百"中的"国风",而"国风"就是典型的民间诗卷,卫风、鄘风、邶风都源于中原大地,自由地表达着先民生活劳动的场景和心情。周大新把"传说"这种艺术形式引入历史战争题材,使文本获得了开放性的艺术空间。可以说,这是作家周大新的创新性尝试,也是他对军事文学的艺术性贡献。

周大新是一个追求创新和不断超越自我的作家,他的长篇小说从题材到艺术形式都在不断地创新。在2012年的一次访谈中,他说:"必须是一部作品和一部作品完全不一样,这才是创造。如何写得跟前一部作品不一样?题材是未触及过的、语言韵味是新的、人物是没写过的、故事是原创的、思想含蕴是独有的。这很难,需要不停地思考,不停地琢磨。这个是最痛苦的,也是最艰难的。"[1] 在30多年的创作生涯中,周大新就是在不停地思考,不停地创新。

作家们大多强调自己的创新,但创新的差别在于有无精神厚度和境界来支撑。没有支撑的创新,无非是写作技艺的花样翻新;有支撑的创新,才能成为真正的创造。周大新是一个外表谦和、内心极其坚强的作家,一个心存悲悯、爱着众生的作家。他内心的坚强、涵养和爱孕育了他作品的品质,使他作品的内容有着非同一般的坚实和厚实。创新也需要冲破既有的表达框架。这样,艺术形式的创新就成为自然和必然。

准确地讲,周大新没有把《战争传说》仅当成是战争题材,他更把它当成了历史生活和人性奥秘的题材去探索。

南阳作家周熠在对周大新的访谈中,问及该作品中历史真实和艺术真实各占多大比重。周大新回答说:"我甚至弄不清它算不算历史小说。""我就是想关注人类的历史生活。"[2]

谈到小说家如何表现历史生活时,周大新强调:"要用现代眼光、现代意识去表现。""要让重现的久远的历史生活对当代生活有近切的启

---

[1] 刘慧:《那片"湖光山色"的天地——周大新访谈》,《神剑》,2012年第4期。

[2] 周熠:《在海上张网——访南阳籍军旅作家周大新》,《躬耕》,2007年第1期。

示。""要站在俯视的角度去审视……用俯视的探究的眼光去翻查,去分析,从而得出自己的结论。"[1]

在《战争传说》中,以"传说"这种艺术形式,表达历史生活中的战争生活,也是对那段历史的创造性还原和现代性审视。24万字的《战争传说》,能让人很入境地读下来,这与作家周大新善讲故事的能力有关,更与他这种进入历史的新视角有关:他能不断地激活历史现场,让人感到历史的鲜活。

《战争传说》呈现出的这种现代历史观,与新历史主义有着相通之处。以福柯为代表的新历史主义认为,历史充满断层,历史由论述构成,我们应透过各种论述去还原历史;而该种论述,是根据当时的时间、地点、观念建构的。换句话说,历史并不是对史实单一的记载,亦并不是对过去的事件的单纯记录。[2]

与周大新通电话时得知,他写这部长篇小说时,并未读过福柯的著作。事实就是这样:在一定的深度和高度上,思想家和作家对人类基本问题的看法和思考是相通的。

二、以民间视角表达战争题材

《战争传说》与传统的描写战争的小说不同,它避开了正面描写战争,没有正面描写战场的厮杀和战争双方将帅等大人物的运筹帷幄,而是采用民间化的视角,或者说平民化视角,去关注战争中的普通人,完成了史书中没有的,或者说史书承载不了的对于普通人生活的关注。

作品的主干部分,即"传说之五",以一个女人自述的方式展开叙事。她的真名叫娜仁高娃,原本在野花盛开的草原上和父母、哥哥、弟弟一家5口过着安宁而自在的生活。后来,高娃爱上了勇敢侠义的汉子阿台。不

---

[1] 周熠:《在海上张网——访南阳籍军旅作家周大新》,《躬耕》2007年第1期。

[2] 杜小真编选:《福柯集》,上海:上海远东出版社2003年版。

久，瓦剌部的太师也先召唤男子从军，高娃的父亲、哥哥和阿台都要去军营。这类从军既是被迫，也是主动。因为他们认为瓦剌男儿就要从军，要听太师也先的话。后来，阿台被明朝的军队杀死，肢离头碎。从此，向明军复仇的种子在高娃的心里萌生。阿台的死看似偶然，实际上有着很大的必然性，从军参战就有可能死亡，只是谁幸运地错过了死亡，谁没有错过。死者的亲人想为此报仇雪恨，亦在情理逻辑之中。

高娃报仇的机会来了。太师也先选美，这次选美和以往有很大的不同，范围显得很奇怪：参选者必须是出身于和大明朝廷有仇恨的家庭，其家庭成员中有被明朝军队杀过或伤过的。高娃正因这些条件而心动。后来，她果真选上了。从此，16岁的娜仁高娃隐名埋姓，扮作他人，再也退回不到平常的生活中去，成为历史和权术棋盘中的一枚小棋子，其性命随时面临着双重威胁：一方面要绝对服从太师也先的指令，否则就会受惩罚，包括砍头的惩罚；另一方面，她和帖哈扮成父女，装作商贩进入北京城，从事间谍活动，危机随时可能发生。成为京城太监王振身边的女人后，她被指派完成两项任务：一是打探宫中消息；二是按太师也先的要求去影响王振，让他做太师想让做的事。作为瓦剌太师派来的奸细，这个身份一旦暴露，必死无疑。

这个任性率真的草原女子，被囚禁在宫中太监王振的府上，忍受重重羞辱，提心吊胆地过日子。她之所以能忍受这一切，是因为她被告知这一切是为了复仇，当然也是因为她想复仇。直到土木堡之战结束，这个草原女子好像从没有怀疑过她所做的一切的正当性。

一个青春的女孩子，不可能一开始就看到权术和战争的黑幕。作品采用第一人称叙事的方式，作家周大新的叙事节奏，非常切合这个人物内心成长的规律，仿佛是这个人物在独立叙事，让读者忘了作家在背后叙事。优秀的叙事应该是这样，人物在她的精神世界里成长、变化，不受作家主观性的牵制。

土木堡之战，大明皇帝成为瓦剌军的俘虏，他的50万大军几乎全军覆没。但在战后的战场上奉命寻找王振的尸体时，她并没有获得预想中复仇的快感。相反，她想呕吐，不敢看，双膝发软，感到一种巨大的威压，感到自己参与了这场残酷的杀戮……她并没有想以杀这么多人的方式来达到报仇的目的，只是想明军应该死几个人，能把王振捉住……

娜仁高娃的内心突然被战场上过于残酷的死亡场面所惊醒，所改变！作品在这之前的情节也似一浪推一浪。但至此，才是整部作品的一个叙事高峰，仿佛所有的浪峰涌来，都是为了把这个浪峰推上去再摔下来。从这里可以看出，周大新的小说叙事，有非常绵延的力度。

1985年，作家周大新曾和几个新闻记者一起到云南对越自卫反击战前线采访，他强烈地感受过真正的战场是什么样子。因此，他写娜仁高娃这个人物的心理变化，就很自然，她的心理变化也很符合现场感觉和人性的逻辑。

战争一旦发生，无论胜负，双方人员都有可能死亡，只是数量的差异。她在瓦剌军的尸体中居然发现了哥哥，这个惊骇事件彻底惊醒了她。本来太师也先许诺一定关照她的哥哥，但她的哥哥死了。

至此，这个人物生命中高涨的复仇之火，被滂沱大雨彻底泼灭了。她生命中那种青色单一的气息被沧桑迷茫所取代，她极力想从复仇的生活里退出来，从和权术杀戮相牵连的无形铁链中挣脱开。她已接连失去所爱的人——阿台、父亲和哥哥。她渴望回到普通的生活中去，陪伴可怜的母亲度过余生。但是，她又被太师也先指派重新潜入京城。虽然她这次去，也有一个隐秘的愿望，就是找到相爱的人卢石——王振府上的一个卫士。但无论是否有这个愿望，她都无法违抗太师的命令。到这里，整个作品的叙事，可谓是又掀起新的波澜。这也让读者看到，人一旦被卷入历史和权术中，就会被吸附进去，再也逃不掉。

小说叙事的另一个高峰是娜仁高娃和帖哈被迫再次潜入京城及后来的"北京保卫战"。在描述"北京保卫战"的情况时，作者让娜仁高娃这个战时救护员的身份和视角，潜入战时的街上和离战场较近的地方，打探消息，感受战事的恐惧。娜仁高娃的心左右撕扯，既希望瓦剌军获胜，又担心明军中的卢石性命难保。战争让每一个人都难免成为受害者——帖哈的儿子在这场战役中死去，娜仁高娃的弟弟成为俘虏被杀害——他们都是太师许诺要保护在身边、不让上战场的人。战争还没有彻底结束，谋杀于谦的瓦剌人招出同伙，娜仁高娃和帖哈的身份暴露，忠于于谦的卢石在他们居住的屋子里要杀死娜仁高娃，结果卢石和帖哈一同死去。娜仁高娃不再关心瓦剌部是否获胜，不想再看见杀戮和尸体。她放火烧了滋生罪恶的一切。

战争还没有结束，但人物的生命都结束了，这也应是作家经过深思而设计的结局，一个惨烈荒芜的结局。对于普通人来讲，战争带来的除了摧毁和破坏，还能有什么呢？民间视角中的战争应该是这样。

三、爱一切人的立场和对人性的真实表达

周大新曾在不同时段谈到托尔斯泰和沈从文对他创作的影响。

> 托尔斯泰在思想上和创作上都给过我很大影响。我十八九岁时开始读他的书，他的《复活》《安娜·卡列尼娜》和《战争与和平》给青年时期的我留下了极其深刻的印象。他关于爱一切人的主张和他作品里蕴含着的悲悯情怀让我深深感动。[1]

> 我在20世纪80年代初开始阅读沈从文的作品，感到沈从文作品里最能触动读者和吸引读者的是对普通人命运的关注和对挖掘至真人性的注重……托尔斯泰与沈从文都对我的创作产生了影响。他们的作品皆传达出一种人间没有区别的爱，或者说就是爱一切人，因此即使对坏人他们也寄予了深切的理解。[2]

2014年11月底，周大新为郑州师范学院学生做讲座时，再次提到了这两位作家。

在周大新的文脉里，的确有着沈从文那种对至真人性的追求和表达，有着托尔斯泰的悲悯情怀和爱一切人的立场。

在《战争传说》里，草原女子娜仁高娃出于复仇心理到了京城太监王振的府上后。与王振在一起的怪异生活，充满压抑、惊恐、羞辱、折磨与无奈。这个原本在草原上骑马、跳舞、活力四射的青春女子，总要

---

[1] 张延文：《周大新访谈录》，待刊稿，2015年1月。

[2] 李丹宇：《让世界充满温情和美好——作家周大新访谈》，《黄河》2007年第1期。

找到生命活力的出口——她爱上了王振府上的卫士卢石——那是个异常强健的年轻男人。不管效忠于谁，同为底层人出身，高娃理解了他生活的不易，冒着身份被暴露的危险，几次与他偷情。两个被囚禁在宫中的青年男女，火热般地相爱，这符合人性的真实。后来，土木堡之战中，高娃不顾一切，传信给卢石，让他逃命。第二次潜入京城，她也是希望见到卢石。北京保卫战中，她最担心的仍然是卢石，她已经忽略了卢石作为明军的身份，而把卢石作为她生命中最重要的亲人之一。在自己的身份未暴露之前，她多次觉得自己欺骗了卢石，应该告诉他，但重压之下，又无法告诉他。她的心总处在无奈的撕扯之中。最后，在她的身份暴露的绝境中，在卢石和帖哈之间，她本能地坚定地想救卢石。这就是一个草原女子充满血性和侠义的爱！

即便是最令高娃心生厌恶的王振，在战场上见到他变形的尸体时，高娃也心生了怜悯之情，不让瓦剌人对他的尸体太粗暴，让他们"轻一点""把他埋了"，而不是横尸荒野。在墓坑旁，高娃对这个瓦剌部族的敌人，默念着："但愿你能理解我对你所做的那些事情，为了报仇，我不得不骗取你的信任……"

战争摧毁各类人的生命，无论敌我、贵贱。在这个草原女子的眼睛里，他们本来都是活蹦乱跳的人，是亲人牵挂的人，不该这么多地死去！作家周大新曾说："我们每个人活在世上都不容易，应该互相伸手相助。"在2003年出版的这部作品中，作家已传达出这种爱的理念。

评论界公认周大新擅长写女性。的确，周大新比很多男性作家懂得女性的心，他能够平实地进入女性的内心写女性，而不是那种以自我优越的心态去写女性的中国式男性文人。在每一部长篇小说中，周大新总能成功地塑造出一个让人无法忘怀的有内心力量的女性人物。例如，《湖光山色》中的暖暖，内心有爱的灵光；《第二十幕》中的盛云纬，有着一般男子所没有的敢爱、敢和命运抗争的勇气。到了《战争传说》中，高娃这个女性人物，无疑是这部作品中最重要也是写得最炫目的人物。周大新把她内心的爱恨情仇写得跌宕起伏，真切微妙。她生命中饱满的活力和复仇的张力，有些像是莎士比亚笔下的人物。尤其是作家写透了这个人物内心的成长，让读者看到这个人物在残酷的现实面前，对待战争的态度是如何转变的，如何放下仇恨以悲悯的眼光看见敌人的生命。

高娃这个女性人物，有着不竭的生命活力和心力，给整部作品带来一种饱满的无间隙的生命气场。

周大新之所以能够写好女性人物，与他的成长经历、个人气质有关，更与他懂得尊重一切人、爱一切人有关。无论男女，无论社会身份有多大差别，在周大新看来，他们都是活得不易的生命。

周大新这种爱一切人的立场，和宗教之爱相通。这使他不仅能写好女性，也使他在写各类人物时，都能从尊重人性的角度，写出人物复杂的内心，而不是观念化的类型化的人物。例如，《战争传说》中受英宗皇帝宠信的太监王振，可谓是权势无边，但这权势的代价——男性生殖器官被阉割，也给他作为一个男人带来一生无以替代的羞辱，还有内心的伤痛。他内心极其渴望修复伤残的身体，费尽心思请温先生秘密地做试验。在此方面，他又比普通人更可怜。尤其是他惨死于战场后，他的家人被满门抄斩。原因是：他的主战立场，使得土木堡战役明军大败，英宗皇帝被俘；宫中权势之争，他被人嫉恨。作家周大新在尊重真实人性的表述中，完成了对于权术生活的审视和批判。

结语

周大新以"传说"这种新的艺术形式，以民间视角、现代历史观和爱一切人的立场，来表现历史生活中的战争生活。在对于人物内心世界的表达上，包括对于宫中太监家庭生活的表达，温婉、细腻、独到；在对于历史场景、战争进程、战争内幕、人物命运等的表达上，有着一般长篇小说少有的开阔和气势，可谓是小叙事与大叙事的完美结合。同时，作品叙事耐心、从容，文字肌理密实，文气饱满充沛。

作品有力地表现出对于战争和历史权术的审视和批判，生动地表现出人性的至真，也表现出人性的复杂，尤其是表现出普通人内心深处对于爱与和平的渴望。这也印证了作家周大新的创作理念，即"我想通过作品唤醒人、感动人，让世界中温情、爱、美的东西更多"。在恐怖主义和国家利益之争威胁着世界安宁的今天，爱与和平的理念，在战争题材的创作中无疑是最需要的，也是最能引领人类进步的理念。

现代审视与乡土坚守
——从《湖光山色》看周大新的创作意识

孙拥军（河南理工大学，河南焦作 454150）

摘　要：周大新以其对中原乡村的熟悉，站在现代文明与传统乡村文明冲突的交叉点上，紧扣时代的脉络，将创作视野聚焦于故土南阳大盆地，讲述这片黄土地在当代社会转型时期的沧桑变迁，以及新时期乡土农村所历经的遭遇与改变，展现当代乡村社会在现代化进程中所历经的精神嬗变。

关键词：周大新；湖光山色；创作意识

肇始于鲁迅的中国现代乡土小说，以其对中国国民性的深度审视与极具地域色彩的人、事、景、情的描述及对生命意义的不懈思考，成为五四以来中国现代文学不可或缺的一条创作脉络。成长于中原大地的豫籍作家群，总是将创作的视角紧扣着中原乡土，描写世代生活在这片黄土地上的父老乡亲的生存与生命历程。"20世纪50年代出生的作家，大部分是从乡村走出来，他们对乡村、土地、原野有着浸入血液的情感和感受。"

周大新，作为一名土生土长的豫籍作家，以其对中原乡村的熟悉，将创作视野聚焦于故土南阳大盆地，讲述这片黄土地在当代社会转型时期的沧桑变迁，以及新时期乡土农村所历经的遭遇与改变，展现农民在与多舛命运抗争中的奋进历程。正如周大新所说："我的笔一直写生我养我、给我快乐也给过我痛苦的南阳盆地。在这块古老而又新奇、贫穷而又丰饶的土地上，我找到自己的文学道路。"在《湖光山色》这部小说中，周大新站在现代文明与传统乡村文明冲突的交叉点上，紧扣时代的脉络，描写社会主义新时期的中国农村所经历的变化，是一部当代乡村社会变迁与农民精神嬗变的完整史诗。

随着当代改革进程的加快，中国社会经济的发展迈向了新的历史时期，取得了令人瞩目的成就。社会经济的发展使中国的城乡都发生了日新月异的变化，这种变化在中国农村尤为明显。随着现代文明浸入乡土中国，它给传统的乡村带来了巨大震动与变化，这种变化与震动无论是在社会生活还是价值理念上都有所表现。在《湖光山色》这部小说中，周大新笔下的楚王庄就是处在这种社会大背景下的一个中原乡村，是社会主义新时期农村建设的一个缩影。周大新所刻画的楚王庄地处鄂、陕、豫三省的交界处，荆楚、三秦、中原等多种传统文化在此交融，形成了独特的传统文化底蕴。同时，楚王庄独特的地理环境构成了一个相对独立而又封闭的生存环境。这种封闭而又深厚的历史文化积淀形成了楚王庄人民独特的精神气质：他们对苦难有超强的忍耐力，在来自外部的压制下形成了抗争的性格，对理想有着执着的追求精神。生活在楚王庄的乡村父老，现代世界的浮华并没有浸染到他们，他们保持着独有的淳朴善良、单纯乐观的品质。楚暖暖、旷开田、詹石磴、青葱嫂等人都出身于农民，长于农村，生活在农村。他们中的绝大部分一生都没离开过农村，世世代代生活在楚王庄，都对家乡有着至真深情。即使到城市中打工的楚暖暖等人，在城市里也时刻关心着家乡的变化，记挂着家里的亲人。在楚王庄这个传统文化依然浓厚的乡土农村，时代相继延传着中华民族的优良美德。

然而，随着乡村社会经济的迅速发展，现代文明意识逐渐进入乡村，给乡土中国原有的传统文化带来了较大的冲击。现代意识以一种强制性的力量影响着乡村人们的日常生活，使数千年来乡村传统文化民俗积淀下来的文化形态、思维方式、精神意识出现更为复杂的状况，致使乡村人的社会生活、人际关系、价值理念等方面发生了改变，在物质生活提升的同时，拉远了人与人之间的距离。在《湖光山色》中，原来的楚王庄里，村民生活淳朴、至真至纯，全村处处一片和谐。楚暖暖带领村民们艰苦创业取得了成功，村民们都富裕了起来，但是财富并没有带来更多的祥和与安乐。原本憨厚诚实的麻老四变了，变得让村民们对他如此陌生：之前，麻老四辛苦赚钱而不舍得花钱，甚至为了钱而斤斤计较；而今，他拿着钱到赏心苑里找按摩小姐，并且屡教不改。

成长于中原农村的周大新，从小就对农村的生活至为热爱，并且心中对生他养他的故乡充满了深切的爱恋。但在《湖光山色》这部作品中，周大新有了新的视角,不再持续关注于乡土中国的苦难叙事,而是以新的现代理念及其对当代乡村的深度解读,致力于描绘社会变革转型过程中乡村人在价值观念、文化心态、思维定式等方面的嬗变,展现改革开放进程中农民命运的悲喜变迁。同时,周大新也不回避对当代乡村的隐忧,不回避现代文明与传统文化的矛盾与冲突,不回避在乡村人接受现代文明的同时给乡村带来的负面因素以及乡村新变化对传统乡村文明的种种冲击。同时,在乡村现代化的进程中,现代化给农民带来了物质生活与精神生活的巨大改变,乡村人走上富裕之路。但周大新以现代知识分子的忧患与启蒙意识认识到乡村现代化所面临的时代课题,即中国乡土社会所固有的、难以瞬间克除的乡村权力结构与权力意识。在一定意义上,这种顽固的乡村专制权力正是当代乡村走向现代化的阻碍,让乡村现代化的进程举步维艰。

然而,在周大新充满乡村隐忧的叙述中,我们还可以欣慰地感悟到其在小说中对传统文化中优秀因子的讲述。在现代文明的意识下,原有的乡村秩序被打破,改变着传统人性价值与人际关系,但传统文化中恒定的"仁义""慈爱"并没有随着全部消失,依然是当代乡村文化的主流。周大新在《湖光山色》中描写了社会主义建设新时期的中国农村,展现了新时期的农村风貌:有现存良好的、没有被污染的农村自然风光,有农村友好的邻里关系,有现代社会中的传统守旧之人和变革创新之人之间的斗争和乡村精神的嬗变。现实生活中的许多乡村真实性情都在周大新的小说《湖光山色》中得以反映。正是这样真实的乡村新旧势力的斗争,让我们看到了乡村的进步和乡村的美好。在这里,乡村既完成了由落后向文明的进步,又保留了其中的真善美。

周大新以其对当代中国乡村生活的独特解读,既书写了乡村社会转型期农民生活的巨大变迁,也展现了乡村中国固有的乡村权力结构、政治模式、意识理念改变的艰难。同时,周大新在21世纪乡土作家对当代乡村书写的模式上也作出了可贵的探索,为后来的作家提供了借鉴。这一点正如评论家孟繁华所说:"在当下的文学格局中,如何书写乡村中国,或者说如何结构出乡村中国的真实叙事,一直是困扰当代作家的共同问题。周大新在《湖光山色》中作出的新探索,不仅表达了他是一个'有想法'的作家,同时也为乡村中国的书写提供了新的经验。"

格子网图案：巨大而神秘的文化象征
——对周大新长篇小说《第二十幕》的一种解读

樊洛平（郑州大学文学院，河南郑州　450001）

摘　要：格子网图案在长篇小说《第二十幕》中的独特创造，让周大新这部凝聚了新时期文坛史诗精神和天下情怀的扛鼎之作，在厚重的现实主义艺术土壤中，开放出象征主义的灵性之花，蕴含着巨大而神秘的文化象征。格子网图案作为解读作品的钥匙和途径，一是通过书中各色人物对于人生世相、生存命运的理解，突出了一种人生哲理解读；二是连缀社会政治时局的风云变幻，是观察世事演变的神秘预言和征兆，彰显出一种社会命运解读；三是在丰厚的南阳地域乡土中发掘玄妙神秘的文化符号，传达出一种对历史文化的解读。有形无形的符号释义和有解无解的喻义解读，带来其文学书写的巨大张力和审美意蕴。

关键词：第二十幕；格子网图案；文化象征；喻义解读

中图分类号：I206.7　**文献标识码**：A　**文章编号**：1000-2359(2016)01-0172-05

在《第二十幕》问世多年之后，重温这部曾经与茅盾文学奖擦肩而过的长篇小说，仍然惊异于周大新生活底蕴的深厚和故乡文化积淀的厚重，你不能不被他以天下情怀讲述的中国故事所感动。沿着他坚守的现实主义创作路线走过去，不时看到神奇瑰丽的意象之花一路绽放，让你在纷繁而神秘的人生、历史、文化迷阵中徘徊，感受那种文学书写的巨大张力和审美意蕴。事实上，周大新以十年工夫呕心沥血创作的长篇小说《第二十幕》，不仅是作者文学生涯中的集大成之作，在新时期以来的文学史上同样有着不可或缺的突破性意义。

有关《第二十幕》，人们可以有多种阅读见解，可谓见仁见智。以史诗意识为视角的阅读，贯穿着作者对丝织业的、家族的、人性的、地域的、文化的、风俗的多种历史描摹，把人们带到20世纪中国社会复杂而动荡的特定的历史语境中。

一方面，围绕南阳尚家祖孙几代为之奋斗的尚吉利织丝厂的创业历程，作者写出了一部民族工商业的兴衰史。它上溯《子夜》更遥远的历史，下接《上海的早晨》更复杂的现实，那是百年中国社会动荡中的民族工商业命运变迁的写照。着眼于家族谱系、世事沉浮、恩怨情仇诸种人生，它可谓一部百年中国的家族史。有感于人生风云险恶、情感世界多变、人性底色复杂，它又有着洞悉人性的心灵史意义；在丰厚而鲜活的乡土文化氛围中讲述尚吉利织丝厂的故事，乡土小世界蕴含的地域大文化，让它无异成了一部乡土中国的地域史、文化史和风俗史。作者将强烈的史诗意识、纷繁而复杂的生活内容融入流畅、鲜活的故事讲述中，使尚吉利织丝厂的创业史成为小说的情节主线和显在结构。

另一方面，若以小说中时隐时现的格子网图案来观照，颇具象征意义的文化符号统摄了作品中的一切。它构成一种隐性结构和潜在话语，让小说的世界产生了巨大的张力和多重的意义。于是，《第二十幕》写出的不仅仅是一部民族工商业的兴衰史，它更折射出在20世纪中国社会递嬗演变的大舞台上，从清末帝制、民国成立、军阀混战、日军侵略、国共战争到新中国成立后的公私合营、"大跃进"、大饥荒、"文化大革命"、改革开放、市场经济兴起等历史过程中，由各种政治力量、经济运作、文化传统、人性欲望纠结冲撞形成的巨大网盘。国家也好，民族也罢，更不必说家族、群体、个人、普通的饮食男女，仿佛都无法摆脱这种种互相掣肘的网结。而社会发展的动力是什么？安定民生与民心的倚重是什么？特别是治国安邦、强国富民的道路究竟何在？透过格子网图案的多重喻义看世界，作者正是在对尚吉利丝绸业的大叙述、大悲悯、大反思中，寄托了自己的政治理想、文化理想和民间理想。所以，写尚吉利织丝厂为代表的民族工商业命运沉浮的主线，意在探讨、推进和实现强国富民的现实之道；表现南阳书院督导卓远等代表的书生形象和精神追寻，则始终贯穿了知识分子视角的济世理想和社会诘问；它对乡土中国和民族工商业所遭遇的种种挫败与羁绊的反思，锋芒直逼民族文化传统的负面积淀与现实弊端的深层内核。所有这一切，又在书中人物对格子网图案内涵的感悟和阐发中得以交会和碰撞。正如著名评论家孙荪所言："周大新写了南阳盆地的第20世纪，同时也写就了一个民族的一个世纪。更重要的是，'格子网'这个符号是小说解读人类命运的一个神秘而具象的隐喻，一个满载着哲学意味的意象。"

毫无疑问，格子网图案的屡屡出现，在《第二十幕》的现实主义的描述中，融入了巨大而神秘的象征元素。这是全书的见事眼睛，也是作品的灵性所在；是丰沛、神奇的叙事元素，更是饱含哲理意蕴和反思精神的灵魂烛照。格子网图案在书中直接出现了47次，有明确内容指向的释义达到34种之多。格子网图案作为一个贯穿始终的开放性的文化符号，五道横竖线相交织，可作无穷无尽的延伸；内部空白方格排列，有着无言独化的妙义。它暗喻丝织世家的人生，极言经纬天地的想象，充满了神秘的象征、玄妙的隐喻和哲理的意蕴。其丰富的内涵，吸引书中各色人物去寻思，去猜测，去解读。也就是说，格子网成为解读《第二十幕》的重要途径：每一种解读仿佛都寻到了一把钥匙、一种结果，每一种解读都意味着一种想象、一种假设；最终所有的解读又化为无解，陷入更大的无限之中。

我们看到，身世背景和性格特征不尽相同的形形色色的人物，是从各个角度来认识他们心中的格子网图案的。尚吉利织丝厂老板尚达志、南阳书院督导卓远、购买绸缎的商人、生死相许的痴情女子的盛云纬、超度死囚的和尚、省立中学的国文教员鲁先生、丝绸世家的孙媳妇宋小瑾、洋女子艾丽雅、大学教师卓月、人生周折的读书人左涛、南京大学的教授等等，对格子网案各有所解。这些看法，从家族历史、民间传说、丝织经纬到时局演变、生存境遇、生命哲理、人性善恶，从时间感悟、地理景观到远古历史、狩猎文化、大自然万物……可谓内容丰富，角度不一。从形而下的人生遭遇有感而发，到形而上的精神追寻、思想所悟，不同身世背景的人有着不同的理解层面。其传达的情感基调有吉祥的、仁义的、快乐的、惊异的、愤怒的、不祥之兆的、苍凉的、悲剧的……它们的指向也不同。人们通过自己的解读，仿佛懂得了格子网图案的暗示和隐喻，找到了无数的答案。但小说尾声告诉我们的分明是：卓月到南阳西峡考古，被400余枚恐龙蛋化石按格子网图案的排列所震撼。由此，让"我们过去关于这个图案的所有解释，都应该受到怀疑！"这个文化符号巨大而神秘的魅力，虽然层层凸显，最终却让人"不识庐山真面目"。

格子网图案在《第二十幕》中，至少从三个方面凸显了它的存在意义。

其一，格子网图案的纵横交织，寄寓着书中各色人物对于世事人生的理解。这种解读，一方面突出了丝绸世家尚达志在工商业命运沉浮中的人生感悟，另一方面贯穿了卓远为代表的书院知识分子的思索。这种人生解读所蕴含的，是对生存命运、人生哲理、天下万象的探寻。

小说开篇，尚家院落里屹立的那块石头上，那种汉唐年间镌刻的格子网图案，经纬相织，横竖交叉，内含无数的空白方格，外延无以穷尽的空间，不知预示着什么，又仿佛全知世事运转。人们好像很容易把它纳入视野，一切却都在它的俯视之中。它以无言的存在，却说尽天下世相和人间话语。小说结尾，400余枚恐龙蛋化石按格子网图案排列的具有震撼意义的事实，不仅质疑和颠覆了书中人物对格子网图案的种种解释，留下了人们对它的无限想象和新的认知，而且在首尾呼应的圆形小说结构设计中，又打开了一扇多重空间认知的窗口，给我们带来一片未知的阔大原野。

对于尚吉利织丝厂而言，那块刻在自家院落石头上的格子网图案，既是他们经纬穿梭的织锦人生象征，又如同祖训一般的历史铭刻，它与尚家几代人风雨相伴、如影随形。从生活在清代末年的老掌柜尚安业这一代起，这块镌刻有格子网图案的石头源于汉唐也好，传说于尚家族先施舍乞丐而得来于民间也罢，仿佛是有形无形之中形成的家族图腾，已在尚家的院落里落地生根。它目睹了尚达志—尚立世—尚昌盛—尚旺旺一代又一代人自幼在老桑树下背诵尚家祖训，记忆丝绸印染方法，历经一次次的烽火战乱、天灾人祸、国难时忧、丝织业沉浮。它也见证了尚家子孙为织出"霸王绸"那种百折不挠的奋斗。格子网图案与尚家世代有了须臾不可分离的血肉关联。

特别是在小说主人公尚达志看来，尚吉利织丝厂的兴衰沉浮、家族事业的生存创业之路、尚家子孙的爱恨情仇，仿佛都蕴含于格子网图案的喻义之中。有感于格子网图案是西汉年间宛襄一带有功业人家的褒奖物，年轻时代的尚达志立下创十全十美家业的宏愿："我应该让这块石头永远立下去，我们尚家在丝织领域还要建立更大的功业！"而当迎娶恋人云纬的计划与传承家业的祖训相冲突的时候，遵循父命不得已与顺儿结婚的达志，从格子网图案中悟出的痛楚是街道景观纵横相织的相遇和无可抗拒的婚姻宿命。在儿媳容容为保护尚家织机惨死于日本鬼子之手的时候,尚达志透过火光映照的石头上的格子网图案,看到了"世上的任何东西都可能被撕成碎片,那一个一个的方格不是碎片的模样么?我们尚吉利的厂房被撕碎了,我们的家被撕碎了,我们发展祖业的希望被撕碎了,全成了碎片,全碎了"。面对日本人侵略炮火炸塌的尚吉利织房,督促孙子昌盛晨读丝织家书以图再起的尚达志,忽然觉得石头上刻着的那个图案"极像是中国这片布满河流、道路和田畴的国土。先辈人竖这块石头的目的,是不是为了提醒后人:你们稍不留意,来自异域的人就会把这国土夺走一片"。走到了国共内战时期,遭受通货膨胀和女儿绫绫惨死双重打击的尚达志再看院落石头上的格子网图案,满眼尽是苦和难纵横交叉构成的蛛网。"我们尚家人注定要在这张蛛网上挣扎,根本无可能抵达蛛网四周那些美好的地方。"为了家族丝织业的传承和振兴,尚家世代子孙都以恪守祖训、牺牲自我甚至有悖人性的决绝方式,自觉地服从或"被服从"于尚吉利织丝厂的家族目标。被官府掠夺一空的尚安业临死时嘱咐儿子用草席裹尸为他出殡,以留下东山再起的微薄资金;尚达志牺牲了自己和云纬的爱情,以躲避横刀夺爱的官府大人对尚家丝织业的迫害;为了凑齐购买自动织机所急缺的银子,尚达志忍痛将12岁的女儿绫绫卖为童养媳;尚达志亲手削伤孙子昌盛左手的五个指肚,以严厉警示他懈怠祖业、失足嫖娼的罪孽;他还设计弄哑了爱唱歌的重孙子旺旺的歌喉,以便其安心充当尚吉利织丝厂的继承人。在尚吉利丝织业的家族之网中,尚家的每个人是被固定的网结,谁都逃脱不了命运的怪圈。在社会时代动荡、国家民族坎坷的巨网中,尚氏家族也同样无法挣脱那重重网结。经历了无数的厄运折磨之后,尚达志以一个103岁的世纪老人的目光,终于阅尽了格子网图案所启示的天地经纬和世事人生。

　　卓远、卓月父女两代人对格子网图案建立了不同的解读:前者代表了知识分子在时代忧患中的精神追寻,后者表达了知识分子对古老历史文化和天地世间万象的发现及感悟。在南阳书院督导卓远那里,中国文人的忧患精神和济世理想,一刻也没有停止,不仅仅是书生的"纸上谈兵",更有奋笔疾书、呼唤天下、捍卫民族文化传承、站在启蒙与斗争前列的无畏姿态,即便被心狠手辣的满清官府砍去执笔的右手手指,即便被内战时期的国民党贪官污吏以暗杀相威胁，仍旧不改初衷。卓远始终在探讨国衰之由和强国之途。可以说，激励工商业者建工厂、办实业，促进民生以富国，反思官吏机构与思想文化系统之弊端，贯穿了他忧国忧民、自由思索的一生。目睹清末南阳通判大人晋金存贪恋功名利禄、鱼肉百姓的为官之道，审视造反起家的农民一改"三有"的理想初衷以及南阳副镇守使栗温保迷恋的官吏特权，卓远对旧中国官场文化的批判，达到了入木三分的地步。卓远对官场的负面文化因子始终保持着高度的警醒。他渴望建立一种监督机制，建立一个完善的科学的政治体制。基于上述知识分子的理想，卓远从格子网图案认知中得出的社会人生，也充满了更为复杂的意蕴。在他眼里，格子网线条的纵横交错，如同中国的阴阳八卦符号，意味着"世界是由两种东西交汇而成的，人类是由男、女交汇而成，生活是由苦、乐交汇而成，事业是由成、败交汇而成"。卓远希望在事物的两极之间寻找平衡，建立一个更适宜人生活的安宁、富裕、和谐的环境。格子网图案所蕴含的抽象思维方式，又让抗战胜利前夕避难山洞的卓远意识到："这个图案当是人的本性的形象表示，由于善与恶交叉相连，因此和平与战争便在历史上交替出现。这图案难道是在提醒后人：不要期望有永久的和平，也不要相信有永久的战争；人不会满眼看到的都是善行，也不会满眼看到的都是恶行；人不必对世事过于乐观，也不必对世事过于绝望。"新中国成立后频繁不断的政治运动，以及被极"左"思潮改变和扭曲的革命初衷，又让卓远的目光穿越了格子网图案的复杂线条，感悟到社会发展进程中的诸多岔路，任何一个路口都可能改变事情的初衷和运行方向。

而在南阳师专历史系副教授卓月的考古探寻之行中，古代汉墓中那个画着巨大格子网图案的方形祭祀土坛，让她每每感叹："我们都生活在上天的掌握之中——那个图案就是老天爷的那只巨掌的掌纹。"另一方面，她又在无尽的迷思中苦苦寻找格子网图案的奥秘与暗示：从深山祭拜画出的格子网图案溯源到一种时间崇拜的风俗，从祭坛上的格子网图案感悟到的"在场""不在场"以及"无"的世界的构成元素，并由此解读了"横线代表人，竖线代表自然"的人与自然和谐相处关系。祭坛上的格子网图案破解的古墓奥秘，还有西峡考古现场对恐龙蛋化石按格子网图案排列成方阵的发掘，都反映了一个现代知识分子而对人类、历史、文化、大自然永无休止的追问与探究，也让格子网图案呈现出它神秘莫测、鬼魅梦幻的原始图腾色彩。

其二，格子网图案每每出现，都连缀了社会政治时局的风云变幻，成为世事演变的神秘预言和征兆，仿佛其中有着一种无法抗拒的宿命。这里彰显的，是一种对社会命运的解读。有着一千多年历史的南阳尚吉利织丝厂进入20世纪以来，从民国初年南阳副镇守使栗温保派人连夜焚毁工厂，到卢沟桥事变后日本侵略者的狂轰滥炸，再至"文化大革命"中造反派搞武斗放火烧厂，历经了三次被焚毁的厄运。从旧时代官府的苛捐杂税和强取豪夺，到大自然暴虐的风灾雨害，尚吉利织丝厂几度被迫停业。从新中国成立后的公私合营、"大跃进"、大饥荒，到"文化大革命"的爆发与终结，再至改革开放、社会转型期出现的物欲横流现象，尚吉利织丝厂在社会政治弊端和家族内部丑恶人性的双重压力下，一路风雨坎坷，颠簸起伏。其家族事业的命运沉浮，始终与社会命运的曲折连缀在一起，仿佛被一种冥冥之手所掌控。而时局变动的每一个节点上，几乎都有来自格子网图案的警示和隐喻。

在开封一位研究古代神秘文字的老师眼中，尚家院落石头上铭刻的格子网图案，应该表示"世界上的事情都是互相交织有联系的"。它让尚吉利老板尚达志惊异于世事变迁："武汉发生了辛亥革命，南阳也跟着换了当官的人；官府、政界发生了变化，我们尚家的丝绸业也跟着出现了转机。"的确，从晚清南阳府通判大人晋金存到民国初期新任南阳副镇守使大人栗温保，这场推翻清朝知府衙门的革命，带来了尚吉利织丝厂一度的休养生息和重新发展。然而好景不长，步入宦海仕途的农民出身的栗温保很快沉醉于权力欲望与花天酒地。因为掠夺尚吉利织丝厂钱财的阴谋未能得逞，他便派人劫掠焚毁了织丝厂。面对一片废墟，尚达志的目光落在了刻有格子网图案的石头上："先祖先宗，你们刻出这个图案，是不是为了警告我们这些后人，任何一条路的两边，都满布着陷阱？那一个一个空白的方块，是不是就是陷阱的形状？……我过去听不懂你们的警告，只顾高高兴兴地在路上走，根本没发现路边还有深坑。"

在经历了一系列的时局动荡、社会起伏之后，时年82岁的尚达志终于走过了60年代初期那段饥荒的日子，尚吉利织丝厂的生产也完全恢复到饥馑前的水平。就在这个春末的一个后晌,尚达志突然间发现院里石头上刻的那个格子网图案闪出了炫人眼睛的白光。"或者这图案要借闪光来向我预告什么?"接踵而来的"文化大革命"狂潮,使尚家三代"资本家"被囚禁,尚吉利织丝厂被造反派一把火烧掉,护厂心切的尚立世、尤芽夫妇葬身火海;红卫兵四处抄家造反,使卓远珍藏的文化典籍被毁之一炬,使戴着"走资派"帽子的领导干部蔡承银被迫自杀,而以"革命干部"自诩的蔡承达同样难逃厄运。一个时代、一个民族的动乱轰然爆发,无数的群体、家族、个人瞬间被卷进动荡的政治命运深渊。

尚达志在迈进96岁生日的门槛之后,曾经出现过强烈的幻觉。他看见一只身形巨大、通体发光的蚕,卧在了尚家院落石头上的格子网图案中央。仿佛是一种吉兆,尚达志不仅经受了三次身体的考验,而且敏锐地预感到重建尚吉利织丝厂私人企业的可能性。随之而来的改革开放,私人办厂,对外交流,搞活市场经济,尚吉利织丝厂从中赢得了新的崛起机遇。而当外汇和人民币源源不断地向尚吉利织丝厂汇来之际,昌盛、小瑾夫妇开始追求奢靡之风,一些不健康的人性欲望也蠢蠢欲动。尚达志对这一切看在眼里,痛在心上。他把昌盛夫妇给自己买的贵重皮衣剪成条条缕缕,放在院落石头上的格子网图案中间,又绑在院中的桑树上,好让它随时给全家提个醒。但这个警示未能拯救所有的尚家人:远在北京经济部门工作的另一个孙子尚穹,为逐鹿为官之道,利欲熏心,六亲不认,虽然没有为家族工厂出过一点力,却与昌盛对簿公堂争夺尚吉利织丝厂的财产,使工厂陷于灭顶之灾。尚穹的贪欲虽然最后被力挽狂澜的曹宁贞所阻断,而纯洁美丽、情谊如天的曹宁贞却死于尚穹卑鄙的阴谋和流言蜚语的双重扼杀之中。在泥沙俱下、诱惑丛生的特定环境中,尚家子孙所经受的权力、金钱、欲望与人性、灵魂的博弈,以及私企的经纬天地事业和创业者的自身素质、能力之间的矛盾冲突,再次提出了改革时代最重要的是有关人的改革问题。

如此看来,刻在石头上的格子网图案如同静观世事的第三只眼,社会政治时局的反复动荡、尚家丝绸命运的风雨飘摇,皆在它的观测视野之内。又如"资治警示图"或"国势预告图"的神秘预言,江山兴废、世事骤变、天灾人祸,都被它不幸而言中。它所揭示的事实是,军阀混战、异族侵略、无休止的战乱,以及中华人民共和国成立后频繁不断的"左倾"错误思潮和政治运动，还有那翻手为云、覆手为雨的官场风云变幻。所有这一切的合力，对民族工商业发展的进程来说，对强国安邦、富民理想的实现来说，往往是一种负面的破坏性力量。

其三，刻在石头上的格子网图案的无尽的经纬线伸向了遥远的古代历史，伸向了丰厚的南阳地域文化，成为玄妙神秘的文化符号。作品中，人物对它的释义，连缀的是一种对历史文化的解读。

《第二十幕》作为一部博大精深的南阳盆地文化的总汇，植根于中原大地、华夏文化的深厚土壤，又生长出奇异的地域文化之果。作品中涉及大量的文化元素，都深藏于南阳的地域与历史，充满丰富而鲜活的乡土底蕴和民间色彩。同时它也承载着作者遥远而美好的故乡文化记忆。桑蚕地、古丝绸路，梅溪、百里奚村，还有安留岗、卧龙岗、武侯祠、医圣祠、张衡墓、汉画砖、南阳书院、武当道观、独山玉，更不要说古老的南召猿人、山洞岩画、汉代古墓、恐龙蛋化石……这些南阳盆地特有的地域景观，构成了作品中最重要的文化象征。

从桑蚕地到民间的丝织业，再到通往海外的丝绸之路，南阳的丝绸文化源远流长，一部与乡土中国密切相连的民族工商业发展史历历在目。且不说种桑、植柞、采叶、养蚕、收茧、缫丝、机杼声声的丝织人家的生存景观，也不言乡间流传甚广的《绸缎谣》，仅说那尚吉利织丝厂那神奇的印染术和美丽的丝绸品种，就让人眼花缭乱、美不胜收。"红有大红、莲红、桃红、水红、本红、暗红、银红、西洋红、朱红、鲜红、浅红；黄有金黄、鹅黄、柳黄、明黄、储黄、牙黄、谷黄、米色、沉香色、秋色；绿有官绿、油绿、豆绿、柳绿、墨绿、砂绿、大绿；蓝有天蓝、翠蓝、宝蓝、石蓝、砂蓝、葱蓝、湖蓝；青有天青、元青、葡萄青、蛋青、淡青、包头青、雪青、石青、真青……"这是少年时代的达志每天早晨在桑园背诵的绸缎色彩的色谱。浸染、套染、媒染、凸纹印花、夹缬、纹缬、蜡缬、碱剂印花……这是尚家老辈人自己编写的丝绸印染的方法。八丝霸王绸160匹、孔雀蓝117匹、轻容纱106匹、销金缎彩84匹、杯文绮58匹、鸟头绫33匹、经锦28匹、缂丝"碧塘青荷"36匹……这是南阳尚吉利织丝厂所产绸缎在北宋开宝七年（公元974年）东京宫后街三库的产品入库单。雪青捻线缎、银灰捻线缎、雪青湖绝、雪白湖绝、炼白山丝绸……这是民国初年尚吉利织丝厂被定为万国商品参赛会参赛产品。还有那被中华人民共和国开国大典作为饰物使用的200匹真丝红绸和走出国门去苏联参加展销的800匹五彩织锦绸缎，都记载了尚吉利织丝厂曾经有过的辉煌。正是基于这种令人神往的历史和现实，要为社会创造物质财富也为生活创造美的愿景，让走在新中国大道上的尚达志踌躇满志："我要让全世界所有的绸缎商人都来中国抢购尚吉利的绸缎！到那时，我要用尚吉利的绸缎把世界上愿穿绸缎的女人和男人都打扮得漂漂亮亮……"浸润着南阳丝绸文化气息成长的尚达志、将生命融入尚吉利丝织业的尚达志，在他96岁的幻觉中，能看到那只通体发光的蚕卧在尚家院落石头上的格子网图案中央，也就不足为奇了。格子网图案与蚕，以一种神奇、灵幻的象征，蕴含了丝绸文化的基本内核和审美元素：蚕丝的经纬穿梭，织出一天云锦；格子网图案的无限延伸，寓意了丝绸之路通往的远方；格子网图案互为交织的经纬想象，又包孕了尚达志等后代子孙"生为男人，当做经天纬地事业"的天下情怀。

事实上，无论是丝绸文化追寻的工商之道、官场文化通往的仕途之道，还是书院文化倡扬的济世之道、医圣文化救助的生命之道、考古文化溯源的历史之道、大地万物彰显的自然之道，条条道路皆通往人类的生存之道、社会的发展之道，有诸葛亮手书《出师表》、张衡制作浑天仪、张仲景撰写《伤寒杂病论》、畅师文等编著《农桑辑要》……无不彰显出南阳的历史名人文化兴盛不绝。倚重灿烂的玉石文化，独山玉大放光彩；仰仗雄伟的武当山，道家文化源远流长。包括"九酿、甘醴、十旬、醪"引领的酒酿文化，还有盾牌形状的博望锅盔、芝麻叶面条展示的饮食文化，以及宛梆、南阳大调引出的曲艺文化和喜床歌、送灯歌呈现的婚庆文化……它们都从不同侧面发掘了南阳这片沃土丰厚的文化底蕴，勾勒出乡土中国的地域文化景观和民间风俗史。而这种种生动的描绘，也经由书中人物对格子网图案的猜测解读，通向了文化景观的深层喻义。诸如，从古代汉墓方形祭坛上描画的格子网图案，到西峡发掘现场400余枚恐龙蛋化石整齐排列的格子网图阵，卓月通过考古过程对格子网图案的释义，延伸到遥远的汉唐古代历史乃至人类的史前史；亦从宫廷、家族、人性、爱情的多重纠葛，深入到神秘玄妙的大自然之谜。在对格子网图案山重水复的多种发现和解读之后，小说结尾又以巨大的考古震撼，轰然颠覆了之前所有的解读，让格子网图案延伸出无尽的想象。凡此种种，都表现出作品对中国历史文化的深度追寻。

如果说格子网图案作为解读《第二十幕》的一把钥匙——它无疑是周大新最具灵性和个人化的艺术创造，那么小说中各种人物对格子网图案精彩纷呈的解读，则是通往作者周大新的内心世界之途径，是观照其经纬天地理想的多重镜像。

它所提供的，无疑是一个解读不尽的阔大的思想艺术空间。

传统与现代的悖论
——周大新小说命运主题的演变与深化
张延文

命运是文学艺术作品当中的一个非常重要的主题，它涉及个人、民族、国家乃至整个人类的命运。命运的神秘莫测、变幻无常，也是诱发小说叙事的重要动因。著名作家周大新在"创作谈"里多次讲到命运问题，他指出："人的命运玄机，一直是我有兴趣琢磨的问题。世上的人都希望自己能得到命运的垂顾，能有一个好的人生过程和比较完美的人生结局，但如愿者实在不多。《湖光山色》中的主人公暖暖，一直在人生路上奔波，寻找属于她的那份幸福，但她最后得到的和她的期盼相错万里，这让我们不能不去审视她脚下的路面和那些路的拐弯处，也许导致事情发生变化的玄机就藏在那里。"[1] 作为第七届茅盾文学奖获奖作品的《湖光山色》，是以其富于时代感的现实主义的特色而受到广泛关注的。茅盾文学奖授奖辞指出："周大新的《湖光山色》深情关注着我国当代农村经历的巨大变革，关注着当代农民物质生活与情感心灵的渴望与期待。在广博深厚的民族文化背景上，通过作品主人公的命运沉浮，来探求我们民族的精神底蕴，这是《湖光山色》引人注目的特色与亮点。'为什么我的眼中常含泪水，因为我对这片土地爱得深沉。'伟大诗人艾青的不朽名句，恰是《湖光山色》创作情怀的贴切写照。"[2] 事实上，在这部作品当中，周大新除了对社会现实紧密相关的那些诸如宏大的政治、经济、文化主题的关照之外，还将艺术的触角伸展到了更为广阔、深远的形而上的哲思之中，通过对于命运主

---

[1] 周大新：《作家手记》，《我们会遇到什么》，南京：江苏文艺出版社2010年版，第186页。

[2] 仲余：《第七届茅盾文学奖颁奖辞及获奖作家感言》，《中学语文》2008年32期，第4页。

题的关注，将隐藏在特殊事件背后的一般性规律，进行了不懈的追寻和探求。

在第七届茅盾文学奖获奖感言里，周大新指出："我们这个时代由于社会变革的进行、科技的发展和世界的紧密联系，人们的生活质量有了前所未有的提高。但同时，灾难的频发和社会各方面的急剧变动，使人们面临的问题与前人相比不减反增。也因此，人的心灵比以往任何时候都更需要得到抚慰。我应该带着你们的鼓励更加勤奋写作，用自己的文字为读者送去温暖和慰藉。"[1] 周大新的写作是暖色调的，带着光明的底蕴，但他并未因此忽略命运可能带来的阻碍和灾难。《湖光山色》当中暖暖的命运就是悲剧性的。她的悲剧性命运的成因当中既有可知的因素，也有不可知的因素。社会环境、政治环境以及自然环境等对于个人来说属于不可抗力的因素。除此之外，人物个人的出身、性格等因素也影响着人的命运走向，甚至一些未知的带有神秘色彩的因素也能左右人的命运。作为一名新女性，虽然暖暖自出生起就处于相对不利的生活环境，但她从未气馁、懈怠过；相反，面对困难，她总是主动地去克服，努力地去改善。由于贫困和父亲的重男轻女，暖暖几岁起就成了打鱼女。她救了父亲的命换回了上学的机会，这是她通过自己努力去争取的结果。在北京打工开了眼界的暖暖，为了照顾病重的母亲回到了乡村。面对婚姻大事，她固执己见，一定要选择自己喜欢的旷开田。对于暖暖的选择，家人并不赞成，除了旷开田家里贫穷之外，一贯还算比较开明、豁达的奶奶还提出了其他理由：

再说，那个开田有一点我不大放心，就是总见他低着头走路。俗话说，男怕仰脸老婆，女怕低头汉子。这低头汉子都心事重，我怕你日后会吃他的亏。还有，我昨天让你老榆树爷爷给你和开田算了一卦，你猜那卦文是咋说的？

咋说的？暖暖娘着急了。说暖暖要是和开田成婚，暖暖八成要吃两井水。

啥意思？暖暖瞪着奶奶，眉梢扬了起来，她确实没听明白。

---

[1] 仲余：《第七届茅盾文学奖颁奖辞及获奖作家感言》，《中学语文》2008年32期，第4页。

就是说，你还要另嫁一处，再吃另一眼井里的水。

奶奶，你说的这是啥陈谷子烂芝麻的见识？什么乱七八糟的讲头？男人整天仰着头就好了？人只吃一眼井里的水就好了？城市里的人吃的是好多眼井里的水，那里的女人就要不停地再嫁吗？[1]

用占卜的方式来预测未知的命运，特别是重大事件，这是在人类社会中形成的一个非常重要的传统，一度被认为是封建迷信。暖暖显然对此是不以为然的。但她也并不因此就完全否定奶奶的说法，她只是对卦辞进行了"现代化"的解读，她是以将信将疑的不确定的态度来对待奶奶的占卜行为的。暖暖和旷开田的婚姻最终走向了解体，但她并未因此而再婚。那么至少到故事的结尾处，这个占卜只算是契合了一半，她还没有"再吃另一眼井里的水"。这里的描写耐人寻味：暖暖娘对于占卜是非常在意的，传统在暖暖娘和奶奶那里显得根深蒂固，到了暖暖这里就出现了动摇。对于这一切她显得漫不经心。再回到叙事人那里，《湖光山色》的叙事结构分为上下两卷，分别被命名为"乾卷"和"坤卷"。"乾卷"又分为水、土、木三部分，"坤卷"分为金、火、水三部分。叙事人这种对于文本结构的安排和命名，明显受到了中国传统的阴阳五行学说的影响。老子的《道德经》中写道："道生一，一生二，二生三，三生万物。万物负阴而抱阳，冲气以为和。"中国传统文化认为：世间万物都是在阴阳二气作用的推动下进行演变的；木、火、土、金、水作为五种最基本的元素是构成世界不可缺少的条件；这五种元素彼此之间相生相克，处于不断的运动变化之中。由此可见，《湖光山色》本身就包蕴着传统文化的内在精神，体现了现代语境下民族文化和民族精神的新变。另外，《湖光山色》还试图探寻决定人物命运的社会规律，为读者提供认识当下社会发展变化的可能性。

《湖光山色》体现出的事物发展的复杂性也是符合唯物主义的辩证法的。暖暖和开田带领乡亲们致富，乡村在引入了外来的现代的商业文明之后却出现了始料未及的结果。负面的影响同样不容忽视。开田在成为村干部并致富以后，整个人都变了样，开始被金钱和权力所异化，最终导致了他和暖暖之间婚姻的破裂。应该说，周大新笔下的中国传统的乡村社会的

---

[1] 周大新：《湖光山色》，北京：人民文学出版社2014年版，第28～29页。

变革，带来的是一幕幕悲喜交集的正剧：崇高和滑稽并存，欢乐和悲怆同在，而其最终的指向却是坚定不移的奋斗，那就是要走正道。在谈及这个问题时，评论家梁鸿将周大新文学创作的审美特质和他出生的南阳盆地结合起来。她指出："《湖光山色》中旷开田最后的变异并非只是个人现象，它是乡村文化超稳定结构裂变的象征——圆形盆地的平衡被打破了。与此同时，圆形盆地的缺陷、落后、守旧，及在此基础上对现代文明的误解也被昭示出来。《无疾而终》的瞎爷以超然达观、幸福的心态度过他并不幸福的一生。他幸福的依据是什么呢？是忍耐、承受，是承认并接受命运的安排。瞎爷几乎是盆地人的一个生存符号，他以快乐的形象给盆地人以希望，但那是一种宿命论支配下的希望。周大新以一种思辨的叙述给我们展示了'圆形盆地'文化观念一体两面的存在。"[1] 乡村社会和盆地文化对于周大新的影响是毋庸置疑的。他的第一部长篇小说《走出盆地》，就对盆地文化的封闭型结构，以及处身其中的人物的宿命性悲剧命运，进行了淋漓尽致的描绘。在《走出盆地》中，周大新将神话传说和现实结合起来，进行了平行结构的叙事。为了突破命运的局限，神话故事里的三个女主人公都做出了看似毫无希望的抗争；面对强权，她们走出去的心没有死，将自己的身体化为河流，最终打破了命运的局限。在现实当中，她们的肉体消亡了；在精神上，她们胜利了。她们不屈的意志，作为盆地人的一种优秀的思想来源，滋润着在这片土地上生存的生灵。

《走出盆地》对于人物命运的描述带有一定的宿命色彩。例如，在现实的威压下，邹艾无法避免失败的结果。《湖光山色》当中人物的命运，在宿命之外，还有一些不可知的因素在隐秘地发挥着作用，例如暖暖失败的婚姻。可以说，暖暖个人的抗争在一定程度上影响了她的生命轨迹。到了《安魂》，人物命运的成败得失大部分成了个人选择下的产物，个人对于生命的理解和追求成了塑造命运的重要因素。《安魂》是一部反思之书，可谓周大新在面对无常人生时作出的痛苦的内心忏悔，是在激烈的思辨之后结出的精神之果。这部作品带有一定的自传成分。在自己的独生子患绝

---

[1] 梁鸿：《那荒凉而又温馨的"圆形盆地"：周大新论》，《中国作家》2009年第21期，第217页。

症死亡之后，周大新对于命运的残酷无情有了更为切肤的体验。他首先检点了自己作为一个父亲，在面对儿子时，行为上存在的不足之处可能为儿子的生活带来的不利影响。在父与子的关系上，周大新显然深受传统伦理的影响。他全面地监控着儿子的生活，特别是在大的事情上。比如，在儿子的职业选择和配偶选择上，他更是专制地加以干涉。这就不可避免地影响了儿子周宁的人生。这些应该说属于人为因素对于命运的影响。父权作为中国政治权力机制的核心部分，"家天下"的社会伦理结构一度是中国传统社会精神价值的文化基础。在批判权力、金钱以及享乐主义的思想对于人性的奴役时，叙事人其实也未必能够保持清醒和从中解脱，这恰恰就是人性文化成因的根深蒂固之处。

《安魂》的章节结构采用了中国传统历法当中的干支历纪元法，从"己未"到"戊子"，是按照纪元的顺序来排列的，一共30章。最近的一个己未年是1979年。根据文中的叙述，1979年是周宁出生的那一年；周宁活了29岁，30个章节正好是29个年头的跨度。这种带有象征意味的结构方法，既是作者为了纪念英年早逝的儿子作出的刻意安排，也无形之中增强了作品叙事当中关于世道轮回的具有传统价值观念的文化意味。周宁在天国作为天使去拜访了人类历史上的一些重要的人物，比如魏源、李叔同、爱因斯坦、袁世凯、苏格拉底、薛涛等，同他们平等自由地交谈了关于人生的价值和意义，这样的情节设计是为了从个人和历史的关系上来考察普遍人性。这里的思索已经超越了时间和空间的限制，但仍然难以摆脱个人视野的困扰。通过对话，儿子的探访最终都在爸爸那里得出了一个明确的结论，这些结论显然带有鲜明的叙事人的主观立场。比如，在谈到历史上颇具争议的大人物袁世凯时，得出的结论是："历史给了他成为伟人的机会，可他却没有抓住。这怨不得别人，责任主要在他自己，当然中原厚土也该负一点责任，毕竟他是在中原长大的，这块土地上浸润的一些毒素通过食物和水进入了他的血液，从而限制了他的视域和胸怀，也影响了他的心性。"[1] 在这里，叙事人认为袁世凯本来可以作为河南人的骄傲，却让河南蒙羞，原因在于：袁世凯晚节不保，搞独裁，未能实现共和制，从而使得后来军

---

[1] 周大新：《安魂》，北京：作家出版社2012年版，第283页。

阀混战、生灵涂炭。而作品中袁世凯认为自己做错事的原因在于有私心、权力欲强，再加上偏听偏信，最终酿成了悲剧。通过这些，可以发现，在面对命运问题时，叙事人注重人的主观能动性，特别是人性对于人的行为的影响。在作表述时，如果可以选择一种更为开放的结构来表达，而非对所有的问题给出明确的答案，那么会不会为文本带来更为多元、丰富的可能性？这里也体现了历史观的问题，即袁世凯是否有能力最终扭转时局，改变中国的历史进程，带领中华民族实现民主自由的政治？这个问题恐怕只能存疑了。但毫无疑问的是，中国社会的民主进程显然是异常复杂而艰难的。袁世凯的病死，带有一定的偶然性，毫无疑问改变了中国社会历史的进程。但袁世凯称帝，逆历史潮流而动，这应该是叙事人对其作出价值判断的依据。当然，历史是由偶然性和必然性交汇而成的。面对历史当中的重大问题，使用单一的非此即彼式的价值判断显然是苍白无力的。同时，《安魂》毕竟是一部文学作品，其理想主义的色彩是不可避免的。个人想象在面对巨大的未知世界时需要清醒地把握纪实与虚构的边界，就像命运一样，是反复无常的，是不可捉摸的。

在《安魂》中，周大新也对科技带给人类伦理的新困惑作出了思考。人类在把握自己的命运时，由于技术的快速进步，仿佛主动性越来越强了。但对于传统的人类价值伦理来说，人的主动性是有可能带来毁灭性的后果的。"不过，李昌达指出的人正沿着用技术手段造人的路向前走，这倒是真的。从眼下已达到的水平看，造出人已不是不可能的事。一旦造出了人之后，社会将发生翻天覆地的改变。这一点也的确让我有点忧心。我们知道，现有的人类社会，是以血缘家庭为基本单位的，人与人之间有许多依托血缘制定的伦理规矩。如果人不是生育出来而是制造出来的，家庭就会解体。社会因没了家庭作基础，没有了最基本的单位，人与人之间的各种顾忌也不会再有，大乱恐怕就会发生。没有大小，不分长幼；没有父母，不讲亲情。人都是工厂里出来的，谁也不对谁负责，那可如何是好？"[1] 人类对于自己命运的掌握能力，一旦达到自我生产的地步，再加上人类逐步走向长生，甚至突破时间局限走向"永生"之途——从目前来看这并非不

---

[1] 周大新：《安魂》，北京：作家出版社2012年版，第259页。

可能，那么人类的命运就将彻底改写。人的"现代性"到底是什么？现代性是否意味着人类自己来决定自己的未来，自己来把握自己的命运？人类是不是正在摆脱神秘的未知的命运安排呢？那些冥冥之中的"幕后之手"是否会因为人类的强大而放松对人类命运的限制？或者说，这些"幕后之手"是不是真的存在？这些看似大而无当的问题，在周大新的创作当中都得到了一定程度上的展现——虽然答案仍然是悬而未决的，但毕竟有了新的展开。周大新将中国当代文学叙事中对于命运主题的叙述和探讨推向了一个新的境域。

由此看来，在对命运主题的书写当中，周大新一直没有停止过探索的脚步。在不同的阶段，他的视角是有所转换的。但总体上来说，他对于命运主题的探索是沿着客观现实到主观精神的方向逐步深化、开拓的。在这个过程当中，存在着一以贯之的内在线索，那就是传统与现代的冲突问题。他总是善于以传统的模式来进行富于现代性的思索，对于命运当中的各种可知或不可知的因素带来的影响、个人主体性选择的价值，以及技术进步带来的技术理性对于传统伦理价值的负面影响，进行广泛、深入的表达和思考。其中，人性的生成与演化、改善与变异，在家庭血缘伦理为主导的原则上得到了答案，这或许也是传统和现代的悖论的另一种方式的体现。根据马克思的辩证唯物主义理论，事物的运动是有规律的，事物的存在是有条件的，是有着发生、发展到毁灭的过程的。那么，按照这种带有一定进化论思想的观点来看，现代性对于传统是不可避免的，传统的以血缘为纽带的家庭伦理价值体系也是要不可避免地走向衰亡的。但如果从神秘的不可知论来说，事物存在着循环的可能性。虽然我们假定这种可能性是不存在的，而事实上中国的传统文化和很多国家现在仍然大范围存在着的宗教教义当中，是认为存在着类似于"神"的决定命运的终极力量的。如果设定这种理论是有根据的，就可能再次陷入宿命论的循环之中。虽然在外在的叙述上，周大新显然更为强调人的主动性。但从他的作品当中经常采用的有着传统文化的内在因子的叙事结构来看，他好像又在深层里倾向于轮回式的循环。这种传统和现代之间的矛盾和冲突，也许本身就是人类社会文明发展历程当中的一种难以克服的悖论。作为一名作家，他所能够做到的也只能是如此而已。对于可知事物，这并非是简单认同；对于不可知事物，也并非是简单妥协。这恰恰就是人类认知过程得以存在的根源或本真，体现了绝对和相对的统一。周大新对于小说叙事当中命运主题的拓展和深化，为他的创作带来了源源不断的精神动力，也为当代文学和文化提供了某些基于人类文化普遍范型的特定方面的警醒和反思。同时，作为人类精神世界开拓出的新空间，周大新的创作也为华夏文明的现代化提供了新的样式和可能性。

简洁与想象：论周大新长篇小说的审美品格

郭浩波（郑州师范学院文学院，河南郑州 450044）

摘 要："寻找幸福"是周大新艺术世界令人感动的深层精神特质，其作品以简洁而热诚的形式诠释了艺术的这一高级特性。本文拟从作品结构、题材性质和叙述风格三个方面，就周大新的文学审美品格进行论述。

关键词：周大新；伦常；热诚；简洁；灵魂

作家周大新的《安魂》以"一对父子两个灵魂坦诚而揪心的对话"结构全书，自2012年8月面世以来，令无数读者动容唏嘘。作品结构形式简洁质朴，叙述热诚深切。作品内容大体由前后两部分构成：前半部分是以心灵对话方式感性地叙述了周宁生前的成长过程，后半部分则以想象方式将父子的灵魂对话提升至澄明境界。作品总体勾勒出了一条由感性无措到理性直面再到热诚信仰的灵魂成长历程。我们认为，《安魂》这部作品的出现，是周大新创作嬗变的必然结果，其间突遭儿子周宁的不幸实属偶然。

纵观周大新的几部主要长篇小说，从1998年的《第二十幕》、2001年的《21大厦》，到2008年的茅盾文学奖获奖作品《湖光山色》，及至2012年《安魂》这部泣血之作，无论结构还是叙述，总体存有趋简意味。本文尝试从作品结构、题材性质和叙述风格三个方面，就周大新的文学审美品格进行论述。

一、含蕴正能量的结构形式

曾有论者指出，当代的中国"作家已经开始大大方方、坦坦荡荡地讲故事了"。（周昌义语）然而，在作家们纷纷自觉贴近生活、回归讲故事的创作道路的转变中，周大新的故事讲述风格别有意味，似乎与文坛主流风格保持着某种距离。周大新的几部长篇力作呈现出风格多变的面貌，无论是结构形式，还是审美格调，既有史诗般的雄厚浩荡（如《第二十幕》），亦有烛照人性诡秘的幽微洞察（如《21大厦》），还有重塑高贵心灵的热诚渴望（如《湖光山色》）。其中，自觉的灵魂省观意识似乎是这些变化中的一条主线。在创作风格的多变中，表现出了他较高的艺术塑形能力。

当代文学艺术似乎摇摆于两个极端：一方面，现代小说多倾力于表现生活的绝望感，长于表述人性痛苦的割裂感，或是冷漠地呈现生存的破碎景观；另一方面，出于作家自身的焦虑，他们又常常将批判的笔触运用得毫不节制、杀伐无度，令读者内心惊恐无望、不知所从。其实，这两方面的偏执，都与我们对自身的认知紧密关联。通常，我们期望艺术能以批判的方式来抗争时代对正义的扭曲，用以匡扶正义。可是，当艺术家亦为时代所扭曲异化的时候，其批判意识也容易被他歇斯底里的狂热所掳掠，令艺术的高尚动机有沦为诋毁的危险。因为对邪恶的恨火中烧，可能令我们的艺术家耽溺于情绪迷狂，迷失他本应的高尚事业。

周大新的文学世界似乎与此迥然不同。无论是基于历史意识对家族伦常畸变的史诗性考察（如《第二十幕》），还是基于责任担当意识直面改革冲击导致的人性困境（如《湖光山色》），抑或痛心于商业化时代物质对灵魂的扭曲异化（如《21大厦》），它们为我们呈献的虽是现实生活层面的伦常世界，但其中流溢的澄明理想精神表明周大新笔下的文学世界的特质不是一个低等、卑俗的狂乱世界，不同于当下文学追求官感性、人性卑劣、理念偏执的狂欢化图景：周大新的艺术世界遏制虚幻的情感、拒斥狂热错误的信仰。就此，周大新有着清醒自觉的认识："文学作品可以对新的道德规范的建立进行呼吁，使符合时代要求的新的道德规范尽早得到社会认同。"[1] 英国批评家罗斯金也有相同的看法，即"艺术完善人类的道德水平，关键在于它的高级特性"[2]。艺术能够创造，也应该创造关于高尚的人的真

---

[1] 周大新：《你能拒绝诱惑》，北京：解放军文艺出版社2013年版，第25页。

[2] ［英］罗斯金：《艺术与道德》，张凤译，北京：金城出版社2012年版，第18页。

实形象。但是，这要求艺术以高尚的心灵，以及对高尚心灵的热诚来保证。周大新的作品能够持久引发读者的认同，正在于其文学世界具备这样的高尚特质，这无疑是在传播一种正能量。

二、伦常意识支配的题材内容

有论者认为，周大新对《湖光山色》中暖暖的形象设计有过于理想化之嫌。然而，暖暖形象所体现的理想精神特质，与很多当代作品中或孤高凛然或偏执怪异的理想精神形象迥然相异。进一步细读周大新的作品，我们发现，其中的主要人物形象，似乎总是贴着某种卑微、不起眼的善，并将此作为他们的底线展开活动。周大新笔下的底层民众的这种伦常生活方式，在很多方面不同于当代文坛的底层人物形象：不同于寻根文学中常见的那种藏污纳垢式的酒神精神形象；不同于汪曾祺等诗化小说中人性或性灵的精致形象，但是似乎与沈从文笔下具有伦常直觉意识的翠翠形象存有神似意味；不同于新写实作品中现实生活的庸常形象；甚至也少与知识分子的价值观念相沾染。他们是一群基于个体经验的善的直觉式表述的形象。在中国网对周大新的一次访谈中，就自己笔下女性形象略显粗糙的问题，周大新有这样的说法："我写的人物在感情上比较粗糙，因为这是乡村女性的一个共同点，因为她们受知识方面的滋养要少一些，她们更多地受民间文化的影响、家族传统文化的影响。所以，她们性格中那种温婉也有，但是和城市中的知识女性表现不一样，内心世界也不太一样。"[1] 我们看到，一方面，作家的笔墨没有令他们陷入庸常的零碎，另一方面也避免了知识分子式的理想化，而是在他们身上显示出来更多的伦常情性，富于人情、人性，但又不使其发展至悖于伦常情性的极端。这与周大新对健康人性的热诚信仰有关。故而，我们认为，周大新作品的价值恰在于此。比

---

[1]《周大新——由莫言获奖引发的话题》，见 http://fangtan.china.com.cn/2012-12/19/content_27460869.htm

如，对伦常情性的信仰、关照灵魂的那种热诚想象等，在简洁、自信的叙述中呈现出颇具个性的审美品格。令人印象深刻的女青年虞悠（《21大厦》），这个被误解、甚至忍受屈辱的女子，在周大新笔墨克制的叙述中却给予了她至高的肯定与认同，甚至整个21大厦中所有人物之和，都抵不上这样的美好女子一人！

在周大新主要的几部长篇小说中，故事情节的曲折、人物命运的沉浮遭际，以及故事讲述所搅动的人生零碎与情感的生生灭灭，都被统摄于心灵关照的光辉之中，每个人物形象似乎都可以得到宽恕，似乎都能获得心灵的最后安宁。比如，《第二十幕》中写草绒与云纬富有戏剧性的人生遭际，将两个女人的日常关系处理得既紧张又富于人情味并且显得真实可信。这主要得益于作者将两人关系植根于伦常生存的共通经验，以巧妙且质朴的方式打通两个女人的内在灵魂。尤其在云纬、宁贞、暖暖、虞悠等女子形象中，作者常常让她们宁愿忍受屈辱，甚至以自我牺牲的代价，也要换取家庭或他人的平安。

就《21大厦》的象征意味，从宏观方面来看，大厦似乎就是作为感知现代社会的庞大的有机器官而存在。为欲望官感充斥的这个世界里，各种冷静、克制，甚至信念都不免遭到蚀化损毁，似乎它要竭力使一切理性都失去效力。作者就大厦形象的朦胧化、诡异化描述，客观上有助于将人物形象的内在经验更加纤细地予以审美塑形。更进一层来看，如果将这种外在意象塑造与人物内在生命经验传达相互契合，同一于作者对灵魂的热诚信仰中，这又与中国传统审美观所惯常的外物—伦常的交感式感知模式何其相近。就文学于己于人的价值，周大新在一次访谈中这样表示：文学"让我自己心里能够获得平衡，因为我不高兴的话，我烦躁，通过文字写出来以后自己就能平静下来。即使原来心里不平衡，写的过程就趋于平衡，让自己生活得也更安静吧"。文学的用处"不是实用价值，它就是让作家自己的心灵获得相当的净化，对其他人心灵产生影响，从而使我们的整个社会都追求美的、善的、真的东西。这样，人间就会变得更加适宜我们居住，整个社会会更好"[1]。周大新作品的结构情节之间,总是隐隐流淌着作者与人物、人物与人物之间共通的生命、心灵经验,一种推己及人的伦常式关怀,一种对人性健康理解的灵魂吁求。这是一个基于伦常理解的常识性世界,不是通常那种简单破除善恶二元观能够充分说明的形象世界。

三、灵魂烛照的热诚想象

周大新认为,"文学制造幻影,是为了抚慰人心",文学"虚构出的一切不供人们用手去触摸",但"文学家虚构出的东西能给人们提供美的享受和愉悦"[2]。他在谈到自己的创作时表示"人生的全部任务,可以概括为四个字:寻找幸福。表现这种寻找过程是作家们的义务"[3]。通过作者自己的这样一些创作经验谈,我们已不难感触到《安魂》这部作品中蕴含的不只是对亡子无尽的悲痛伤感,同时在艺术上也升华为一个颇具审美特质的灵魂形象。

周大新在一次访谈中谈及《安魂》这部作品,说:"《安魂》的前半部分从写实角度,回忆周宁从出生、成长、发病、治疗到去世的过程;后半部分则沉迷于想象,以略带灵异色彩的笔触,想象了周宁去世后,在天堂的所见所闻所想,并融入了我自己对人生和人性的思考与分析。"[4] 由神奇或神异现象(比如《第二十幕》中尚家大院的怪石、《21大厦》墙壁上的黑雄鸟、《湖光山色》楚王庄丹湖蜃景),到《安魂》的天国灵界,这些具有象征意味的意象,无不蕴含了作者对正义或善的热诚信仰,其简洁品格

---

[1] 《周大新——由莫言获奖引发的话题》,见 http://fangtan.china.com.cn/2012-12/19/content_27460869.htm

[2] 周大新:《你能拒绝诱惑》,北京:解放军文艺出版社2013年版,第19页。

[3] 周大新:《我们会遇到什么》,南京:江苏文艺出版社2010年版,第185页。

[4] 《我还在俗世,他已到云端 我还在糊涂,他已明了》,《乌鲁木齐晚报》2012年10月19日。

恰是这种热诚想象对灵魂保持着一种庄重肃穆的外在形式。

"我还在俗世,他已到云端;我还在糊涂,他已经明了。"[1]对我们的作家而言,能够将无法直面的真实与对澄明肃穆天国的热诚想象结合为简洁的审美形式,如果仅止于眼睛的看、耳朵的倾听和肉体的触摸感知,是无法获得这样一个处处流溢灵魂光彩的净界的。就《安魂》而言,它是基于对灵魂的热诚信仰,是身处苦难迷惘中的人以心为眼、以心为耳对生命的洞彻。其对天国的想象奇特且又令人肃然起敬,深切动人地传达了作者对幸福或善的一种独特的直觉式认知。与但丁《神曲》较强观念化的古典气质不同,《安魂》的天国是由个体经验,甚至是经由肉体官感经验涅槃的灵魂之境,更具现代个性特质,更能引起我们的伦常认同。

周大新文学世界中这种独特的"灵魂游历模式",经历了一个逐渐简化的过程。我们认为,这一嬗变是基于对灵魂信仰以及在信仰所激发的热诚的共同作用中得以完善的。比如《21大厦》中的保安,他在大厦高层与底层之间的调动,并非简单的空间位置的变化。因为我们发现他出现的空间或时间,总能够更好地透视人物的内在灵魂。也就是说,作者对他存在形式上的转换,完全是基于人物灵魂的吁求,吁求要求他以直觉的方式对善或正义进行游历式的观察或省思。同时,我们还要注意到,除虞悠、丰嫂之外,大厦中几乎所有的人物形象都是在普遍的迷惘中寻找自己的幸福;他们的灵魂形象正如昏暗中等待振翅而飞的黑雉鸟,善与恶、幸福与欲望、理想与疯狂,似乎是一体两面的暧昧之体;如果没有自我克制和对善的信仰,无论他们如何挣扎,都没有逃离樊笼的希望。如此而言,《21大厦》的大厦形象或是一个巨大的寓言化的灵魂空间,无论梅苑、宋晶明、彭仪、林音愉,甚至是"我"自己,都窥视到了命运这个诡异的黑雉鸟,都窥见了幸福或善的飘忽背影。黑雉鸟的意象或许传达了这样的题旨:欲望是羁绊振翅高飞的绳索,是自由的牢笼。

---

[1] 《我还在俗世,他已到云端 我还在糊涂,他已明了》,《乌鲁木齐晚报》2012年10月19日。

四、独特理性意识成就的简洁品质

B431房卞先生（《21大厦》）关于人类生存境况演变的谈话，难道不是隐喻了当代道德伦常的变异境况？难道不是对21大厦中幽禁的黑雉鸟意象的另一种表述？作为保安员的"我"，在这个诡秘的人性伦常变异的空间中，显然在心灵和肉体的两重层面都付出了沉重代价。但也正是在这样现实伦常的沮丧和挣扎中，他摸索着灵魂成长的路径。

就尚家大院（《第二十幕》）里浅埋的石头上的线状交错图案，作品借助书生卓远和古文字学者之口，分别作了以下这样的表述。

"上天不会让一个人事事如意，"卓远又慨然开口，"我注意到，平衡是上天在人间分配幸福和痛苦所掌握的一个基本法则，上天在一个人的一生中，既要给他一定的幸福，也要给他一定的痛苦，每个人一生中得到的幸福和痛苦差不多相当。上天不会让一个人终生幸福，也不会让一个人终生痛苦。我们不论拿哪个人作为观察的对象，都会发现这个法则的作用：这个人家庭生活幸福了，他在事业上的发展或许就要遭受挫折……[1]

我个人的看法，它有可能是一种原始文字，表达的是当年人对世事的一种看法，即认为世界上的事情都是互相交织有联系的，人扯动一个地方，另外一些地方就能感觉到；一个地方发生了变化，另外一些地方也会随之发生改变……[2]

这块石头所揭示的一种所谓"平衡法则"尽管隐隐透出神秘气息，但我们认为这并非作者刻意渲染的结果。当我们将作品人物对这一"平衡法则"的感悟同他们被动的历史命运与伦常的无奈交合起来品味时，似乎隐约可见它们都是源于个体生存经验的一种心灵直觉想象，这不是那种通达形而上的灵魂形象。相反，它们更多地居于世俗人性的伦常关怀之地。周

---

[1] 周大新：《第二十幕》，北京：作家出版社2009年版，第76页。

[2] 周大新：《第二十幕》，北京：作家出版社2009年版，第212页。

大新笔下出现的众多具有亦此亦彼平凡情性特质的人物形象就说明了这一点。我们不能简单地说，周大新所谓的"平衡法则"就是现代意义的理性意识。因为这种对命运、人性和灵魂的理解表现在的人物形象身上，多呈现为一种近乎古典的生命直观形态。正如卓远所言：幸福是"人的情感上的满足，心理上的平衡，情绪上的安宁"[1]。同时，就其伦常内涵特质而言，这一"平衡法则"也不同于中国传统意义上重集体的中庸观念，而是具有更多的现代存在意识。这在《21大厦》的博士大姐宋晶明、犯人彭仪的身上体现得更为明显：前者在灵魂失衡中湮灭了自我，后者则在命运遭际中努力重获灵魂安宁。

出于艺术对不道德知识偏执的愤慨，柏拉图曾担心艺术会毁坏人类的道德水平。是的，艺术具有"吹皱一池春水"的神奇魅力。但是，艺术以其虚构的磨难和不幸，让我们从宁静、安逸，甚至荒蛮之地的贫瘠中警醒，唤起更多更好的选择。艺术的这种虚构或想象，恰是我们打破现实生活伪装的勇气的最好体现，借此我们得以恢复或发现美德的方向，艺术的高贵特性正在于此。艺术被当作预言或启示，其奥秘正在于它伟大的想象力，不是因为想象力可能的滥用或虚妄，恰恰相反，想象力是在心灵或灵魂之中汲取力量。后者的影响引导，甚至主宰了前者。"我们心中的这种精神生活的力量，可能受到自己的行为影响而增加或减弱，随着时间的不同而不同，就像体力的变化。它在不同的情况下得到我们意志的召唤，因为我们的悲痛或者所犯的罪过而减弱。"[2] 据此而言，叙述作为艺术家的行为，必将影响作家的判断和选择，必将影响读者的认同程度。这就要求艺术家对运用艺术的选择，要与时代、现实联系起来，从他对艺术、正义和善的真诚信仰出发去采取行动。

"人之初，性本善。"正义或者善是文明人的本能，幸福是基于灵魂渴望的直觉追求。"寻找幸福"[3] 是周大新艺术世界令人感动的深层精神特质，其作品以简洁而热诚的形式诠释了艺术的这一高级特性。

---

[1] 周大新：《第二十幕》，北京：作家出版社2009年版，第266页。

[2] ［英］罗斯金：《艺术与道德》，张凤译，北京：金城出版社2012年版，第22～23页。

[3] 周大新：《我们会遇到什么》，南京：江苏文艺出版社2010年版，第185页。

"向上的台阶"上的"个人悲伤"
——对读周大新和方方的两部中篇小说
吕东亮

摘　要：周大新的《向上的台阶》和方方的《涂自强的个人悲伤》是当代文坛书写社会阶层流动问题的两大名篇。两篇小说在透视社会体制问题和分析个人责任承担方面各有侧重、大异其趣，但都表现出了质疑主流文化政治的洞见，彰显了文学对现实发言的力量。

关键词：阶层流动；个人悲伤；文化政治

在文学研究中，比较法并不是一个新异的研究方法，甚至也不是一个逻辑自洽、具有内在合理性的研究方法。不过，如果有一个合适的基点的话，比较法的效性还是毋庸置疑的。本文选取周大新的中篇小说《向上的台阶》和方方的中篇小说《涂自强的个人悲伤》进行对照性阅读，主要是基于两部作品在社会阶层流动问题的书写上的不同凡俗的表现。

一、为什么要对读

周大新的中篇小说《向上的台阶》，最初发表在《十月》1994年第1期，随后获得《十月》优秀作品奖、《中篇小说选刊》优秀作品奖、第六届《小说月报》百花奖等重要文学奖项，入选多种文学选本，也被作家自己视为重要的代表作之一。应该说《向上的台阶》是周大新作品中经典化程度较高的一部。方方的中篇小说《涂自强的个人悲伤》发表在《十月》2013年第2期，随即引起热议。一个月后，北京十月文艺出版社出版其单行本。《十月》杂志也很快组织了作品讨论会，并在2013年第5期刊发讨论会的记录稿《"问题"还是"主义"》，这对于著名资深文学期刊《十月》来说是不寻常的举动。《涂自强的个人悲伤》也斩获了《中篇小说选刊》"双年奖"、老舍文学奖提名奖等奖项，并位居2013年中国小说排行榜第三名。它们在文学史上留下痕迹是可以确定的事。

《向上的台阶》讲的是贫寒人家出身的廖怀宝在中华人民共和国成立初到"文革"结束这一历史时段中逐渐成为地厅级领导干部的故事。廖怀宝的父亲廖老七承继祖业，在镇上以代人写柬帖、状纸为业，勉强维持生计。廖怀宝自幼聪慧，稍长，便很快练得一笔好字，掌握了祖传的本领，随父亲一道谋生。他原打算继承父亲的生计，不料随着全国解放的进程，共产党委派的工作队接管了柳林镇的政权。工作队的队长戴化章看中了廖怀宝的一手好字，便劝导廖怀宝参与柳林镇新政权的筹建。在父亲廖老七"只要是官我们都当"[1]的教谕下，廖怀宝进入官场，从镇文书做起，开始了其"向上的台阶"。在"文化大革命"结束后，他成为地区常务副专员。小说情节主要围绕着廖怀宝的每一次升迁展开，叙述的推动力也来自廖怀宝在升迁之际面对两难情境的抉择。虽然小说塑造的廖怀宝只是个案，但人物身上的典型性是存在的。因而可以说《向上的台阶》讲的是一个关于阶层流动的故事。这一点从小说的题目也可以看出来，尽管小说的作者或许对此书写的宏观意义尚缺乏自觉。《涂自强的个人悲伤》讲的则是新世纪（至少是20世纪90年代末以来）的底层青年自强不息、艰苦奋斗、最终归于失败的故事。偏远山村的农家少年涂自强通过自己的刻苦学习考上了武汉的一所大学。为了凑够自己的学费，涂自强提前启程，一路打工来到自己的大学。在大学期间，涂自强利用学校和同学们提供的帮助，维持了自己的生活并圆满完成了学业。毕业之后留在城市打拼的涂自强，顽强工作，努力向上，耗尽自己的能量，仍然无法满足基本的生活需要。当意外的疾病袭来，涂自强的命运只有毁灭。《涂自强的个人悲伤》发表后，很快被读者视为反映底层群体上升通道受阻等社会问题的"问题小说"。虽然把《涂自强的个人悲伤》视为"问题小说"，有些忽略小说的复杂内涵和艺术品位，但相对于流行作家包括方方自己的其他优秀作品来说，《涂自强的个人悲

---

[1] 周大新：《平安世界》，北京：西苑出版社2012年版，第106页。

伤》在社会现实的呈现方面无疑是具有突破性的。

《涂自强的个人悲伤》发表后，很多评论者都将其与路遥的中篇小说名作《人生》联系起来讨论，涂自强也被视为新世纪的"高加林"。就农村青年的个人奋斗、农民进城等文学主题来说，二者也可以说存在着互文性的关系。不过，高加林和涂自强尽管有诸多不同，但他们身上的故事都发生在"文化大革命"后开启的同一个历史进程中。而《向上的台阶》的故事却结束于这一历史进程的开始。因而，如果从历史变迁的角度来观察社会阶层流动问题的话，《向上的台阶》或许更适合被我们拿来和《涂自强的个人悲伤》进行文本的对话。

二、"向上的台阶"何以可能

《向上的台阶》中的廖怀宝，原本是小镇上贫民的一个孩子，尽管从父亲学习而认识了字，却只能在维持生计的意义上发挥作用，廖家也没有能力供其读书考学，因而"学而优则仕"的可能性是很小的。"向上的台阶"之所以在廖怀宝面前持续不断地展开，主要缘于社会的重大变革：共产党领导的革命胜利了，以裴仲公为代表的地主阶层被打倒了，作为一介贫民的廖怀宝才有了进入官场的历史前提。廖怀宝进入官场做了镇文书之后的每一次升迁，都离不开社会政治的变动：主动参与土改，弃娶裴仲公的女儿，廖怀宝成为副镇长、镇长；迎合上意，率先开展农业合作化运动，廖怀宝被提拔为副县长；积极实施"大跃进"，虚报粮食产量，又被提拔为正县长；"文化大革命"中被打倒之后伴病不出，避免被伤害，随后在解放干部的潮流中出任干校副校长，暗中保护被下放干校劳动的老干部；"文化大革命"结束，拨乱反正，复出的老干部推举廖怀宝出任地区常务副专员。在小说的叙述中，中华人民共和国成立以来的每一次政治变动都有针对性地为廖怀宝提供了升迁的机遇，廖怀宝"向上的台阶"正是建基于政治变动所衍生的权力空间中。小说的描述是符合历史情势的。中华人民共和国成立后的30年里，政治运动频繁，每一次政治运动都会导致社会阶层的变动。在政治运动的冲击下，社会阶层的流动就成为一种常态。这种政治动力主导下的社会阶层流动，很难说是一种良性的、合理的阶层流动。它给国家民族带来的损失是巨大的，给个体带来的屈辱和伤害是严重的，这些都显而易见且被历史所证实。根据社会学的一般理论，社会流动是公平正义的重要保障。如果没有社会流动，既得利益阶层固化，公平正义就无从谈起，社会也将没有活力而面临危局。廖怀宝"向上的台阶"，就是社会阶层流动的形象描述。在廖怀宝一步一个台阶的历史时段，频繁的政治运动造就了太多的不公平和非正义。但从宏观上看，政治运动在客观上瓦解了固化的社会阶层，加速了社会阶层的流动，底层的上升通道从总体上看是敞开的。如果我们暂时搁置对于小说人物的道德评价，便会发现廖怀宝这一类人的发展就是证明。

在《涂自强的个人悲伤》中，涂自强"向上的台阶"始于考上大学。通过学业的进步来改变个人的社会地位自古以来就是社会流动的主渠道之一。《人生》中的高加林之所以深感压抑，就是因为高考落榜封闭了其向上的通道；涂自强通过高考获得了合法的、体面的通道，也正是这一点把涂自强和高加林区分了开来。涂自强接到录取通知书后，家人欣喜异常，族人扬眉吐气，村人为之骄傲；离开村庄的时候，全村人送行，用送他的拖拉机手同学的话说就是"都拿你当英雄哩，指望你学完回来拯救村庄"[1]。在现代化进程中陷落的、因而需要拯救的村庄，才是涂自强的起点，这起点和台阶是无缘的。考上大学，在村人的想象中，是"去县衙当官"，享受荣华富贵。岂不知涂自强所面临的大学时代，已是高等教育大众化的时代，不仅不能保障大学毕业生进入体制内当官，连工作也不好找。考上大学为涂自强提供的台阶，只是成为一个普通劳动者的台阶。涂自强的大学生活相比于同学们来说，过得窘迫清苦；相比于农村老家人来说，已是人间天上，令涂自强感到满足。大学毕业，涂自强又一次需要寻找"向上的台阶"。他在赵同学的帮助下，分析了就业形势和自身优长，决定考研。涂自强对考研的准备是异常充分的，几乎投入了所有的精力，以至于赵同

---

[1] 方方：《涂自强的个人悲伤》，北京：北京十月文艺出版社2013年版，第14页。

学惊呼"人类已经没有什么可以阻挡涂自强前进的步伐了"[1]。但意外还是出现了。就在考试之前的那个晚上，涂自强接到父亲病死的消息，回家奔丧，因而失去了一次重要的机会。涂自强在埋葬父亲之后依然振作精神，投入职场，开始打拼。涂自强尽心尽力地干过许多辛苦的工作，对自己的生活又俭省至极。即便如此，他的生存状况并没有得到改善，如同小说中叙述人所说的"他从未松懈，却也从未得到"[2]。被超负荷的工作所消耗的身体，却没有时间和条件得到补养，涂自强的灾难很快来临了。当他得知自己"肺癌晚期"的病情之后，把母亲安置在莲溪寺里（在那里，宗教似乎成为救赎的唯一途径），平静地接受了命运。"向上的台阶"上再也不可能有涂自强闷头努力的身影。和廖怀宝相比，涂自强所处的时代，是一个政治运动波澜不惊的时代，是一个以社会公平正义的承诺为起点的新时代，但我们会惊诧涂自强的命运何以如此不堪。小说的叙述告诉我们，考研失败似乎是涂自强命运的转折点，意外的来临使这个机会迅速逝去。但我们可以追问：涂自强为什么不能再来一次，是什么使他不具备失败一次的权利呢？在涂自强的职场生涯中，我们会发现影响他安心工作、顺利发展的因素多是母亲带来的家累。但我们也可以继续追问：为什么涂自强的母亲是家累，而有的人的父母亲却是关系、背景、成功的要素呢？涂自强的失败似乎源于突发的疾病。但小说如此处理并无任何牵强之处，因为每个人都会有风险，但为什么是涂自强没有社会医疗保障，没有定时体检等福利待遇，没有任何抵御风险的能力？只要我们对小说稍加梳理，我们就会发现，在当下看似公平竞争的体制中隐藏了太多的不公平，这才是涂自强从"图自强"到"徒自强"的根本原因。

关于社会阶层流动及其障碍，中国的学者十分认同英国社会学家帕金的"社会屏蔽"理论，即"各种社会集团都会通过一些程序，将获得某种资源和机会的可能性限定在具备某种资格的小群体内部，为此就会选定某

---

[1] 方方：《涂自强的个人悲伤》，北京：北京十月文艺出版社2013年版，第72页。

[2] 方方：《涂自强的个人悲伤》，北京：北京十月文艺出版社2013年版，第170页。

种社会的或自然的属性作为排斥他人的正当理由"[1]。对于传统中国来说，"社会屏蔽"理论其实就是官本位体制的另一种名称而已。但在传统中国的开明时世，官本位还是有其正当性，而且"具备某种资格的小群体"是流动的，科举制的发明就为阶层流动提供了通道。《向上的台阶》中的廖老七之所以迷恋权力，训导儿子攀登仕途，就是因为阅世甚深，尤其是吃了官司和领略了大地主裴仲公家的繁华之后，体验到了官本位或者说是"社会屏蔽"的秘密，虽然这也算不得什么秘密。悖论的是，廖怀宝之所以走上仕途、不断上升，所凭借的不再是传统社会的科举考试的渠道，恰恰是革命及随后以革命名义进行的政治运动对官本位体制的冲击。尽管革命社会本身也是一个屏蔽社会，但因为不断地反省自身，不断地反对官僚体制，社会屏蔽所造成的不公平就成为显性存在，为革命提供了对象和动力，而革命的动力就转化为社会流动的动力。这是廖怀宝不断获得升职机会的重要原因。在小说的叙述中，廖怀宝在各种政治变动面前左右逢源，不断拥有上升空间，成为政治幸运儿，这不免有些机遇上的上天垂青。但除了小说塑造的个案之外，大量的廖怀宝们还是有不同程度的"向上的台阶"的。

涂自强所处的社会似乎是一个以市场经济为主导的开放社会，似乎摆脱了以往政治社会所具有的"社会屏蔽"这一个人发展困扰。但小说叙述的事实告诉我们，涂自强们所面临的"社会屏蔽"却愈加坚固，有如无物之阵，看起来并不存在，却隐性地发挥着覆盖性的作用，留给涂自强的突破口越来越小。其实，涂自强临近毕业时，赵同学对他发展的建议已经指出了他所面临的台阶的有限性。"我觉得攻学位就是你最好的出路。你既没背景，又没财力，你有的只是个人奋斗的动力。但是，现在的社会，没有人际关系，个人奋斗到死，也没什么用。比较起来，还只有考学位相对公平点。你仔细想想我的话有没有道理。另外，我定要给你一个忠告：千万别回老家。下面的事，全无章法，哪天你死了都不晓得是怎么死的。"[2]赵同学的忠告很能说明基层中国的社会屏蔽更加严重无理，这从涂自强父亲的抑郁

---

[1] 转引自李强：《转型时期的中国社会分层结构》，哈尔滨：黑龙江人民出版社2002年版，第7页。

[2] 方方：《涂自强的个人悲伤》，北京：北京十月文艺出版社2013年版，第70页。

而死等情节也可以看得出来。这就是涂自强们面临的困境：没有政治动荡的中国经过多年的经济发展，取得了巨大成就，但在发展的机会上出现了严重的不均等、不公正现象，社会阶层不断固化。这一固化特别明显地表现在"二"代人身上："富二代""官二代"身上不断聚集优质资源，发展空间日益广阔；而涂自强们这一无机会群体的个人奋斗却被屏蔽在发展空间之外。这难道不值得深思吗？

三、"悲伤"为何是"个人的"

《涂自强的个人悲伤》中的"个人悲伤"一语出自于小说中涂自强女同学采药在高考落榜后写给涂自强的一首诗："不同的路／是给不同的脚走的／不同的脚／走的是不同的人生／从此我们就是／各自路上的行者／不必责怪命运／这只是我的个人悲伤。"[1] 采药高考失败，涂自强高考成功。有人上榜，有人落榜，这似乎是再自然不过的事，也似乎是个人化的事，因而悲伤也只能是"个人悲伤"。涂自强找工作受挫之时，想到自己因为不是武汉大学、华中科技大学等名校学生而失去竞争力，就归之为还是自己努力不够没考上名校，此时的悲伤也只能被理解为"个人悲伤"。涂自强不会想到并追问：自己所上的乡村高中优质教学资源何以如此匮乏？升学率是何以如此之低？自己为什么不找一个大学生家教帮助自己补习功课，尤其是补习自己考研时感觉蹩脚的英语听力呢？涂自强不可能清楚地意识到他生于偏远山区农村家庭这一事实就已经造成了他处在不公平的起点上。而社会资源配置的持续不公平所导致的"贫困因素的综合深化并在代际之间连续形成"[2] 这一状态，正在他自己的身上有力地显现并发挥作用。涂自强只能从自身上找原因，找不到也只能自我伤感一小会儿。涂自

---

[1] 方方：《涂自强的个人悲伤》，北京：北京十月文艺出版社2013年版，第2页。

[2] 周仲高，柏萍：《社会贫困趋势与反贫困战略走向》，《湘潭大学学报》（哲学社会科学版）2014年第1期，第81～84页。

强离开农村之后,遇到了很多好人,得到了许多帮助,即便是那些辞退他的老板们,其行为也不缺乏正当性。唯一欠薪逃匿的学长老板使涂自强的半年心血付诸东流,但这种意外风险对于职场打拼的涂自强来说实属正常,也不算是灾难性的。对此,小说给予了充分的叙述,小说也用涂自强的口吻总结道:"他很明白,除了这个逃掉的学长,这世界并没有谁亏欠于他,这世间的人也并没有谁恶待过他。相反,那些来自无数人的温暖,就像是许多的手一直在安抚着他。而他享受了这种抚摸之后,面对的仍然是阵阵痛感。这世界于自己是哪里不对呢?是哪里拗着了呢?"[1]涂自强寻找不到也无力寻找这一问题的答案,只能暂时处理为"个人悲伤",尽管他所看到的是:赵同学并没有经过顽强拼搏就想去美国去美国,想回来就回来,回来就进银行,一个月薪水就超过了涂自强半年。涂自强没有牢骚,没有抱怨,个人的悲伤激发了他的奋斗意志。但当疾病袭来,没有医疗保障的涂自强再次意识到个人奋斗的限度,身体不是可以用来无限制地消耗的,个人只有一个,"个人悲伤"的沉重性显现出来了。

《向上的台阶》中的廖怀宝,尽管在政治运动此起彼伏的官场中身不由己,但还是具有选择的权利。他在当镇政府文书时,和自己一向爱慕的姁姁发生了实质性恋情,即将谈婚论嫁。当镇长戴化章警告他说如要在政治上进步,娶一个地主的女儿是不宜的,他就痛苦地选择了抛弃姁姁。此时,他是可以有另外的选择的。当农业合作化的苗头刚刚出现,作为镇长的廖怀宝就率先不顾实际地跟风而行。在"大跃进"中,廖怀宝也同样违心地浮夸虚报粮食产量以获得提拔,此时他也可以有其他的选择,至少可以表现得被动一点。在三年困难之后的追究领导责任事件中,他又昧着良知把责任推卸给自己的好朋友兼工作助手双耿。在"文化大革命"中,他又听从父亲和右派分子沈鉴的计谋,以自己脊梁被打断为由,不仅不出席母亲的葬礼,而且将妻子、女儿推到造反派的虎口魔爪中去,他的灵魂彻底被权力欲望扭曲。尽管世事险恶,但廖怀宝不能说完全没有能力选择承担政治责任和家庭责任。小说为了揭示这一点,特意塑造了双耿这样一个人物形象,作为廖怀宝的一个镜像存在。双耿对政治权力就没有过分的欲

---

[1] 方方:《涂自强的个人悲伤》,北京:北京十月文艺出版社2013年版,第112页。

望。他在廖怀宝抛弃姁姁之后接纳了姁姁，并无怨无悔地接受了并不应该由自己承当的政治责任，平静地和姁姁过着虽然身份卑微却拥有道德尊严的生活。双耿所能做到的，廖怀宝完全可以做到。廖怀宝虽然处于晴雨不定的政治氛围中，成为一个标准的政治动物。但总的来说，这是个人选择的结果，即便是峥嵘岁月中的政治人，也会有一定的政治空间。因而，廖怀宝在进行选择的时候，充满了痛苦和悲伤，这悲伤在很大程度上是个人选择导致的真正的"个人悲伤"。

《向上的台阶》所描述的人物，在新时期以来的文化政治中，大多被叙述为被不正常的社会政治戕害了灵魂的个人，个人则常常以被动的受害者的形象在许多文化表述中出现。那时的文化意识形态认为，只有结束不正常的政治体制，大写的人、完全个人化的主体才会出现，才会避免灵魂锈损的悲剧。但周大新的《向上的台阶》偏偏反其意而写之，它让我们看到在政治化的社会，个人绝不是完全被动无力的，政治的变动恰恰为个人提供了变动自我身份的机会，社会流动的空间不断产生。在如此的形势中，个人的品质及其抉择就会成为个人命运的主要因素。《向上的台阶》至少告诉我们，完全把责任推给社会政治体制是不能充分说明问题的；廖怀宝的进退也启示我们，要关注个人在历史中的担当。从这个意义上说，《向上的台阶》在新时期以来的文化政治中有着特殊的意义。《涂自强的个人悲伤》所讲述的故事年代，是一个充分个人化的年代。新时期以来，以"解放""开放"为主导的主体化的文化政治赋予了个体化以合法性，承诺了开放社会的公平公正，也提供了个人奋斗的激情，同时也明确了责任的个体化以及随之而来的命运的个体化。而这正是塑造涂自强们成长的意识形态。因而采药在高考落榜之后，只能归咎于个人，写出"不必责怪命运／这只是我的个人悲伤"的诗句来。同样，涂自强在频频受挫之后，也只能用命运来解释自我的遭遇。在覆盖性的强调个人奋斗、强调"物竞天择，适者生存"的文化意识形态中，涂自强只能把耗尽能量却一无所有的悲伤归结为个人悲伤；面对合理得似乎无懈可击的社会体制，涂自强只能"失语"。方方在《涂自强的个人悲伤》中的讲述是逼近真实的，她有意识地采用简练精到、节制情感的笔墨来描述事实、呈现事实，并不去诱导既定的结论。但愈是这样，提问就愈加有力："果然就只是你的个人悲伤吗？"[1]很明显，方方的叙述拆解了个人化意识形态的神话，尽管她没有在叙述中给出具体的原因分析，但结果的荒谬是最有力的质疑。当个人的努力达到极限仍然遭遇失败时，体制的不合理性就会呈现，这是任何文化意识形态的伪饰都难以掩盖的。

四、余论：文学如何对现实发言

《涂自强的个人悲伤》对于方方的创作来说，是一个全新的作品。对于当今的文化场域来说，则具有空谷足音般的意义。在目下铺天盖地的流行文化中，正面主导青年思想的文化是励志型文化：以"奋斗"为主题的小说和影视作品风行一时，"我能"的广告成为青年流行语，以马云、王石等为代表的新世纪创造白手起家神话的"李嘉诚们"成为一代有志青年的偶像。在这样的文化意识形态中，全社会包括青年自身日益将自我的进退成败归结为个人责任，也就是说奋斗中的青年们所面临的问题不是结构性的、总体性的，而是选择性的、个体性的。但越来越多的个案告诉我们，如此的文化叙述是有问题的。当我们进入具体的社会存在后，会发现青年自由选择、公平竞争、奋斗成功这一神话的虚假性。正如挪威社会学者关于中国青年发展问题的调查报告中所指出的那样："事实上，他们并没有很多可选之项。"[2]涂自强没有也不可能自外于这种文化叙述，他也感染了此种叙述的魅力，他面对自己的学长老板，也曾自信地说："给我十年时间，我也会成你今天这样。"[3]但现实很轻易地击碎了他的梦想。

涂自强在这种强大的文化意识形态面前招架无力，有时也痛苦地归

---

[1] 方方：《涂自强的个人悲伤》，北京：北京十月文艺出版社2013年版，第170页。

[2] ［挪威］贺美德、鲁纳：《"自我"中国：现代中国社会中个体的崛起》，许烨芳等译，上海：上海译文出版社2011年版，第66页。

[3] 方方：《涂自强的个人悲伤》，北京：北京十月文艺出版社2013年版，第91页。

因于自己的素质和个人魅力，比如形象气质不好、不体面、不讲卫生、缺少幽默感、缺乏高级生活常识、读书少以及人文素养差等。这些确实在今天的励志文化中被叙述为决定成败的细节因素。但在小说的叙述中，涂自强的这些缺点何其无辜。但流行文化不会考虑个体无辜的具体情况，它是均等的叙述，覆盖的却是严重不均等的个体。而不符合这种叙述，便被视为不上进、不道德的个体，这便是流行文化的悖谬之处。这种悖谬，正像英国社会学家齐格蒙特·鲍曼所言："这种无法尽消费者义务的不作为，转变成为被抛弃、被剥夺权利以及被降格、被阻隔或者被驱逐出其他人得以享用的社会盛宴的痛苦。"[1] 在此，文学显示了不可替代的优长。方方在《涂自强的个人悲伤》中，以不动声色的叙述，瓦解了流行文化建构的神话壁垒，击中了社会体制的痛处，堪称绝大手笔，弥足珍贵。小说叙述了许多涂自强得到帮助的故事，也叙述了涂自强令人感慨不已的努力。正是这种叙述使我们无法把涂自强的溃败归咎于偶然性因素以及个体努力不够，而只能直面社会阶层固化日益加深并且日益合理化这一惨淡的体制现实。文学就是这样在对现实的正面强攻中显示了非凡的力量。

周大新《向上的台阶》中的故事，今天看来或许有些司空见惯。但在20世纪90年代初期的文化氛围中，却是独异不凡、难能可贵的。当时，关于中华人民共和国成立后的前30年的文化叙述，其主导形态是强调社会体制的压抑和非合法性，在此基础上解释个人的无辜，个体承担历史责任的不可能性。但周大新独辟蹊径，捕捉到了看似压抑的社会政治体制在变动中所提供的政治空间，以及这种政治空间所可能推动的社会流动。不仅如此，他还满怀忧患地发现这种政治空间在很多时候恰恰给品质不良的人或者说具有强烈权力欲望又深谙传统幽暗政治文化的人，提供了"向上的台阶"。《向上的台阶》看似讲了一个老套的政治权力在阴暗中摆渡、道德缺失者成为权力掌控者的故事，其实却富有现实批判性或者说文化攻击性。因为当时有太多的人欣喜异常地认同新时期以来个人在无理性历史中无辜受难的英雄故事，进而掩饰事实上大量存在的自我的违背道义的个人抉择。

---

[1] ［英］齐格蒙特·鲍曼：《工作、消费、新穷人》，仇子明、李兰译，长春：吉林人民出版社2010年版，第85～86页。

他们愿意重复讲述类似的故事，以摆脱个人的心灵重负和道德瑕疵，进而在历史所开启的新一轮人生竞争中赢得先机。吊诡的是，历史的大幕转换太过迅速，周大新所批判的把一切归咎于社会体制进而解脱个人责任的文化政治，很快转换为个人为一切负责的流行意识形态，社会体制的不合理在励志文化的粉饰中被视而不见了，所有的事物连同悲伤都被书写成个人化的了。

  作品风靡世界的捷克小说家米兰·昆德拉有言："如果一部小说未能发现任何迄今未知的有关生存的点滴，它就缺乏道义。认识（或者说发现）是小说的唯一的道义。"[1]这位迷恋存在的不确定性的小说家试图以极端的措辞来表述他对既有叙述的不信任。他致力于勘探存在的可能性，因而视发现未知为小说家的唯一使命，倡导小说"发现那些只能为小说所发现的东西"。米兰·昆德拉的话或许有些夸张，但对于我们当下的文学不无启示意义。当流行的文化叙述甚嚣尘上之时，穿越主导的文化意识形态的羁绊、打破合理化的幻象、发现被覆盖的生存真相，就成为文学所必须承担的使命。这样的使命要求作家有批判的态度和怀疑的眼光，要求作家有处理自我之外的经验和能力，因为"自我"本身就是主导的文化政治所建构出来的一个幻象。周大新和方方都是当代文坛的成熟作家，也都具有走出狭隘自我主体的自觉意识，因而《向上的台阶》和《涂自强的个人悲伤》可以视为他们对于时代的"发现"，也因此表现了文学对现实发言的力量。

---

[1] [捷]米兰·昆德拉：《小说的艺术》，北京：作家出版社1992年版，第4页。

周大新小说的人性书写论隅

关峰(长安大学文学艺术与传播学院,陕西西安 710064)

摘 要:周大新"创造出的那个世界"之所以吸引人,一个重要的原因是他写活了人心和人性,尤其表现在对阴谋的展示和发掘上。周大新搁置善与美的理想,审视丑恶的合法性,建构人类生存的诗意空间。其"慧眼"不仅在于反省了盲目的进化乐观,而且还深入个人生命的丰富体验之中,直面人本性的挣扎与失落。

关键词:周大新;阴谋;丑恶;女性

中图分类号:I206.7 **文献标识码**:A **文章编号**:1008-4444(2016)04-0124

在周大新看来,作家成功的标准是"创造了一个和现实世界不同的世界,而他创造出的那个世界又因充满魅力不断吸引着人们去游览"。按照这个标准,不妨说,作家周大新成功了。

一、阴谋书写

周大新"创造出的那个世界"之所以吸引人,一个重要的原因是他写活了人心和人性,尤其表现在他对阴谋的展示和发掘上。从社会学的角度看,阴谋是权力制衡和利益博弈的产物。周大新的思考表现在:相对正义和友善,阴谋既制造了社会罪恶和现实苦难,显示了本能的局限,同时也是文明和历史的同谋,显露了民族文化心理的一角,融汇在现代性谱系之中。周大新的阴谋书写取得了日常生活审美的合法性。阴谋塑造了人物,也整合了故事，甚至就是日常生活本身。从某种意义上说，阴谋为周大新提供了反思的视角，是他直面困境的问道之径。长篇小说《走出盆地》中的女主人公邹艾之所以能够掌握军区高干家庭女主人的权力，主要就在于她很有些比竞争对手金慧珍高明的手段和老到的阴谋，在于她明察事理、把控自我及操纵别人的能力。为拉拢和摆平丈夫巩厚的家人们，尤其是精明挑剔的婆婆，邹艾瞒天过海，最终既伤人又伤己。为了让丈夫和婆婆相信自己是处女，邹艾割破了脚脖，假装贞洁。为使婆婆尽早消除和自己的隔阂，在了解到婆婆有摸黑上卫生间的习惯后，邹艾便故意将刷痰盂的刷子杆横放在卫生间门里，取得了自己想要的婆婆扭脚的效果，尔后再假意殷勤侍奉和按摩，不由婆婆不说出她自己所想听的话来：过去我对你不了解，总是担心这担心那的，从今以后，我算是放心了。为惩罚保姆对老家来的亲娘的不敬和怠慢，邹艾百般刁难，恶意报复。如在做好的羹汤里再度放盐，在家人吃惯的素菜里添放猪油，等等，迫使公婆下决心撵走已跟随巩家将近十年的老人。让人意想不到的是，工于心计的邹艾还未耍尽手腕，又恩威并施，反让老保姆感激涕零、千恩万谢地离去。借由邹艾，周大新犀利而深刻地揭示了阴谋的本相与生活的真相，消解了"好人一生平安"的处世之道。就时下相冲突的人际关系而言，生活就是角逐，就是失败与成功的戏剧轮回。在追名逐利者看来，人生未必就是"放之四海而皆准"的不断进化的历程，公平和正义也并不一定就是真理，相反却充斥着尔虞我诈和钩心斗角。就像占有邹艾身体的大队主任秦一可所说的那样，不外是"策划好的阴谋"。

阴谋和欲望不分，没有欲望也就无所谓阴谋。对芸芸众生来说，欲望最难节制，最猛烈也最可怕，很多时候甚至逾越法律和道德的界限，造成意想不到的后果；阴谋多受欲望的支配和驾驭，没有了欲望那般的泛滥和放纵。《牺牲》提供的悲剧文本即便放在现当代中国最优秀的悲剧作品中也不逊色。四川姑娘韩秀妮为给丈夫和婆婆治病，决定将二人带在身边，远嫁河南。生活的艰难使她不得不做出牺牲。具有讽刺意味的是，基于传统的牺牲却做了传统的牺牲。善心使得韩秀妮不忍抛开婆婆不管，而私心却让丈夫文道端起了卫道者的架子，执意要和秀妮离婚。秀妮的聪慧和善良给走投无路的家庭带来了希望。不幸的是，好日子到来后，秀妮等来的却是更大的打击、更深的伤害。沈从文的《丈夫》、许杰的《赌徒吉顺》、柔石的《为奴隶的母亲》及罗淑《生人妻》中的"妻子们"的典型悲剧不断上演，是个人、家庭还是社会的阴谋？都是又似乎都不是。

　　阴谋和理性相连，却不是理性的必然产物，倒与情感密不可分。如果说理性表达了社会与人性的遇合的话，那么情感则更多的是强烈个性的表征。理性不必是善的，情感却容易陷入困境。《浪进船舱》中的师长就是情感的俘虏，不仅没能抵挡住名利的诱惑，而且在走下神坛的同时差点儿走上祭坛。师长利用儿媳闵茗暗送大礼，阴谋背后伏着个大大的个人情感的魔鬼：当上军参谋长，衣锦荣归。富有意味的是，作为旅美华侨的后裔，闵茗皈依基督教，完全是西方文明的文化背景。小说的结尾，闵茗主动回归中国文化，好像是作者的希望，希望孕育出中西结合的宁馨儿，就像闻一多那样；又好像是《老残游记》中驶出梦魇奋勇前行的中国巨轮。在回归传统的大背景下，周大新的立场和姿态尤为可贵，值得尊重和张扬。

　　历史上，阴谋可谓权力战场的游戏。官本位是专制社会利益纠葛的根本，阴谋则是伴生的利器，彼此交融互渗，不一而足。流传至今的"铡美案""窦娥冤""狸猫换太子"等传说故事，基本上都替阴谋作了注脚。值得注意的是，周大新认识到了阴谋的破坏力和原动力，不无戒惧，也不乏反思。短篇小说《暮霭》在作家所熟悉的城镇旧家庭题材基础上展开，将阴谋演绎得淋漓尽致。与"写得一手好字"的梁炯、"会打羽毛球"的尤涛相比，粗鲁的武夫刘参谋在漂亮傲气的姑姑面前几乎谈不到什么优势。然而，不可想象的是，现实却像戏剧一样大开玩笑。先是梁炯淹死在宛河里，后是尤涛烧死在宿舍里。不值一提的刘参谋却如愿以偿，迎娶了姑姑。小说的结尾，临终前的姑父终于良心发现，于不经意间透露了一大秘密：梁炯和尤涛的死直至姑姑的婚姻全都是阴谋的结果。颇具讽刺意味的是，作为阴谋制造者的刘参谋（姑父）却逍遥法外，并在姑姑的精心照顾下安然辞世。人世难道就该如此颠倒和不公吗？正义和天道就该如此被践踏吗？事实本身也许变得无足轻重，倒是其中的民间智慧发人深省、耐人寻味。姑父"神色不安"的表情和异常的举动在新婚洞房里就已显露。可以想象，是被证明了还是处女的姑姑瞬间击中了姑父的要害。不管怎样，阴谋究竟是与人不共戴天的仇敌。实际上，姑父的罪行终于无法清算，毕竟施暴者和受害者都已融进不能分开的关联之中。每个人都和阴谋发生着千丝万缕的联系，就像晨雾和暮霭一样迷蒙混沌，几乎浸入了每一个人的精神和物质生活。到了"文革"，阴谋更是得到了滋生蔓延，与不正常的年代共舞。《蝴蝶镇纪事》中的"我"不就在操控阴谋吗？结果是女孩豆苓承担了这一切。豆苓与"我"相好，为此她独自承受了所有的苦难。为不连累"我"，怀孕后的豆苓违心地嫁给了自己十分讨厌的三豁子，避免了重蹈紧跟形势的一班长因亲属的不法婚姻而酿成悲剧的覆辙，也圆了延续生命的好梦。值得一提的是，这里的阴谋书写本身就意味着"文革"的荒谬和癫狂。

二、丑恶书写

中国当代文学从一开始就建立起了反压迫求解放的正义伦理和"农民—革命—胜利"的叙事框架。"文化大革命"加以利用，更将其推向了极端化。只是到了20世纪80年代，现代化（现代性）的话语范式才弱化了决定论的思维模式。随着新写实主义"忠于地"（尼采语）的日常生活诗学的兴起，中国当代文学史上才真正确立了"一地鸡毛"与"底层文学"的审美范式。莫言、贾平凹、刘震云、王朔等作家及20世纪90年代初"土匪文学"的出现，为市场经济时代文学的反抗与重建打下了基础。在此语境中，周大新的小说也设立了新的路标。

与阴谋相同，丑恶普遍存在，也几乎就是现实生活本身。因为性质的原因，丑恶很难区分。周大新的小说之所以引人入胜，很大程度上就在于对丑恶的书写。悬置真善美的理想，直面丑恶根性，周大新意在建构人的生命和生活的诗意空间。中篇小说《新市民》的"现代和进化"取材显然带有普遍性。"文化大革命"结束后，现代化的呼声以波澜壮阔之势轰动一时。周大新的"慧眼"不仅反省了盲目的进化乐观，而且还深入个人生命的丰富体验之中，见证了人的挣扎与堕落。山村夫妇沫沫与坂子进城，已没有了陈负生上城的传奇，也没有追梦城市的高加林的曲折。像很多农民工一样，夫妇俩渐渐融入都市的日常生活之中。和大多数男人一样，在金钱的诱惑下，坂子开始不安分起来，暴富的渴望蛊惑着他投身股市。随着经商的成功，坂子的本能欲望也迸发出来了。对朴实强壮的山野汉子的最好补偿或许就是女人。终于，坂子有了个叫景玫的情人。在与沫沫的冲突中，坂子辩解道："我和她只是情人关系，一点也不妨碍咱俩的婚姻。"他还劝慰说："如今，这种事在城市里可是很多，不少女人对丈夫找情人都是睁只眼闭只眼，我希望你也有这个肚量。"并开导沫沫："现在在城市里，男人有情人也不是啥不得了的事，让外人知道了他还会得到别人的高看。"坂子的理论也许是巨变中的城乡碰撞和交融的结晶。不论怎样，在现时社会道德和法律框架下，婚外关系不仅不受保护，还被视为丑行而大受挞伐。事实上，小说写尽了情人关系的脆弱和虚伪。坂子最终因此走投无路，自杀谢世。同样，身为女人的沫沫也无力抵抗情感来袭。不过，朴素纯洁的山里女人显然背负了更多的传统文化的重担，象征着济世救赎的力量。小说的结尾，月光与沫沫手中掉落的栗子交相辉映，迷离惝恍。作者物象化的处理看似怪异，不过，如从丑恶人性的视角看，则又合情合理了。

　　文学史的经验一再表明，好的作品大都富于人性的动力和张力，与生活的密度相和谐。莎士比亚的福斯塔夫式背景、陀思妥耶夫斯基的抹布性格、波德莱尔的恶之赞美都是其中的典范。周大新也许不能与之比肩，不能像他们那样为时代留取同样地位的纪念和记忆。但在阴谋和丑恶的方向上，周大新的书写显然深入到国人内心生活的底部。《旧道》在此意义上显然有着代表性。纪怀欲替破产自杀的父母报仇，不惜一切代价进入挤垮他家的郑三桐的公司做事，目的就在破坏和陷害。不过，"道高一尺，魔高一丈"，精明的郑三桐早就识破纪怀的阴谋并预作防范，逼得纪怀自掘陷阱，锒铛入狱。实际上，郑三桐收容纪怀同样出于报仇："文化的革命"中，郑三桐的父母和妻子都遭受了非人的折磨，最终不堪受辱，服毒自尽，首当其冲的元凶就是纪怀的父亲。如果没有十年浩劫，也许就没有了心狠手辣的报仇。"文化大革命"对民族心理的影响怎么估价都不过分，有识之士都不免不寒而栗。

　　和传播时空大声的《第二十幕》相比，同样关注历史与命运的小说《世事》已经超越了丑恶的界限，仿佛一溪明净的活水。命运体现了人的思想之社会化。表面上看，是现实环境决定了人的行止。不过，还是人赋予了命运个性化的色彩。面对命运，人不论一味抱怨还是盲目相争都是愚蠢的。唯一的明智之举在于悠然心境与率真情怀的保持。《世事》的价值就在于诠释了这一命运的真理。筱儿本来可以与男友任浩北上郑州完婚，然而时局却和她开了个玩笑。在舅舅山义的劝说下，筱儿留在了南阳，与绥靖区司令部参谋郑怀祖周旋，并最终说服郑，为我军解放南阳的最后胜利作出了贡献。同样是命运，筱儿成了四婶。不论她怎样抗争，都不能免于失败的命运。命运的力量是巨大的，但筱儿的善良与正义还是使她最终成为命运的主宰。假如历史可以重来，筱儿真的成为任浩的妻子，不也会同钱凤玲一样喝药自杀吗？人有这样或那样的生活方式，风光富贵与卑微贫穷实际上并没有本质上的区别，最重要的恐怕还在于直面现实的勇气与平和达观的心气。经历了"文化大革命"的四婶不再要求命运重来，也不再处处与四叔作对，而是"对四叔变得越发亲近起来"，随遇而安。后来，她还重新经营起以前刻字店的生意。乖违与承顺某种程度上是恶与善的分野。抗争命运无疑是自堕恶地，反倒不如冷然隅坐、默想一番，正如鲁迅所说：选定一段尘路，即便默于一时又有何妨？即如四婶，不也很有转圜的可能吗？

三、人性和女性书写

从某种意义上说，生活最重要的特性是其日常性。不幸的是，个人常常迷失其中。无论生命多么伟大辉煌，恐怕总难摆脱生活的特征。文学与生活相去辽远，它不尚平静，却唯波澜和铅华是求，尤其是人的沧桑流转，最富于文学意境。周大新的作品放逐抒情的平和，较多表现为当下文学所缺失的倔强和进取的精神，高远和坚执都是他的品格。

周大新把他小说中的人物放在无奈而又凄凉的心境砧板上加以捶打，以便释放出人性深处的能量。例如，邹艾在丈夫巩厚自杀、公公退休后的巨大失落下，逐渐彻悟了生活的辩证法；师长权高位重后的欲望陷阱，也活画了人性的枷锁(《浪进船舱》);短篇小说《哼个小曲你听听》温润淡远,仿佛如歌的行板,呈现出乡村中国古朴幽远的情致。《哼个小曲你听听》中的哼小曲是地道的中原农村男人的日常之乐。如文中所说:"即使一字不识的人,有时也能哼出很婉转动听的调儿,能编出很有味儿的甚至识字人都难想出的词儿。"哼小曲多是一种下意识的不由自主的举动,目的也是自娱。像乡间原野上蜿蜒辽远的小路,哼小曲蒸腾着醉人的草木气息,抚慰着动荡的人心。主人公五爷家境贫寒,却也顽强地生存下来,如他所唱:"人生就像杂烩汤,贫贱富贵一锅装,等闲是非别在心,遇事咱先笑一场。"苦中作乐,表现了中华儿女的生存智慧。不幸的是,此后,人生苦难屡屡纠缠于他:先是妻子紫燕难产大出血,撒手人寰;尔后,儿子金金也在"文革"械斗中被乱枪击中,死在了校园里。不过,灾难并没有击垮五爷。他重新振作起来,像当年教育儿子金金那样,又担当起孙子埂埂的养育责任,最终把年仅17岁的埂埂送进了清华大学。他乐观地哼着小曲:"只要人心不变老,阎王勾命不提早,身子轻易不会倒,就敢同运气赌一遭……"五爷的品质正体现了我们民族最可宝贵的坚忍情怀和苦难精神。

周大新善于从异性视角下笔,书写生活的脉动,又不失婉转,有时意在菲勒斯中心主义,凸显男权压制的流弊,这最显明地表现在《蝴蝶镇纪事》中。魏排长驻守蝴蝶镇,与镇上最漂亮的姑娘豆苓相爱。豆苓怀上魏排长的孩子后嫁给了臭名昭著的三豁子,自己却在孩子出生后服毒药自尽。作家的本意或许只在歌颂女性真挚炽热的情爱,如同与长工包拴相爱不成疯了的荷叶一样,而实际上却不很容易摆脱男权中心的焦虑。如"我"听到豆苓改嫁后,"当最初那一阵愤怒过去之后,我又猛然感到了一种轻松,一种卸了包袱之后的轻松,一种隐约的庆幸,一种得以解脱的高兴"。实际上"我"是把同豆苓结婚当作一个不能甩掉的包袱看待的。中华人民共和国成立后,提高妇女地位成为女性解放的心声。不过,积重难返,男权积弊并没有得以实质性的彻底清算。从20世纪50年代末的《李双双小传》,到20世纪90年代工农业题材的电影,再到最近几年的春晚小品,女性"半边天"的神圣地位大多建立在虚构化和谐谑化的基础之上,充满了广场狂欢的喧哗,到头来却虎头蛇尾,女性的命运终究逃不脱男人的束缚。周大新的《新市民》固然大写了沫沫的抗争,而一旦男人走入绝境,她仍然无法接受和评价自己的抗争,终将回到丈夫坂子身边。客观上讲,周大新善于揭橥生活真相,正视植根于社会的偏见与歧视。《走出盆地》就是一纸诉状。不过,邹艾的奋争毕竟是个人的,她没能站在女性的总体上,与金惠珍的争斗即是一例,故而不妨称之为女性的躯壳、男性的灵魂。《牺牲》则要深刻得多。中国古代文学多写繁华过后的凄凉,《牺牲》就是这一主题的典型代表。二嫂为养婆母与丈夫,不惜自嫁,本来是道义,然而,历经患难,却难偿痴情:丈夫道奇再也不愿和她相守,离她远去。女人即便作出了牺牲,也难脱离"永劫的苦境"。二嫂的悲剧既是"文化大革命"苦难的记忆,又是女性苦难的寓言。小说结尾,二嫂常常在晚饭后,静静望着昼光渐失星星显露的天空……她显然是在沉思,沉思生活和女性的永恒话题。

　　作为领一时风气的南阳作家群的代表性作家,周大新坚持朴淡和厚重的小说叙事风格,再加上视野开阔、韵致悠长的用笔,使得他的小说仿佛浑融阔大的北方交响乐,回荡于时代文学的广场。事实上,《湖光山色》荣获茅盾文学奖和《安魂》的不凡影响正是他长久沉思和不断探索的结果,也是时代和社会选择与回报的最好见证。

体贴叙事：周大新的伦理—美学实践

王鸿生

在漫长的阅读史中，我们总是会错过一些本不该错过的作家作品。而最遗憾的错过，莫过于已经与某些人、某些作品相遇了，却由于迟钝、忙碌或者美学兴奋点的错位，而未能及时地识别并预见其价值。在这个意义上，作为一个批评者，笔者常常为自己的失误和亏欠而感到内疚。这篇迟到的评论，放在心里多日了，现在写出来多少也算作一点弥补。

其实，从《汉家女》开始，笔者已陆续接触过周大新的一些作品，阅读印象都不错。但在相当长的一段时间里，笔者并没有什么特别的想法要说。2008年，《湖光山色》（2006年出版）获茅盾文学奖，实至名归。该作品直接切入时代病灶，构思凝练而放达。女主人公暖暖从资本与权力的合谋中艰难突围的形象，难得地透出一股鲜活的乡村新人气息。但直至去年读了《第二十幕》（1998年出版）才觉得，这只是对他迟到的肯定和认同。因为在此之前，这部耗时十年而成的长篇三部曲，曾与第六届茅盾文学奖擦肩而过。《第二十幕》近百万字，堪称20世纪民族丝织业的史诗。它以东方化的哀歌与赞歌相交织的和声，对尚家几代人的追梦历程进行了沉郁、漫长的咏叹。其平缓、细致入微的笔触，在人性、世事和历史的地质层蜿蜒伸展，把尚达志、盛云纬、尚昌盛、曹宁贞、卓月等人物形象塑造得异常结实、饱满。他们身上所承载的气节、意志强度和德性文化底蕴，让我感到震撼。

但对周大新来讲，2008年也是不幸之年：爱子周宁英年早逝，白发人送黑发人，他跌入了人生最黑暗的日子。长歌当哭之时，有什么东西能够慰藉一颗浸泡在痛苦里的心？卡夫卡有言："诗和祈祷是伸向黑夜的手。"也许，对于一个拿笔的父亲来说，只有倾吐，只有通过语言把无尽的悲恸、忏悔、哀思、寻觅、希冀、幻想塑造成形，解脱的那一刻才会抵临。四年后，当凄婉奇谲、感天动地的《安魂》（2012年出版）从天而落，一些熟悉他的朋友、读者，一下子惊住了。原来，在这个腼腆的寡言少语的南阳汉子身上，竟凝聚着如此深沉、如此坚韧的力量。笔者敬佩他，但笔者依然沉默，一度甚至不忍打开此书。

《安魂》是以阴阳暌隔的父子对话结构全书的，这种写法大概绝无仅有。从愤懑于命运不公的约伯式诘难到打开天窗放飞轻盈的灵魂，从稠密得令人心碎的共同生活记忆到宁儿的天国游历和生死、善恶探讨，周大新的小说脱胎换骨，变得酷烈、浩茫而超拔。但其叙事的气息、风骨则一如既往的温婉细腻、至柔至刚。《安魂》紧贴人生苦谛，也紧贴天下父母、子女的情思，娓娓道来。语言是那样揪心，又那样从容、安详。可以料想，面对古往今来的生死之谜，要成就这么一部属于现代人的"度亡经"，作者要付出的究竟是什么。笔者认同胡平先生的说法："我们尊敬的作家中，恐怕只有两位曾点燃自身，以生命为火炬，照亮了我们意识到的生死两界，一位是史铁生，一位是周大新。"

把《安魂》与《我的丁一之旅》放在一起比较，的确能引发一些有意思的话题。比如，时间与空间的不同设置、情性与智性的比例安排、口语与书面语的各自侧重、父子对话与自我对话的差别等等。这些话题均可带来一些有深度的文学思考。同样是招魂，同样有亡灵叙事，同样在探索生命的足迹与奥秘，与史铁生深邃、玄远、自由无羁的"心游"相比，周大新的叙事显然呈现出了完全不同的风貌。但如何对其特质作出恰如其分的把握，却殊非易事。

周大新是极为体贴之人。重读他的主要作品后，笔者觉得不妨把"体贴"这个词，作为一种中国式叙事的伦理—美学范畴，引入我们的文学批评，并用以提炼周大新式的现实主义创作特色。"体贴"的要旨在于缩短、弥合甚至消除距离。早在20世纪初，通过长篇小说《21大厦》，周大新就完整地演绎和展示过"距离"的产生、消弭或再产生的过程。如何面对和料理到处存在的"距离"，可说是《21大厦》至今仍未被发现的隐性主题。这距离，对叙述人"我"来讲，既是现代建筑横竖分隔的空间单元，也是人与人之间信任感的急剧降低；既是保安、清洁工与高管、总裁、画家、官员、科学家、名演员的巨大差别，也是心与心的隔膜、误解，以及欲望的无限蓬勃和人心的无比脆弱；既是自由的天空和壁画上跃跃欲飞的鸟，也是回望远去的老屋、庄稼地、村边小河的时间与怀想。小说以退役侦察兵"我"在21大厦当保安的换岗经历为叙事主线，分别讲述了4层、58层、地下2层、32层、43层各类住户和勤杂员工的隐秘故事。有意味的是，从旁观到走近，从无奈介入到赢得信任，"我"正是凭着体贴，凭着一分不那么自在的同情和简简单单的善意、手势、表情、眼神，才开启了一扇扇紧闭的"门"，从而打破了横亘于人心的距离与隔膜，成为各种人生际遇的倾听者、知情者，同时也成了善与恶、罪与罚、仇恨与报复、恐惧与忏悔、升腾与坠落的见证者、讲述者。

我们看到，在这部文体上有点冒险的小说里，"体贴"构成了一切"相遇"的前提。无论面对的事情如何不堪，无论"我"的感受、选择如何纠结，"体贴"都能创造性地提供动力、契机、转折，从而使"我"的角色、位置发生从被动到主动的颠覆性变化，使"我"成了一个可信托的人。值得注意的是，"体贴"所具有的关系转换功能，被作者发乎于内的悲悯主导着，不可避免地催生了一个偶在的、饱和的意义层，从而揭示出被各种盘算、阴谋所遗忘的存在的向度。

"我"与"21大厦"的关系，形象地转喻了周大新与他人、语言、世界的关系。一个不可忽略的现象是：在周大新的小说里，叙述人的身份或位置总是被摆得比较低，叙述的视角也比较节制、受限，视线更不具任何侵犯性。但就是这么一位平凡的、声音不那么大的叙述人，却能一视同仁地对待出现在故事里的每一个人物、场景。他有尊严却不傲慢，饱含同情又固执于某种戒律、尺度。不管遇到什么样的人，不管他们做了什么样的事，都尽可能地去加以理解，不仅关切他们怎么样，而且关切他们何以会成为这个样。

就周大新而言，"体贴"不过是一种自然而然的做人、为文方式。在他笔下，体贴首先是仁慈、宽恕与感恩。《湖光山色》里的村支书詹石磴，曾土皇帝一样摆布、侮辱过暖暖一家。但在其失势、中风并遭到残忍报复时，暖暖却挺身而出施以援手。当暖暖因举报邪欲膨胀的前夫招致暴打而卧床不起，詹石磴被他弟弟背着进了屋，"那哥俩却什么也没说，詹石磴是说不出来，詹石梯是低了头把嘴闭着，只有一包东西从詹石磴那只尚能活动的手里掉在了暖暖的床上。之后，那哥俩就像来时那样悄无声息地很快走了出去"。这是个令人难忘的细节。掉在床上的是一包晒干了的红枣，升起在楚王庄上空的却是一抹黄昏时分的人性余晖。周大新的叙述一般是柔和的、宽容的，但并不缺乏批判的尖锐性。有时正相反，由于与困境、艰难、丑陋贴得太近，体贴叙事往往更具有刺痛感。比如，在《第二十幕》里，年纪轻轻就在京做了处长的尚穹，没为尚氏创业出过一分力，却利欲熏心地置亲情于不顾，从贪占、勒索转而找借口、打官司，企图拆分叔父创办的企业。为阻止这一无良丑剧，其瘫痪在床的生父竟诱使儿子喂食咬住其手指死死不丢，实让人唏嘘不已。还有《银饰》里为情欲错乱而死的碧兰、吕道景、小银匠，《向上的台阶》里被权力崇拜扭曲的廖老七、怀宝父子。作为欲望逻辑和蒙昧文化的牺牲品，他们命运轨迹被刻画得丝丝入扣，读来让人五味杂陈，仿佛远去的历史烟尘忽然回头响起了闷雷。如文火炖肉，周大新的体贴还表现为语言上的耐心。以反恐为主题的长篇小说《预警》为例，一个严格自律、极为谨慎的核部队作战局长，先后挺过了美色关、金钱关、诬告关，却因轻信昔日战友之情，最终落入了对手精心设置的"留学"圈套，把女儿、妻子送往国外而沦为间谍团伙的人质。小说的"上阕"有惊无险、云淡风轻，"下阕"则狂风巨浪、步步惊心。但每过一坎，作者总是控制着情节推进的速度，并随时叠加心理交锋的层次、频率。因此，主人公孔德武身上的人性弱点和军人底线才有充分的现实感和强劲的说服力，方韵、金满、金盈等反社会力量卷入情报生意的触因和各自说服自己干下去的理由才抽丝剥茧地呈现出不同人格被残酷现实形塑的内在过程。笔者认为，一场严峻较量之所以被写得如此回环、往复、迟疑，时而果决，时而延宕，应不单单是为了发出一声"危险就在身边"的预警。也许，对世态、人性之畸变给予具体探究并作出精准把握，才是这部作品的意识重心。

评论家梁鸿鹰曾赞叹周大新叙事之"庄重"，认为"他的作品一直很好地保存了我们民族文化的精神，是属于我们中国人自己的文字"。的确，千年中国的德性文化、情性文化，正是周大新体贴叙事的起源与落点。有别于那些无土栽培的植物，也有别于各种精雕细琢的盆景。他的语言贴心、接地气，不造作，不透支，不把玩，行云流水，随物赋形，水一般清雅，又土一般朴厚，读起来充满质感，隽永而绵实。方言、土地、先人、劳作、手艺、勤俭、敬畏、孝慈、礼数，业已是融化在周大新血液里的亲切存在；天道人伦、两极互生、阴阳冲和、体用不二的中华智慧，潜移默化地塑造了他的思维形式和情感伦理取向。他小心地翻弄历史,摸索人性,常常能出乎意料地进入生活的暧昧地带,并及时回应着时代的焦虑。菩萨心、烟火气、小人物,是周大新作品里随手可触的精神意象。这说明他的目光习惯于朝下,心气却始终是向上的。心灵与土地的结合、抒情与叙事的结合、大叙事与小叙事的结合,也是消弭文体"距离"的方式。他塑造的一系列可感知的伦理—美学形体,都不是观念化的产物,而是具有扎实的生存、人性和文化依据的。可以认为,在打动今日读者的同时,周大新也向历史和传统表达了自己的敬意。

与建立在"观看"基础上的西方美学、叙事学相比,"体贴"的无距离感、非对象化、情理一体性,无疑值得当代文学实践给予激活。曾记得,在真理或美感的生成机制上,古人一向强调交感、会通、互涵、无间,强调内外冥合、身心不二,即所谓"以体悟道"。以体悟道是中国哲学的一大方法论,也是历代文化人致思、立言的传统功夫,如果说汉语中的体知、体认、体证、体现、体究等偏于认识论,那么体味、体察、体会、体恤、体谅就带有浓重的美学、伦理学的意味了。周大新深谙以体悟道的精髓,他的小说从不缺乏交流感。在他的意识里,审美、认知、伦理也从来没有决然分明的界限,他的体贴叙事是浑然统一的:与事物不隔(真);叙述者与被叙述者之间的关系是平等的、亲密的、交融的(善);文字有体温,事物、情境及表征形式都是有温度的生命存在(美)。

也许在有些人看来,这种贴着生活、贴着人物的写作方式业已过时。但请别忘了,资本、符号、景观所汇成的"同一化"过程,已催生出一种非常专断的力量,这股力量正在通过把个人变为一种符号、一种工具、一个部件来"消灭个人"。这也是今天叙事文学所遭遇的危机:人的"均化、类化"使人们丧失了经验的独特性,生活的"碎片化、插曲化"打断了记忆的连续性,"脱域性、私人性"缩减、障碍和扭曲了我们的交往方式与表达能力。这一切,正意味着我们每个人都可能丧失自己的历史。或者说,各种片断的零乱的记忆、感受、观念,因无法聚合为自我认同和社会认同,人类也许将不再拥有"故事"。而从传统中汲取抵抗这一非人化趋势的力量,难道不正是周大新创作的价值,和他所带给我们的启示吗?

根植于乡土大地与现实生活的文学书写
——周大新长篇小说的思想内涵与文化精神

沈文慧（信阳师范学院文学院，河南 信阳 464000）

摘 要：周大新的7部长篇小说题材不同，故事多样，叙事空间涵盖了乡村、军营、现代都市以及彼岸天堂，艺术笔触在过去、现在、未来自由驰骋。周大新始终是一位典型的现实主义作家，其创作深深根植于生养他的中原大地和急遽变化的现实社会。从社会发展和历史规律的高度来认识现实，把握人生，表达出对现实发言的强烈愿望和介入现实的积极努力，这是周大新长篇小说一以贯之的主体格调。周大新长篇小说呈现出广博厚重的思想内涵和清醒深刻的文化忧思。

关键词：周大新；长篇小说；思想内涵；文化精神

中图分类号：I206.7　**文献标志码**：A　**文章编号**：1003-0964(2015)03-0106-06

到目前为止，周大新共发表了7部长篇小说，可谓丰赡厚重、硕果累累。它们是《走出盆地》（百花文艺出版社，1990年出版）、《第二十幕》（上、中、下）（人民文学出版社，1998年出版）、《21大厦》（昆仑出版社，2001年出版）、《战争传说》（长江文艺出版社，2004年出版）、《湖光山色》（作家出版社，2006年出版）、《预警》（北京十月文艺出版社，2008年出版）、《安魂》（作家出版社，2012年出版）。纵观这7部作品，题材不同，故事多样，风格迥异，叙事空间涵盖了乡村、军营、现代都市以及彼岸天堂，艺术笔触在过去、现在、未来自由驰骋。但周大新决不仅仅从恣意飞扬的艺术想象中获取创作资源和艺术灵感，他始终是一位典型的现实主义作家，其创作一直深深根植于生养他的中原大地和这个急遽变化的转折时代，呈现出广博厚重的思想内涵和清醒深刻的文化忧思。

一、守望乡土：书写乡村中国的艰难蜕变

尽管周大新是一个很难用地域或风格来框囿的作家，但我们必须承认"南阳盆地"这个先在的地域文化符号伴随着他创作的全过程。1952年，周大新出生于今南阳市邓州市构林镇冯营前村一个普通农民家庭。在故乡空阔的平原上，他度过了快乐的童年时光。春去秋来，盆地的四季风景和父老乡亲在盆地上劳作生活的情景在作家年幼的心灵上留下了深深的烙印。从那时起，他就"开始感到人离不开土地。没有田地，人活得会很乏味"。成年以后，他曾在"这拥有上千万人的盆地里东游西逛"。"我见过很多的死人和活人，我同好些个男人和女人交谈，我到过乡村、小镇、县城和州府，我进过茅屋、砖瓦房、洋楼、礼堂，我爬过山、涉过河、翻过丘……"南阳盆地的山川河流、人情世态、人文历史、精神气质、情感思绪、文化心理等早已如血液一样流淌在他的生命中。对周大新而言，"南阳盆地"就是他的"文学领地"和"艺术星空"，他反复强调"人必须和自己生活的土地联系起来，才有可能深刻"。故乡大地、乡土中国始终是他心之所系、情之所至。从最初的《汉家女》《小盆地》《小诊所》，到后来的《家族》《泉涸》《紫雾》《老辙》《武家祠堂》《伏牛》《世事》，再到20世纪90年代初的《香魂塘边香油坊》《哼个小曲你听听》等，周大新的"盆地系列"小说逐渐走向成熟。他无限深情地注视着在乡土大地上忙碌的乡亲们，体味着他们的悲欢离合、爱恨情仇，以饱满、温厚、深情的笔触书写他们的奋斗与挣扎、希望与失望、成功与失败、敦厚与质朴、忠诚与偏执、光明与黑暗，探索他们的昨天、今天和明天。

在创作了20多部盆地题材的中、短篇小说之后，或者说在具备了一定的创作经验和艺术积淀之后，1990年，周大新推出了第一部长篇小说《走出盆地》。作品写一个名叫邹艾的苦命女子不服从命运的安排、捉弄，拼尽全力改变自己的生存状态，寻找理想生活的故事。邹艾从小失去父爱，与母亲相依为命、艰难度日，长大后被村干部诱骗，受尽屈辱。但她凭着

一股不屈服、不服输的狠劲,抓住机会,走出盆地,进入部队,费尽心机成为军区副司令员的儿媳妇,尽享荣华,出尽风头,似乎登上了人生的顶峰。而这一切却是以对初恋的背叛、人性的迷失为代价。依附于权贵的"幸福人生"终究是靠不住的,副司令员的突然离世将她曾经攀附的一切瞬间化为乌有。回到原籍的邹艾再次被抛入社会底层,她必须从头开始。凭着顽强、坚韧和生活历练的智慧,邹艾开始了悲壮、艰辛的创业生涯,开诊所、办医院直至制药公司。难能可贵的是,邹艾在拓展事业的同时,重新审视自己的人生历程,思考生命的意义,终于找到了本真的自我和精神归宿——原来"幸福"并不在别处,就在自己的脚下。主人公的运道似乎是一个圈,她又回到了原点,其实这已经远远超越了此前的自己,而到达了新的生命高度和人生境界。"盆地"作为周大新小说的一个典型意象,不仅意指地域空间,更意指人物的精神生态。作家赋予"走出盆地"双重意涵:一是盆地人如何走出盆地去开拓新的生存空间,建构美好幸福的生活;二是盆地人如何走出精神的"盆地",超越自我,实现主体精神的自由和飞跃。而后者恰恰是作品的重心所在,也是作者的忧虑所在。邹艾的女儿口里、心里对美国的崇拜和向往,对故乡的嫌弃和不屑,不正是处于精神"盆地"的一代青年的典型心态吗?他们也会为"走出盆地"付出人性的代价吗?他们最终能"走出盆地"吗?作品没有答案,而是戛然而止,韵味悠长。在此意义上,"走出盆地"寻找幸福是人类永恒的追求,也是人类社会生生不息的力量之源。周大新说:"我在分析了人类的主要活动之后发现,人活着的目的,人类全部活动的目的,其实就是四个字——寻找幸福。""小说写的是一个南阳农村姑娘走出盆地改变自己命运的经历,预示的却是中国人和中华民族冲开重重障碍和束缚,坚忍顽强地寻找理想的幸福生活的历史。"确实,小说写的是"一个女人的生活和精神史",也是中原大地乡村儿女的奋斗史和精神蜕变史。

  2006年,周大新推出了另一部乡村题材的长篇小说《湖光山色》,该作品获得了第七届茅盾文学奖。如果说《走出盆地》是周大新在早期中国农村改革开放的时代背景中,对中原乡村儿女的生存状态和心灵世界的艺术呈现,其艺术视野和思想深度相对狭窄和浅显,那么《湖光山色》则是对中国"三农"问题的深切关注和思考。改革开放30多年来,中国农村的经济结构、社会结构、生活方式以及农民的思想观念、价值体系、精神追求都发生了天翻地覆的变化。市场经济的深入发展，使农村不同社会群体和阶层的利益意识不断被唤醒和强化，利益追求最大化成为广大农民社会行为的强大动力。随着农村改革的不断深入和城市化的快速推进，各种矛盾日益突出。整个乡村大地面临着生态恶化、人性异化、传统人文价值失落的危机。周大新身在都市，却始终"对乡村世界一腔深情"，把当下乡村变革中的真实境况表现出来，引起读者对乡村世界的关注，为的是"把乡村建设好"，使"乡村世界也变得魅力十足"。《湖光山色》就是这种强烈的社会责任感和美好愿望合力催生的艺术结晶。

比之《走出盆地》，《湖光山色》涵盖了更为广阔、复杂的农村社会现实，涉及已进入深水区的农村改革的社会、经济、文化以及伦理道德等问题。与《走出盆地》一样，《湖光山色》的主人公依然是一位女性，周大新同样赋予她一个意味深长的名字——暖暖。暖暖与邹艾有内在的"血缘亲情"，她们一样美丽善良、敢爱敢恨、朴素坚韧、自尊自强，一样心存高远，一样富有开拓创新精神。暖暖高中毕业后进城打工，带着现代大都市的眼光和气魄回到家乡，立志创造与城里人一样美好幸福的新生活。但她没有邹艾幸运，尽管暖暖的每一次选择都经过深思熟虑，都带着义无反顾的决绝，但结果总是事与愿违、令人叹惋。她想靠种植良种致富，却被贩卖假种子的人骗了，背上了沉重的债务。发展乡村旅游业，让她尝到了创业的甜头。可随着与五洲国际旅游公司合作的深入，她的"楚地居"变成了薛传薪的"赏心苑"。以此为据点，城市资本"一方面将货币哲学灌输到楚王庄，另一方面也将楚王庄这个乡土社会中的一切都商品化。不管是女性的贞操、肉体，还是男性的道德、良知，都在这个巨无霸的车轮之下发出碎裂的响声"。暖暖不知道她打开的是潘多拉的魔盒。无论她以怎样决绝、悲壮的姿态抗拒现代物欲带给农耕文明的铜臭和污染，她单薄的身躯又怎能阻挡轰然而至的物欲快车呢？暖暖笃信爱情。因为爱，她嫁给了穷困但憨厚朴实的旷开田。在暖暖的帮扶下，旷开田成为楚王庄最先富裕起来的人，还当上了楚王庄的村主任和五洲国际旅游公司的副总。随着生活环境和身份地位的变化，原本胆小善良、憨厚朴实的旷开田逐渐变得飞扬跋扈、恣意妄为，沉迷于色欲和权欲不能自拔。他是封建专制文化与资本物欲文化媾和的产物，身上既有封建的专制与骄纵，又有资本带来的奢靡与放任。暖暖以青春和激情守护的爱情以离婚终结。至此，暖暖的奋斗换来的是一场虚无——事业的虚无和爱情的虚无。在现代化浪潮中，曾经肥沃的乡村大地已经变得干枯板结。人们在这样的土地上种下希望的种子，收获的却是失望的苦果。问题到底出在哪儿？暖暖的故事昭示了中国农村走向现代化的复杂和艰难——"楚王庄"就是今日中国广大乡村的缩影，展示了中国农村在急遽现代化、城市化进程中从外在物质世界到内在精神世界的巨大变迁和复杂样态。"在这个结构严密、充满悲情和暖意的小说中，周大新以他对中国乡村生活的独特理解，既书写了乡村表层生活的巨大变迁和当代气息，同时也发现了乡村中国深层结构的坚固和蜕变的艰难。"无论如何，农村绝不能成为荒芜的农村、留守的农村、记忆中的故园。让农民在"湖光山色"间诗意栖居，是弥漫在《湖光山色》字里行间的诚挚期盼。

二、直面现实：我们如何安置生命

在守望乡土、关注乡土中国艰难蜕变的同时，周大新更时时瞩目我们所处的时代，努力把握和表现时代的各种镜像。《21大厦》便是对光怪陆离、浮躁纷扰的当代社会与人生的思考与审视。21大厦，一座造型如飞翔之鹰的大厦，一个当今社会的缩影。它高耸入云，被切割成公司、商行、餐厅、高级住宅区等不同空间，形形色色的人在这里聚集：有一掷千金的大款，有贪污腐败的部长和他的情妇，有行为乖张的画家师徒，有物质丰裕、情感贫瘠的女博士，有工于心计、靠出卖灵肉满足欲望的女人，也有勤恳工作、收入甚微、艰难度日却心地善良的保安员、保洁人员……一座大厦，将美丑、善恶以及人类在权、钱、色面前林林总总的复杂心态折射出来。周大新离开了他稔熟的乡村题材和擅长的农业文明背景下的悲欢故事，深切关注在强大物欲挤压下的现代都市人的生存焦虑和精神困境，直面现实。作品"试图切入并剖解当今社会各色人等和各种欲望诉求，以及贫富日益悬殊的商品化的冷峻现实"。"他关注的是人生的意义和价值，追问的是当今人们的各种活法儿和活着究竟为什么。"

21世纪伊始，越演越烈的恐怖主义催生了周大新的第一部当代军事题材的长篇小说《预警》。作品讲述了一支核弹部队的作战局局长在恐怖分子精心设计的美女、金钱、荣誉、友谊等花样繁多的阴谋诡计的诱惑、驱使、胁迫下，最终落入陷阱，被恐怖分子牢牢掌控，最后时刻幡然悔悟以死捍卫国家利益的故事。这部反恐加谍战的小说悬念迭生，疑云密布。它告诉我们的是：在歌舞升平、温情脉脉的表象下掩盖的是四伏的危机和腾腾的杀气。但《预警》绝不是一顿丰盛的大众文化快餐，而是一部沉重的感时忧世之作，是对瘟疫一样在世界范围内肆虐蔓延的恐怖主义的惊心动魄的文学书写，同时也相当犀利地剖析了恐怖主义产生的社会及人性根源：政治腐败，吏治昏庸，法律不彰，底层百姓的尊严和权利被任意践踏。那些曾经被侮辱、被损害的人最容易变成潜在的恐怖分子而报复社会，进而殃及无辜。加之某些人信仰缺失、欲望膨胀，这些一旦与人性中的贪婪、嗜血等恶的因素相纠缠，其后果必然触目惊。《预警》不仅是周大新对那些和平年代掉以轻心、疏于防范的军人的"预警"，也是对人生如何面对各种诱惑而不迷失本性、经历种种考验依然保持清明理性的"预警"，更是一部指向时代和现实社会的"预警"。

作为读者，笔者无法想象周大新是以怎样的坚强和隐忍，承受着中年丧子之痛完成了惊心动魄的《安魂》，并于爱子离世4年后的2012年，用最真挚的父爱和最深沉的情感谱写了一曲沁人心脾、感人至深的"安魂曲"。著名评论家雷达这样评价《安魂》："这是当下出版物中少有的，也是我长久期待的'灵魂写作'。"这部数十万字的作品通篇是父子生死相隔却又灵魂无间的绵长对话，实则是作家的心灵独语，是作家关于生命和人生的深切感悟与深沉哲思。作品可分为三大部分：第一部分回望儿子出生、上学、恋爱等阶段的成长的生命历程，交织着父亲的深深自责和忏悔，是作家对自我人性灰暗和性格缺陷的深刻检讨和无情剖析；第二部分叙写儿子得病、抗争的全过程，直面生命的大悲大恸、大劫大难，将生命面对苦难和病痛的脆弱无助又坚忍顽强、面对死亡的恐惧胆怯又从容安详的复杂样态展示得淋漓尽致，体现了生命的丰富和尊严；第三部分想象儿子在天国的美好生活。儿子虽然离开尘世，但永远活在父亲心中，离开人世只意味着儿子的生命在天国以更好的方式展开。有了这样的心理基础和叙事动力，《安魂》关于儿子在天堂生活的所有想象和虚构，才具有瑰丽深挚的艺术感染力。儿子的灵魂在天国可以和已故亲人见面，过着纯洁高尚、自由自在的生活；可以和古今中外的先贤哲人探讨关乎生与死、人生意义等哲学命题。在先贤哲人的启迪下，儿子的心灵得到净化，对人生和生命的认识不断深入，思想境界得以提升。从总体来看，前两部分以时间为线索，真实细腻地叙写生命的陨落与消亡。既然"死"是人类的终极宿命，亦是生命的另一种存在形式，那么当死亡降临，最好的选择就是坦然面对、勇敢承受、向"死"而"生"。第三部分以空间为线索，聚焦想象的"天堂"，虚写儿子的灵魂在天国的游历、生活和成长，借"先哲之口"和"上帝之眼"向人类发问：在这个疾速行进的时代，生的价值和意义究竟是什么？我们应该怎样生活？应该如何安放生命？这绝不是什么空洞的说教或玄奥的高论，而是周大新最痛切的生命体验的思想结晶和艺术升华。《安魂》发表后，在国内外引起了强烈反响，荣获2012年《当代》最佳长篇小说奖、2014年《人民文学》长篇小说双年奖，现已被翻译为希腊语、阿拉伯语等。"《安魂》是当代人面对生与死的重要启示录，这使它得以走出狭窄的个人视野，以无比的豁达将特别的温暖灌注到读者心灵深处。"这是《人民文学》长篇小说双年奖给予《安魂》的授奖辞。确实，作为"救赎"和"疗伤"的文学，《安魂》是作家献给已故爱子和自己的"安魂曲"，也是献给天下所有失独父母的"安魂曲"，更是献给时代的"安魂曲"。

三、回溯历史：让远久的历史对当代生活有切近的启示

周大新是一位有强烈历史意识的作家，他认为："人类应该经常回视自己脚下的脚印并从中获得警示。""写小说，归根结底是要写出你对自然界、社会和人生的感悟，这些感悟没有对历史的回望，没有比较，就很难发掘出来。"在20世纪行将结束的1998年，周大新推出了近百万字的精品

力作《第二十幕》。其内容几乎涉及中国近代、现代、当代全部重大历史事件,从清朝统治终结、军阀混战、抗日救亡、国内革命战争、资本主义工商业改造、"文化大革命"直至改革开放,时间跨度长,空间跨度大,是一部结实、丰厚、内蕴饱满的史诗般的巨著。作品以南阳尚家几代人为实现织出"霸王绸"的家族梦想而不屈不挠、不懈追求的历程为叙事主线,紧密联系中国20世纪波谲云诡的社会现实,在家族和人物命运坎坷崎岖的变迁中展示社会历史的风云变幻,展现广泛而深刻的社会文化图景。其中,熔铸了作者对百年来中国复杂文化形态的价值与命运的理性沉思,以及对社会问题的文化根源性的观察批判,并借此表达出作家的文化忧虑和文化建构立场,体现出厚重、深刻、清醒、自觉的文化精神。作品重点关注了三种文化形态,即尚家振兴祖传丝织业的物质文化,晋金存、栗温保等人狂热追逐权力的官本位文化,以卓远为代表的传统知识分子弘扬浩然正气的精英文化。这三种文化形态交错、碰撞、纠结与斗争,传达了作者对转型期中国文化重建的深刻思考和对文化生态下个体生存状态的人文关怀。

"以农立国,重农抑商"是封建社会最基本的经济指导思想。重利轻义、唯利是图、薄情寡义很大程度上成为商人的代名词,他们的社会地位远不及"书香门第""耕读传家"高贵。然而,整个20世纪,自然灾害频发,贪官污吏巧取豪夺,异族入侵,民族内部权利争夺频繁,这一切都对社会生产力造成极大破坏。在那个时代,人民的吃穿住等基本生存问题长期不能得到很好的解决,发展生产力、振兴民族经济便成为当务之急。"一个国家的人不会长久忍耐一种吃不好、穿不好、住不好且没有安全感的生活,他们必然会努力寻找能把他们带入富裕、安宁、幸福日子的人和制度。这是人类社会发展的规律。"《第二十幕》充分肯定商业活动之于整个社会生活的重要价值,肯定物质文明之于华夏文明和世界文明的巨大贡献,浓墨重彩地书写中原商业世家的奋斗史,展示他们忍辱负重、锲而不舍、不屈不挠的奋斗精神——这种精神是中华民族精神大厦的基石。其中,最典型的代表人物当然是尚达志。他是南阳尚家丝织祖业的传人,也是周大新到目前为止塑造的最有光彩、最复杂、最成功的男性形象。他多情重义,却又无情寡义,为了祖传的丝织业,一再背弃爱的誓约。他坚忍顽强,无论时局多么艰难,环境多么险恶,都不能破灭他织出"霸王绸"光宗耀祖、昌明国粹的梦想。他胆怯懦弱，面对贪官污吏的敲诈勒索，唯唯诺诺，甚至告诫后辈永远不要与官家作对。他善良宽厚，对子孙后辈疼爱有加，却又残酷无情。为了买织机，卖掉女儿；为了保住织机，竟然让儿媳出面与日本人交涉，致使儿媳惨死。每当需要在家人、亲人、爱人与丝织祖业之间作出选择时，他都无一例外放弃家人、亲人、爱人。在发展壮大祖传丝织业的强烈愿望面前，再深厚、浓烈的亲情、爱情都不堪一击。他爱的是物，不是人。他认为"只有名声、名气、名誉对男人最重要"。他一生为"物"所累，为"名"所困，是一个被"物"和"名"异化、扭曲、抽空的人。他的生命被物质和功利牢牢操控，过于强烈的物质和功利追求使他忽视了生命本身的价值和尊严。他的灵魂是干瘪的，情感是匮乏的，精神是扁平的。周大新将尚达志置于亲情、爱情和祖业的两难抉择中，在尖锐、激烈的矛盾冲突中烛照他性格的复杂性。你不得不敬重他、佩服他、仰视他，同时也无法不气恨他、埋怨他、蔑视他。在他身上，作家寄予了爱恨交织的复杂情感，体现出周大新的远见卓识和清明理性。这部作品警醒世人：经济发展、物质繁荣无论怎么重要，但若以牺牲生命的价值和尊严为代价，若"物"凌驾于"人"之上，那就会本末倒置、得不偿失！

  与对"物质文化"追求的复杂情感不同，周大新对醉心权谋的官本位文化的批判是尖锐的、深刻的，他对权力之于人性的腐蚀与侵害的剖析尤为透彻。栗温保本是清朝时期的穷苦农民，本性温厚善良，迫于生计成了抢劫犯，为了活命参加了农民革命军。农民革命军高举让穷人"有饭吃、有衣穿、有房子住"的"三有"大旗，军纪严明，决不欺压百姓。清朝覆灭后，栗温保成了南阳副镇守使，住进了南阳府通判晋金存曾经作威作福的府第。上任之初，他不摆架子，体恤民情，但很快就堕落成为一个见利忘义、阴险狡诈、心狠手辣的恶魔，为满足私欲抛妻纳妾，为聚敛钱财敲诈商户，为保住权位嫁祸于人。与追权逐利的官本位文化形成鲜明对照的是以卓远为代表的知识分子精英文化。在百年风云变幻中，卓远始终秉承"富贵不能淫，贫贱不能移，威武不能屈"的浩然正气和知识分子的独立精神，为民请命，批判一切不公正不合理的行为和机制，是鲁迅所说的"中国的脊梁"，传承的是中华文化的精髓。可悲的是，无论是清政府统治时期、军阀混战时期还是新中国成立之后的某段时间内，卓远及其代表的文化精神始终没有得到应有的尊重和保护,反而一再被贬抑:他先是被晋金存砍掉右手,后被栗温保恐吓;"文化大革命"中,"破四旧"的大火将卓家世代收藏的文化典籍化为灰烬。卓远留在世上的最后一句话是:"我担心……"究竟是什么让这位饱经忧患沧桑的老知识分子难以释怀?作品看起来没说,实际上已经含蓄地暗示了,那就是他所守护和传承的中国传统文化中那种"为天地立心,为生民立命"的积极入世、勇于担当的文化精神的日渐式微。它是否隐藏着周大新对传统文化精髓因不断遭受各种挤压而日益萎缩的历史命运的深深忧虑?

另外,《第二十幕》对"文化大革命"时期人性扭曲与乖张的文化根源性反思特别发人深省。在作品中,尚家织丝厂历经多次盘剥和洗劫,但损失最惨重的是在"文化大革命"时期:整个尚吉利织丝厂被造反派一把大火烧成灰烬,尚家丝织业的第三代传人尚立世和他的妻子尤芽一起葬身火海。那些曾经单纯、善良的普通人为何在"文化大革命"期间一个个都变成了毫无同情之心、怜悯之心的凶神恶煞?人性之恶四处泛滥的原因究竟何在?对此,周大新通过红卫兵审讯蔡承银的情节描述和蔡承银的遗书进行了深刻反思:"我们这些年差不多都在不断地组织人斗人,而没有用爱心去劝导人爱人。我们终于把人性中那部分最丑恶的东西全部都诱发了出来……一定要把主要精力用在组织社会的物质生产上,要让人们吃饱、穿暖、住宽敞。"确实,我们不能让一个民族很长一段时间都陷入疯狂状态,不能将这一状况的出现和发展仅仅归根于对某个人的盲目崇拜、人性冲动和宣传煽动。究其原因,其更深刻的社会文化根源在于长久以来盛行的"斗争哲学"使人与人之间互相猜忌仇视,仁爱之心几乎丧失殆尽;而不受约束监督的权力机制,导致整个社会对权力的疯狂追求和盲目崇拜;权力的滥用必然招致权力的报复,陷入恶性循环的怪圈;加之中华人民共和国成立后,灾荒、饥馑不断,人们心中聚集了越来越多的不满和愤怒。"文化大革命"就是多年积淀的社会文化心理及各种社会问题的总爆发。

作为军旅作家,战争与人之间的关系始终是周大新军旅小说的聚焦点。"从早期军旅创作中对战争神圣性、正义性的歌颂,到逐渐回归到人性层面对战争进行多层次反思,再到立足于民间视角以普通人的生命体验对战争进行人性透视,周大新逐渐找到了思考战争的个性化视角,其军旅小说创作也因此日益走向深入和成熟。"深入和成熟的标志性作品就是《战争传说》。这部作品写的是明代历史上著名的土木堡之战和北京保卫战。但周大新既没有对战争进行正面描写以显示战争的正义和壮烈,也没有表现将帅等大人物如何运筹帷幄决胜千里以彰显所谓的"英雄史观",更不是对这段明史重新挖掘和唤醒以解构或重构历史,而是将叙事重心放在"普通人对战争的感受和态度上",采用"平民视角民间叙述",通过一名被动卷入战争的瓦剌女间谍娜仁高娃的传奇人生和曲折心路历程来反观、思考、质疑战争。历史中的战争变成了一个女人的"战争",成了她的身体和心灵的"战争"。在周大新看来,大明王朝与蒙古瓦剌人之间的这场血腥战争除了由来已久的民族矛盾之外,更重要的原因在于瓦剌统领也先太师、谋士哈帖以及明朝大太监王振等人对极权的强烈渴望。为了坐上皇帝宝座,拥有号令天下的权力,他们驱遣无数平民百姓,使其陷入战争泥潭,使无数家庭妻离子散、家破人亡。作品紧扣普通人关于战争的生命体验,从人性的角度反思战争的根源及战争的嗜血性、残酷性,使《战争传说》超越了一般战争题材作品而具备了鲜明的个性特征和深广的人性内涵。亚里士多德曾在《诗学》中指出"诗"与"历史"的区别:"历史学家描述已发生的事,而诗人则描述可能发生的事。"因此,诗比历史更有哲学性,更严肃,因为诗所说的多半带有普遍性,而历史所说的则是具体的事情。《战争传说》是"小说家发现的历史"。作品用现代眼光、现代意识去发现历史、解读历史,让远久的历史生活对当代生活有近切的启示,因而它比"正史"更深刻,更复杂,更严肃,也更耐人寻味。

四、余论

早在20世纪90年代,周大新就在文坛锋芒初露。谈到自己从事文学创作的动机,他毫不含糊地宣称是"为了人类的日臻完美"。20多年过去了,中国社会和作家的个人生活都发生了巨大变化,但"为了人类的日臻完美"的文学价值观却历久弥坚。对转型时期复杂的现实生活进行大胆的审美判断,从社会发展和历史规律的高度来认识现实和把握人生,表达出对现实发言的强烈愿望和介入现实的积极努力,是周大新长篇小说一以贯之的主体格调。无论文坛如何新潮涌动、花样翻新,他始终坚守文学对现实的忠诚和责任:"瞩目我们所处的时代,努力把握和表现这个时代",并以自己的文学实践为"时代添加新的内容,给时代留下自己的印痕"。包括那些回溯历史的作品,也是为了更好地看清现实,从而使自己对现实的发言更有力量。他为真善美奉上最诚挚的歌谣,引导人类向完美境界迈进不遗余力。他对人类生活中的野蛮行为和邪恶心理给以深入的剖析和尖锐的抨击,如对权力、金钱、欲望对人性的腐蚀和侵害的反思和批判,对战争、恐怖主义给普通人带来的灾难和痛苦的揭示与警示,对转型时期民族文化重建的深刻思考和对文化生态下个体生存的深切关怀,对人性复杂向度的多维探索,对我们如何安身立命的追问和探寻……所有这些,赋予了周大新的长篇小说广博丰厚的思想内涵和清醒深刻的文化忧思,使他的作品带给读者沉甸甸的阅读感受和抵达心灵深处的审美体验。早就有人指出:"目前中国作家里少有人敢于正面直视和试图解释这个巨大、奇特、复杂、纠缠、难以理出头绪的时代。目前中国作家的最大问题是失去了把握和读解这个时代的能力,无法定性,于是只能舍弃整体性,专注于局部趣味,或满足于类型化。"而周大新却迎难而上,力求对急遽转型的中国社会进行整体性关照和个人化表述。也许他不够先锋,不够时尚,不够新锐,但其根植于乡土大地和现实生活的文学书写,拥有一种来自生活深层的厚重美、朴素美以及强烈的现实介入意识与行动力。

欢笑与悲戚
——周大新笔下的女性世界
谢颖（信阳师范学院文学院，河南信阳　461000）

一、周大新小说中的女性形象

周大新在创作时把目光更多地投注在女性身上，他笔下的女性有着迥异的鲜明特征和强烈个性。她们的性格或是温婉质朴，或是热烈奔放，或是果敢坚强，这也注定了这些女性会有着截然不同的命运历程。想要探寻周大新笔下的女性世界，有必要从社会、历史、文化的广阔视野和地域文化的特殊视角解读周大新小说中的女性形象，以进一步探析作者的文化心理，揭示其创作女性形象的思想价值、文化意蕴。

1. 坚韧自强的新女性

当代河南作家中有很多作家塑造了"巾帼不让须眉"的女性形象。南阳籍的作家张一弓创作的中篇小说《春妞儿和她的小嘎斯》曾获得第三届全国优秀中篇小说奖。作品中的主人公春妞儿就是那个时代背景下的新女性代表：春妞儿不是自怨自艾的弱者，而是对生活表现出了超越男性的勇敢和坚韧。而周大新笔下最出彩的女性形象也当属这一批自立自强、坚韧不拔的新女性形象，其中的代表就是长篇小说《湖光山色》中的主人公暖暖。暖暖敢于选择自己的爱情；丈夫有难，她牺牲自己相救；靠自己顽强不息的奋斗带动家乡旅游业的发展，改变了家乡面貌和村民的生活。暖暖显示出的是难得的果敢拼搏、始终向善的宝贵品质。此外，还有长篇小说《走出盆地》的主人公邹艾。邹艾不甘于贫困，敢于和命运搏斗，在血和泪中不断向上攀登，从未灰心，从未放弃，最终成功拥有自己的事业。本节就是把这些新女性归类，挖掘她们不同人生历程背后的坚韧自强精神。

2. 抗争失败的悲剧女性

周大新作品中还有一类女性，这一类女性不甘心沦为封建传统的受害者，勇敢追求自己的幸福，却抵抗不过悲剧的命运。这一小节归纳的是周大新笔下的悲剧女性，其中的代表形象就是长篇小说《第二十幕》当中的盛云纬。盛云纬一生可谓是为情所困。一直钟情于尚达志的她却做了他人的三姨太，沦为玩物。之后，中国现代历史变迁的风云，一次次地熄灭了她爱情的火焰，使她最终与尚达志的感情无果，但对尚达志的感情至死不渝。该作品中的另外一个女性曹宁贞也是作者塑造的为爱牺牲的悲剧形象。《银饰》中的碧兰也属于这一类人物。碧兰生活在一个典型的封建家庭，自己的丈夫也是不正常的。长期压抑在畸形的婚姻生活中的碧兰最终解放了自己的肉体，寻求到了自己渴望的那一种温暖慰藉。然而封建的枷锁早已消去了碧兰的一切幸福可能，她没有改变命运的机会，最终也是封建礼教的祭品。

3. 传统标准下的"贤妻良母"式女性

周大新的作品中，与新女性形象截然不同的另一类女性就是一直恪守封建礼教、遵从三从四德的传统女性。长篇小说《第二十幕》中的顺儿就是这一形象的代表人物。她是尚达志的父母依据自己的标准为儿子挑选的媳妇，从嫁进尚家大门开始，就一直扮演一个努力相夫教子、孝敬公婆、任劳任怨的好儿媳。哪怕是知道丈夫心中的人不是自己，顺儿也毫无怨言，甚至还鼓励丈夫和别的女人走在一起，这样的顺从和隐忍是传统礼教下的女性应该有的心理。以传统的"贤妻良母"的标准来看，顺儿就是所有传统旧式女性形象的浓缩影像。此外还有《伏牛》中的哑女荞荞。她和瘸腿的顺儿一样都是残疾人，然而荞荞的境遇更凄惨。和顺儿一样，对不爱自己的丈夫，荞荞能做的也只有起早贪黑、默默承受，最后还要为不爱自己的人牺牲。这样的旧式封建女性都是低眉顺眼又无怨无悔的，封建礼教从小便扼杀了她们的自我意识，也是她们悲苦命运的始作俑者。

二、周大新小说中女性群像形成的文化因素

从20世纪80年代中后期开始,周大新把目光从军营转投到家乡南阳"豫西南小盆地"。诚如周大新自己所说:"在这块古老而新奇、贫穷而丰饶的土地上,我找到了属于自己的文学道路。"周大新从各个角度描绘着家乡的风光和盆地人民的生命经验。在他的描述里,这个盆地异常美丽:巍峨的桐柏山耸立于东,连绵的伏牛山卧于西北,苍翠的武当山、大漠山横向于南;盆地里气候温润、雨量充沛,生长了从温带到亚热带的各类动物和植物;盆地人的祖先从原始社会开始就在这块土地上刀耕火种、繁衍生息,一代代人的不辍劳作开垦出了良田,创造了丰厚的文化。但由于大山的环围,这里的人们终未改变闭塞、愚昧、贫穷的生存环境。在周大新的小说中,故事多发生在南阳盆地,他的小说有着浓郁的地域色彩。他笔下的女性形象更是烙上了深刻的地域文化特点。在《湖光山色》里,伏牛山风光美丽、楚地文化悠长,尤其是楚文化作为一种隐形的力量,改变了暖暖的丈夫,也改变了整个村庄。同样,《走出盆地》中关于南阳盆地形成由来的三个神话故事前后贯连着邹艾走出家乡的奋斗历程。于是,周大新笔下的女性既有盆地人民的淳朴善良,又有着自强不息的坚韧品格。

周大新在叙事时总能充分体现他的现实主义思想,他的作品都有明显的时代特征。《湖光山色》中的暖暖从走出去,到返乡后创业,都体现了市场经济条件下的农村变化,体现了城乡之间距离的拉近。暖暖在城里养成了敢想敢干敢担当的性格,她把在城里学到的东西带到农村。在自己的"楚地居"生意风生水起之时,她也能不忘初心,与人为善,从商以诚。可以说暖暖身上的宝贵品质都得益于市场经济对乡村的影响。与其说周大新笔下传统女性的悲哀是由于封建礼教的迫害,不如说直接导致他们婚姻悲剧的是封建式的家庭和那个愚昧的年代。

周大新在谈到自己的乡土文学创作时说到自己深受沈从文的影响。周

大新认为沈从文描绘的湘西生活中流露的唯美的调子，对乡村普通人的关怀和宽恕都是值得尊敬和效仿的。于是，通过文本对读不难发现，周大新笔下的一些女性形象也有着沈从文笔下女性形象的影子。沈从文在表达女性命运的历史轮回时，多从个体生命传承的角度来挖掘湘西社会的原始、愚昧和古朴，如《萧萧》中的萧萧、《一个女人》中的三翠等。而周大新多通过不同时代女性命运的变化来诠释这种悲剧的历史宿命。《第二十幕》中盛云纬、曹宁贞虽然是属于不同时代的女性形象，但她们的悲剧命运具有强烈的历史传承性。另外一个影响周大新的文学巨匠是列夫·托尔斯泰。列夫·托尔斯泰笔下的女性拥有的是爱的激情、爱的勇气和爱的信念，正是这一点影响着周大新的创作。周大新认为人生就是一部苦难史，于是这份爱的思想就成为周大新通过女性写作表达自己观点的视点，周大新笔下的女性所拥有的爱的情感是她们活着和追逐梦想的全部动力。

　　周大新笔下那些敢于和命运抗争、不甘于贫穷落后生活的女性可以说都是因为她们自我意识的觉醒。传统的女性形象不是温柔、美丽、顺从、贞洁、善良的天使形象，就是淫荡、风骚、狠毒、野心、泼辣的可憎形象。但是周大新在叙述中完全摆脱了这种桎梏，将女性的欲望主动化、真实化。于是，我们可以看到，周大新笔下的女性给读者的印象不再是单一的，在自我意识的推动下的女性更突显出人性的复杂性。

论周大新小说的儒家文化精神

靳书刚（许昌学院文学与传媒学院，河南许昌　461000）

摘　要：周大新是一位成长于中原大地上的优秀作家，他的小说创作体现了浓厚的儒家文化精神。在创作中，他不仅自觉地担负起知识分子的责任和使命，而且塑造了一系列能体现儒家人格理想的人物形象。在小说创作中，他还密切关注社会现实和人文精神，体现出儒家积极入世的进取精神。另外，他的小说对家族文化的全面展现和深刻反思也极富儒家文化内涵。

关键词：周大新小说；儒家文化；精神

中图分类号：I207.25　　文献标识码：A　　文章编号：1673-1670(2014)04-0090-03

对一位作家来说，文化背景和生活经历时时刻刻都在制约着他对生活的感受和认识，进而影响着他的创作心态和生命体验。中原地区是中华文明最重要的发祥地，文化底蕴极为深厚。周大新生长于中原大地，他的文学创作之所以能够取得这么突出的成就，其中的一个重要原因就是得益于传统文化的滋养。他的创作受到多种传统文化因素的影响，其中最为突出的就是儒家文化精神。创作中，他自觉秉承儒家积极的入世精神，关注社会现实和人文精神，坚持知识分子的批判立场和对道德理想的执着追求。

儒家文化的核心精神是积极入世，表现在个人身上就是一种强烈的以天下为己任的社会责任感、历史使命感和忧患意识。这种社会责任感、历史使命感在社会秩序混乱、人们道德堕落、社会风气颓靡状况下突出表现为文化主体兼济天下的胸怀、抱负和勇于担当的精神，"具体表现为对国计民生、人的精神状态的忧患。批判意识则是儒家社会、文化理想对社会文化现状的自觉反思与批判"。

周大新是一个创作伊始就有着极为强烈的责任感的作家，他对一名知识分子所应承担的责任和使命有着极为清醒的认识。他曾经不止一次地在自己的文章或者谈话中谈道："作家不但要对自己的人生思考，对个体命运关注，同时也必须关注民族和国家的命运。"他所理解的作家的使命就是"为了人类的日臻完美"。他认为，作家"对人类今天的不完美现状，有责任用手中的笔去促进真正的完美早日实现"。在以后的创作中，"他始终直面人生，贴近现实，脚踏实地走在现实主义道路上；始终恪守自己的职责，为促进人类的日臻完美而倾注自己炽热的人文情怀。三十年如一日，他默默地用自己的实际行动对着这个喧嚣的世界发言，坚持了人文知识分子的精神追求和人格操守"。

儒家文化十分注重理想人格的塑造和养成。从周大新的创作中，我们发现周大新较多地受儒家思想影响：他塑造的人物身上所体现出的人格理想，主要集中在多情重义、温柔敦厚的仁义精神和以天下为己任的忧患意识。

多情重义、温柔敦厚是中华民族的传统美德，其内核则是儒家以仁为本的忠恕之道。周大新在自己的作品中塑造了大量的这样的人物形象，尤其是女性人物。他笔下的女性，很多都朴实善良、仁慈宽厚，很少受到世俗的污染，身上闪耀着人性中爱与善的光芒。比如，《香魂塘畔的香油坊》中的环环就拥有一颗善良美好的心灵。她的婆婆郜二嫂出于自己的私心、私欲，不惜对她使尽了离间、利诱、威吓、欺诈等手段，无情地毁掉了这位纯洁少女美好的青春和爱情。然而，当婆婆与人偷情的把柄无意中被环环抓住的时候，当婆婆惶惶不可终日的时候，环环并没有以牙还牙，把真相拆穿。整个过程中，环环以人为善，以德报怨，表现出了对婆婆所作所为的理解和同情。这是十分难得的，尤其是受伤害的儿媳对伤害自己的婆婆的理解和同情。

《第二十幕》中最见作家艺术功力的云纬则可以说是女性美的化身，是作家心目中的理想女性形象。小说一开始，温柔善良的盛云纬在对尚达志以身相许之后，开始了对自己爱情生活的美好憧憬。然而好景不长，命运就给她开了一个残酷的玩笑。一次野外的郊游，她被南阳府执政长官晋金存看上，不由分说强娶为妾。尚达志却对此忍气吞声，一味退让。从此以后，云纬就像掉进了一个可怕的漩涡，再也无法把持自己的命运。然而，后来，当尚达志的家族丝织业一次又一次面临灭顶之灾的时候，却是云纬这个弱女子，摒弃前嫌，以德报怨，挺身而出，无论自己身处什么境况，都及时向他伸出援助之手，用自己柔弱的臂膀助他一臂之力。当尚达志被官府敲诈、即将破产的时候，她毫不犹豫拿出自己的私房钱；当工厂被军阀栗温保砸毁的时候，尚达志酒后持刀闯入栗府，已沦为女佣的云纬及时把他保护起来；当日军侵犯、尚家丝厂眼看难保的时候，又是她冒死出面力挽狂澜。甚至临终之前，她最挂念的还是尚家的家族事业。在尚家丝织业的发展历程中，云纬时刻充当着尚氏家族的保护神。在作家笔下，云纬简直成了一个仁慈宽厚的光芒万丈的圣女。

《湖光山色》中的暖暖无疑也是作家心目中的一个理想人物，也是我们在理想主义作家的作品中经常看到的大地圣母般的人物。她美丽善良，多情重义，朴素而智慧。暖暖给人印象最为深刻的是：她为了解救开田，委曲求全，被村主任詹石磴侮辱，之后虽然心怀仇恨，但当詹石磴不久于人世之际，不计恩怨情仇，仍能以德报怨，不仅看望了詹石磴甚至为他送去了用以治疗的费用。这一笔确实使暖暖深明大义的形象如圣母般光芒万丈。在暖暖善和爱的感化下，曾经一度穷凶极恶的詹石磴在弥留之际，甚至发生了人性的转变。

在周大新的小说里，儒家的忧患意识也表现得极为充分。儒家学说作为入世哲学，一直要求社会成员要奋发向上，积极进取，承担起更多的社会责伍，正所谓"天行健，君子以自强不息"。"先天下之忧而忧，后天下之乐而乐"的忧患意识就是对这种责任感的概括与表述。儒家的这种思想对周大新塑造男性人物产生了重要影响。《第二十幕》中的尚达志和卓远就是这方面的典型。尚达志对儒家的"修身"观念极为看重：在北平的旅馆中面对妓女的诱惑能够坐怀不乱，表明他对"克己复礼"这一信条的自觉遵守；而剪烂皮衣，则显现了他对"死于安乐"思想的认同；面对云纬"爱的是物，不是人"的指责所做的自我辩护，是男人建功立业的宣言，符合的正是儒家的立功思想；其遗嘱作为一个典型的人格文本，体现的也是节俭、坚忍的儒家人生哲学——"身修然后家齐"。达志的"修身"为"齐家"提供了人格保证。他对晚辈晨读的严格要求，对晚辈贪图物质享受时所进行的严厉告诫，对晚辈损害家族利益行为的不近人情的惩罚以及"但悲不见霸王绸，家祭无忘告乃翁"的遗言，都显现出其标准的儒家"齐家"思想，这些都成了儒家"修齐治平"思想的演绎标准。卓远作为正直的知识分子则始终站在人民的立场上，行使对当权者劝谏和批评的职责，历尽坎坷却丝毫没有动摇。他能够坦然面对当权者的威逼利诱不为所动，是因为他更多地继承了儒家"富贵不能淫，贫贱不能移，威武不能屈"的优良传统。而他对民族、国家命运的忧患及由此生发的实实在在的行动又是对士大夫"济世""笃行"人格的继承。

周大新对社会现实问题的关注和对人文精神的坚守主要体现在对儒家道德精神的坚守和对社会道德状况的关注上。周大新的大多数作品都体现出直面现实、关注社会道德状况的精神。关于他的《21大厦》的写作，周大新曾这样说过："《21大厦》中写的是21世纪初我们民族精神大厦内发生的情况。在商品社会中，人的欲望被唤醒了，人们对物质的追求达到了极致，人的精神发生了很大的变化。我的作品力图把这种变化的端倪表现出来，引起人们的警惕。"作家通过这样的事实似乎在警示我们的社会：一个物质高度发达的社会，并不是一个民族的最终目标，只有它的精神文化也相应地高度发达，这个民族才是有希望的。

随着中国社会改革的逐步深入，城市化进程的步伐也大大加快。周大新对这一进程中的农民面临的种种问题感慨颇深："随着城市化进程的加快，一方面是成千上万的农民荒废了土地，涌到城市，他们赚到了钱也品味着无奈；另一方面城市资本进入农村，吞噬大量农田，为农村带来现代文明和物质财富，也带来城市的阴暗面和痛苦。"在他的长篇小说《湖光山色》中，周大新密切关注这一现实的目光变得更加忧虑了。财富在腐蚀着农民，瓦解着看来还古朴的民风。旅游资源的开发给贫穷的楚王庄带来了富裕和幸福，然而人们物质欲望的觉醒和无限膨胀却又给楚王庄带来了灾难。薛传薪暗中支持的色情服务，使这一股恶浊的空气在楚王庄蔓延开来。暖暖改变了家境，却失去了家庭；青葱嫂看到了致富的希望，却失去了女儿的纯洁。淳朴静穆的小山村一步步走向精神上的堕落。

当周大新把自己的目光转向豫西南小盆地的时候，最先发现的却是改革开放过程中出现的商品观念对传统道德、伦理观念的冲击。于是，他开始表现生活在盆地里的人民在商品经济大潮中所暴露出来的道德堕落、金钱崇拜等伦理问题，殷切地期盼故乡人民恢复淳朴、善良、美好的本性，在物质生活水平提高之后道德水准也能够获得相应的提升。

随着市场经济时代的到来，一部分得风气之先的盆地人民早早地改变了观念，先富了起来。然而其精神境界和道德水准并没有得到相应的提升，他们的人性反而在金钱的腐蚀下发生了可怕的畸变。在《怪火》中，我们可以发现，失去了节制的物欲追逐会使人性变得多么可怕：自家的车撞了人，大哥没有表现出应有的怜悯和同情，只是仗着自己有钱，拿出几千块钱匆匆了事；小时候曾经认为"人一辈子有红薯吃也就知足了"的弟弟，在有了钱之后也变得行为放荡，随意玩弄妇女，始乱终弃，几无羞耻可言。小说的结尾，他们的败德终于引来了一场"怪火"。

周大新在自己的小说中对家族文化的全面展现和深刻反思也极富儒家传统文化内涵。与其他民族相比，中华民族的家族观念可谓根深蒂固。在这种以家族为本位的社会中，一切社会组织都是以家为中心，人与人之间的关系大都以家庭关系作为基点。于是，家族文化就成为我国传统文化的重要组成部分。在中国，从某种意义上说，家族文化是中国人的一种集体无意识。《铁锅》通过郝家两代人为造出"郝家锅"前仆后继、不顾一切甚至甘愿为这一事业献出身体的奋斗历程，已经让人初步感受到传统家族文化图腾的魔力。而这一魔力在长篇巨著《第二十幕》中则被演绎到了极致。尚氏家族把织出"霸王绸"、振兴祖传丝织业作为自己家族的信仰。为了实现这一家族梦想，最初是尚安业以家族的名义，逼迫儿子尚达志狠心舍弃了与他热恋的盛云纬，忍气吞声地看着她被他人霸占。于是，云纬一生的悲剧命运从此被注定，尚达志毕生的感情生活也变成了空白。后来，尚达志自觉自愿地继承父亲的遗志，要么是为了祖业卖掉自己的女儿，要么是逼着自己的儿孙不能按照自己的爱好去选择自己的人生道路，还有几个甚至为之牺牲了性命。尚氏家族可以说为此付出了极为惨重的代价。

在对家族文化图景作生动展示的同时，周大新还努力在深层次上揭示出家族文化代代传承的运作机制。在《第二十幕》中，小说通过"早上背书"和"跪对祖宗牌位"这两个典型的场景，描述出了尚家代代儿孙成长为"应该如此"的尚家人的过程。尚安业把尚达志生生塑造成了自己的模样，尚达志又按照父亲的要求来塑造尚立世等人。在这一艰难的过程中，以群体规约个体，以理性压抑感性，由家族利益导致的个体生命、幸福的毁灭以及人性的扭曲自始至终从未有间断，而且常常作为情节链上最主要的环节承载着作者对家族文化的批判和反思。

  儒家文化作为一种内在的文化底蕴，不但决定了周大新的精神追求和人格理想，而且潜在地影响着周大新的创作理念和走向。周大新小说中蕴含的儒家文化精神，是与作者自觉研读传统文化经典、幼时南阳民间生活体验及其独特的生命体验密切相关的。他在豫西南农村度过了人生中至关重要的青少年时期。故乡的人情习俗、历史遗迹，特别是南阳历史上为数众多的文化名人心怀天下、建功立业的英雄事迹，潜移默化，长久地浸润着他，形成了他最初的也是最本色的文化心理。

文化的自决与文学的自觉
——周大新小说的文化形态学诠释

石长平（许昌学院学报编辑部，河南许昌 461000）

摘 要：在周大新的诸多部小说中，不同类型的文化形态以支配性因素左右着人物的命运，引领故事情节的缘起和转进，也构成了社会历史演进的内在动力。而文化形态之间的对立融合也暗含着时代变化的路线图，从而契合了中国从改革开放之初到21世纪不同文化之间冲突消长的历史事实，以文学文本的形式艺术地记录了不同文化形态在中国现代社会转型期内互为独立又互为开放的演变轨迹。这既表明了周大新小说之于文化的历史承载意义，也昭示了他所一直持守的现实主义的创作范式对于现实社会的深刻反思和理性批判，并借此表达出作家的文化忧虑和文化建构立场。

关键词：周大新；当代小说；文化形态；文化批判

中图分类号：I207.4　**文献标识码**：A　**文章编号**：1001-8204(2014)02-0134-04

从形态学来研究文化，德国历史哲学家斯宾格勒首开先河。他认为文化形态学就是研究各种文化有机体所经历的整个生命历程，世界历史就是各种伟大文化的历史。"人类的历史没有任何意义，深奥的意义仅寓于个别文化的生活历程中。"斯宾格勒的理论中有合理的成分，但他过分夸大了文化的差异性和不可通融性，从而走向了相对主义。与斯宾格勒的观点不同，英国历史学家汤因比在其《历史研究》中集中探讨了各种文化的起源、生长、衰落与解体的机制。文明是文化的高等形式，文化形态意义上的文明是一种思维和信仰形式、一种存在模式或一种生活样式。因而，在他看来，每一种文明的深层内涵都与人类文化、精神状况密切相关。不同文化形态是可以也必然会相互影响、相互融合的。作为文化的最高形式或高等形式的文明，它的生长在于人对一系列挑战的成功应战，在于人对于环境的反省意识和自决能力，这些环境的挑战主要有艰苦地区的刺激和压力的刺激等。文学从来就是文化的重要组成部分，而文化也以不同的方式深刻地制约和影响着作家的思想和写作，并在作品中或隐或显地体现出来。

汤因比等人的文化形态理论为我们解读文学文本提供了别一视域。在周大新的诸多部小说中，主要有两种意义的文化形态出现：从民族、国家角度上分，是中国的本土文化与西方文化，这是大文化形态；从地域环境上区别，是在中国本土文化之中衍化和表现出来的乡村文化与城市文化，这应当被称为亚文化的形态。这两种不同意义上的文化形态，在其小说中明显地存在着。很多时候，它们以一种支配性的因素左右着人物的命运，引领着故事情节的缘起和重大转进。不仅如此，从历时性上看，从写作于20世纪80年代的中篇小说《香魂塘畔的香油坊》到2006年的《湖光山色》，小说中对于文化形态对立融合的反映暗含着时代变化的路线图，那就是从本土文化与西方文化到乡村文化与城市文化的演变。也就是说，前期小说中主要表现中国本土文化与西方文化的融合，后期小说中主要表现乡村文化与城市文化或者说农业文明与工业文明的冲突和融合，从而契合了中国从改革开放之初中西文化的碰撞到21世纪农村文化与城市文化之间的冲突与融合这一历史事实。这既表明了周大新的文学文本之于文化的文献记录或历史承载意义，也昭示了他所一直持守的现实主义的创作范式对于现实社会的深刻反思和理性批判，并借此表达出在社会转型期作家的文化忧虑和文化建构立场。

一、本土文化与西方文化的文本反映

何为西方？人们对这个问题的回答各有所持。但一般而言，有以下三类答案：第一，西方是与东方遥遥相望的地缘政治体；第二，西方是有先进生产力的发达资本主义国家的总称；第三，西方是指人文风俗与东方迥然不同的欧美各国。笔者认为，西方是那些有先进生产力的发达资本主义国家的总称。而所谓西方文化，是指包括哲学、人文精神、宗教信仰、政治制度、法治精神以及企业管理等在内的文化体系。在此意义上说，西方应当包括地理位置处在东方的新加坡、韩国和日本等。日本战败后，美国在日本推行民主制度，使日本从制度和文化上更加西化。新加坡文化的西方色彩更为浓厚，其文化结构恰恰是英国的价值结构，是欧洲法治精神的结果。因此，至少从政治制度、法治精神、企业管理等方面来看，这些国家的文化也应当被涵盖在西方文化形态之中。

在对文化形态的研究中，汤因比提出了"挑战—应战"理论。他认为"挑战—应战"是文化形态学理论的一条基本法则，汤因比借此阐述了文明进步的动因。在他看来，文明进步的动力在于：人类社会不断遭受挑战，具有创造力的人引导文明社会的大多数人应对挑战；旧的挑战被克服，新的挑战又起，如此循环往复，文明社会方能迈步向前。事实上，文明的产生与进步正是客观环境与人类实践交相作用的结果。没有客观环境的挑战与个人欲望指导下的应战，人类文明就不可能有发展演变。因而，汤因比文化形态学说中更多地侧重于不稳定的人性因素。他认为文明起源于环境（包括自然环境和人文环境）的挑战和人的应战，文明的生长在于人对一系列挑战的成功应战，在于人的自决能力。"对于一系列挑战的某一系列胜利的应战，如果在这个过程当中，它的行动从外部的物质环境或人为环境转移到了内部的人格或文明的生长，那么这一系列应战就可以被解释为生长现象。"这一生长就是文化形态的融合和转型过程。它改变了原有的文化内涵和形态，也就改变了人的本质力量和价值观念，改变了人的命运乃至一个地域里族群的命运。环境刺激，自决能力、应战能力的不断历练，为其发展提供了鲜活的动力源。

周大新写作于20世纪八九十年代的《山凹凹里的一种乔木》对此有最好的体现。"艰苦地区的刺激"构成了环境向人挑战的契机，而异质文化参与迎战并改变旧有的文化形态。小说中齐、逯、洪三姓几代人居住在一条山沟里，形成三个相对分散的自然村落。这个到处长满了名贵中药——山茱萸的深山却几乎与世隔绝，如果要到外面的街市上去，需要走上三天的山路才能到达。由于周边没有其他居民，所以三姓之间就相互嫁娶，几辈人下来三个村庄的人都成了亲戚。近亲结婚已经给逯家带来了两个傻子——逯二北的姑姑和哥哥。当年轻的逯二北与齐家姑娘天兰结婚后，他们始终担心的事情还是发生了——生下的孩子是个傻子。满怀恐惧的他们一起到山外的医院检查,结果都很正常。医生问明情况后告知他们是近亲结婚的原因,说要想生出健康的孩子,就得各自离婚,在山外另找对象。但深山僻壤,家境贫寒,逯二北哪能到山外找到媳妇?无奈之下,他奶奶想出了借种生子的荒唐想法。夜半时分,矛盾痛苦之中的二北赶走了山外男客,在自杀未遂后,长时间生活在断绝香火的绝望之中。几年后,来自新加坡的商人看到满山遍岭的山茱萸,花大价钱买下了这些中药材。从此,二北发财了。他体面地离了婚,走出深山,在山外街市上开了一家以山茱萸等中草药为主料专事养生的"药食店",娶了财会学校毕业的大学生肖琳。他的个人生活乃至逯氏家族迎来新的生机。

山茱萸是名贵滋补药材,可以滋养茁壮强健逯二北的身躯,但无法拯救逯家即将断灭的家族命脉。在这里,二北所根植的文化是典型的本土文化象征,而新加坡客商余先生则代表着一种外来文化——它是西方文化的一种。西方文化在此扮演了拯救者的角色。没有它,逯家和齐、洪二家都将自行灭亡。封闭带来了贫穷,穷困加剧了封闭,这正是那个时期本土文化的现状与表征。山茱萸在某种意义上是两种文化交融的一种中介。看似金钱带来的命运转折,其实是先进文化对落后文化的活力注入。它赋予山茱萸以新的价值,激活并生成了一种新的价值观、认知观和生存方式,促使原有的文化内涵发生变化,进而悄然转变其旧有形态,从而形成了一种新的文化,使文明开始在新的节点上转进。

《铁锅》讲述的是麻山镇郝家发展铁锅制造这一祖业的曲折故事。郝家世代以制造铁锅为业,但到了近代以后屡屡受阻:先是日本人入侵,接着是国共战争,造锅的事业两度中断。战争中,老三郝祖宛离乡逃亡,从香港辗转到了英国。新中国成立后,哥哥郝大宛和秋芋响应号召重操旧业,创办了东方红铁锅厂。但好景不长,郝家的铁锅制造业又在大炼钢铁中被迫中断。直到20世纪80年代,已成为利物浦大型锅厂的董事长郝祖宛回乡投入巨资,使麻山铁锅业浴火重生。郝家世代的手工作坊将在现代化的生产线上获得巨大的活力。而这一活力来自英国的资金、生产方式和管理模式,这一活力来自于西方文化。在这一文化的春风吹拂下,根植于本土的文化之树才能老树生花,得到凤凰涅槃般的重生。西方文化在这一文本中依然是以拯救者的姿态和作用出现的。尽管人还是郝家的人，但郝祖宛不仅仅是叶落归根的游子，更是西方文化的使者。

开始于1988年、写成于1998年的《第二十幕》，描述了代表中国民族工商业的南阳"尚吉利"在整整一个世纪所经历的艰难的创业历程。全书以尚家祖孙几代人发展"尚吉利"织绸作为主要线索，表现了作为工商业者的尚家、知识阶层的卓家、官宦之人的栗家以及盛家等几个不同家庭几代人在一个世纪中的命运沉浮。在展示民族工商业兴衰时，文本还展现了广泛而深刻的社会文化图景——中国传统的儒商文化与西风东渐过程中的西方文化碰撞抵牾与吸收融合，在更深层面上反映出作者对民族精神和民族文化的理性审视与哲学思考。

对具体的人而言，文化的先在性是无可逃避的。南阳"尚吉利"丝绸织造一开始就必然建立在本土文化的土壤之中。而它在一个世纪中所经历的兴衰荣辱，却自始至终都与西方文化有着千丝万缕的联系。在"尚吉利"丝绸发展、发达的每个阶段，西方文化都以不尽相同的方式给予很大的影响。

作为民族工商业，受西方文化的影响首先表现在商业文化上。而代表本土文化的"尚吉利"丝织业在此刺激下应战成功了，这一挑战贯穿文本的始终。清朝末年，朝廷式微，民生艰难，产品销售的多寡决定着商贾的成败生死。"尚吉利"丝绸首次到美国旧金山万国商会参赛后，费城皇冠绸缎公司经理汤姆逊订购1000匹丝绸，以大单买入的方式促使其发展。民国时期，在北平展销会上，英国人威廉以及美国、法国商人共买入6000多匹。抗战时期，丝织业遭受了巨大冲击。在重庆得到美国大使夫人弟弟的订货单，使积压的货物有了销路，资金周转得以实现。同时，也使尚家看到，即使在战乱年间，外国人对南阳丝绸的兴趣依然不减，这大大地增强了尚达志扩大生产的信心。中华人民共和国成立后，先是在20世纪五六十年代的广州展销会上获得了英国人威廉13万米的货品订单，然后是改革开放后又在日本展销会上获得了100多万米的订单，最后是成为20世纪90年代栗温保的孙子在纽约唐人街开的梦宛丝绸的最大供货商等。这些文本中所叙写的事实都显在地昭示了在不同的历史时期，每当尚家的丝绸行业生意凋敝、销售停滞的关键时候，代表西方文化的公司或商人都及时出现，以大批量买进的形式给尚家丝织业注入资金，使企业得以继续运转，使生产能力得以提升。其次是科技文化的支持。清末民初，尚家到汉口买机动织机是最好的明证。放弃效率低下的传统手工作坊，采用较为现代化的机器织造，尚家丝织才在南阳城中立住了脚，才成为当地最大的现代丝织企业。行为来源于主观思想的指导，所有这些商业实践正是建立在对一种文化形态的肯定和吸纳的前提下。认同洋人的文化，跟洋人打交道，事业才可能发展、发达。在近代以来的中国社会现实中，它不仅是商业规律，而且是中国传统文化在吐故纳新后方可获得进步的历史趋势。

在这个意义上，《第二十幕》不仅仅是一部近代中国民族工商业从艰难举步到渐入佳境的发展史，更是本土文化在外来文化冲击下的客观环境里挑战—应战成功的历史写照。它不仅要告诉读者，擅于坚守、勇于拼搏就可能使事业得以延续和辉煌，也许更想昭示的是：广于包容，善于吸纳一个时代先进的文化更是一个民族生生不息的智慧源泉。唯有此，一个民族的文明乃至全人类的文明才可能向前演变发展。当然，这种影响不是谁吃掉谁的吞噬兼并，而是文化间"互为主体性"的一种逾越。这种逾越是指文化之间在保持独立发展中的互相比较、互相转化。

二、农村文化与城市文化的文学表达

一般认为，亚文化是整体文化的一个分支，是由各种社会和自然因素造成的各地区、各群体文化的特殊方面。例如，因阶级、阶层、民族、宗教以及居住环境的不同，都可以在统一的民族文化之下，形成具有自身特征的群体或地区文化，即亚文化。亚文化是一个相对的概念，是总体文化的次属文化。一个文化区的文化对于全民族文化来说是亚文化。亚文化对于深入了解社会结构和社会生活具有重要意义，也为表现这样一种社会生活的文本提供一种清晰的视角。进入21世纪，中国在改革开放之路上已行走了20多年，西方文化中的许多新锐因素业已被国人接受认同，体现在思想观念、思维模式、政治和经济生活等诸多领域，已经内化为一种新的义化——现代城市文化。此时，文化冲突已不体现为本土文化与外来文化的冲突，而是体现为城市文化与农村文化或者说现代商业文化与传统农业文化之间的激烈碰撞和艰难融合。文明的生长存在于人对一系列客观环境和外来因素的挑战—应战中。在这个过程中，人的自决能力进一步凸显出来。在外界刺激因素的作用下，人性中非理性因素的作用也使必然性中带有了更多的偶然性因素。因此，通过表现人性的嬗变来观照反映文化形态的衍变成为这一时期周大新文学思考的关注点。

2006年完成的《湖光山色》正是这一文化形态冲突转型的真实记录。它描述了一个曾在北京打过工的楚王庄的女孩子楚暖暖同命运抗争、追求美好生活的曲折经历，展示了乡村社会在城市化进程中发生的巨大变化。文本既展现了暖暖在城市文化的影响下对已有乡村理想的更新，也展现了旷开田在城乡文明冲突中经受不住权力与欲望的诱惑由善而恶的嬗变，展示了当前乡村文化的变革。在这一变革过程中，在城市文化的影响下，乡村文化的变革使人们既看到了在城乡文明的冲突中因权力欲望的诱惑而产生的人性的扭曲，又看到了城乡文明对垒下的乡村文明自我持守的艰难和坚韧。作品对于文化的思考是具有穿透力的。两重文化形态的碰撞互融，显示了作者文化批判的力度和深度，蕴含着对现代文化重建的理想期冀。

应当说《湖光山色》是从文化的角度提供了新时代乡村的一种典型叙述。这里，城市文化更显明地表现出双面人的角色——既是拯救者又是伤害者，呈现了相生相克的悖论。首先，北京的谭教授代表城市文化积极的一面。由于他的到来和思想启蒙，给这个独处一隅的楚王庄带来了生机。楚长城和凌岩寺等历史文化被赋予了新的文化价值和经济价值，城市文明唤醒了沉睡的乡村农业文化，给主人公暖暖和楚王庄的命运带来了前所未有的改观。以薛传薪的五洲公司为代表的城市文明则呈现出了消极的一面，表现出对乡村固有的文明价值和文化秩序颠覆、毁灭的一面。他来到楚王庄，带来的是拜金主义和拜物教，带来了膨胀的物欲和私欲。唯利是图和极端个人主义与乡村文化中残存的封建专制意识迅速结合起来，激活了积淀在人集体无意识中的邪祟与罪恶，使金钱、权势乃至淫荡堕落成了支配人们理想和行为的动因。饱受权力之苦的受害者旷开田变成了以权欺凌他者的害人者，楚王庄原有的宁静被完全打破，朴素淳厚的民风被物欲、人欲吹得荡然无存：男人们纷纷加入嫖客行列，清纯的乡村女孩成了娼妓。善良和正义在乌烟瘴气中被掩埋。文明在此呈现出明显的严重退化，遭遇了前所未有的文化危机。城市文化中追逐经济利益、倡扬自我个性等在道德监督和法律约束相对缺失的环境中，与农村文化旧有的畏官、贪欲等封建思想和人性固有弱点结合起来，形成一种畸形的价值观念，支配了农民的思想和行为，颠覆了乡村文化中原有的价值观念，破坏了原有的乡村秩序。这里，城市文化扮演了戕害者的角色。

　　城市文化中积极向善的因素被谭教授和暖暖带到乡村，而城市文化中丑恶的一面被薛传薪这样的人带进乡村，两种文化的冲突便难以避免地开始了。小说以詹石磴、旷开田这两个人物形象在冲突中人性的真实演变来展示这一冲突对人的深刻影响：一个由丑恶到悔悟、渐生向善之心，一个由良善而走向丑恶。文本在情节的舒缓发展中生动合理地表现了人性的动态折转。通过对人性的截然变化来叙写文化之冲突和交融，是对文化形态撞击交融的一种真实而深刻的表现。

　　顾乃忠认为，文化与人性的关系在某种意义上说是一个事物的两个方面，即文化是人性的外在表现，人性是文化的内在本质。因此，人或人性的演进与文化的演进实际上是同一个过程。周大新说："作为一个小说作者，回顾这30年自己的创作，觉得有一件事是一直在坚持做着的，那就是对人性所进行的持续不断的探索，从而使自己对人自身的认识前进了一步。"对人性的深度展现和揭示就必须在一定的文化背景下进行，特别是在不同文化形态交锋的时候人性的善与恶表现得尤为突出和充分。在此意义上，对人性所进行的不断的探索也正是对文化形态的不断关注和探索。

　　需要指出的是，作者是有意把叙事场景置放在南水北调的"丹湖"的。因为那里秀美的湖光山色与善良淳朴的民风可以抵御和消弭城市文化中消极的东西，在城市文化与乡村文化的碰撞中最大限度地持守和保存这一地区特有的社区亚文化形态的本质。更重要的是，那也是一个隐喻，暗含着乡村文化与城市文化之间的相互依存、相辅相成的深刻关系：城市文化以其新锐和开放性影响着乡村人的思想观念与生活方式的更新，而农村文化则以其原生态的生存理想和传统的道德价值哺育着在社会转型的大变动中日益浮躁和失范的城市文化。

巴赫金说过："在文化领域内，外在性是理解的最强有力的杠杆。异种文化只有在他种文化的眼中，才得以更充分和更深刻地揭示自己。在两种文化发生这种对话性相遇的情况之下……它们却相互丰富起来。"周大新的小说以文学文本的形式艺术地记录了不同文化形态在中国现代社会转型期内的表现和相互影响，在不同的社会历史时期里的互为独立又互为开放的演变轨迹，既表现了作家通过异质文化进行对话来推动文化形态的创造性转化和优化，对南阳区域文化这一亚文化形态的价值与命运的理性沉思，对社会问题的文化根源性观察批判，也彰显了作家的文化建构策略和对文化生态下个体生存的人文关怀。

周大新：我想写让人感觉温暖和美的作品

宋庄

2016年1月18日，《当代》长篇小说论坛举行。在年度长篇小说评选中，周大新的《曲终人在》成为2015年度五佳作品之一。

在这部作品中，周大新尝试了一种"虚拟纪实文学"的叙事方式，以已故的清河省省长欧阳万彤之妻常小韫邀周姓作家为欧阳万彤写传记为线索，通过传主生前的亲人、朋友、同事等二十几位讲述者（他们的身份包括官员、大学教授、司机、农妇、演员、企业家和杂志主编等）的讲述——讲述视角、语言风格、对传主的评价各异，串联起这位政界人物的官场人生。这些回忆并未回避时下中国社会特别是官场的某些弊病，而作者所塑造的欧阳万彤这一角色下的为人为官之道尽显一位"好官"的正面形象。

首都师范大学文学院教授、博士生导师张志忠用苏轼的"大瓢贮月归春瓮，小杓分江入夜瓶"来形容周大新总能把质朴、平庸的细节描写得有诗意。"并且他的作品中经常会寻找一个象征物，除了写实又有一点超越，有一点形而上的东西，使其作品更具有诗的意蕴和哲思。"张志忠说，周大新文如其人，他和他的作品既有使命感，又有智慧；其智慧既包含生存智慧，又包含政治智慧，体现了中原作家的特色。

这些特点在周大新的《汉家女》《湖光山色》《向上的台阶》等作品中都有所体现。作为一个乡土派小说的作家，周大新刚开始只写南阳盆地，格局小，开拓创新的这一面相对不足、力度不够。但后来到了20世纪八九十年代，其作品思路转换，格局大了，他的眼界开阔了，更具有现代意识。如果说《第二十幕》是一种心灵的还乡，那么《湖光山色》里面的暖暖就代表周大新从行动上的还乡。作为周大新的老朋友，河南省作协主席李佩甫注意到，对于人生中的两次打击，周大新采用了精神转移法，分别写出《第二十幕》和《安魂》。"周大新一直是受魔幻现实主义影响较小的作家。当大家都被魔幻现实主义阴影笼罩的时候，周大新没有被笼罩。周大新一直在跋涉，在左冲右突，企图在文学上建立自己的文学形式。周大新一直都在讲述中国故事，他是标准的中国故事的讲述家。"

　　成绩背后谁能想到他曾有过在文学起步时倍受"打击"仍不屈不挠朝着理想迈进的过去呢？周大新的第一部长篇小说，写完后给朋友看，朋友不屑地说："你写的这是啥啊？"他很失望，回去就把手稿烧了。处女作刹那间化为灰烬，然后他的心中要成为作家的火苗却烧得更旺了。"我从小就对写书的人非常崇拜，书是什么不知道，就是想写书。小时候老师老拿我的作文当范文，让我觉得我也可以写。"他说。他那么喜欢读书，即便是"文革"期间，他也没放弃过，和同学们一起，从学校图书馆被砸坏玻璃的窗口跳进去，如饥似渴地阅读了能看到的所有作品。

　　"我也可以写！"这个念头像个小苗，在周大新的头脑中顽强地生长着，愈来愈茂盛。他悄无声息地一步步地接近自己的文学梦想。参军了，他当的是测量兵，忙里偷闲准备了很多资料想写个大地测量的作品。后来却被调到机关当干事，整天写公文，写那本书的愿望始终没有实现。长篇不成功，他改变了主意，先从短篇入手。很快，《济南日报》刊发了他的短篇《前方来信》。他像是一个战场上观察细致又擅于指挥的将领，在文学创作上娴熟而自信地及时调整方向，"长枪不行用短炮，陆军不中换空军"，始终保持着高瞻远瞩的清醒。短篇写得顺手了，他又写了个中篇《军界谋事》，投给了《长城》杂志并得奖。这对周大新是个极大的鼓励。从西安政治学院毕业后，他要求去前线采访，完成了《汉家女》。作品发表后有批判有叫好，周大新有些紧张，他不知道自己到底写好了还是写砸了。

　　他的顾虑很快就解除了。这一年，《汉家女》获得全国短篇小说奖。这个奖让周大新吃了一颗定心丸，使他下定决心走写作这条路。

　　如果说此前的创作是盲目且没有任何艺术准备的话，那么1985年之后的周大新就开始认真思考自己的文学创作道路了。他想，自己必须和生活的土地联系起来，作品才有可能深刻。于是，他将目光从部队转向南阳的土地，关心乡亲们和伙伴们的生活。长篇小说《走出盆地》就是在这时候完成的。此后的《第二十幕》，应该算作周大新对家乡生活的总结。他想，写完这部作品就对得起自己的家乡了。

军人气质体现在周大新的创作中，就是他勇于不断地挑战自我，敢于变化题材，敢于抢占不同领域的制高点。写完农村题材，他又想：自己18岁出来后一直在城市生活，却没写过城市文学作品。于是，就有了《21大厦》。"真正写的时候，我发现还是不了解城市，不像我写农村人、军人那样得心应手。写完这一部我又停下来，思考哪一个是我最能写好的。我经常反省。有一段时间没有了感觉。我写了关于明朝战争的《战争传说》，虽然是历史上发生的战争，但和军人生活密切联系。写完后有人评论，历史题材仍不是我擅长的。我还是回到了农村，农村是我熟悉的，尤其当下农村生活变化快，震荡大，应该加以表现，这时我写了《湖光山色》。"周大新说，他很想经过不同的尝试，检验自己的能力，确定自己朝前走的方向。因为每写一部几乎倾尽自己全部情感生活的积累，他必须不断挑战新的题材领域，以激发新的思考。"现在我也不后悔当年写作《21大厦》和《战争传说》，毕竟是我在另一领域的探索。除了《人事》和《向上的台阶》这两个中篇我比较满意，其他每一篇写完都是不满，老是没达到自己的目标，还觉得可以写得更好。心里想的和文字下呈现的是有距离的，只好想着在下一部作品里弥补了。"

记得所有关心过自己的人

托尔斯泰的《复活》对周大新的影响很深，成为他在文学创作中的动力之一。"最早读《复活》是在连队，连长常偷偷在床上看，我们借，他也不让。后来趁连长出去，我悄悄地拿到了那本书。书没有封面，可是书里的爱情生活非常吸引我。这本书征服了我，让我好长时间都在想这个事。我想要能写这样的书该多么了不得！"后来，周大新才知道，这本没有封面的书是托尔斯泰的《复活》。他又从内部书店买了托尔斯泰的《战争与和平》，一口气读完。这部作品震撼了周大新。他忍不住又买来了托尔斯泰的所有中短篇和《安娜·卡列尼娜》。他说："他的所有作品都体现一种爱。不要条件地爱他人。他的这一思想很合我的心意。人是很需要爱的，他从思想上影响了我。"

成长道路中，沈从文对周大新的影响不可不提。周大新最早读沈从文的《鸭子》像遇到托翁的作品一样。周大新把沈从文的所有小说、散文都找来了。花城出版社出过的《沈从文文集》，他全读完，觉得书里有对普通人生活的关注和理解，与自己的生活经历相似。"我熟悉的就是普通的农民。他写的生活和我的生活相仿，他的路子值得我研究并去走。我的很多作品也写底层小人物的悲苦无奈。"

从事创作多年，周大新对于自己遇见的好编辑，一直心存感激。解放军出版社的刘林编辑，比周大新大一两岁。当周大新将《汉家女》交给他时，周大新的心中是有些忐忑不安的。因为他自己明白，作品中的一些描写有些人可能接受不了。但是刘林果断地决定出版，出版后引起很大反响和争议。"如果刘林当时否定了它，我可能就不写了。《走廊》写了真正的战斗，这部作品也引起很大麻烦，也是一位编辑给予我支持。他们有眼光，给我很多鼓励。如果没有他们，我可能也就不干了。我对他们充满感激。跟我交往的编辑，我都记得他们的名字。"周大新说，一个人的成长，离不开他人的关心和扶持；尤其是创作初期，在作者自信心不强时，如果不是遇见好编辑，可能就立不起来。而他的第一部长篇小说写完后还写了个剧本，却都以失败告终。他也曾怀疑自己，是否是干写作这个行当的料。"我就是赌着一口气写，慢慢地有了发表的作品。"

30年首推军事题材长篇小说

说来有些奇怪，有着近30年兵龄的周大新，军事题材长篇小说的写作居然如此姗姗来迟。他说，一直没有写军事题材的作品，是因为没找到能令自己激动起来的题材。"在大家都熟悉的题材领域，我很难写得比别人好。俄罗斯死了100多名学生，给我很大震动。恐怖主义是世界性的问题，甚至是人类成长史上面临的重大事件。人类文明发展到对生命的珍视，是个巨大进步。现在又对生命漠视。战争是成年人之间的互相搏斗，恐怖主义是以毫无过错、完全无辜的妇女、儿童和老人作为杀害对象的。世界上每天都在发生恐怖袭击事件,而且还把它作为一种英雄行为。这对于普世观念来说,是人性的倒退。"作品完成之后不久,发生了"七五"事件,周大新再一次以军人的前瞻性,以作品给社会作出了名副其实的"预警"。

"这本书不仅仅是对军人的预警,也是对社会的预警。怎么根除滋生恐怖主义的土壤?腐败容易滋生恐怖主义分子。有一种预警是对人生的预警,每个人一生中不知会遇见什么,有很多陷阱或不测就在你前边的路上等着你,谁也不敢保证自己不会掉进去。我写的发生在主人公身上的事,也是我个人经历的。根本预料不到的事情,在人生中发生了。"《预警》又让周大新回到了熟悉的军事领域。故事跌宕起伏,读起来就像一部悬念迭生的希区柯克的大片,处处布满疑云,让人感到紧张刺激。周大新说:"我想表现三种预警:第一种是对战友们的预警,让他们关注这场反恐战争;第二种是对社会的预警,希望社会关注恐怖主义自身的发展;第三种预警就是对人生的预警,人生会面临很多诱惑,一不小心就会陷入其中。"他说:"有很多灾难也是由欲望引起的。今天,很多事情都在发生,很多人控制不住自己。我写的主人公,跟我岁数差不多。我就是写我们这一代军人,从困难时期长大,前半生谨慎小心,事业上成功以后,有些人得意忘形了。就像我熟悉的一些朋友,有部队的,也有地方上的,前半生辛辛苦苦地工作,后来没有抵住欲望的诱惑,最终丢了官职,甚至入狱。这种悲剧他自己没有想到,家人也没有想到。"

周大新将军旅小说分为三类。第一类是战争小说,直接表现战争,包括历史上的战争、边界战争、自卫反击战。第二类是有关和平年代的军营生活的小说。他觉得这一类小说更为难写,要写出跟同行、前辈不同的作品很难。这也是他不轻易去写的原因。还有一类是写历史上古代军事博弈的小说。这三类小说,周大新都尝试过。《预警》的写作,他觉得是相当"过瘾"的,因为在周大新的内心深处,一直想在战场上指挥打仗,如今这个理想只能在他的笔下完成:"写作战局长,我就是作战局长,所以这次写书也让我过了一把指挥作战的瘾。"

如同处于备战状态的士兵,周大新时刻警觉着,哪怕是茅盾文学奖的桂冠等诸多荣誉和奖项冠于自己名下。他说:"作家的写作是没有终点的赛跑，快乐只是拿到新书的一瞬间，很快又要进入下一部作品的创作，没时间，也没法陶醉。世界上那么多优秀作家都在往前走，而且他们的每一部都有新的进步。"他也很羡慕一年一部作品的作家，但同时他又不打算改变自己的进度。"我写得慢，我就想一步一个脚印，每步都能往前走一点，更接近对人生真谛的探索。"

2008年夏天，周大新29岁的独子因脑瘤告别人世。周大新把对儿子的忏悔与牵挂都写进小说《安魂》里。

《安魂》是一部令人心碎的感人之作，也是一部具有生命启示录性质的作品。这部作品获得2012年度《当代》最佳长篇小说奖，但是颁奖那天周大新提前离会了。

"自己写的书自己不敢再看，别人一提就会勾起我的很多回忆。"周大新说，自己写的是死亡，人死后会去哪里，他自然要给出答案。"那是为了安慰自己，同时也为了安慰天下所有将走近生命终点的人。有那样一个天国会让我们不再恐惧必将到来的死亡。"

他并没有把《安魂》仅当成私人的情感宣泄，这部作品同样体现了周大新作为作家的社会责任。儿子去世后，他和妻子向老家河南省邓州市捐献了100万元人民币，以儿子的名字命名建立了一个助学基金，用于资助邓州市每年升入大学的贫困学生。周大新说，儿子生前一直喜欢帮助他人，他们想让这种精神延续下去。

在《预警》中，情感上的腐败带给军人的影响已有所涉猎。在腐败腐蚀人心的问题上，作品发出了"预警"。而在《曲终人在》中，周大新又对腐败问题作了更深层次的探讨，并设想了人在官场有可能面临的种种压力，诸如来自亲朋好友的索取压力、来自上级的压力、来自与商人交往的压力等。

周大新说，自己接触过一些官员朋友，看到了一些官员的沉沦，对他们外表的光鲜和背后的苦恼也知道一些。"我特别注意到一种围猎现象，就是一个人当了官之后，四周很多人想尽办法要拿下他，以便让他为自己服务，所以一个人想做一个好官并不容易。"权力，有公权力和私权力之分。他希望对掌握公权力的人群的生存状况进行一次探查和表现，所以写了《曲终人在》。这些年，在我们国家，由于很复杂的原因，掌握公权力的部分人腐化严重，老百姓对这个人群的不满和议论很多。"我想通过这部作品，把我对权力与人的关系的看法写出来。"

《曲终人在》中的省长欧阳万彤几乎是个完美的人物。周大新在欧阳万彤身上寄托了自己对政界的理想。周大新说："我太希望我们国家的高级官员——省、部、军级以上的高官，能以国家和民族的利益为重，不再整天为个人、家族、小圈子的利益忙碌。须知，老百姓把管理社会的权利交给他们，不是让他们去谋取私利的。"他认为，文学的功能肯定不是仅仅告诉读者发生了什么事。现在是个信息爆炸的时代，文学要光靠讲故事或者传达信息是无法得到读者的喜欢的。文学还得通过叙事来传达一些精神层面的东西，要比新闻媒体或者说自媒体多一些深层次的思考。文学还有个提供阅读审美的功能，要给读者美的享受，而这些往往是新闻做不到的。所以，今天的文学写作应该逐渐回归这些文学的本来功能上。

南阳作家群创作中的"城与人"主题探析
——以周大新为例

刘彩霞（信阳农林学院文学与艺术教学部，河南信阳　464000）

摘　要：南阳作家群是文坛上一支不容忽视的力量，周大新是其中的代表性作家之一。本文从"城与人"的主题入手，通过对周大新两部知名小说的分析，考察生存空间的变化给人的精神带来的影响，并以此揭示作家对当下社会生活弊病的深度关切。

关键词：南阳作家群；周大新；城与人；变迁

中图分类号：I207.42　**文献标识码**：A　**文章编号**：2095-8978(2016)01-0073-03

　　南阳作家群是文学豫军的重要力量，也是地域性文学群落的典范，其中不乏优秀的现当代文学作家。周大新便是其中的佼佼者。这位从南阳盆地走出来的当代知名作家，一直致力于探究新时代下城市与乡村两种文明的撞击给身处其中的人带来的变化，并借此挖掘人性嬗变的种种因由和情状。事实上，"城与人"的主题在众多南阳籍作家的笔下皆有充分的展现，这些作家都如周大新一般，虽然离开了南阳，但心中始终怀揣着南阳盆地的山水草木，那片土地和那儿的人们始终是他们挥之不去的精神家园。本文即以周大新小说中的人物和事件为切入点，探讨作家是如何表现新时代下的城与人之间的关系的。

一、城与人主题

　　就某个角度而言，文学史就是一部关于"城与人"关系的探讨史。此处的"城"并非指现代意义的"城市"(即都市),而是指人们生活的空间,它既可能是城镇,也可能是乡村。钱钟书在小说《围城》写道:"城内的人想出来,城外的人想进去。"这里所指的"城"与此类似,只不过它更倾向于心理空间的描述。

许多伟大的作家倾其一生都在建构属于自己的独立王国——那些永远活在纸上的"城":福克纳的美国南方庄园、沈从文的湘西世界、莫言的高密东北乡、贾平凹的商州等。周大新的这种文学的自觉意识也十分浓郁。正如北乔指出的那样,他一直在创作中营建"南阳盆地",这一计划有着文化的整体构想和诉求。生活在城中的人与城的关系是十分耐人寻味的。人的活动和生存轨迹构成了城的存在,否则城便是一座死城、空城。同样,城的变迁也影响了人的存在,那些日新月异的变化对人的行为选择无疑产生着举足轻重的影响。城与人是文学作品中的永恒主题,在周大新的笔下也不例外。

二、城与人关系之一:当现代引入传统

《湖光山色》是周大新的代表作之一。在小说中,作家着力塑造了暖暖这一颇具真、善、美等高贵品性的女主人公形象。小说开场时暖暖便已置身落后贫穷的楚王庄村,在她风尘仆仆返乡的背后是北京这个现代大都会的巨大投影。暖暖作为打工者,曾经是北京某保洁公司的一员。这一人生经历暗示着她曾经接受过现代文明的洗礼,这也为下文暖暖和丈夫改变人生的种种举措埋下了伏笔。因为见过一点儿世面的暖暖,有别于那些地地道道的楚王庄人,所以才能在生活的逼迫下凭着天资和经验杀出一条血路。

作家详细叙述了暖暖和丈夫是如何从欠债全村到发家致富乃至成为楚王庄首富的。为了实现这一叙述任务,作家不惜在一开始将暖暖和丈夫的人生推入绝境。但正所谓绝处逢生,现实处境的艰难反而激起了二人与命运抗争的斗志。在由穷变富乃至带领全村走向共同富裕的道路上,暖暖可

谓功不可没。小说开始，她的那场婚事就显示了女主人公关键时刻的决断能力。可以说每一次转折关头的选择都是暖暖在推着丈夫开田前进，从成立农家乐旅游公司到竞选村主任，无不如此。整部小说的"乾卷"都是在这种一路向前、凯歌高奏的氛围中进行的，正如《易经》中的乾卦的卦辞那样："天行健，君子以自强不息。"暖暖和丈夫奋发图强，一个成为农家乐旅游公司的总经理，一个竞选上了村主任，二人将钱与权全握在了手中。

小说从"坤卷"开始让两人的状况急转直下。此时，暖暖与丈夫开田早不是当年那一对生活窘迫、感情上恩爱非常的甜蜜小夫妻。钱权在手，人不可避免地起了变化。整个楚王庄也早在夫妻二人的带领下发生了天翻地覆的变化，再不是当年那个缺吃少穿的落后农村了。整个"坤卷"才是作家叙述的重点。周大新想探讨的是：当物质匮乏的时代已经远去，丰裕的物质给生活在其中的人带来了什么？显然并不全是幸福和喜悦，反而平添了许多烦恼和忧愁。第一个起变化的便是暖暖的丈夫开田，他给暖暖带来的伤害也是致命的。小说一开始，作家便借青葱嫂子之口为后来的"变化"埋下了伏笔："这开田身上有一股狠劲。"这种狠劲用在对外拼搏上是优点，然而当他对内也发泄这股狠劲时，便是冷血无情。暖暖被前村主任詹石磴污辱的过往成了开田心里抹不去的痛，尽管暖暖是为了救他才不得已而为之，但狠绝的旷开田非但没有安抚比自己更委屈的妻子，反而将她痛打一顿后遗弃。事实上，旷开田后来的独断专行和冷酷狠绝已经与他当年万分憎恶的前任村主任詹石磴毫无二致。他一步步走上了詹石磴的老路，最终也锒铛入狱，让自己落入了人生的崖底。起变化的还有楚王庄的其他人。当游山玩水、发展旅游产业的农家乐项目遭遇外来投资巨鳄的侵入，楚王庄便再也不是当年丹湖湖畔那个山清水秀的世外桃源了。资本的恶显露无遗，人的贪婪和欲望也赤裸裸地呈现，旅游总公司蜕变为高级情色会所，村里的女孩子对卖身赚钱由鄙夷到向往。这一切都折射出钱的威力，也象征了"笑贫不笑娼"时代的来临。

在楚王庄的所有人中，只有一个人没有变，这个人便是暖暖。楚王庄的所有变化皆因暖暖而起，但那些变化远远超出了暖暖的预料。楚王庄那些因传统糟粕和资本堕落相结合而沉渣泛起的浊流是暖暖始料未及的。周大新在暖暖身上赋予了他最美好的寄托和愿望。从始至终暖暖身上的真善美品性就没变过，尽管暖暖的人生几经磨难，但磨难反而更彰显了人性的光辉。小说结尾，暖暖连污辱自己的詹石磴都原谅了，她在后者生命垂危之际还送去了医药费。小说的下卷命名为"坤卷"，暖暖的所作所为正如《易经》中坤卦的卦辞"地势坤，君子以厚德载物"。

《湖光山色》是周大新关于城与人关系的一次深刻探讨。在这部小说中，周大新建立了一种模式，即当现代文化被引入乡村后，将不免给生活在其中的人带来变化。可以看到，这种变化有喜有忧，在物质荒芜一去不返的同时也伴随着道德良知的渐行渐远。暖暖是周大新倾力打造的完美形象，在她的身上折射出作家难舍的心中最后一点美好情怀。然而在物欲横流的时代，又有几个暖暖能抵得住呼啸而过的滔天浊浪而不随波逐流？

三、城与人关系之二：当传统进入现代

《21大厦》是周大新探讨城与人关系的又一力作。在这部小说中，保安小谭既是故事的叙述者、旁观者，又是亲身参与者。小谭这种一分为二的角色安排，一方面方便了作家叙事，另一方面也使主人公在见证了大厦中形形色色的人生百态后陷入了精神迷惘的境地，为他最终悲哀的结局埋下了伏笔。

从表面上看，"21大厦"就是对北京这一现代大都会中某个高档商住两用大楼的命名，实际上"21"这一数字隐喻的是个时空概念——它象征了我们所生活的21世纪。在大厦中生活的各色人等正如社会上的三教九流，大厦就是一个光怪陆离的小社会的缩影。因此，从某个角度来看，《21大厦》中的生活情态是现实的，作者几近采用写实手法，这部小说也应当是一部关于现代生活的寓言。

如果说《湖光山色》中的暖暖是不得已从城市返乡的农村姑娘，那么《21大厦》中的小谭则是一个从乡村出发、积极寻求融入城市的有上进心的小伙子。小谭并非一下子从乡村迈入了城市，而是经过了在军队服役这一过程的历练，以优秀侦察兵身份退伍后闯荡城市的。小谭这一经历既显

示了作为军旅作家的周大新对军营生活念念不忘的情结，也暗示了小谭身怀一技之长进入城市试图以此在北京这个现代大都会站稳脚跟的希冀。小谭在21大厦中几经起伏，命运跌宕不已：先是因为侦察兵的优秀技能被派到最高层53层上班，这是21大厦的最高级住所；后又因抢劫案发生被惩罚性地派到地下2层停车场，这是整个大厦最低级的所在；后又因立功被提拔，并被圈套式的安排到了43层。小谭的命运如此波折，从来不掌握在自己手中，概因他只是一个从乡下进城打工的小伙子，一切都身不由己，甚至连情爱亦如此。小谭与梅苑在地下2层结识，正所谓："同是天涯沦落人，相逢何必曾相识。"梅苑与小谭本应是十分般配的一对情侣，可是梅苑在以非正常手段过上自己想要的生活之后，性情扭曲，反而成了压倒小谭最后一丝纯情的稻草。小谭最终选择像大鸟一样，以一种飞翔的姿态从21大厦顶楼跌落，既是满足自己当侦察兵时那个迟迟未能如愿的梦想，也与小说象征层面的意义有关。在小说中，每一楼层都出现过"黑雉"这一符号，正如有论者指出的那样："这种大鸟那阴郁之形神，给我的感觉是冷酷，是生存竞争，是弱肉强食。它那强烈的飞翔欲，却又代表人类欲飞的情结、超越的向往。"然而，欲飞，又飞不起来，人为肉身所限定，难脱物欲之枷锁。小谭最终实现了飞翔的梦想，却是以解脱肉身为代价，其悲剧性的结局令人扼腕。

如果说小谭是小说中首当其冲的悲剧式人物，那么另一个更悲哀的人物就是梅苑。梅苑在人生起步阶段受到过来自异性的伤害，她踩着过往的痛苦经历一步步走向人生的巅峰，终于住进了21大厦的43层。成功后的梅苑人性极端扭曲。她没有因为自己曾经的痛苦而善待别人，反而将曾受的侮辱加在小谭身上。梅苑以为这种报复可以弥补自己曾经的付出，却不知在她人生起步阶段的4楼餐厅里，在关键时刻，正是小谭给予了她的帮助和关心。后来，尽管小谭极端厌恶和反感梅苑，但那是因为一直坚持正确的价值观，不愿眼见梅苑一步步走向深渊。在21大厦这个人性之恶凸显的小社会中，小谭是唯一真正关心梅苑的人，却也恰恰是梅苑伤害最深的人。梅苑在物质丰裕之后，付出的是精神扭曲和再也不会快乐的代价，其所得所失发人深思。

"周大新文学创作学术研讨会"纪要

李静溪 张延文

2014年11月底,中国当代文学研究会、中国现代文学馆、郑州师范学院联合举办了首届中原论坛——"周大新文学创作学术研讨会"。来自全国各地的知名学者或作家白烨、陈福民、李洱、胡平、李国平、梁鸿鹰、高海涛、陈曦、陈晓明、王鸿生、张志忠、梁鸿、程德培、南丁、李佩甫、邵丽、何弘、孙广举等30多人,以著名豫籍军旅作家、第七届茅盾文学奖获得者周大新的创作与中国当代文学及民族性的关系为切入点,进行了深入研讨,并高度评价了周大新的文学创作。与会者的发言摘要整理如下。

1. 白烨(中国社会科学院文学研究所研究员、中国当代文学研究会会长)

中国当代文学研究会和郑州师范学院联合成立了中原作家研究中心。依据中原作家研究中心的宗旨,我们设计筹划了一年一度的中原论坛。我们以这个论坛为平台,以研究河南作家、中原作家为主,面向全国开展当代文学研究,尤其是怎样切近创作现状,研究其中的一些问题。这个设想在某种意义上,与习近平总书记在最近的文艺座谈会上的一些讲话精神不谋而合。这次研讨会是中原论坛举办的首届研讨会,大家云集,是当代文学研究中名副其实的盛会。

这次论坛活动,选取作家周大新作为研讨对象。周大新在创作上非常有活力,而且影响很大。他创作上最重要的一个特点就是复合型。很少有作家像周大新这样,涉及如此广泛的题材。比如,他20世纪90年代创作的长篇小说《第二十幕》,是民族工业题材;他后来获茅盾文学奖的《湖光山色》,属于当下旅游业的题材;他的《预警》是军事题材;近年创作的《安魂》,从总体上来讲,属于学人或者知识分子题材。同时,他还写出了《21

大厦》，这个作品，总体上来讲，涉及的是当下的中国社会，尤其是商业上的、精神上的某些困惑。这五部长篇小说，正好囊括了工农商学兵五个题材，一名作家的作品有这样的涉猎范围是比较难得的。有的作家在某一个方面做得好，也至多涉及其中的前三个方面。周大新的作品涉及的面很广，所以我们应把他作为一个非常重要的研究对象。可以说，从对他的文学创作研究开始，当代文学研究中心的文学研究真正进入了一个很高端的话题领域。

首先，河南作家在全国的影响非常大，队伍之雄壮，作品质量之高，在全国都是数一数二的。其次，河南作家的创作具有多样性。无论是在省内还是在省外，他们的作品影响力都非常大。所以，研究河南作家以及河南作家的作品及其创作、理论问题，会对我们当代文学的创作与繁荣有很大的促进作用。我们这个论坛，立足中原，辐射全国，将成为研究当代文学的重要平台。我们希望通过这个平台，实现作家与文学批评家之间的良性对话。我希望通过这个论坛，向文坛传达出它该有的声音。

《第二十幕》在周大新的创作中有着特殊地位，是他作品中的亮点、高峰，但同时也是被忽略、被低估的作品。这是一部典型的以小见大的长篇巨著。《第二十幕》通过尚安业、尚达志、尚立世、尚昌盛一家四代苦心经营的尚吉利织丝厂的艰辛历程，既写出了民族工业发展的步履维艰，塑造了民族工商业的典型代表人物尚达志，又写出了尚家几代人在治家、兴业中与各种权势力量之间的矛盾冲突，以及斗争中的此消彼长。它从一个独特的角度折射出了近百年的社会演变，在艺术地吸纳历史和熔铸思想上作出了自己独特的贡献。它弥补了当代长篇小说长期以来工业文明和家族文化题材的空缺。作者重点塑造了尚达志这个把丝织业当家业、更当作人生理想的执着追求者，对其倾注了满腔热情，给予了丰富的想象，使得这个人物一步步地超越一个手工业者的局限。他和《白鹿原》里的白嘉轩一样，都不失为民族文化和传统文化精神的典型代表。作者还通过对卓远的描写，揭示了一个很重要的历史真相，那就是：百年政治对于民族工业的萌生和发展基本上没有给过积极的推动影响，有的只是消极的作用；而不被看中的知识分子阶层才是真正立身民间、扶正祛邪的健康力量。

2. 张志忠（首都师范大学文学院教授、博士生导师）

周大新的小说表述有诗意，具有中原作家的特色。他的作品有着一个渐次变化的成长过程。周大新的作品就像苏轼的两句诗"大瓢贮月归春瓮，小杓分江入夜瓶"那样，能把质朴、平庸的细节描写得有诗意。并且他经常会在作品中设计一个象征物，除了写实又有一点儿超越，有一点儿形而上的意味，这使其作品更具有诗的意蕴和哲思。周大新文如其人，他和他的作品既有使命感又有智慧，其智慧既包含生存智慧又包含政治智慧，体现了中原作家的特色。这在其作品《汉家女》《湖光山色》《向上的阶梯》等作品中都有所体现。作为一个乡土派小说作家，周大新刚开始只写南阳盆地，格局小，开拓创新的这一方面相对不足、力度不够。但到了20世纪八九十年代，他的思维转换了，格局大了；他的眼界开阔了，更具有现代意识。如果说《第二十幕》是一种心灵的还乡，那么《湖光山色》里面的暖暖就代表周大新行动中的还乡、当下的还乡。

3. 梁鸿鹰（《文艺报》主编、评论家）

周大新的作品讲述的是典型的中国故事，反映的是中国人的生存方式、思维方式和情感方式。他的作品既写了在漫长的宗法制社会里，中国人背负着的因袭的负担，也写了他们在新的时代里，奋发向上、精神突围的追求。当然他的作品还写了在大变革时期，特别是军人在大变革时期所面临的奋斗历程和精神困境。周大新讲述的中国故事，是典型的从大地上成长起来的军人的理想故事，反映了一个当代知识分子的可贵的精神追求及其心路历程。他向我们提供的这些中国故事，是真正的有筋骨、有道德、有温度的故事。在他的作品中，我们看不到消极、阴暗面，看不到那种平庸、无为的情绪，他总是把一种向上的、理想的、明亮的东西展现给我们，这是周大新给我们最大的启示。前几年，我在一篇文章当中写到周大新的作品，是这样说的："人们不得不惊异于周大新叙述之庄重、语言之素朴，以及情节之简练、东方文字的端庄静谧与美丽，这些往往从不同作品中不自觉地自然流溢。每一位认真的读者，从他的不同时代的作品中，总能感受到浓郁的中国风格与气质扑面而来。理由很简单，他的作品一直很好地保存了我们民族文化的精神,他书写的文字是属于我们中国人自己的文字。"

4. 陈晓明(北京大学教授、博士生导师)

周大新的作品,结构大气,采用的是一种质朴本真的现实主义笔法。他的作品外在的历史结构是一种历史本身的自在状态,内在的是小说中人物心理的投射。其一,他的作品有生活含量,有历史含量,更有文化含量。周大新作品中讲述的历史是文化史。其二是他关于文化性格的书写。周大新的作品在文化书写和人物性格的刻画上,构成了一种辩证的关系。与贾平凹对西北文化单纯的处理方式不同,周大新表现的中原文化是混沌的,具有张力。《第二十幕》中的文化代码,体现在女主人公云纬身上。在整个资本发展的历史进程当中,她的性格是在变化成长的,是随着历史发展的。其三,周大新的作品凸显了中原传统文化的一个显著特点,那就是父子关系,这在《第二十幕》《银饰》《向上的台阶》中都有所体现。周大新在对女性形象塑造和描写上,也体现了中原特色,独具魅力。

5. 程德培(上海作协专业作家)

我发现了一个有趣的现象,那就是数字与周大新的关系。周大新是1952年出生,今年是62岁。这个"二"字好像对周大新很重要,如《第二十幕》和《21大厦》,题目中都是"二"字。尤其是《第二十幕》应该是周大新创作中,他自己也绕不过去的一部作品。有人说他写了一个百年史,实际上何止写了一个百年史。例如作品中的格字网,作者从格字网谈到恐龙,实际上是要研究地球上有生命的历史。对这个百年史,看似作者把时间拉得很长,但相对于地球上的生命史那不过是一个转眼的瞬间。《第二十幕》有很大的寓言性和超前性。因为我相信复杂性,所以我就想到"二"字与周大新的关系,不仅仅是书名。比如说善与恶、男人和女人、城市和农村,都是周大新作品讲到的"二元"文化的表现。所以,这个"二"字和他的小说内容有很大的关系。比如说现代性和人性、你到底是爱物还是爱人,这是我们永远难以回避、难以回答的问题。

6. 王鸿生（同济大学人文学院教授、博士生导师）

在当代社会文化发展的背景下，由于现代性当中出现的符号学的统治，还有整个现代国际资本的结构，这个三位一体已经形成了一种控制程序，替代了所谓的道德共识和传统权威的统治。这样的后果是20世纪文学的一个重要的使命就是重新寻找人。但三位一体是以消灭个体为代价的，这就是为什么我们能在20世纪90年代以来大面积的文学中看到的一种经验与语言的同质化现象：语言、故事和题材千篇一律。这是我解读周大新作品的背景。我讲三个关键词。一是情感伦理。周大新作品的特点是心灵和土地相结合。周大新的目光总是朝下，尊重自己笔下的所有人物。二是叙述语言。周大新把叙事和抒情结合起来，把方言雅化，这样就使抒情、叙事显得非常自然，对人的尊重就表现在他的语言态度上。三是汉语智慧。周大新自觉地把大叙事和小叙事结合起来。但是周大新的作品也有些问题：作品的吸附力还不够，不同价值观冲撞太直接，尤其是在进入情节流程以后变化不够多。

7. 南丁（河南省文联原主席、作家）

关于周大新的《安魂》，胡平写过评论。它跟刚才大家提到的长篇小说有不一样的地方，那就是：其他长篇小说是作者的观察、思考所得，而这个《安魂》是根据作者的亲身经历创作的。周大新亲历了白发人送黑发人的痛苦。作品上半部写的是儿子从出生一直到离去的29年的生涯；后半部分写到天国，灵魂到达天国后经过甄域、涤域、学域，最后到达享域，说明天国的确是公平公道的。这个虚拟的天国是周大新想象出来的，表现了周大新对公平公道的渴望。另外，周大新已经具备了成熟的写作技巧，有情怀，有写作功力，而且他现在又处于总后勤部这样一个有利的环境，能够了解我们军内的情况。当然，不是让他写纪实的东西，而是希望他的作品能反映我们这个时代的要求，能反映我们中国共产党的健康力量，尤其是反映如何同腐败力量作斗争，怎么能把这种斗争艺术化，以更大的格局来写。我作为读者有这样的一种心理期待。

8. 梁鸿（中国青年政治学院中文系教授、作家）

作为周大新的同乡，我对周大新作品中的圆形盆地特别有感觉。并且周大新作品里边那种文化的意蕴，我也有切身体验。土地所埋下的文化因子、历史痕迹，远远超出了我们的日常经验所见。只有你把目光重新投入进去，重新去发掘那片土地之后，这种历史的因子和文化的因子才会慢慢地呈现出来。周大新就是扮演了这样的一个角色，他是文化的发掘人。在周大新的作品中，圆形盆地里有种文化秩序。这种秩序已经转化为日常的生活经验，转化为非常自然的自在的生活状态。如果说小说里面有一个外部空间，比如说大的现代人生活的空间或城市空间，那么当周大新面对这个空间的时候，这个圆形盆地的文化整体性是非常鲜明的。这种整体性实际上是一种非常坚硬的内核，这个内核成了一种情感性力量来抗争现代的生活，抗争我们所谓的城市伦理和乡村的冲突矛盾。在这一点上，周大新的作品触及得非常深远，他几乎所有的小说都是面对当代困境的——当代社会发展的困境、文化的困境，当然也包括农民生活的困境。

9. 李佩甫（河南省作协主席、作家）

首先，周大新的坚强令人钦佩。周大新人生中有过两次摧毁性的打击。面对打击，他采用了精神转移法，分别写出了《第二十幕》和《安魂》。在巨大的打击下，他却能静下心来写作，把精神打击转化成文字，这堪称是作家的楷模。另外，从文体意义上来看，周大新是在踏实地探索着的。在20世纪80年代，中国作家受到了文化上的巨大打击，魔幻现实主义的阴影把一批作家打得稀里哗啦。而周大新一直是受魔幻现实主义影响较小的作家。当大家都被魔幻现实主义阴影笼罩的时候，周大新没有被笼罩。周大新一直在跋涉，在左冲右突，企图在文学上建立自己的文学形式。周大新一直都在讲述中国故事，他是标准的中国故事的讲述家。

10. 张宇（河南省作协名誉主席、作家）

我非常钦佩周大新的为人，他是作家中的楷模，受人尊敬。周大新从卑微的、偏僻的山村走到城里来，看到谁都不敢得罪。事实上，这是由两个阶层的差别待遇造成的，制度上对农村人要求更高。可后来，周大新慢慢地认识到走自己的路，努力地老实地向前走，才是最后的出路。到了军区工作，领导的眼睛是雪亮的，就大力地一次又一次地表扬他，给予了他应有的荣誉和待遇。

11. 邵丽（河南省文联副主席、河南省作协副主席兼秘书长、作家）

周大新是一位让人尊敬的河南籍作家，他的为人为文都有值得我们学习的地方，那就是：河南籍的作家不管走到哪儿，笔下流淌的总是难以割舍的中原情愫。那是一种是习惯，是一种文化，更是一种情怀。例如，他以中原农村为背景写出的《香魂塘畔的香油坊》。该作品后被改变为电影《香魂女》获得1993年度柏林国际电影节大奖——金熊奖，真是名满天下。他后来的作品，如《21大厦》以及其他反映都市生活的长篇小说，都非常丰满厚重。周大新文学创作研讨会只是一个开头。今后我们会组织更多的有关河南籍作家的作品研讨会，把省内外的两个优势结合起来，把河南文学的血脉打通。也期待周大新老师能写出更多更好的作品，以丰富家乡父老的精神生活。

12. 樊洛平（郑州大学教授、河南省文艺评论家协会副主席）

我发言的题目是"格子网图案：巨大而神秘的文化象征"，文章旨在通过格子网图案来对周大新的《第二十幕》作出解读。《第二十幕》不仅是一部民族工商业的兴衰史，更折射出在20世纪中国社会递嬗演变中，各种政治力量、文化传统、人性挣扎所形成的巨大网格。作品在写民族工商业命运沉浮的同时，通过对书中人物的塑造和精神的追索，贯穿了知识分子的济世理想和社会诘问。在现实主义的描述中，作品又融入了"格子网图案"这一象征元素。"格子网图案"贯穿作品始终，具有丰富的内涵，也吸引书中各色人物去解读，同时也成为解读《第二十幕》的途径之一，而最终所有的解读又化为无解，陷入更大的迷茫之中。具体来说，格子网图案至少从三个方面凸显了它的存在意义。其一，它的每次出现，都连缀了社会政治时局的风云变幻，成为世事演变的神秘预言和征兆，仿佛其中有着一种无法抗拒的宿命。其二，格子网图案的纵横交织，寄寓着书中各色人物对于世事人生的理解。这种解读，一方面突出了尚达志在工商业命运沉浮中的人生感悟，另一方面贯穿了知识分子的思索。其三，格子网图案无尽的经纬线伸向了遥远的古代历史，伸向了丰厚的南阳地域文化，成为玄妙神秘的文化符号。书中人物对它的释义，连缀的是对历史文化的解读。

13. 何弘（河南省文联副主席、河南省文艺评论家协会副主席、河南省文学院院长、评论家）

我较多关注的是周大新描写家乡南阳的一些作品，这些作品描写了南阳的农民在离开土地过程中的挣扎和文化冲突。下面谈到的两部，我关注的较少，分别是《战争传说》和《安魂》。《战争传说》通过一个女间谍的视角来描写战争给双方带来的一些问题，这样的视角体现了作者回到事物本真状态的独特视点，反映了作者对于文学创作"三结合"的基本态度。"三结合"即心灵和土地的结合、叙事和抒情的结合、大叙事和小叙事的结合。作品《安魂》构建了一个天国世界，其价值可以和《圣经》放在一起比较。这种书写更大的意义在于解决了人类对生命的思考，为生命的某种安慰提供了一种可能性。而许多文学作品在涉及精神空间的时候，往往写得比较苍白，所以说《安魂》这部作品具有较大的借鉴意义。今后我们应该更多地关注这些非常规的作品。

14. 李国平（《小说评论》主编）

我们当代文学批评中存在着这样一些问题：第一，评论界对作家的批评缺少"史"的眼光，许多作家作品被遗忘、低估、误读；第二，对于当代作家的批评来说，通过重读来获得一种还原和起步，做得还不够；第三，对周大新的研究不仅是要重读，还需要引入新的视野和参照，这个参照可以是新时期文学的参照、当代文学30年的参照等等，更要观察作者在创作中所开启的新的精神空间，这也是需要加强的；最后，我们还应该关注周大新创作的精神坐标和文学坐标，以此作为研究周大新的一个新起点。对于周大新的讨论，同样不能离开对当代文学的评估、作家的世界观研究以及作家和现实的关系考量。

15. 孙广举（河南省文艺评论家协会主席、河南省文学院原院长、作家、评论家）

把周大新作为讨论"豫军作家"的中心话题之一，是因为他代表了中国文坛的正大气象。周大新是一个有胸怀的作家，他做人质朴、谦虚、温和，但又特别坚强。在这个温和谦虚的作家胸中，却有非常宽阔的胸襟和气度，这和南阳有关。南阳的盆地文化培育出大量的优秀作家。周大新的《第二十幕》是对20世纪中国、南阳、南阳工商业的整体把握，把握南阳的精神灵魂，同时也是对中原的把握，对中国精神的把握。从《21大厦》到《湖光山色》，周大新一直是在对20世纪到21世纪初的社会，进行总体性的把握，这就是他的襟怀。周大新通过回望家园，看到了家园的神奇、神采，特别是看到了家乡的神秘。对此，周大新在他的五部长篇小说里面，进行了充分表达。周大新所昭示给我们的意义，就是要不断地扩大我们的视野，扩大我们的胸襟，能在宏观视野下去把握乡土，然后将乡土就变成中原，这样中原就变成了人类的一个乡土。

16. 梁鸿鹰（上半场评议人）

周大新身上体现了优秀作家的共有特点：丰厚性、独创性和人格魅力。大家提到了他所有的作品，包括他的五部长篇小说。给我印象非常深的还是周大新的创作和中国的关系，特别是跟我们当代文学的关系，跟我们民族气质的关系，跟中国人的道德、情感的关系，以及跟中国作家艺术处理的方法、看待世界的方法的关系。这是大家应紧紧围绕的一些话题。一谈到这些的时候，大家才感觉到我们对周大新创作的讨论是缺位的。他写我们国家从积贫积弱到强大起来，一路走来，面临了哪些问题、能够给我们留下一些什么。他的作品和我们的国民性格有什么关系呢？大家也感受到他的作品中，对民族性格的把握，对父与子的关系、男人和女人关系的把握，等等。周大新对此都有很深的思考。周大新的回答是把它们与他脚下的这片土地紧密地结合起来，从自己的那个村庄、那条河流出发。他的这些作品深深地融入中国现代化的进程中，他的作品语言有着深沉的中原大地的特色，是跟古汉语紧密相连的。周大新作品的语言，既有古意，又在新的条件下不跟风，有他独特的用法。另外，他的整个作品有种向下看的视角，他不像有些成了名的作家有种优越感。他的作品中是有秩序的，就是那种长幼有序。他作品中的伦理底线是很完整的，他尊重笔下的人物。因此，他的作品才能深深地感染人。

当然，大家也谈到了他创作中的一些问题，也就是将来他需要跨越的一些东西。因为他的这种平视、这种向下看的习惯，造成了他的火气不足，那种硬劲儿不足。大家都对他有很大的期许，最大的期许还是在他的乡村小说、城市小说、自我精神小说、军旅小说上，尽管这些东西他都写过，大家希望他能够有所突破。与同时代的作家相比，如何实现这种文化上的、精神上的超越？这是摆在他面前的一个非常严峻的课题。通过此次会议，我也看到了一种新的取向，无论是对人的研讨，还是对作品的研讨，大家还是有一种原则在里面，那就是：要实事求是，要讲真话，要讲道德。我觉得这种氛围营造起来还是很好的。

我们《文艺报》，也面临一些问题，面临全媒体的冲击，又面临文学评论长期以来都是说一边儿话的局面。这种情况下，到底有多少人看我们的报纸？读者究竟喜欢看什么样的报纸？我经常思索这样的问题，希望大家多支持《文艺报》。

17. 吴秉杰（著名批评家、中国作协创研部原主任）

《第二十幕》是传统的关于家族史方面的书写。它的不同寻常之处在于对经济发展冲动进行了人性角度的处理，显示出我们那个时代家族书写的特殊的表现路径，这是对中国文学的一个重要贡献。周大新认为各种各样的人，其实都是穿上了不同服装的农民。他作品中反映出的内在冲动和焦虑，是对农民人性的本质和他们新身份的矛盾和焦虑。这个问题应该是中国几十年来最突出的一个问题。农民不断进城，从事各种各样的职业，产生了身份的错乱和焦虑。这是周大新世界观的体现。另外，《银饰》的主题是关于传统文化对中国人性的戕害。周大新的作品具有心理小说的特点，他的小说总是有一种很紧张的心理描写，例如《预警》。从心理小说的角度来讲《预警》，他写了三个层面：第一个层面是对于战争的预警，写作中展示了周大新的军事才能；第二个层面是预警了人性，揭露了人都是有欲望、有利益追求的，这表现了周大新的心理描写才能；第三个层面是对当代人精神丧失的预警，比如对爱国主义精神丧失的预警等。缺点方面，周大新的作品写得比较单向、直露，这是他需要提升的地方。

18. 胡平（著名批评家、中国作协创研部原主任）

中国有两个作家在精神写作上达到了前所未有的高度，一个是史铁生，一个是周大新。他们的创作跨越了生死两界，达到了相当深的哲学高度。中国作家在题材开拓方面应该向他们两个学习，不能简单地只写现实主义的作品。有时候，人类的根本问题是超乎我们现实感受的，生和死的问题是作家要面临的一个不可逾越的主题。对此角度，中国作家现在书写得非常少，在这方面周大新为中国文学作出了卓越的贡献。

19. 刘海燕（《中州大学学报》编审、河南省文艺评论家协会副秘书长）

《安魂》是一部做父母的都应该看的作品，一部具有生命启示录性质的作品，对每个人的今生和来世都有启发意义。《湖光山色》传达的气息与他同时代的作家都不一样。这部作品是沿着现代文学的文脉，而不是当代文学的文脉过来的，属于现代文学中沈从文那一脉，文字和人物都属水性。那个叫暖暖的女孩，内心是有灵光的——爱的灵光。在男作家中，像周大新先生这样懂得女性的心，写得如此细密、美好的作家并不多。他能够平实地进入到女性的内心写女性，而不像那些以自我优越心态写女性的中国男文人。因此，他笔下的女性人物写得特别成功。

如果说前两部作品让我感动，那么《第二十幕》就让我敬重！理由有三：第一，周大新先生写得那么从容，一个大作家的那种从容、耐心让人钦佩；第二，他做了那么多准备工作，做了那么多研究——有关绸缎的、历史的，他都融会透了；第三，通过南阳这家织丝厂百年的兴衰史，表达了中国社会复杂的东西。在上部中，表达了尚家织丝厂的两代人无论怎样拼命努力，渴望有一个稳固的发展秩序，但是都被意想不到的时局摧毁，这里有太多可供研究的社会政治和人性的内容。

20. 傅逸尘（《解放军报》编辑）

目前，军旅小说的创作存在着与时代生活不同步等方面的问题。我把周大新的《预警》概括为一个人物、一种语境和一个话题。在小说建构上，周大新老师的创作寓写人于讲故事中，塑造了典型环境中的典型人物，通过故事这一外在的途径和载体，传达出了深厚的思想情感，实现了精神上的超越。在语境上，周大新老师的军旅题材小说《预警》坚守了现实主义文学观念，从鲜见的反恐视角切入日常生活，通过孔德武这一典型环境中的典型人物，直面欲望与理性的冲突，发出了当下中国现实和军人精神世界的双重预警。在话题上，周大新在《预警》一文中突破了传统军旅经验的范畴，将孔德武这个鲜活的现代军人放置在广阔而复杂的生活图景中，准确地把握和认知了新型高素质军人的伦理道德问题。总之，周大新的创作有穿透力、概括力和思想高度，其在温情的表面下蕴含着强大的力量；他的写作是一种巴尔扎克式的写作，是一种社会书记员式的写作。

21. 陈曦（《解放军艺术学院学报》主编）

《湖光山色》围绕着女主人公暖暖历经人生磨难而意志弥坚的生命意志来展开，描摹了乡村官场的图景，控诉了乡村官场在某种程度上的失控，揭露了人性欲望的贪婪，这是小说最动人心魄的题旨。在阅读时，我们可以深深地感受到弥漫在全书里的浓厚的楚文化色彩。这部作品表现了周大新先生试图接续并崇高化中国传统文化的意图和他以楚文化为依托对现实社会的思考。从文学虚构与否的角度来看，这些楚文化符号可以分为几类：第一类是有历史依据的；第二类是周大新先生创造的；第三类是流传在楚地的民间传说，但大多内容应源自于作者的虚构。而第二类更能显示作者的创造力，也最能影射小说的题旨。提及楚文化，最具代表性的人物便是屈原了。但是小说中几乎所有人物，包括扮演文化启蒙角色的谭文博，其实都与屈原的思想有相当的隔膜。这使我感到一种失望和悲哀。由小及大，屈原的作品，早就被编入文学教材，但它的灵魂和精神并没有真正地进入国人的内心，并没有成为国人人格建设的必要借鉴。我们的文化其实是有根的文化，却被我们自己生生斩断了，因而我们失魂落魄、无所归依。在这部小说当中，作者将这样的现实进行了冷峻的书写，折射出了当下中国在精神上的贫困，同时也深深地刺痛了我的内心。

22. 北乔（中国现代文学馆办公室副主任、评论家）

我认为周大新老师是一个低调而极具生命力的作家，他的作品给人的整体感觉是在复杂的人性中寻找人性的光芒和温暖。正是他的人格高度，带来了他作品的高度。

军旅文学正在走向衰败，一方面是由于一大批优秀的20世纪五六十年代出生的军旅作家离开了部队，比如莫言等；另一方面是因为一大批作家离开了军事文学创作领域，比如朱苏进。此外，由于20世纪70年代以后出生的新一代军旅作家还没有成长起来，尤其是纯粹的军旅作家。在此，周大新独自扛起了军旅文学这面大旗。

周大新的三部军旅作品《汉家女》《战争传说》和《预警》，可以说描写了一名军人由士兵到军官的成长史。其中《预警》从新的叙事空间剖析了腐败，尤其是情感上的腐败，给军人带来的巨大的精神震荡。可以说，腐败对人的腐蚀是一种预警。谈及《安魂》，我认为它最伟大的地方就是对人性的敬畏，对生命的敬畏。周大新用自己的痛苦，抚慰了我们所有人的心灵。

23. 张延文（郑州师范学院中原作家研究中心常务副主任、青年评论家）

从周大新的作品中，可以看到南阳盆地中一些很细的东西。让人敬畏的是，周大新能把南阳盆地里的文化表现得这么充分、系统和全面。这对于地方文化的重建，以及文化伦理、社会伦理的理解和重建，将起到很大的促进作用。周大新觉得南阳是一个很神圣的地方。他对细节部分的描写，让人感动。对叙事的掌控能力高、细节塑造的真实性，是周大新作品当中很突出的优点。

周大新的作品以现实主义为主，但带有很明显的形而上和形而下相结合的色彩。周大新通过突破用形而下的局限来表达形而上的问题，从特殊达到一般，从而在无形中提升了作品的思想价值和艺术品位。《安魂》是一部能进入国际文坛的比较好的作品。它通过形而上的思考，与西方最伟大的思想家和历史人物对话，折中了东西方文明的冲突，应能起到一定的国际性影响。

24. 陈福民（中国社会科学院文学研究所研究员、评论家、中国当代文学研究会秘书长）

我们为什么要选周大新的创作作为这次研讨会的主要讨论对象？首先，从某些方面来说，周大新是一个被冷落的作家。虽然他的内心是热的，但是他在文学的潮流中表现出的却是冷的。在过去的30年中，军旅题材在衰落，这是一个必然的趋势。军旅文学现在正处于这样的过渡期，在这个过渡期中特别需要周大新这样一个写作者、长跑者、领跑者。这次文学研讨会，就是要用热的方式来对这种冷进行纠偏。

《安魂》是一部非常重要的作品。周大新在生活当中遭受了意外的重创，同时也成就了他的这部作品。他想同生命对话，一方面，是要慰藉自己；另一方面是因为他要把这种私人经验，转化成公共经验，用自己的痛苦抚慰所有的人。这是一部非常伟大的作品。

25. 何弘（下半场评议人）

首先是吴秉杰老师对周大新创作当中的世界观问题发表了自己的看法，他从世界观的角度对周大新的作品进行了非常精彩的梳理。特别是他谈到了周大新的小说《第二十幕》这个传统家族史的书写，与同类作品相比的不同之处在于它对经济发展的冲动进行了人性角度的处理。同时，吴秉杰老师谈到了《预警》。除军事文学上的意义之外，在社会学意义上，《预警》对信仰、信任问题的预警见解独到。

李国平老师从周大新写作忠于内心、忠于文学的特点出发，对周大新的写作进行了梳理。从《湖光山色》中的暖暖走出盆地到暖暖回到盆地这样一种对故乡的情感，谈到了《战争传说》对文学的尊重这样一种力量；也谈到了《安魂》这部作品在当代文学中的精神性写作所达到的高度及对当代文学的贡献。他对此作了充分的肯定。

刘海燕解答了一个问题：我们都知道周大新写女性写得非常好，但是他为什么写得好呢？刘海燕谈到是因为他能进入女性的内心生活。她还谈到一个细节问题,即周大新对沈从文和托尔斯泰的喜爱。很明显,沈从文和托尔斯泰是两个有明显差异的作家。从这里可以看出周大新的大叙事和小叙事的结合,可能就源于他从托尔斯泰那里学习到了创作的开阔性特点,从沈从文那里学习到了写作的细腻性特点。

傅逸尘从当代军事文学的背景,谈论典型环境、典型人物的描写和塑造,特别是对《预警》进行了深入的分析,非常到位。

陈曦对《湖光山色》作了一个非常独到的解读。她从对楚文化符号的分析入手,深入解读了《湖光山色》这部作品的题旨,这是一个非常好的切入角度。

北乔从《汉家女》《战争传说》到《预警》这几部作品的变化,谈到军事文学的发展和成长,特别是《预警》对军人人性成长的展露,谈得非常精彩。

张延文谈到了周大新的作品对南阳文化的表达。他对周大新作品的细节、叙事的掌控能力,作了一个非常好的梳理。特别是他谈到了周大新的写作中形而上和形而下的结合,这是周大新创作成功的一个关键因素。

陈福民老师谈到了周大新几十年来对军旅文学创作的一贯坚守。由对军旅文学发展历程的梳理,看到周大新写作中积极的变化。陈福民老师还充分肯定了《安魂》这部作品对当下文学的重大意义。

26. 周大新(总后勤部政治部创作室主任、作家)

首先要感谢当代文学研究会的领导和朋友,感谢现代文学馆的领导和朋友,感谢郑州师范学院的领导和朋友。大家专门花时间和精力,还有钱财来组织这么一个研讨会,我很感动。我还要感谢今天来参加会议的各位老师和朋友,你们从北京、上海、西安、沈阳赶来,还有从省内赶过来的,我知道大家都是搞写作的,都有一定的职务,手头有很多工作,丢下自己的工作,来参加这个活动,我也非常感动!谢谢大家!

我是从一个兵开始慢慢学写作的,没有什么艺术准备,基础也非常薄弱,只是凭着对文学的热爱、激情来写。所以,经常是走一步停下来,就不知道该往哪个方向走了。我常常困惑,不是像别人那样,特别是很自信的作家,认为自己写得非常好。我时常怀疑我自己写得不算一个作品。我是一个经常怀疑自己的作家,这个时候就特别希望听到评论家的声音。我和别的作家不太一样的地方,就是我经常关注报纸上或是杂志上的评论文章,我希望从这里面找到对自己的创作有指导意义的东西,因为没有人来教我。我年轻的时候给一些成名的作家写信,希望他们给我一些指导,可是没有一个人给我回信。那个时候退稿也很多,我都不好意思去传达室拿稿件。这一点我和平凹有点儿相似,就是走的路非常曲折,走得非常慢。

今天听到了大家的发言,其实有些内容很是令我震动。因为我自己并没有意识到你们说的一些思想、提出的一些问题,我自己都不知道,只是凭着我对生活的那种激情来写作的,没有想到更多的东西,就是想把这个作品写出来,让别人喜欢读,理论的准备却是很贫乏的。今天,我是第一次参加专门针对我个人的一个综合性的创作研讨会。大家每个人的发言,对我来说都是很珍贵的,很宝贵的。很多意见,我要在下去之后慢慢琢磨。我会慢慢琢磨的。因为我可能还要再写几年。谁知道我的身体会怎么样呢,争取再写出一两部像样的作品,以感谢大家的关心。谢谢大家!

首届中原论坛周大新文学创作学术研讨会纪要

李静溪

2014年11月底,当代文学研究会、中国现代文学馆、郑州师范学院联合举办了首届"中原论坛"。周大新文学创作学术研讨会是本次论坛的开坛大戏。来自全国各地的知名专家、学者、作家有白烨、陈福民、李洱、胡平、李国平、梁鸿鹰、高海涛、陈曦、陈晓明、王鸿生、张志忠、梁鸿、程德培、南丁、李佩甫、邵丽、何弘、孙广举、张宇、樊洛平等30多人。他们以著名豫籍军旅作家、茅盾文学奖获得者周大新的创作与中国当代文学及民族性的关系为切入点,以文学创作为人民服务的新路径和内驱力为主要话题,深入研讨,畅所欲言。对于周大新的创作,大家都不吝美辞,给予了高度评价。与会人员的发言摘录如下。

1. 白烨

经过有关方面(这里的"有关方面"主要指郑州师范学院、中国当代文学研究会、中国现代文学馆)一年多时间的积极筹备,首届中原论坛今天开幕了。中原论坛启动仪式的举行,也就意味着一年一度的中原论坛拉开了大幕。我在这里代表中国文学研究会向参与人员、主办方,尤其是来自全国各地的专家、学者,表示热烈的欢迎和衷心的感谢。中原论坛是中国当代文学研究会和郑州师范学院联合成立的中原作家研究中心发起和组织的。我们计划一年举办一次,以这个论坛为平台,以研究河南作家、中原作家的创作为主,为开展全国当代文学研究打下基础。我觉得这个设想在某种意义上,跟习总书记在最近的文艺座谈会上的讲话精神不谋而合。习总书记的讲话有近万字,其中关于文学批评的内容很多,意思就是让作家切实发挥批评应该有的作用,让批评能够有效地与创作互动。我觉得我们的论坛与习近平总书记的设想和讲话精神是一致的。我们应将习总书记的讲话精神落实践行。参加首届论坛的专家、学者有很多,可谓大家云集。

这届论坛是当代文学研究会中名副其实的一个高峰论坛。

从我们这次论坛涉及的话题——周大新的文学创作来说，选择这个话题那也是有原因的：周大新在创作上非常有活力，而且影响很大。我觉得他创作上一个最重要的特点就是复合型。我觉得很少有作家像周大新那样，作品涉及如此广泛的题材，比如说他20世纪90年代写的一部长篇小说《第二十幕》。这部作品讲的是民族工业的发展问题。我将会在下面的发言中着重探讨这部作品。他后来获得茅盾文学奖的一部作品叫《湖光山色》，这部作品以旅游业为题材。他还写过一部作品叫作《预警》，这部作品应该是军事题材。他前不久出版的《安魂》从总体上来讲，属于学人或者知识分子题材。同时，他还写过《21大厦》。这部作品，总体上来讲，涉及的是当下的中国社会，尤其是商业上的、精神上的某些困惑。这五部长篇小说正好涉及工农商学兵五个题材，这样的涉猎范围是比较难得的。有的作家在某一个方面做得好，也至多涉及其中的前三个方面。但他涉及的面很广，所以他是一个非常值得研究的对象。而且从对他的创作研究开始，我们当代文学研究中心的文学研究才算真正开始进入了一个很高端的话题领域。我们论坛的参与者队伍数量大，是高峰；我们讨论的话题比较高端。所以，论坛是名副其实的"双高"。我希望我们这个论坛，从首届开始能够持续健康地发展下去。

为什么要研究河南作家及他们的创作呢？首先，河南作家在全国的影响非常大，队伍雄壮，质量之高，在全国都是数一数二的。其次，河南作家的创作具有多样性，无论是在省内还是在省外，表现得都很明显。所以，我觉得研究河南作家以及河南作家的创作问题、理论问题，将对我们当代文学的创作与研究有很大的促进作用。希望我们能够将这种高水平的论坛延续办下去，使我们这个论坛能够逐渐办成一个平台，立足中原，辐射全国，成为研究当代文学的重要平台。然后，通过这个平台，实现作家与批评家之间的良性对话，同时也向文坛内外传达一种文学的声音。目前，在文学领域可谓是众声喧哗。我希望通过我们这个论坛，向文坛传达出它该有的声音。

《第二十幕》在周大新的作品中有着特殊的地位，是他作品中的亮点、高峰，但同时也是被忽略、被低估的作品。这是一部典型的以小见大的长篇巨著。《第二十幕》通过尚安业、尚达志、尚立世、尚昌盛一家四代苦心经营的尚吉利织丝厂的发展过程，写出了民族工业发展的步履维艰，塑造了民族工商业的典型代表人物尚达志在治家、兴业中与各种权势力量之间的矛盾和冲突，以及斗争中的此消彼长。它从一个独特的角度折射出了中国百年的社会演变，在艺术地吸纳历史和熔铸思想上作出了自己独特的贡献。它弥补了当代长篇小说长期以来除了较好的农耕文明的家族文化作品而没有工业文明的家族文化的题材和人物的空缺。作者重点塑造了尚达志这个把丝织业当家业更当作人生理想的执着追求者，对其倾注了满腔热情，给予了丰富的想象，使得这个人物一步步地超越一个手工业者的局限性。他和《白鹿原》里的白嘉轩一样，都不失为民族文化和传统精神的典型代表。作者还通过对卓远的描写，揭示了一个很重要的历史真相，那就是：百年政治对于民族工业的萌生和发展基本上没有积极的推动作用，有的只是消极的影响；不被看中的知识分子阶层才真正是立身民间、扶正祛邪的健康力量。

2. 张志忠

周大新的作品就像苏轼的两句诗"大瓢贮月归春瓮，小杓分江入夜瓶"，能把质朴、平庸的细节描写得有诗意。并且他经常会在作品中设计一个象征物，除了写实又有一点超越，有一点形而上的东西，使其作品更具有诗的意蕴和哲思。周大新文如其人，他和他的作品有使命感，又有智慧。其智慧既包含生存智慧又包含政治智慧，体现了中原作家的特色。这在其作品《汉家女》《湖光山色》《向上的阶梯》等作品中都有所体现。作为一个乡土派的小说作家，周大新刚开始只写南阳盆地，格局小，开拓创新的这一方面相对不足、力度不够。但后来到了20世纪八九十年代，他的思维转换了，格局变大了，他的眼界开阔了，更具有现代意识。如果说《第二十幕》是一种心灵的还乡，那么《湖光山色》里面的暖暖就代表周大新行动上的还乡、当下的还乡。

3. 梁鸿鹰

周大新的作品讲的是典型的中国故事，反映了中国人的生存方式、思维方式、情感方式，既写出了在漫长的宗法制社会里中国人背负着的因袭的负担，也写了他们在一个新的时代里奋发向上的精神追求。当然还写了在大变革时期，特别是军人在大变革时期的奋斗历程和面临的精神困境。周大新讲述的中国故事，是典型在从大地成长起来的军人的理想故事，反映的是一个当代知识分子可贵的精神追求和他的心路历程。他向我们讲述的这些中国故事，是真正有筋骨、有道德、有温度的故事。在他的作品中，我们看不到消极、阴暗面，看不到那种平庸、无为的情绪；我们总能感觉到一种向上的、理想的、明亮的东西在里面闪烁。这是周大新给我们最大的启示。前几年，我在一篇文章当中谈到周大新的作品，是这样说的："人们不得不惊异于周大新叙述之庄重，语言之素朴，情节之简练，东方文字之端庄、静谧与美丽，这些往往从不同作品中不自觉地自然流溢出来。每一位认真的读者，从他的不同时代的作品中总能感受到浓郁的中国风格与气质扑面而来。理由很简单，他的作品一直很好地保存了我们民族文化的精神，他书写的文字是属于我们中国人自己的文字。"

4. 陈晓明

周大新的作品，结构大气，采用的是一种质朴本真的现实主义笔法。作品外在的历史结构是一种历史本身的自在状态，内在的是小说中人物心理的投射。其作品有生活含量，有历史含量，更有文化含量。周大新作品中的历史是文化史。我谈的第二个问题是他关于文化性格的书写。周大新的作品在文化书写和人物性格的刻画上构成了一种辩证的关系。与贾平凹对西北文化的单纯处理不同，周大新表现的中原文化是混沌的、具有张力的。《第二十幕》中的文化代码在女主人公云纬身上表现得最为明显，它表现在整个资本在现代这样一个历史的进程当中。云纬的性格是在成长中变化的，是随着历史的发展而发展的。我觉得周大新的作品凸显了中原传统文化的一个显著特点，那就是父子关系，这在《第二十幕》《银饰》《向上的台阶》都有所体现。在女性形象的塑造描写上，周大新的作品也体现了中原特色，独具魅力。

5. 程德培

我讲一个数字"二"。周大新是1952年出生的，今年应该是62岁了吧？这个"二"字好像对周大新很重要，如《第二十幕》和《21大厦》的题目都有"二"字。我觉得《第二十幕》应该是周大新在创作中，他自己也绕不过去的一部作品。有人说他写了一个中国的百年史，实际上他不止写了一个百年史。那个格子网出现在恐龙时代。实际上，他是要研究地球上有生命的历史。人类5000年，相对于地球上的生命史，不过是短暂的一瞬间。但是他把百年史的时间拉得很长，这在时间概念上是一个很大的突破。我觉得《第二十幕》有很大的寓言性和超前性。因为我相信复杂性，所以我就想到"二"字与周大新的关系，不仅仅是书名。比如说善与恶、男人和女人、城市和农村，都是周大新作品中"二元"的体现。所以，这个"二"字和他的小说内容有很大的关系。比如说现代性和人性、你到底是爱物还是爱人，这是我们永远难以回避、难以回答的问题。

6. 王鸿生

在当代社会文化发展的背景下，由于现代性这种符号学的统治，还有现代国际资本的结构，这个"三位一体"已经形成了一种控制程序，替代了所谓的道德共识和传统权威的统治。它造成的后果是：20世纪文学的一个重要使命就是重新寻找人。但"三位一体"是在消灭个体。这就是我们20世纪90年代以来在大面积的文学作品中看到的这样一种经验与语言同质化现象的原因。语言、故事和题材千篇一律，这是我解读周大新作品的背景。我讲三个关键词。一是情感伦理。作品特点是心灵和土地结合。周大新的目光总是朝下，尊重自己笔下的所有人物。二是叙述语言。周大新把叙事和抒情结合起来，把方言雅化，这就使周大新的抒情、叙事显得非常自然，对人的尊重就表现在他的语言态度上。三是汉语智慧。周大新自觉地把大叙事、小叙事相结合。但是，周大新的作品也有些问题：作品吸附力还不够；不同价值观冲撞太直接，尤其作品进入情节流程以后变化不够多。

7. 南丁

就周大新的《安魂》，胡平写过评论。《安魂》跟刚才大家提到的周大新的其他长篇小说有不一样的地方，那就是：其他长篇是作者的观察、思考所得，而《安魂》是根据作者的亲历所得。周大新亲历了白发人送黑发人的悲痛。上半部写的是周大新的儿子从出生一直到离去的29年的人生历程；后半部分写到天国，人的灵魂到天国后要经过甄域、涤域、学域，最后到达享域。这说明这个天国的确是公平、公道的，这虚拟的天国表达了周大新对公平、公道的追求。以周大新的技能、情怀、功力，在以后他必将取得更大的成就。他现在又处于总后勤部，我们军内的反腐就是从谷俊山开始。当然，不是让他写纪实的东西，但是作品应反映我们这个时代积极的东西，那就是我们中国共产党的健康力量。如何向腐败力量作斗争？反腐败已到了生死关头，怎么能把这种斗争艺术化，以更大的格局用文学作品表现出来？我作为读者会有这样一个心理期待。

8. 梁鸿

我对周大新作品中的圆形盆地特别有感觉。作品里边那种文化的意蕴，我也是有切身体验的。土地所埋下的文化因子、历史痕迹，是远远超出我们日常经验所见的。只有你把目光重新投进去，重新去发掘那片土地之后，这种历史的因子、文化的因子，才会慢慢地呈现出来。周大新就扮演了这样一个角色——他是一个文化的发掘人。周大新作品中的圆形盆地里有种文化秩序。这个秩序已经转化为日常的生活经验，已经转化为非常自然的自在的生活状态。如果小说里面有一个外部的空间，比如说大的现代人生活的空间或城市空间，那么当周大新面对这个空间的时候，这个圆形盆地的文化整体性就显得非常鲜明。这种整体性实际上是一种非常坚硬的内核，这个内核成为一种情感性力量来抗争现代的生活，抗争我们所谓的城市伦理和乡村的冲突与矛盾。在这样一点上，周大新老师触及得非常深远。他几乎所有的小说都是面对当代困境的，尤其是当代发展的困境、文化的困境，当然也包括农民生活的困境。

9. 李佩甫

首先，我特别佩服周大新的坚强。周大新在人生中遇到过两次摧毁性的打击。面对打击，他采用了精神转移法，分别写出《第二十幕》和《安魂》。在巨大的打击下，他能静下心来写作，把精神打击转化成文字，这堪称是作家的楷模。另外，从文体意义上来看，周大新是在踏实地探索着的。在20世纪80年代的时候，中国作家受到了一次文化上的巨大打击，魔幻现实主义把一批作家打得稀里哗啦。周大新一直是受魔幻现实主义影响最小的作家。当大家都被魔幻现实主义的阴影笼罩的时候，周大新没有被笼罩。周大新一直在跋涉，在左冲右突，企图在文学上建立自己的文学形式。周大新一直都在讲述中国故事，他是标准的中国故事的讲述家。

10. 张宇

周大新是作家中的楷模，受人尊敬。他从卑微的偏僻的山村走到城里，看到谁都点头哈腰，不敢得罪。这是由两个阶层的差别待遇造成的。制度对农村人要求更高，对农村人提出了更高的生活能力的要求。慢慢地，周大新养成了一种习惯。他认识到走自己的路，努力地老实地向前走，那才是他最后的力量。到了军区工作，领导的眼睛是雪亮的，就大力地一次又一次地表扬他，提拔他，让他一直走到了军级干部的位置上。

11. 邵丽

周大新是我非常敬重的一位河南籍作家。他的为人、为文都有值得我学习的地方，那就是：河南籍的作家不管走到哪儿，笔下流淌的总是难以割舍的中原情愫。那是一种习惯，是一种文化，更是一种情怀。当年，根据他的《香魂塘畔的香油坊》改编成的电影《香魂女》获得1993年度柏林国际电影节金熊奖，他真是名满天下。他后来的作品，像《21大厦》以及其他反映都市生活的长篇小说，都非常丰满、厚重。周大新老师的研讨会只是一个开头，今后我们会组织更多的有关河南籍作家的作品研讨会，把省内省外的两个优势结合起来，把河南文学的血脉打通。也期待周大新老师能写出更多更好的作品，以丰富家乡父老的精神生活。

12. 樊洛平

我谈的题目是"格子网图案：巨大而神秘的文化象征"，我想从这个方面对周大新的作品《第二十幕》作出解读。《第二十幕》描述的不仅是一部民族工商业的兴衰史，更折射出在20世纪中国社会递嬗演变中各种政治力量、文化传统、人性挣扎所形成的巨大网格。作品在写民族工商业命运沉浮的同时，通过对书中人物的塑造和精神的追索，贯穿了知识分子的济世理想和社会诘问。在现实主义的描述中，作品又融入了"格子网图案"这一象征元素。"格子网图案"贯穿作品始终，具有丰富的内涵，也吸引书中各色人物去解读。同时，它也成为解读《第二十幕》的途径之一，虽然最终所有的解读又化为无解，陷入更大的迷茫之中。具体来说，格子网图案至少从三个方面凸显了它的存在意义。其一，它的每次出现，都连缀了社会政治时局的风云变幻，成为世事演变的神秘预言和征兆，仿佛其中有着一种无法抗拒的宿命。其二，格子网图案的纵横交织，寄寓着书中各色人物对于世事人生的理解。这种解读，一方面突出了尚达志在工商业命运沉浮中的人生感悟，另一方面贯穿了知识分子的思索。第三，格子网图案无尽的经纬线伸向了遥远的古代历史，伸向了丰厚的南阳地域文化，成为玄妙神秘的文化符号。书中人物对它的释义，连缀的是一种历史文化。

13. 何弘

我关注较多的是周大新描写家乡南阳的一些作品，这些作品描写了南阳的农民在离开土地过程中的挣扎和文化冲突。刚才，大家谈到了两部我关注较少的作品，即《战争传说》和《安魂》，并对它们进行了独到的分析。《战争传说》通过一个女间谍娜仁高娃的隐性视角来描写战争给双方带来的一些问题。这样的视角和写作方法体现了作者回到事物本真状态的独特的写作特点，反映了作者对于文学创作"三结合"的基本态度，"三结合"即心灵和土地的结合、叙事和抒情的结合、大叙事和小叙事的结合。作品《安魂》构建了一个天国世界，其价值可以和《圣经》放在一起比较。这种书写更大的意义在于解决了人类对生命的思考，为生命的某种安慰提供了一种可能性。而许多文学作品在涉及精神空间的时候，往往写得比较苍白。所以，这部作品也具有较大的借鉴意义，今后我们应该更多地关注这些非常规的作品。

14. 李国平

我国的当代文学批评中存在着一些问题。首先是当代评论界对作家的批评缺少"史"的性质，许多作家的作品被遗忘、低估、误读；其次，对于当代作家作品的批评来说，通过重读来获得一种还原和起步，是必不可少的一个过程，这方面的工作做得还不够；第三，对周大新的研究不仅是要重读，还需要引入新的视野和参照——可以是新时期文学的参照、当代文学30年的参照等等，更要观察作者在创作中所开启的新的精神空间，这样的工作需要进一步加强；第四，还应关注周大新创作的精神坐标和文学坐标，以此可作为研究周大新的一个新的起点。对于周大新的研讨，同样不能离开当下对当代文学的评估、作家的世界观研究以及作家和现实的关系的考量。

15. 孙广举

把周大新作为讨论豫军作家的中心话题之一，是因为他代表了中国文坛的正大气象。周大新是一个有胸怀的作家。他做人质朴、谦虚、温和，但又特别坚强。在这个温和、谦虚的作家心中，却有一个非常宽阔的胸襟和气度，这是和南阳有关的。南阳的精神文化培育出大量的优秀作家。周大新的《第二十幕》是对20世纪中国、南阳、南阳工商业的把握，把握的是南阳的精神灵魂，同时也是对中原的把握，对中国精神的把握。从《21大厦》一直到《湖光山色》，周大新一直是在对20世纪八九十年代到21世纪初的中国社会，进行总体把握，这就是我说的他的襟怀。通过回望家园，他看到了家园的神奇、神采，特别是看到了家乡的神秘。周大新在他的5部长篇小说里面，将其对家园的关注表达了出来。周大新在这里所昭示给我们的，就是要不断地扩大我们的视野，扩大我们的胸襟，能在宏观的视野下把握乡土；这样乡土就变成了中原，中原就变成了人类的一个乡土。

梁鸿鹰（评议人）

周大新身上体现了优秀作家的共有特点：丰厚性、独创性和人格魅力。

大家提到了他的很多的作品，包括五部长篇小说。给我印象非常深的，还是周大新的创作和中国历史、现实的关系，跟我们当代文学的关系，跟我们民族气质的关系，跟中国人的道德、情感和艺术处理的方法的关系。这是大家需要注意的地方。一谈到这些的时候，大家才感觉到我们对周大新创作的讨论是缺位的。他的创作和我们民族精神的关系，跟我们国家历史的关系非常紧密，他写的是从我们国家积贫积弱到强大起来的过程。你可以扬眉吐气地说我们国家是世界第二的时候，不妨思考我们国家面临了哪些问题、处理过一些什么问题、能够给我们留下一些什么。其中大家谈到的，他的作品和我们国家性格有些什么关系是非常值得讨论的。同时，大家也感受到他的作品当中，对民族性格的把握，对父与子的关系、男人和女人的关系的把握，等等，这些周大新都有很深的触碰和思考。周大新的回答是跟他脚下的这片土地紧密结合起来的，是从自己的那个村庄、村庄的那条河流、自己身上穿的衣服、自己嘴里说的话出发的。他的这些作品已经深深地融入了中国现代化的进程中。他使用的语言有中原大地的特色，是跟古汉语紧密相连的。周大新作品的语言，给我最深的感触是它的动词和名词的用法与众不同。另外，他的整个作品中，有一种向下看的视角。他没有那些成了名的作家在作品中表现出的优越感。他的作品当中是有秩序的，就是那种长幼有序，伦理的底线也是很完整的。他是尊重他笔下的人物的。正是因为这样，他的作品才给人一种深深的感染力。他从一个卑微的人成长起来。在整个过程中，他觉得生活给了自己很多，那么自己要给生活一些东西，于是把他看到的记录了下来。当然，大家也谈到了他的作品创作中的一些问题。因为他的这种平视，这种向下看的习惯，造成了他的火气不足，他的那种硬劲儿还是不足的。大家都对他有很大的期许，最大的期许是他的乡村、城市、自我精神、军旅等题材小说有更大的突破。跟他同时代的那些作家来比，如何实现这种文化上的、精神上的超越，这就是摆在他面前的一个非常严峻的课题。通过这次研讨会，我也看到了一种新的取向。无论是对人的研讨，还是对作品的研讨，大家还是有一种原则在里面的，那就是：要实事求是，要讲真话，要讲道德。我觉得这种氛围营造起来还是很好的。对我们《文艺报》来讲，也面临一个问题。现在我们面临着全媒体的冲击，又面对一种文学评论长期以来说一边儿话的状态。这种情况下，到底有多少人看我们的报纸、他们想看什么样的报纸，这也是我经常思索的问题。希望大家多支持《文艺报》。

16. 吴秉杰

《第二十幕》是对传统的家族史的书写，它的不同在于作者对经济发展的这种冲动进行了人性角度的处理，显示出了我们对当时那个时代家族书写的一种不同的输出，这是周大新对中国文学的一个重要贡献。周大新从官场小说的视角评论当代历史，体现了一个价值观的问题。周大新认为各种各样的人，其实都是穿上了不同服装的农民。他写作的内在冲动就是对农民性这样一个本质问题进行拷问，这个问题应该是中国这几十年来最突出的问题。农民不断进城，从事各种各样的工作。他们身份的错乱、不同的焦虑，困惑着每一个人，这是他的世界观的体现。另外，《银饰》是写传统文化对中国人性的戕害。周大新的作品具有心理小说的特点，他的小说总是对一种很紧张的心理进行描写，例如《预警》。从心理小说的角度来讲，《预警》写出了三个层面的内容：第一个层面是对于一场战争的预警，写作中展示了周大新的军事才能；第二个层面是预警了人性，揭露人都是有欲望的，有利益追求的，这表现了周大新心理描写的才能；第三个层面是对当代人精神丧失的预警，比如爱国主义精神丧失的预警、对人生的思考欠缺的预警。缺点方面，周大新的作品写得比较诚恳，比较单向，比较直露，这些都是周大新需要提升的地方。

17. 胡平

中国有两个作家在精神写作上，达到了前所未有的高度，一个是史铁生，一个是周大新。他们的创作跨越了生死两界，达到了相当深的哲学高度。我们中国作家在题材开拓方面应该向他们两个学习，不能只写现实主义的小说。有时候，人类的有些问题是超乎我们的现实感受的。生和死的问题，是作家要面临的一个不可逾越的问题。中国作家现在对这个问题关注得非常少，在这方面周大新为中国文学作出了卓越的贡献。

18. 刘海燕

听了昨天的讲座，我有一点感受：一个作家的涵养、他的爱绝对跟他的作品品质有关系。《安魂》是一部具有生命启示录性质的作品，《湖光山色》是沿着现代文学的文脉过来的。加上周大新先生对沈从文的喜爱，可以说他是沈从文先生那一脉的。像周大新先生这样的作家，我觉得并不多。他能够很平实地进入女性的内心来写女性，而不是像那种以自我优越的心态来写女性的男文人。《第二十幕》显示了周大新先生让人敬重之处，理由有三点：一是周大新先生写得从容，有大家的从容和耐心，文字功底非常深厚；二是他做了大量的准备工作和研究，有关绸缎的、有关历史的；三是作品表达了社会复杂的东西，传达了几代人无论如何拼搏努力都找不到发展秩序的困惑。我能感觉到历史深处的这种冷风。这部作品的厚重值得慢慢品读！

19. 傅逸尘

在小说建构上，我认为周大新老师的创作寓写人于讲故事中。他塑造了典型环境中的典型人物，通过故事这一外在的途径和载体，传达出了深厚的思想情感和实现精神上的超越。在语境上，周大新老师的军旅题材《预警》坚守了现实主义的文学观念，从鲜见的反恐视角切入日常生活，通过孔德武这一典型环境中的典型人物，直面欲望与理性的冲突，发出了当下中国现实和军人精神世界的双重预警。在话题上，周大新在《预警》一文中突破了传统军旅经验的范畴，将孔德武这个鲜活的现代军人放置在广阔而复杂的生活图景中，准确把握和认知了新型高素质军人的伦理道德问题。总之，周大新的创作是有穿透力、概括力和思想高度的。他在温情的表面之下蕴含着强大的力量；他的写作是一种巴尔扎克式的写作，是一种社会书记员式的写作。

20. 陈曦

《湖光山色》围绕女主人公暖暖在人生磨难时意志弥坚的人生经历展开，描摹了乡村官场的图景，控诉了乡村官场某种程度的失控，揭露了人性欲望的贪婪，这是小说最动人心魄的题旨。在阅读时，我们可以深深地感受到弥漫在全书里的浓厚的楚文化色彩。这部作品表现了周大新先生试图接续崇高化中国传统文化的意图和他以楚文化为依托表现的对现实社会的思考。从文学虚构与否的角度来看，这些楚文化符号可以分为两类：一类是有历史依据的，另外一类是周大新先生创造的和虚构的。可能还有一些是流传在楚地的民间的传说，但大部分内容应源自作者的虚构。第二类更能显示出作者的创造力，也最能反映出小说的题旨。提及楚文化，最具有代表性的人物便是屈原了。但是小说中几乎所有的人物，包括扮演文化启蒙角色的谭文博，其实都与屈原的思想有相当的隔膜，这使我感到一种失望和悲哀。由小及大来看，屈原的作品，早就被编入文学教材，但他的灵魂和精神并没有真正地进入国人的内心，并没有成为国人人格建设的必要借鉴。我们的文化其实是有根的文化，却被我们自己生生斩断了，因而我们失魂落魄、无所归依。在这部小说中，作者将这样的现实进行了冷峻的书写，折射出了当下中国在精神上的贫困，同时也深深刺痛了我的内心。

21. 北乔

我认为周大新老师是一个低调而极具生命强力的作家，他的作品给人的整体感觉是在复杂的人性中寻找人性的光芒和温暖，正是他的人格高度带来了他作品的高度。

军旅文学正在走向衰败，一方面是由于一大批优秀的20世纪五六十年代出生的军旅作家离开了部队，比如莫言；另一方面是因为一大批作家离开了军事文学的创作，比如朱苏进。此外，由于20世纪70年代以后出生的新一代的军旅作家还没有成长起来，尤其是纯粹的军旅作家。在此，周大新独自扛起了军旅文学这面大旗。

他的三部军旅作品《汉家女》《战争传说》和《预警》，可以说是一名军人由士兵到军官的成长史。其中，《预警》从新的叙事空间剖析了腐败尤其是情感上的腐败给军人带来的巨大的精神震荡。可以说，腐败对人的腐蚀是一种预警。说及《安魂》，我认为它最伟大的地方就是对人性的敬畏，对生命的敬畏，周大新用自己的痛苦抚慰着我们所有人的心灵。

22. 张延文

从周大新的作品中可以看到他家乡南阳中的一些很细微的东西。让人敬畏的是，他能把南阳盆地里的文化表现得这么充分、系统和全面。这对于地方文化的重建、文化伦理和社会伦理的理解和重建，起到了很大的促进作用。他觉得南阳是一个很神圣的地方。从对周大新老师作品中的细节入手，可以发现他对细节部分的描写都能让人感动。这种对叙事的掌控能力和细节塑造的真实性，是周大新作品的优点。另一个需要关注的是周大新创作当中形而上和形而下的结合问题。周大新的作品是以现实主义为主的，但他的写作有一种很明显的形而上和形而下的结合意味在里面。他的很多作品是用形而下局限的方式来反映形而上的问题的。《安魂》这部作品是一部可以从国内进入国际文坛的比较好的作品。它是真正的形而上的思考，甚至就像是和西方最伟大的思想家进行对话，是能起到国际性的共鸣作用的。

23. 陈福民

我认为从某些方面来说周大新是一个被冷落的作家，虽然他的内心是热的，但是他在文学的潮流中表现出的是冷的。在过去的文学三十年当中，军旅题材的作品在衰败，这是一个必然的趋势。军旅文学现在正处于这样的过渡期，在这个过渡期当中特别需要周大新这样的写作者、长跑者、领跑者。这次文学研讨会，就是要用热的方式来改变这种冷的状况。

《安魂》是一个非常重要的作品。周大新在生活中遭到了重创，同时这也成就了他的这部作品。他同生命的对话，一方面是要慰藉自己，另一方面也是要慰藉别人。因为他要把个人的经验，转化成公共经验，用自己的痛苦，抚慰所有的人。这是一部非常伟大的作品。

何弘（评议人）

首先是我们的吴秉杰老师提出了周大新创作当中的世界观的问题，从世界观的角度对周大新老师的作品进行了非常精彩的梳理。吴老师谈到了《第二十幕》，认为这是对传统的家族史的书写，周大新对经济发展的这个冲动进行了人性角度的处理，显示出了我们对当时那个时代家族书写的一种不同的输出，是对中国文学的一个重要的贡献。周大新作品中各种各样的人，其实都是穿上了不同服装的农民。他写作的内在冲动和焦虑，是对农民性这样一个本质问题的追问。这个问题应该是中国这几十年来最突出的一个问题。农民不断进城，从事各种各样的工作，这样一个身份的错乱、心态焦虑的群体怎能不引起作家的关注？这是周大新写作的一个基本特点。同时，吴秉杰老师谈到了《预警》，从军事文学的创作意义之外，他对信仰、信任问题的预警的社会意义谈得非常到位。

李国平老师是从周大新老师写作忠于内心、忠于文学的特点出发来对周大新的写作进行梳理的。从《汉家女》中的主人公走出盆地，到暖暖回到盆地，这是周大新对故乡的情感表露。李国平老师也谈到了《战争传说》对文学的尊重，谈到了《安魂》这部作品在当代文学中的一种精神性写作以及它所达到的高度和对当代文学的贡献。

刘海燕解答了一个问题：我们都知道周大新写女性写得非常好，为什么他能写得那么好呢？海燕谈到是因为他能进入女性的内心生活，这是他能写好女性的重要原因。她谈到了一个细节问题：周大新对沈从文和托尔斯泰的喜爱。很明显沈从文和托尔斯泰是两个有明显差异的作家。从这儿可以看出周大新的大叙事和小叙事的结合，可能就源于他从托尔斯泰那里学习到的创作的开阔视野和沈从文那里学习到的写作的细腻笔法。

傅逸尘从当代军事文学的背景下谈论典型环境、典型人物，特别是对《预警》进行了深入的分析，他的分析我认为是非常到位的。

陈曦则对《湖光山色》作了一个非常独到的解读。从楚文化符号的分析深入地解读了《湖光山色》这个作品的题旨。这是非常好的一个切入角度。

北乔谈到周大新的《汉家女》《战争传说》到《预警》这样几部作品的一个创作过程，谈到了军事文学的发展和成长过程，特别是《预警》对军人人性的成长，谈得非常精彩。

张延文谈到了周大新的作品对南阳文化的表达。他对周大新作品的细节、叙事的掌控能力，作了一个非常好的梳理。特别是谈到了周大新的写作对形而上和形而下的结合。这是周大新作品能够取到非常好的成绩的一个关键因素。

陈福民老师谈到了周大新这几十年来对文学创作的坚守，梳理了军旅文学这一路走来的发展历程，从这个方程来看周大新写作上的变化。陈福民老师特别谈了《安魂》这一部作品对当下的重大意义。我认为他谈得非常好。

周大新

首先要感谢当代文学研究会的领导和朋友，感谢现代文学馆的领导和朋友，感谢郑州师范学院的领导和朋友。你们专门花时间和精力，还有钱财来组织这么一个研讨会，我很感动。还要感谢今天来参加会议的各位老师和朋友，你们从北京、上海、西安、沈阳赶来，还有的是从省内赶过来的。我知道大家都是搞写作的，都有一定的职务，手头有很多工作要做。你们丢下自己的工作，来参加这个活动，我也非常感动，谢谢大家！

我开始学写作的时候是一个兵。开始写作时，没有什么艺术准备，其实基础也非常薄弱的，只是凭着对文学的热爱、激情来写。所以经常是走一步看一步，停下来就不知道该往哪个方向走了。有时自己很困惑，我不像那些很自信的作家，认为自己写得非常好，而我是时常怀疑自己写的东西不像个作品。那个时候，就特别希望听到评论家的声音，希望听到理论家的声音。我和别的作家不太一样的地方，就是我经常关注报纸上、杂志上的评论文章。我希望从那里找到对自己的创作有指导意义的东西，因为没有人来教我。我年轻的时候给一些成名的作家写信，希望他们给我一些指导，可是没有一个人给我回信。那个时候退稿的也很多，有时候我都不好意思去传达室拿稿件。这一点我和贾平凹有点儿相似。

今天听到了大家的发言，其实对有些内容，我是很受震动的，我自己并没有意识到。你们说的一些思想和对我的鼓励，有时候我自己都不知道。我只是凭着对生活的那种激情来写作的，没有想到更多的东西，就是想把这个作品写出来，让别人喜欢读，理论的准备却是很贫乏的。今天，我是第一次参加专门针对我个人创作的综合性的研讨会。大家的发言，对我来说都是很珍贵的，很宝贵的。很多意见，我需要下去之后慢慢地琢磨。大家的意见，我会慢慢地吸收，因为我可能还要再写几年。谁知道我的身体会怎么样呢，争取再写出一两部像样的作品，以感谢大家的关心。谢谢大家，我就说这么多吧。

琴心筑军魂　凛然天地间
——军旅作家周大新访谈

张延文　周大新

访谈人：张延文
受访者：周大新
访谈时间：2015年1月8日

摘　要：作为当代重要的军旅作家、中原作家群的代表性作家、南阳盆地地域文化的表现者和塑造者，周大新先生以其丰富的文学创作实践，为我们展示了中国当代社会政治、经济、文化、军事等各个领域里正在发生着的翻天覆地的大变革。他在《银饰》《21大厦》等作品当中，用细腻的笔触刻画了在大时代里载沉载浮的复杂人性；在《第二十幕》《预警》等作品当中用苍劲有力的大手笔呼唤着健康、阳刚的民族精神；在《安魂》中则发出了关于生死之间、轮回之外的"天问"。凭着多年来丰富的创作实践，周大新的作品获得了茅盾文学奖、全国优秀短篇小说奖、冯牧文学奖等多项荣誉。周大新的作品被译成英文、法文、德文、朝鲜文、捷克文、西班牙文等多种语言，受到了世界各国人民的喜爱。他的多部作品被改编成影视剧、戏曲，传播范围广泛。由其小说《香魂塘畔的香油坊》改编的电影《香魂女》荣获1993年度柏林国际电影节大奖——"金熊奖"。通过对话，我们可以一起进入周大新的心灵世界，与他分享生活中的点点滴滴，感悟人生中的闪光片段，体悟世事变幻中的精神愉悦。

关键词：周大新；军旅作家；阳刚之美；献身精神；乡土文化

张延文：周大新先生，您好！很荣幸有机会和您进行如此近距离的交流。有一首歌唱道："十八岁十八岁，我参军到部队，红红的领章印着我开花的年岁。虽然没有戴上呀大学校徽，我为我的选择高呼万岁。生命里有了当兵的历史,一辈子也不会感到懊悔。"您也是十八岁参军的吧?能不能谈谈当时的具体情况?

周大新:是,我是十八岁参军的。1970年10至11月间,山东的一支部队来我们公社招兵。当时,我在上高中,但在学校上课主要是学农学工,跟镇上拖拉机站的人学开拖拉机,到各村犁地。文化课上上停停,而且那时大学已停止招生。我看不到上学的前途,最重要的是当时吃不饱肚子。我在学校没钱买饭票,回到家也是顿顿吃红薯,只有在给人家用拖拉机犁地时,方能吃顿白面条。为了寻找前途,也为了吃饱肚子,我决定去当兵,遂在大队报了名。刚好,接兵的李连长爱打篮球。他到我们学校的球场上打球,看到我们几个同学篮球打得不错,问我们愿不愿当兵,我们自然说愿意,并告诉他我们已经报了名。于是,他和其他接兵的人对我和我的几个同学就格外重视。我们顺利通过了体检和政审关,拿到了入伍通知书。12月份,我们坐上了开往山东的闷罐子军列,向着山东的部队出发了。到了山东肥城的部队驻地才知道,我们当的是地面炮兵,我们这个炮兵团隶属67野战军。我当时根本没想到,这兵一当就是四十多年。

张延文:1983年,您考入西安政治学院学习,那一年您应该已经过了而立之年。俗话说:"人过三十不学艺。"这一段学习历程对您的创作生活影响大吗?

周大新:没上大学一直是自己心里的一个遗憾。军校恢复招生后,自己的心动了,想再回到学校去读书。刚好,那时社会开始重视文凭,我们这些没有大学文凭的机关干部也容易遭人轻看,于是我就下决心报考。所幸,自己当年在中学学的东西还没有全忘掉。经过一段时间的复习,再听听老师的辅导,就上了考场。还不错,我在我们济南军区报考的干部中,考试成绩算是很不错的,被西安政治学院录取了。可惜,只能拿到大专文凭,但对当时的我,已很满足了。那两年学习,重要的是给了自己读书的时间,也给了自己写作的时间。在西安政治学院里,我从图书馆里借了不少书看,而且利用课余时间写出了一些中短篇小说。其中的《"黄埔"五期》还被其他刊物转载,让我对写作有了更大的信心,也有了一点儿名声。

张延文：作为一名军人，您有没有打过仗？能不能谈谈您的战争经历和对战争的认识？

周大新：我上过战场，但是是以作家的身份去做战地采访，并未真正参战。那是20世纪80年代中期，南部边境战争尚在老山地区持续。我所在的济南军区有一个野战军去轮战，正是我原来所在的67军。刚进创作室不久的我，奉命去战场采访。我和军区《前卫报》的一位社长以及几位记者一起，启程去云南麻栗坡前线的军部和师、团指挥所及参战部队采访。那是我第一次走上战场见识战争的残酷，经历了特别紧张的时刻，看到了伤残和死亡，体验了人初次上战场都会生出的恐惧情绪，感受到了我军官兵为国家安宁而英勇牺牲的精神。这一经历让我写出了《汉家女》《小诊所》和《走廊》。这次战场之行对我的写作至关重要，对我的人生也产生了重要影响，让我切身体会到和平生活对于人类的重要性。

张延文：应该说，您大部分的人生时光是在军队中度过的，军事题材的小说创作自然也是不可或缺的。在长篇军事题材小说《预警》中，您描述了一个惊心动魄的反恐故事：身居要职的大校孔德武可谓文武全才，在紧张忙碌的工作之外，还在写一部名为"现代战争的预警"的书，最终被恐怖分子攻破。他反社会的动机在于：他受到了社会的不公正待遇，地方政治上的一些弊端导致了军方人员遭受到恐怖分子的威胁。这部小说从侧面反映了在党政军的体制下，三方协调一致的重要性，即任何一个方面出现问题，都会为国家安全带来隐患。能不能谈谈您创作这部小说的出发点？

周大新：进入21世纪以后，人类社会出现的最大一个变化就是恐怖事件频发，也就是把手无寸铁、毫无过错的平民，尤其是老人和孩子，作为袭击对象，这是对人类文明发展进程的反动。俄罗斯别斯兰镇的一所学校遭恐怖主义分子袭击导致无数孩子的丧生，给了我很强的刺激。不管袭击者有多少理由，这种行为都应该遭到谴责和反对。这类恐怖袭击事件逐渐由中东、车臣向世界的其他地区蔓延，我们国家也未能幸免。我写这本书，一是想提醒人们尤其是军人们，在精神上做好应对恐怖袭击的准备，去捍卫人类文明的成果，这是一场新的战争。二是想提醒人们注意恐怖主义分子的滋生土壤——腐败。腐败也会诱发恐怖主义分子的产生，腐败也是繁育恐怖主义的温床。

张延文：军旅生活跟在地方的生活会有根本区别，军人的身份是特殊的。马克思指出：国家是一个阶级统治另外一个阶级的工具，军队、警察、法庭、监狱等专政机关都是国家机器的重要组成部分。而其中军队的职能更为特殊，除了对内的专政职能之外，还担负着对外扩张、维护国家领土和主权完整的对外职能。大多数军旅题材的文学作品只是反映了其中的一个方面，您的长篇小说《战争传说》就对这两个方面进行了充分的表述。《战争传说》还描写了不可预测的神秘的偶然因素对于战争进程带来的影响。您是怎么理解军人的特殊身份的？您认为中国当代军事题材的创作中存在哪些问题和不足？

周大新：军人这个身份，要求其必须具有牺牲精神。就是说，一个人参军之后，就必须做好为国家牺牲的精神准备。平时，会牺牲与家人团聚的时间和与爱人在一起的幸福；战时，你上了战场，肉体随时都可能伤亡。对此，你不能有任何怨言。这是你选择从军这份职业的前提。一支军队，通常都是一个民族中最富牺牲精神的人组成的。《战争传说》这部作品，主要不是在写军人，而是写战争对普通人生活造成的巨大影响，写普通人对待战争的态度变化。很多历史小说写到战争时，多是写战争中的统帅和将领的故事，我写的却是普通参与者的故事。

当代军事题材的创作存在的主要问题，我认为有三个：一是在写历史上的战争时，没有新的思想发现，没有给人提供新的思想启迪；二是在写现实军营生活时，自划禁区，不敢去表现应该表现的东西，批判性不强；三是缺乏对未来战争的想象性描绘，想象力不足。美国早就出现了对太空战的想象，我们却少有这样的作品。

张延文：《第二十幕》和《安魂》中，都出现了人物故意对事件的真相进行隐瞒的情节，而且这些隐瞒均有可能带来相应的严重后果。这是否也和您作为一名职业军人长期养成的保密的职业习惯有关系？作为一名军旅作家，长期的军营生活对作家性格的塑造是否会影响他的创作呢？比如来说，军营当中下级对于上级命令的绝对服从是否会带来思维的单一性？

您是如何处理这方面的问题的？

周大新：军人养成的保密习惯，与小说中人物隐瞒事情真相的情节设计，完全是两回事。那两部小说中出现的隐瞒真相的情节，是我从生活逻辑和艺术要求出发设计的，与军人的职业习惯没有关系。军人的服从是一种纪律使然，根本不会造成思维的单一性。其实，恰恰是军人这种身份，要求其思维必须全面而严谨。战争在某种意义上，就是交战双方在智力和思维能力上的大比拼。我不会让军人的职业习惯来影响我的创作设计。

张延文：青年女作家、评论家梁鸿在2009年写过一篇关于您的评论《那荒凉而温馨的"圆形盆地"——周大新论》。你们都是河南邓州人，她对您作品当中的故乡情结作了全面的论述。同时，她描写故乡的文学作品《中国在梁庄》《出梁庄记》在国内引起了一定的反响。在当代文学中，邓州还有包括姚雪垠、张鲜明等著名的作家、诗人，令人刮目相看，这其中的奥妙何在呢？

周大新：我们家乡喜欢写东西的人比较多，这可能与前辈人的影响有关。张仲景当年写过《伤寒论》；范仲淹虽不是邓州人，但他在邓州当知州时写了《岳阳楼记》；姚雪垠写了《李自成》。我读小学、中学时就知道了他们，他们对后人是有影响的。再就是我们那个地方比较穷，穷地方的人也会把写作当作一种谋生手段，起码可以挣点稿费，我最初写作就有这方面的考虑。还有一点，就是我们那里的老百姓一向对会写书的人怀一种崇敬心理。过去，每年过春节，家家户户都要在墙上贴一张写有"敬惜字纸"的红色纸条提醒家人。人们见到写有字的纸片，都会谦恭地捡起来放在家里。大概是这种传统也在鼓励着人们去学习和从事写作吧。

张延文：您著作颇丰，创作题材广泛。著名评论家白烨在研讨会上指出，您的五部长篇小说正好包括了工农商学兵五个题材，实属难得。回过来看，为您带来广泛声誉的恰恰都和描写故乡的作品有关系：由《香魂塘畔的香油坊》改编的电影《香魂女》获1993年度柏林国际电影节大奖——"金熊奖"，获得茅盾文学奖的《湖光山色》以及被誉为中国的《百年孤独》的史诗性长篇小说《第二十幕》均以"南阳盆地"为故事发生的中心。这算是巧合,还是故乡对于热爱她的孩子的一种回馈?

周大新:故乡,是一个人生命的起点,是其父母的栖居之处,也是一个人最感亲切的地方。一个游子不管他跑多远,都不能不经常回望她。故乡,也是一个人睁眼看世界的第一个地点,大量的人物、事件、场景甚至声响都会在他的脑海里留下新鲜深刻的印象与记忆。而这些,对一个从事写作的人来说。正是他日后的重要写作资源。作家只要回眸故乡,总会生出感慨和激动,从而有灵感出现。我自己虽然是18岁离家,但故乡的一切都一直保存在我的记忆里,水塘、小路、田地、河渠、青草、野菜、树林、鸟鸣、犬吠、羊叫、干旱之情景、暴涨之河水、漫天之飞雪,老人们的抱怨、年轻人的欢笑、女人们的笑骂,都清晰如昨地装在脑子里。当我开始写作时,它们会不知不觉地出现在我的笔下。我不仅感谢故乡养育了我,也感谢故乡不断地给了我创作的素材和灵感。

张延文:南阳盛产黄牛,是国家小麦生产基地,是重要的粮仓。作为一个农业为主的地方,乡村和乡土自然容易成为聚焦点。您的《第二十幕》等关于故乡的小说,主题也往往是和工商业等题材相结合的,这和传统的乡土叙事有着一定的差异。您是如何理解乡村生活面临的新问题的?

周大新:我的故乡的确如你所说,是一个粮食主产区。种植是老百姓的主要营生和任务。但乡村和城镇从来都有着紧密的联系,农业和工商业不可能完全分开。尤其是我的家乡位于豫鄂两省的交界处,处于中原和两湖、两广的交通要道上,粮农和工坊的工人及商人的来往,一向是很密切的,而且他们之间的身份转换也在经常进行着。这可能也是我的写作和别人的乡土写作不太一样的原因所在。

今天的乡村,面临的主要问题有两个。一个是如何让农村富起来,让农民的生活质量有进一步的提高。农村要想富起来,就不能不与工业和商业联姻。要对粮食和其他农产品进行深加工,争取卖出的不是原粮,而是各种制成食品;要借助商人把自己经过深加工的产品变成商品卖出去,不仅在本县本省卖,要争取卖到外省外国去。还要办好乡间旅游,为城市人提供新的旅游服务项目,如踏赏田园美景、体验种植之乐、夜听乡间之静、品尝农家饭食等等。另一个问题是如何搞好乡间的环境保护,不让空气、水体、土地遭受污染。这是我们在富的过程中要特别注意的问题。

张延文：您的第一部长篇小说《走出盆地》，采用了平行叙事的方法，将神话和现实互为照应，为南阳盆地的三条河流赋予了三个异形同构的美好的神话故事，带有鲜明的理想主义色彩。而另外一位著名的豫籍作家李佩甫的代表作《羊的门》，则将他家乡平原上生存的各色人等比喻成了在乡间生长的不同类型的野草，现实主义的味道更为浓厚。您关于盆地的描写是否包含着个人情感与社会现实之间的冲突？

周大新：我在《走出盆地》这部作品里，是想写人改变命运的不易，当然包含着个人情感与社会现实间的冲突。一个人要超越自然地理和社会环境的限制太不容易了，超越精神观念的限制更不容易。但每个人都在努力地寻找此生的幸福，都在试图超越上天给自己设置的各种樊篱。我期望读者从这本书里能读出一种坚韧来，看到坚韧在人的命运形成过程中所能起的作用，同时对幸福在哪里也能生出一点新的感悟。人们都认为幸福在别处，从一个地方找到另一个地方，从今年找到明年，从明年找到后年，它真的在别处和以后吗？

张延文：2011年4月，在中央电视台科教频道《子午书简》栏目对您的访谈当中，您谈到童年最深刻的记忆是饥饿。在您的作品当中，也多次描写了大饥荒对于故乡人民造成的苦难。心理学上把这些称为创伤性记忆。您是如何将不同类型的记忆进行艺术处理的？选择性的遗忘会不会减弱叙事的力量？

周大新：童年和少年时期的记忆对一个作家的创作至关重要。这些记忆以怎样的艺术面目出现，得看作家的艺术处理能力。我作为一个写小说的，总是把这些记忆塞进我所写的人物的脑子里，嵌进我写的故事中，画到故事发生的背景里，汇进我对人生、社会和自然界的思考里。写一种记忆时，另外的记忆可能暂时被搁置起来，也就是你说的"选择性的遗忘"了。写完这一种记忆，另一种记忆又会浮现出来。记忆，对于作家的写作太重要了。

张延文：您的短篇小说《哼个小曲你听听》，讲到家乡人喜欢哼小曲。这些小曲既带有地方戏曲色彩又有山歌的野味，这种现象在北方平原地区的乡村并不多见。这是否是因为邓州受楚文化的影响更多一些呢？

周大新：我们邓州古属楚地，人们爱唱歌，爱听曲。在我们村里，我有一个堂哥，在世时特爱哼小曲，俗称拉"肉弦子"。他双手一边干活，嘴里一边拉弦子哼曲。我们在一旁听着，非常好听。那些曲子似曲剧，似豫剧，似越调，但又都不像，完全是他自己的随心创作，听上去悠扬婉转。他并不识谱，不知他的创作之源在哪里，也许就是天生的。在国家搞民间歌曲普查时，我们南阳各县都收集有成本成本的歌曲，那都是人们在干农活时常哼唱的。

张延文：在《哼个小曲你听听》中，有大量的民歌民谣，活泼动人，蕴含着丰富的文化气息。这些小曲大都是您自己编的吧？豫籍作家李洱在他的长篇小说《石榴树上结樱桃》当中穿插了很多"颠倒话"。这些颠倒话作为豫北的一种民间小调带有反讽的意味，而豫南的这些小曲大多直抒胸臆，但两者都有点冷幽默的味道。您平常喜欢音乐或者唱歌吗？

周大新：那些小曲，有的是在乡间流传的，有的是经过我改造的。我自己非常喜欢音乐，主要是喜欢民族音乐。年轻时，我爱拉二胡，爱吹笛子，特别爱听二胡独奏曲，对《二泉映月》和《良宵》非常着迷，也爱听民族歌手唱的歌曲。在连队当战士、班长、副指导员时，我是连队演唱队的主要成员，那时主要是唱一些民族歌曲。后来进了大城市，年龄大了，事情多了，自己不拉了，不唱了，只通过音响去听。直到今天，我只要一听到二胡独奏曲和唢呐曲，还有箫独奏，就特别高兴，感到心旷神怡。

张延文：《哼个小曲你听听》里的主人公五爷，早年就成了孤儿，后来又丧妻，好不容易把儿子养大成才，作为教师的儿子又在武斗中为了救学生被红卫兵乱枪打死。风烛残年的五爷含辛茹苦地将孙子拉扯大。孙子清华大学毕业后成为高级知识分子，而五爷却仍然是孤身一人，从放羊娃成了放羊的老头。这个故事让人想起余华的长篇小说《活着》当中的主人公徐富贵。比较起来，五爷的形象显然更为正面：他在面对命运的轮回时，是一个胜利者。《哼个小曲你听听》里塑造了一个坚强的"父亲"形象。这其中是否也有着您自己家族人物的影子？

周大新：乡间有些人物，当然也包括我们家族的一些人物，人生很不顺，命运很凄惨。但他们最终都能平静地面对不幸，达观地看待人生过程，尽力把失去的东西"忘掉"，去应付新的人生问题，去活完自己的人生。我们村里有个瞎爷，他只是瞎了一只眼睛，但我们这些孩子都叫他瞎爷，他并不生气。他终生未娶，一个人过日子，家里的财产少得可怜，可他很少有忧愁的时候，整天乐呵呵的。五爷就是这些人的代表。我塑造这个人物，就是想向这类人表达我的敬意。其实，人怎么活不是个活？不就几十年时间？人最好的待遇，是不来人世。

张延文：您的作品很少出现第一人称叙事，这其中的原因是什么？

周大新：作家写人，其实说到底都是在写自己。用哪一人称写作品，主要是由作品所采用的视角决定的。我下一部作品就是用第一人称写的。

张延文：《安魂》是一部带有您的自叙色彩的长篇小说，采用了对话的方式来进行叙事，对话者都是用第一人称来叙述的。这种叙事方式在当代文学里应该算是在文体方面的创新。您是如何想到采用这种叙事方式的？

周大新：只有用这种叙述方式才能把想说的话都写出来，从而达到安慰儿子、安慰我自己、安慰那些和我的遭遇相同的人的目的。这是一部特殊的小说，叙述方式也会特殊一些。写什么和怎么写一直是折磨作家的两个问题，尤其是后者折磨我更多一些。

张延文：在关于您的创作研究当中，文学主题方面的研究比较多，而且研究者的着眼点也往往都是宏大叙事方面的，涉及的话题主要是关于政治、性别、经济等公共领域的内容。这样的解读难免会对作品的理解上带有一定的时代文化方面的局限性。事实上，我在您的作品当中看到了很多关于人的普遍性命运的主题，比如时刻要对命运保持警惕。《安魂》里的"爸爸"对于"儿子"歉疚的原因之一，也在于父亲忽视了命运的偶然性带来的猝不及防的杀伤力。在文学叙事里，您是如何平衡事件的偶然性和必然性之间的关系的？

周大新：我很早就从生活里感受到了偶然性事件的厉害。所谓命运的起伏，其实就是偶然性事件对正常生活的破坏。我们每个人都要过完一生，这是生命的必然。但这一生的长度、宽度和厚度是由偶然性事件决定的。作家的写作，如果只展示人生的必然性，关注的人不可能很多；只有把偶然性事件对人生的影响展示出来，才能引起读者的兴趣，才能写出一种命运感。

张延文：在《安魂》当中，有着大量的关于哲学、宗教、自然科学、艺术问题等方面的讨论，并在生死这个终极问题上相遇。在小说的结尾，"儿子"向即将见面的天国之神想要问的最后一个问题是："我的父母他们何时能来天国和我相聚？"这就将作品的主题最终归结到了家庭伦理上，特别是对于亲情的重视上，带有强烈的以血缘和宗亲关系为代表的东方文化的精神特质。这是否也体现了您个人的价值观呢？

周大新：血缘纽带是人类凝聚在一起的一种重要黏合剂。中国十几亿人，能共同生活在华夏大地上，需要很多种黏合剂，血缘宗亲关系是其中一种，其他的还有友情关系、乡情关系、部族情关系、民族情关系、同文同种情关系等等。血缘宗亲关系是最基本的一种黏合剂，它把人变成团；再有其他关系的黏合，团与团联系起来变成群；再加上其他黏合剂的作用，群与群相联系变成民族和国家。没有血缘关系的黏合，人群会变成散沙，人会更加孤独。这是我的价值观的内容之一。

张延文：在您的笔下创造了一系列的女性人物形象，这些女性大都带有温暖的色调，基本上正面的居多。在描写男性时，主人公则往往负面因素更多。到了近期创作的《安魂》当中，出现了一个叫小韵的女性，作为周宁的第二个女朋友。其人虽然外貌尚可，但看到自己的男朋友患上重病，就马上退却了。这是否也意味着您在叙事当中对于女性观念由理想化向着客观理性方面的转变？

周大新：我原来的女性观念是有些理想化了。由于在童年和少年的记忆中，女性一直给我一种温暖的感觉，我也因此把女性看作善和美的化身。故我过去在写到女性时，愿意把赞美和歌颂给予她们。随着年龄的增长和阅历的增加，我看到了女性人群中一些不美、不善甚至丑陋的东西。这让我很难受，也让我原来的女性观念发生了变化。这样一来，我再写到女性形象时，就会理性一些了。

张延文：《安魂》里的父子关系充满了温情。但父亲对于儿子的爱情、婚姻到职业选择都全面干涉，就属于传统的父子关系类型。在《第二十幕》里，尚家历代父子之间的关系均是生冷和坚硬的，尚家人为了家族利益不惜牺牲父子之间的亲情。这两种父子关系的伦理基础是什么？您认为理想的父子关系应该是怎么样的？

周大新：在我的内心里，一直认为对儿子最大的爱，就是把他培养成一个事业有成、能为家族争光的人。《安魂》和《第二十幕》里的父子关系虽有不同，但都是建立在这种认识基础上的。这中间，根本没有考虑儿子的感受，没有考虑他作为一个独立的个体的兴趣、爱好、志向、愿望，没有考虑他的感情。这其中潜藏着一种伦理认识，即你的生命是我给的，你应该照我给你设计的路走，去延续我的生命。理想的父子关系应该是像朋友那样，平等相待，相互理解尊重，彼此体贴宽容。

张延文：2013年8月，您和夫人一起在家乡邓州捐资100万元设立了周宁助学基金，用于奖励和帮助邓州市每年升入大学的贫困学生。世界文豪列夫·尼古拉耶维奇·托尔斯泰虽然身为贵族，却力主废除农奴制和土地私有制，强调个人道德和自我修养，反对暴力革命和战争，宣扬博爱和自我修身，试图从宗教、伦理中寻求解决社会矛盾的方案。正是因为托尔斯泰的仁慈与悲悯，使得他的作品充满了人性的光辉。您的作品在审美追求上是否与托尔斯泰存在着一致性的方面？

周大新：列夫·托尔斯泰在思想上和创作上都给过我很大的影响。我十八九岁时开始读他的书，他的《复活》《安娜·卡列尼娜》和《战争与和平》给青年时期的我留下了极其深刻的印象。他关于爱一切人的主张和他作品里含蕴着的悲悯情怀让我深深感动。我们每个人活在世上都不容易，应该互相伸手帮助。

张延文：您在长篇小说《湖光山色》中塑造了一个美丽大方、充满了自由独立精神的农村新女性形象——楚暖暖。在楚暖暖和丈夫旷开田通过经营旅游产业带动乡亲摆脱了农耕的困扰后，她感到了一种摆脱了土地牵累的轻松，以及由于商业带来的财富积累的自豪感。但是，随之而来的是更多的困扰。失去了土地的农民在市场经济带来的物欲泛滥里感受到了土地作为牵绊的重要性。农民与土地的关系、传统与现代的冲突，在暖暖眼里有着非常明确的价值判断——她是不妥协的。您觉得在暖暖这样的价值伦理当中，是否缺乏了一种折中的可能性？或者说，对于更多的矛盾性的事物，作家应该采用什么样的方式来处理事物自身所具有的更为广阔的含混地带？

周大新：楚暖暖只是一个在北京打过工的乡村女性，只上过高中。她的阅历和学识水平，使她的眼光和行为不可能不受到传统农耕文化的限制。尤其是在面对颠覆性的社会变化时，她不可能应对得从容自如。也许，待她的女儿长大以后，对于更多矛盾性的事物，会处理得更好一些。可我担心，我已很难看见并描摹她女儿一代的风采了。

张延文：作为中原作家群的代表性作家之一，您觉得当前的中原作家的创作状况如何？

周大新：我觉得中原作家群的作家们，像咱中原种庄稼的老百姓一样，都在一季一季地辛勤劳作着，没有谁在偷懒。大家都希望自己能写出好作品。应该说，与其他地域的作家相比，中原作家群的收成很不错。20世纪四五十年代出生的作家，自动停笔退出创作的还没有；20世纪六七十年代出生的作家，正处在喷发期，几乎每年都有好作品发表；20世纪八九十年代出生的年轻作家也已渐成阵营，有的在全国已崭露头角、引起注意。我对中原作家群的未来充满信心。

张延文：您有四部作品被改编为电影，五部作品被改编为电视剧，四部作品被改编为戏曲和广播剧，都引起了相当大的反响，它们对于当代社会大众文化的发展起到了一定的影响作用。在严肃文学处境艰难的情况下，您的作品传播范围广泛，能和大众文化结合起来，这其中是否和您的创作观念有某种关联呢？

周大新：严肃文学作家不要拒绝影视、戏剧改编者，因为借助影视戏剧作品，可以让严肃文学作品为一般人所知道。如今，人们的生活节奏加快，读书的时间明显减少，可人们一旦知道某部影视作品是由哪一部小说改编的，就会找来原著阅读。实际上，影视戏剧作品成了严肃文学作品的广告。我们不必担心影视戏剧作品抢了严肃文学作品的风头，其实改编者从严肃文学作品里拿走的不过是几个故事和几个人物形象，其他的他们拿不走。

张延文：您心目中是否有一个理想读者的形象呢？

周大新：我心目中的理想读者就是我自己。我通常写完一篇作品后，会放一段时间再去看一遍。如果我读时它不能令我感动、给我美感，我就会再修改。我的作品是按我自己的口味写的，我没想到去适应哪一类读者。

张延文：在今天，文学研究和创作之间的联动存在一些不足。您是否关注文学评论？您在创作上会受到文学评论的影响吗？

周大新：我很爱读文学评论。我认为文学评论家是专业读者，也是层次最高的读者，他们的阅读反应——文学评论文章——对于作家是有启示意义的。评论家的文章一般分三类：一类是对一个时期或一种文学现象进行评说的，一类是对一个作家的创作进行专论的，再一类就是对一部作品发表看法的。这三类文章中，我爱看的是第一类和第三类。我自己的每一部新作品写出来后，开笔前的自信会在漫长的写作过程中消失净尽，心里会很忐忑：这样写行吗？当最早的读者——编辑的回馈到来后，自己会稍松一口气。此后，就特别想听到评论家的阅读感觉，看到他们的评论文章，得到他们的肯定，这样我才会放下心来。

张延文：您对自己目前的创作满意吗？2014年，《安魂》的阿拉伯语版正式向阿拉伯国家输出，《湖光山色》《21大厦》等率先签署了阿拉伯语版权协议。您最希望阿拉伯国家的读者从您的作品里获得些什么？

周大新：我在创作上与同年龄段的作家相比，还有很大差距。我会继续努力，争取能写出好作品。但上天给我的时间可能不多了，尤其是写长篇小说的时间会更少，我得抓紧时间了。

我希望阿拉伯语国家的读者能从我的作品中了解当今中国人的生活境况，感受中国人的爱与忧，看到人性的奇妙和复杂。阿拉伯语读者虽和我生活在不同的地域里，使用着不同的语言，但我相信他们能读懂我的文字，能理解我笔下的中国人在追求幸福和美好生活过程中所经历的一切。

张延文：俄国作家托尔斯泰描写战争的文学巨著《战争与和平》，以1812年俄国卫国战争为切入点，描写了自1805年到1820年间，俄罗斯社会的全景，人物多达559个，自上层社会到底层民众，以史诗般的笔触详细刻画了在大的社会事件当中人物的命运，并通过战争的描写来揭示人类社会进程当中存在的大的利益集团之间的权力斗争。托尔斯泰出生于1828年，《战争与和平》创作于1859～1869年之间，他是如何做到对于历史事件的还原的？特别是细节方面，他是如何做到客观真实的呢？

周大新：我没有考察过托尔斯泰创作《战争与和平》的经过，但我偶然从一些资料上看到他为创作《战争与和平》作出了很多努力：为了创作这部作品，曾去过当年俄军抗击拿破仑大军的战场进行现场察看，去拿破仑军队进攻和撤退的路上考察、体味，去查阅过大量关于1812年俄国卫国战争的档案资料，还访问过一些人，然后他依据这些展开自己的想象和虚构。小说不同于史书，它有作者大量的主观参与，是艺术的再现。托尔斯泰自己当过兵，在细节上依据自己的生活积累去展开想象，就能达到一种逼真的效果。

张延文：托尔斯泰于1851年在高加索地区参军，在1852年参加过战斗，并在此期间开始发表文学作品。1854年，托尔斯泰被调往多瑙河战线，并参与了克里米亚战争中的塞瓦斯托波尔围城战。在此期间，他写出了包括《少年》《青年》和《塞瓦斯托波尔故事集》等作品。多年的军旅生活，对于托尔斯泰的小说创作起到了奠基作用。《复活》里的主人公也是一个军人。可以说，战争对于小说创作来说，是可以起到正面影响的。中国自晚清起的一百多年里，可谓战火纷纭，应该可以创造出伟大的文学作品，但纵观现当代的文学发展史，却很少发现真正有分量的战争题材的文学作品。您认为这其中的问题主要出在哪里？

周大新：题材不是考量一个国家文学作品成色的唯一标准，甚至不是重要的标准，关键是作家能透过题材表现出人性深度和对社会生活的思考深度，以及对人与自然关系的认识深度。托尔斯泰已经把战争文学推到那样的高度，其他作家避开这种题材选择其他题材去创作也是应该的。当然，中国应该有自己的优秀战争题材小说，过去没有不等于以后没有。也许，现在就有作家在自己的书斋里潜心写作哩。这一百多年来没出现伟大的战争题材文学作品，是一个遗憾，但我们有其他题材的优秀作品。

张延文：您提到了军人的牺牲精神，这一点非常重要。事实上，虽然大家都明白军人负有保家卫国的天职，军人也被誉为"最可爱的人"，然而对于这个群体作出的牺牲，往往局限在战场上的流血牺牲，却很少在意军人抛妻别子、离乡背井、默默奉献。在和平年代，这却是军人生活的常态。军营里男女比例严重失调，军人不能享有正常的自由空间，这些并不是一个普通人能够理解和承受的。在您的作品当中，描写了不少这样的军人。比如，您的中篇小说《碎片》描写了和平时期的军营生活。驻守在青藏高原唐古拉山输油泵站的上尉虞西鸣，忠于职守，为祖国的国防事业献出了自己年轻的生命。这样的创作，对于新时期军人形象的塑造，起到了正面作用，可以让社会公众更多了解今天军人的生活。您描写的这名军人，在日常生活当中，是否真的存在原型？

周大新：20世纪90年代中期，我和一批作家去了一趟西藏。那时没有火车，我们是坐汽车沿着青藏公路走的。那是我第一次进藏，第一次上高原，第一次尝到缺氧的滋味，第一次体验在高原当兵的不易。我们沿途吃住在兵站，看到了官兵们在艰苦条件下生活的境况，也听到了一些官兵因在高原当兵而致恋爱失败和离婚的故事，于是就创作了这部小说。虞西鸣这个人物是虚构的，但他身上有战斗在青藏线上多位军官的影子。他是一个高原军人的代表。

张延文：作为军人的虞西鸣，他的很多行为和时代社会文化主题并不合拍，甚至有的是逆着来的。比如，在市场经济社会，他周围的同学和朋友，都在想办法升官发财，享受生活，而他则从来不计较个人得失，屡次放弃改变生活处境的好机会。在社会文化语境出现变化的情况下，这属于个案还是基于军人某种特质的艺术性处理？

周大新：在我们的军队中，的确存在着不少贪污腐败分子，但更多的是一些识大体、顾大局、爱国家、爱民族的血性男儿。他们中不少人真的是以国家利益为重来作人生选择的。我们这支军队之所以还能令敌人胆寒，就是因为有这部分人存在。虞西鸣的行为，当然有艺术需要的理想化的处理和设计，但也不是没有现实生活依据的。我们这个民族，历来都是既有叛徒也有斗士，既有混世者也有实干家的。要不然，它怎还能屹立在世界的东方？

张延文：您提到了《预警》创作的目的之一是提醒人们注意恐怖主义分子的滋生土壤——腐败。腐败会诱发恐怖主义分子的产生，也是繁育恐怖主义的温床。而近期在反腐败的斗争当中，军方抓捕了包括徐才厚、谷俊山等"大老虎"。徐才厚更是位高权重，曾任中央军事委员会副主席，上将军衔。这部小说的创作比军中反腐要早，可谓有一定的预言性。文学作品对于社会现实的关注和批判，也是当中的一大作用，但相关的作品可谓凤毛麟角，这也从另外一个方面证明了《预警》在当代军事题材小说创作当中的独特价值。当然，您也提到了军事文学创作当中存在的画地为牢现象，作家不敢表现应该表现的东西。既然军中存在这么多问题，为什么很少有军旅作家去创作相关题材的文学作品？这种不敢的现状是否可能会被打破呢？如果有这样的作品，会不会对于今天的反腐败斗争起到正面作用？

周大新：这种不敢写的现状肯定会被打破。应该是要不了多久，就会有更多的反腐题材的作品被创作出来。社会上发生的重大变化，最终都会在文学上反映出来。

张延文：您提到的当前的军事题材小说，在写历史上的战争时，没有新的思想发现，没有给人提供新的思想启迪，这个我深以为然。您的《战争传说》，显然就是一种突破。《战争传说》以明朝的一件大事——土木堡之变为原型来展开叙事。明英宗听信宦官的谗言，不顾大臣的反对，仓促应战，御驾亲征，结果全军覆没，自己也被俘虏。这个故事本身就具有传奇性，同时，又牵涉民族之间的问题，属于敏感题材，处理起来是有相当大的难度的。但您的这部小说，可谓独辟蹊径，以一个瓦剌派到明朝的女间谍的人生经历为视角，从人的情欲、权力等角度来切入，从人性的角度来重新打量历史，为我们提供了认识历史的新路径。您是如何想到创作这样一部长篇小说的？

周大新：有一段时间，我对写和平年代的军营生活没有了激情，于是就把目光转向了历史，转向了历史上的战争。在战争规模上，当年瓦剌人和明王朝之间的战争规模是相当大的，于是我就决定写这场持续时间很长的战争。怎么写？过去的历史小说在写到战争时，多是写将帅们的指挥过程和他们的生活，目光是由上向下看。我则只想写战争中普通人的生活，写普通人怎样被卷入战争以及战争对普通人生活的影响，我要由下向上看。于是，就有了《战争传说》这部小说。

张延文：您提到了军人面对敌人时是需要斗智斗勇的，思维必须全面而严谨。在传统文学当中，以《三国演义》《水浒传》《封神榜》为代表的反映战争的长篇小说，对于后世的影响都非常大。在今天，它们仍然具有非常强的艺术生命力。这三部作品，被一再地改编成影视剧，为观众喜闻乐见。其中很多的人物形象，深入人心。军事战争题材的小说，由于涉及非常广泛的社会生活，在反映宏观叙事当中，应该说是具有一定优势的。当代文学里，好像缺乏具有高度涵括力的作家和作品。广受赞誉的陈忠实的《白鹿原》，也只是描写了大时代的一角。而且，就其创作来说，反映出的男权思想非常严重。您觉得，这其中的原因何在？您有没有打算去创作一部史诗性的军事题材的长篇小说？

周大新：没有，我没有这种打算。上帝给我的创作时间不会很多了，我要把我想写也有激情写的作品写出来。人一生能做成的事情并不多，我还是做我能做的事情吧。

张延文：您提到了当前的军事题材小说创作当中，缺乏对未来战争的想象性描绘，作家的想象力不足。您的中篇小说《平安世界》就是一部军事题材的科幻小说，这部小说虽然描写的是未来人类社会的生活，其中却没有西方军事题材的科幻小说充满了梦幻与炫技式的描写，比如像《星球大战》《星际迷航》等系列故事。相反，在这部作品里，你叙述的更多的是日常人的喜怒哀乐，特别是情感世界的核心——欲望。《平安世界》涉及的战争，是日本对于中国曾经发生过的侵略，提及战争也是以对和平的追求为宗旨的。您曾经亲历战争，为什么很少直接描写战斗生活呢？在您的作品当中，我们可以清晰地发现很多和当前社会科学技术发展相关联的内容，您是否经常关注当前科技革命的前沿动态？

周大新：我的确很关注科技革命的前沿动态。搞哲学的都需要关注科技的发展，何况搞文学的呢。科技革命的推进，很快就会影响到人们的日常生活，并最终影响到人们的精神世界。文学要表现人们的生活，要展示人的精神世界，要给人的心灵以影响，作家就当然应该了解科技的发展情况。我们中国人可能受文化传统的影响，习惯回眸历史、关注当下，习惯关心眼下人们活得怎么样，这当然没错，但也应该有注目未来的习惯。科技的飞速发展，会给人类的未来带来翻天覆地的变化，提前关注了才不会造成震惊和失措。

张延文：谈到今天的军事文学，整体上来说，还算是比较繁荣的。在20世纪80年代初，围绕着对越自卫反击战，出现了大量的反映战争生活的小说，其中李存葆的《高山下的花环》引起了强烈的社会反响。这部小说对于战争的全过程都有精彩的描绘，揭示了当时存在的诸多的社会问题。由这部小说改编成的同名电影《高山下的花环》放映后，获如潮好评。今天的银幕上，流行抗日、谍战等题材的影视剧，叙事粗糙，情节离奇，离艺术真实很远。一些由经典的战争题材小说改编而成的电影，比如由曲波的《林海雪原》改编成的《智取威虎山》，影片特技很炫，还设计了穿越的镜头。您是如何看待这一类的影视剧的？如何才能做到对于军旅题材影视剧的规范，同时又吸引观众的目光？

周大新：对军旅题材影视剧不能规范，而应该更加开放，鼓励各种实验，让创作人员充分张扬自己的想象力和表现力，允许失败的实验。这样，才有可能出现大作品、好作品。越不加约束，创作人员的心态才能越放松，才能出现好作品。出现了不好的作品，电视台不播就行了。

张延文：传播对于文学作品来说，是实现其价值的重要手段。在互联网、移动通信为代表的媒介融合的大环境下，以传统的纸质书籍为代表的传统的传播方式局限性越来越明显。我看到您的部分作品，在网络上传播的很多，这固然是好事情，可以扩大您作品的影响力，但不知道有没有给予您的作品以应有的电子版权方面的保护？

周大新：基本上没有保护。有些作品上网我并不知道，有的虽然签了合同，但网站也很少给你结算稿费，实际上等于没签。我没有那么多精力来管这些事。

张延文：网络文学中，有大量的军事战争题材的小说。在大部分的文学网站里，都有军事和战争题材的分类，这类作品也深受读者的欢迎。您有没有关注网络上的军事、战争题材的作品？

周大新：我偶尔会上去看一下，但不吸引我。也许是因为我在阅读上变得挑剔了。人的阅读时间是有限的，应先读自己最喜欢的东西和对自己最有启发意义的东西。

张延文：网络小说当中的军事、战争题材小说，除了一些传统的叙事方式外，还加入了网络的元素，比如发表方式上的每日更新、即时互动，内容上加入了玄幻、灵异、穿越、科幻等因素。2014年，在魔铁中文网更新的南无袈裟理科佛的《苗疆蛊事》，曾经长期占据魔铁小说排行榜的前三位。这部小说对于中国古代的历史进行了全新的叙述、阐释，加入了很多道教、佛教和巫蛊的思想意识。比如，对于夜郎国历史的描述，完全颠覆了原有的历史传统。这部小说还紧扣现实，将近年来发生的一些社会热点事件进行充满了玄学色彩的演绎，这会不会导致年轻一代的、缺乏辨别力的读者产生不一样的人生观和世界观？您对此有何意见？对于中国的军事战争史，是否有重新认识的必要？

周大新：阅读内容对一个人的成长肯定是有影响的。我自己觉得，年轻人还是多阅读一些中外经典作品。经典作品是经过时间淘洗和前人筛选的，读了有益。主要的经典作品读完了再去读其他的包括网上的作品，那时你的判断力就会强了。中国的军事战争史，不同的时代、不同的人可能给出不一样的评价，这都是正常的。过去的定论不一定都正确，我们在回首军事战争史时，要有自己的判断和思考。

张延文：当代文学的前30年，军事、战争题材的小说创作占据了相当大的比重。其中，"革命"是这些作品当中最为重要的关键词。在这一类宏大叙事的作品当中，涌现出来了一大批的长篇小说，这些作品在今天已经乏人问津，年轻一代的读者也很难接受当中那些充满了意识形态斗争的思想和认识了。青年人对于公共话题越来越淡漠，对于政治等热点问题甚至会有一定的抵触情绪，这好像也不大正常。特别是"90后"这一代人，具有很强的自我意识。作家是否有能力通过富于时代感的宏大叙事的作品来提升年轻人的集体主义的民族情感？

周大新："90后"具有很强的自我意识这是好事，这样遇事就会独立思考、避免盲从。当然，民族情感、国家意识是必须要有的。应该倡导作家创作张扬爱国主义精神的优秀军事题材作品，用这些作品去影响年轻人。

张延文：对于学习写作的年轻人，您有没有阅读方面的经验可以与他们分享的？

周大新：我一开始也是乱读，见到啥书就读啥。那时候书少，现在书太多。你到书店里一看，那么多的书，有一种无从下手的感觉。我自己觉得，一个作家阅读的书单，最初应该是中外的经典文学作品，看看前人、前辈作家是怎么写的。然后是读一点哲学、史学、心理学、人类学方面的名著，为创作做知识上的准备。接下来读一点翻译过来的当代外国文学名作，看外国作家的创作目前已抵达了什么前沿位置。最后是读一点中国当代已有定评的好作品，看看同时代作家是怎样表现生活的。总之，作家必须是不停地阅读，读得越多越好。

张延文：近年来，在文学期刊中，军旅题材的作品所占的比例并不大，有没有加强的必要？

周大新：刊物发表作品，是看你写得好不好，而不是看你写的是什么题材。要想让军旅题材占的比例大，你必须写得好，人家才可能发表。

张延文：传统的文学创作，在当前越来越远离公众视野。虽然为人民写作，成了今天主流社会宣传的热点，也仍然无法遏制这种下行的趋势。像路遥的《平凡的世界》这样经典的当代文学作品，一度也曾被冷落，在改编为电视连续剧后，重新进入了公众视野。《平凡的世界》当中的一个重要的主题就是在一个社会转型期内，年轻人如何寻找出路，实现属于自己的理想和追求。美国有一部著名的影片《阿甘正传》，1994年上映。这部电影改编自美国作家温斯顿·格卢姆于1986年出版的同名小说，描绘了一个智商不高的小镇男孩福瑞斯特·甘，通过个人艰苦不懈的努力，纯朴善良的他，秉持着高贵的心灵，在风云变幻的美国社会的各个历史阶段，实现了人生的梦想！这是典型的"美国梦"。这个梦想属于那些正直、善良、自强不息的普通民众。没有什么是不可能的，作品中个人主义和集体主义得到了完美的结合，并得到了全人类的认可和热爱。我们今天也在提倡"中国梦"，文学创作当然具有营造中国式梦想的先天优越条件。但迄今为止，好像没有一部作品能够像《阿甘正传》这样深入人心，并得到国际性认可的。路遥的《人生》中的高加林，是灰色的主题，他的人生梦想处处碰壁。贾平凹的《浮躁》曾经获得过美孚文学奖，得到过国际性的认可。但其中的年轻人的梦想裹挟在欲望当中，在喧嚣扰攘的社会里，载沉载浮。您的《第二十幕》当中的南阳的一个丝织世家，经历了时代的风云变幻，充满了悲剧色彩，在壮烈的氛围里延续着破损的民族精神。英国导演丹尼·博伊尔曾经拍摄过一部电影《贫民窟的百万富翁》。故事改编自印度作家维卡斯·史瓦卢普的作品《Q&A》，讲述了印度贫民窟里长大的印度街头少年贾马勒参加了电视节目《谁想成为百万富翁》，最终实现了个人梦想的故事。其中，充满了贫困、欺诈、暴力犯罪、政治歧视等元素，而贾马勒的理想也是在权力和金钱的压榨里挣扎。东方式的梦想和西方人的梦想是否存在着差异?我们的"中国梦"在文学作品里是否应该会有更为富于精神光辉的色彩呢?

周大新:因为文化背景的不同,中国人的梦想和西方人的梦想肯定有不一样的地方。比如,很多西方的年轻人梦想自己能在教堂里办一场庄重盛大的婚礼,而中国的一些年轻人则是梦想能在高档酒店里办一场有许多来宾参加的热闹婚礼。但不管是东方人还是西方人,最基本的梦想内容是相同的,那就是获得幸福。尽可能多地获得幸福生活是全人类共同的梦想。

文学作品里怎样表现中国梦?寄望于作家的创造。要吸引世界读者来读你的作品,你写的梦应该是其他地域和国度的人也能认同和理解的梦,你的表现形式也应该是最新颖的。

张延文:在未来的创作当中,您最想表达的主题是什么?

周大新:说不好,每一篇作品都不一样,而且需要保密。现在能说的只能是"为了人类的日臻完美"。

他从南阳盆地走来
——京城专访作家周大新

奚同发

北京的冬日多少呈现出了北方的干冷,我就是在这么一个干冷的上午赶了一个多小时的路去拜访作家周大新的。顺着万寿路朝南走,来到中国人民解放军总后勤部的东门,通过一系列手续后,我已走在"总后"那宽敞的大院里,并很快站在周大新的住宅楼前。他住二单元八号,每一门洞是两家,那么他应住在四楼。就在我刚刚上到三楼通向四楼的拐弯处,已经看到周大新满脸笑容地开了门。一阵寒暄,在他的客厅里,我们已经进入了交流状态。

虽然已在北京生活了六七年,可周大新依然是一个地地道道的河南人。于是,我们的对话是伴着他那浓浓的南阳口音开始的。

《21大厦》的惊艳瑰丽——河南人的外在形象——一个与文学相关或无关的话题。

《21大厦》是一部奇特的小说,是一个由作家创造出来的可以傲睨京城高耸入云的摩天大厦,犹如黑雉形的大厦里的每一层都有的一块镶着同样黑雉的壁画。当年在那座乱坟岗上盖起来的这座250米高共58层的大楼从功能上分为公司、商住、餐厅和高级住宅区等。那么生活和进出其中的各色人等也就可想而知,有一掷千金的大款、暴发户和他的情妇,有出卖肉体的复仇女郎以及贪官、奸商、变态者……一位来自农村的朴实小伙就是在这座大厦中以保安的身份与许多人发生着关系,甚至与一位北京姑娘发生到先是她的保镖而后被勾引上床的关系。但是有肉体关系就要结婚的观念最终压迫的他像那只黑雉一样从43层"飞"下。

一部《21大厦》,真真是揭开了当今社会的大幕,让我们在欣赏作家那种文学天分酿就的优美与流畅、悬念和惊奇的大作的同时，也与作家一起为人类的命运而进入一种痛苦的思考和自我拷问。

周大新说，我们正处于一个飞速变化的时代，人们的物质生活、价值观念、道德标准都在发生着深刻的变化。美和善继续在我们的眼前飘动；一些人灵魂深处的邪恶、自私和伪善也开始挣开束缚，在人们面前现出身形。社会的精神状态开始出现新的景观。《21大厦》很想把这种景观作一一展示。不满此处到彼处，这里不好去那里，飞离此地到彼地寻找，这是每一个人的人生中都会发生的事情。人生其实只有飞离与栖落两种状态。《21大厦》想把这两种状态表现出来。

这部长篇小说先于2001年《钟山》杂志第四期发表，而后由昆仑出版社出版，至今已重印多次。这是周大新多年来写的第一部表现大都市生活的长篇小说，故事以北京为背影，历时一年多。从1978年起，他开始接触大城市的各种人物，开始在济南、西安、郑州、北京等城市里走来走去，开始用一个乡村人的目光去注视人类发明的这种庞大的聚居地。但是，他一直没敢写关于大都市生活的小说，手中的笔总有些打怯。《21大厦》是他多年来都市生活积累的结果，也是他在写作资源上的一种新的寻找。他说仅此一回，他以后不会再写城市了。在骨子里，他与城市是有隔膜的。

而有多少人知道，作家写作这部作品的最初动因却是因为河南人的形象一再被人丑化。作为河南籍的作家，周大新多次面对全国范围内的越来越严重的丑化河南的倾向——席间常说河南人的笑话，有的单位或商场甚至写着河南人莫入，招工不要河南人……像南阳盆地一样温和的他终于愤怒了，这是河南人的愤怒，是对全国所有不尊重河南人的人的愤怒。

周大新对我讲了一个故事。"一次酒席上，人们又哈哈地谈起河南人。一位将军讲了几个有关河南人的笑话。这时，我的朋友——一位中校把一瓶酒砰地放在桌子上说：'首长，你说的这几个故事，请说出根据来，说出一个，这瓶酒我全喝，说不出你喝。'全场立刻鸦雀无声。将军愣了一下，只得说，确实这些笑话是人家编出来的……他连喝了三杯才摆脱了尴尬。几天的会议中，再也没有人说河南人的笑话了。"

这件事给他留下了太过深刻的印象，最终促使他动笔来写《21大厦》。在这部书里，周大新借用一位南阳籍的在京海军中尉的嘴，对主角保安提起有人编的那些糟蹋河南人的笑话时说:"我一直想找到编这笑话的家伙,在他的睾丸下放一包炸药,炸了这个坏蛋。"

对面坐着的周大新递过来一个他亲手削好的苹果,仍是那种充满爱意和善意的笑,他的理性分析更应该引起我们河南人的注意。

丑化河南人的形象,特别是在饭桌上,用民间段子的形式,听起来非常可笑,但很有杀伤力,比如"董存瑞炸碉堡"的故事之类。由于媒体过分集中的报道,再加上以偏概全的评论,给人的感觉是河南人都有在造假、做坏事、不守信用。这种观念一旦形成,给在省外生活的河南人造成了巨大的社会压力。在北京就是这样:有些单位里,河南人不敢承认自己是河南人,孩子在学校也受到歧视。造成这种现象的原因,一方面是河南省人口多,文化素质相对差一些,有些人做了些不好的事——不守信用、造假,省内又出了一系列大事故,给人家落下了口实;更深层的原因是,经济不发达,人穷,好多方面处于弱势。像广东省,有经济实力,受到丑化立刻就可以组织舆论反击。生活富裕了,人就知礼了。在京城打工的河南人则白领少,卖菜的、做苦力的人多,整个是处于相对弱势的群体。

原来在省内,对一些不满的社会现象,也希望能"捅"到外面去,以此促进其改变。可一旦出了省,那种对家乡的热爱非常强烈的人们特别希望河南形象好一点儿。在外的人都希望河南经济能快点发展起来,人们能富裕起来,同时搞好精神文明建设:出来做事,要讲信用;做生意,不要做假;靠本事吃饭,能挣多少是多少。一个人做了坏事,就会影响整个河南人的形象。

当然,周大新也有对外省人说的话:中原很穷,落后,河南人已经受了那么多苦了;什么样的灾难在别的地方都是小问题,在河南却是大灾祸,三年困难时期,河南人死得最多;大家不要笑话他们了,河南人是最中国的,河南人身上的毛病在中国人身上都有,不过是在河南人身上表现得更集中更典型罢了就像河南一位作家张宇说的"河南人是中国人的娘";你们笑他们不过是五十步笑百步。

温润的南阳盆地滋养了一批作家,形成了文坛上的"南阳作家群"。二月河、周同宾等人身在南阳,作品早已走向全国乃至世界。周大新、田中禾等更是人与作品一起从这里走出来。

南阳盆地位于中原的西南部,起自秦岭山脉,起伏蜿蜒数百里,在京广铁路修建以前,一直是南北交通咽喉。封疆大吏、骚人迁客,路经此地的非常多,从而形成了南阳盆地丰厚的文化底蕴。历史上,像诸葛亮等著名的人物也出了不少;在当今文坛上,号称的"中原突破"的中坚力量也是由大批的南阳作家构成的。周大新无疑是这当中的一名佼佼者。

周大新1952年出生在河南省邓县(今邓州市)一个普通的农民家庭,吃着农家朴实的饭菜,享受着乡村那灿烂的阳光。温润的南阳盆地在滋养着周大新的肉体的同时,也悄悄地把一颗文学的种子埋进了他的心里。他从小就爱听大人们讲故事,后来又读了不少中外小说,不知不觉间文学已浸入他的血脉。18岁的他于1970年12月应征入伍,离开河南来到山东。在那里,他心里那颗文学的种子已慢慢地发出了嫩芽来。周大新第一次写小说是1976年,那时他在泰安。他一出手就写了一部长篇小说,说的是当年去台湾的老兵的生活。小说写了30多万字,虽说几易其稿,却因艺术准备不足,终未发表。一气之下,他就把书稿烧了。他现在想来还有些后悔。他说,当时不该烧,放到今天看看也许对了解自己的过去会有好处。在这之前,他还写过诗。当然写的诗是一些顺口溜。写诗其实是他当兵后不久就开始的,大约在1973年或1974年。那时,他在一个炮兵连当文书,文书的一项任务就是出黑板报。黑板报上的空白处需要用诗歌来填满,他便编了一些诗句填在上边。他正式发表的第一篇小说是《前方来信》,发表在《济南日报》上,那已是1979年的事了。那其实是他3年多写作的结果,小说是写中越之间的战争。

从那以后至今,他已发表的作品有《走出盆地》《第二十幕》等长篇小说以及中短篇小说和散文、报告文学,共计500多万字。其中《汉家女》获全国1985～1986年度优秀短篇小说奖,《向上的台阶》获全国第六届百花奖和《十月》文学奖、《中篇小说选刊》优秀作品奖,《小诊所》获全国1987～1988年度优秀短篇小说奖,《第二十幕》获第三届"人民文学奖"。他的不少作品被改编成戏剧、电影、电视剧和广播剧。根据他的中篇小说《香魂塘畔的香油坊》改编的电影《香魂女》在柏林第四十三届国际电影节上荣获金熊奖，改编的同名豫剧获得国家文化部主办的专业舞台艺术政府最高奖——文华奖。根据他的短篇小说《汉家女》改编成的电视剧获得了飞天奖。他的作品也以英、法、德、朝鲜等多国文字走出国门。

周大新也由入伍时济南军区的一名普通战士，逐渐成长起来，后来历任班长、排长、副指导员、干事，并在山东生活了25年后被调进北京，成为中国人民解放军总后勤部政治部的创作室主任、国家一级作家。这当中，他还于1983～1985年在西安政治学院深造。

从周大新多年来创作的作品可以看出，他最先是写军营生活的，而后逐渐转向写家乡生活。一转向"南阳盆地"，他就再也无法割舍。这一分析不断的故土情结，用他自己的解释是：写作主要靠回忆，记忆最深的是自己童年、少年时代的人、事、物；越是想把过去的东西写出来，"回忆"也就越令人充满激情；这些回忆一旦付之文字，也最易于让人激动。

正因此，他创作了系列作品"豫西南有个小盆地"，而且他的第一部长篇小说也命名为"走出盆地"。这些作品从家乡的故事写起，又反映出作家对现实生活和人类的一些深层思索。周大新说，那是他那个阶段文学思考的结果。他在分析了人类的主要活动之后，发现人活着的目的、人类全部活动的目的，其实就是四个字——寻找幸福。人们不停地去劳动、发明、反叛、打仗、迁徙，就是为了寻找幸福。生活在南阳盆地的故乡人，世世代代在寻找属于自己的那一分幸福。为了表现他们那种可歌可泣的寻找过程，他写了《走出盆地》。小说写的是一个南阳农村姑娘走出盆地改变自己命运的经历，喻示的却是中国人和中华民族冲开重重障碍和束缚，坚韧、顽强地寻找理想的幸福生活的奋斗历程。

十年磨剑百万字巨著——《第二十幕》是否"中国的《百年孤独》"？

一个父亲可以有许多他喜欢的孩子，但他总会在心的深处对某一个有所偏爱。周大新觉得写了这么多年，至今让自己比较满意的作品就是《第二十幕》。写这一部100多万字的三卷本的巨著，历时10年，几乎耗尽了他多年来对人生、对文学的积累。

《第二十幕》以南阳地区尚氏丝织世家几代人的遭际为主线，描绘了一个世纪的宏大场面。书中，尚家虽小，于20世纪初却是中国最有发展前途的家族之一。尚家的纺织业代表了新兴的民族工商业，若一直顺利发展到20世纪末会相当昌盛。可是不然，尚家奋斗了大半个世纪，始终充当着历史舞台上可怜的无足轻重的小角色，直到临近世纪尾声才重整旗鼓、走向发达，与其他人仍处于同一起跑线上。这部长篇小说以私营工商业的起步拉开帷幕，又以私营工商业的重新出现落下帷幕，世纪的戏剧性即在其中。整整一出历史长剧中，本该唱主角的始终唱着配角，这是这出戏绝妙的地方。把配角当主角来写，则反映了作家的深刻与过人之处。

周大新说，这部书是分卷写成的，写一卷人民文学出版社出一本，三卷写成后又修改了一遍，才印刷成并套完整地与读者见面。至今说起来，他仍十分感激人民出版社的领导和那部作品的责任编辑，是他们的耐心促成了他在10年间能坚持不断地把这本书写完。

对《第二十幕》，周大新用十分平和而谦虚的语气作了注释。"把它与《百年孤独》相提并论明显不恰当。《百年孤独》是获得了诺贝尔文学奖的在世界上有定论的名作。《第二十幕》只是我写作的一部普通的小说，人们把它说成中国的《百年孤独》，我只把这话看作是对我的一种鼓励。如果说两者有共同点的话，那就是都写了一个民族的百年历史，但内容和写法完全不同。我写《第二十幕》时，给自己定的标准是：用最有中国味道的叙事手段，把中国一家丝织企业在20世纪这100年间的经历活灵活现地讲出来，吸引今天的中国人去咀嚼、回味这段历史，从而汲取其中有益的养料，为后人寻找这个时代留下文学的印痕。为使这部小说有中国味道，我给自己定了这么几条：第一，必须有吸引人的故事，因为中国的小说最初就是从故事脱胎而来的；第二，叙述时要不慌不忙，向鼓书艺人学习，今晚说一段，明晚再接着说一段，按下这头不表，且说那头；第三，要有几个人物在书中走动，最好能走到书的外边，走到老百姓的饭桌、茶桌前。"

其实写这部长卷的最初冲动是来自于一个小小的场景。那是夏天的一个正午，周大新在一家商场的丝绸服装柜台前，看见一个姑娘穿了件新买的丝织连衣裙在镜子前审视，裙子的颜色极其美丽入眼，姑娘也很漂亮。那一刻，丝绸的美与女性形体的美撼动了他的心。他突然就生发出一个念头，日后要写一部与丝绸、女人有关的小说。后来，他在读家乡的地方志时看到了一些有关丝绸的资料，了解了一些有关丝绸的情况：南阳在汉代是全国六大都市之一，丝织在那时就很发达；到了唐代，南阳成为向中亚出口绸缎的基地之一；宋代时，南阳丝绸在全国已享有盛名。这时，他想到当初那个一闪而过的写作念头有可能实现——南阳丝绸业的发展中应该有故事可写。

周大新说："我在读史书时注意到，每当一个世纪行将结束的时候，人们总是忙着去做新世纪的计划，而不重视对旧世纪的遗产进行清理。结果，很多计划和打算便告落空。19世纪末，多少人想在20世纪干一番宏伟事业，计划都已经做好了，结果两次世界大战的枪声将他们的心愿砰然打碎，几千万人的尸体把他们美好的计划压在下边。我想，我如果要写一部和丝织业发展有关的小说，就必须着眼于人类遗产的清理，弄清我们在过去的世纪里究竟收获了哪些东西。"

周大新说："我在用自己的方法对20世纪的遗产进行清理时发现，人类在20世纪通过两次世界大战和无数次局部战争所毁掉的生命和自己的创造物，并不比19世纪、18世纪少，人类在善待自己这个问题上所迈出的距离，并不比上两个世纪长。我因此觉得，人类应该经常回视自己留下的脚印，并从中获得警示。由此我想到，在历史学家用笔保留这些脚印的同时，我们弄文学的人也可以做点事，譬如用小说的形式去把这些脚印保留下来。这些念头和想法掺和在一起，像火星一样逐渐变大并启动了我的想象闸门，于是才有了这部小说。"

据在京的河南籍海军作家朱秀海说，《第二十幕》曾入围茅盾文学奖，只是一些特殊的原因未能最终获奖。《第二十幕》不仅是周大新创作生涯中的一个重要的里程碑，在当代文坛也是当之无愧的最优秀的长篇小说之一。

关注女性命运，解注人生痛苦，未来的创作仍割舍不了那充满暖意的一方故土。

无论是早期的《汉家女》《香魂塘畔的香油坊》，还是后来的巨著《第二十幕》以及新作《21大厦》，周大新的作品都在以作家悲天悯人的敏感情怀，书写着自己对人生不幸的同情和对女性的特别关照，并通过触及人类命运苦难的内核解读着生命的根本和要义。

周大新说："女性和男性相比，在体力上是弱势的一方，生育和抚育后代又耗去她们的很多精力和体力。因此，她们少进攻性和破坏性，她们的天性中温和的、爱和善的东西更多一些。这也是我在写作中特别关注女性的原因。我希望这个世界是一个和平的安宁的充满笑声的世界，人与人之间不再你争我斗、恶语相向而是充满爱意，家庭与家庭之间不再你仇我恨、拳脚相加而是和睦相处，民族与民族之间不再你打我我打你、征战不休而是平等相待，国家与国家之间不再是你想欺侮我、我想吃掉你而是共同发展。我的这种愿望在女性中可能会获得更多的支持者。而要实现这个愿望，就须不间断地向人们灌输爱和善这两种东西。在男人和女人中，谁来担负起这种灌输任务更合适，显然是女人。这就是我总把女人作为我小说中的主要人物的原因。"

周大新对人生的痛苦也作了解注："我认为人的一生充满痛苦，如患病、失去亲人、失恋、找不到工作、水灾、车祸、受歧视、朋友的背叛等等。是谁给了人生如此待遇？人为什么不能活得更快活一些？怎样才能减少一些人生的痛苦？这一直是我在思索的问题。我期望用我的小说来提醒人们对频繁侵入我们生活的痛苦留意，告诫人们不要对其熟视无睹，告诉大家生命其实是可以用另一种样式度过的。我期望用我的小说使人们明白，我们所遭遇到的大部分痛苦其实是人为的，是原本可以避免的；只有地震、洪水、飓风这些东西是上帝作为试验人的生命强度而特批给人类的。我期望用我的小说使人们懂得，人类要想部分地摆脱痛苦这个魔鬼的折磨，必须学会控制自己内心世界里一些原本属于普通动物的那类东西出来活动。人和动物有根本区别，可人是从动物来的，身上还有动物的遗存。"

那么我们也就不难理解当初周大新为什么把自己的笔名起作"普度"了。

周大新对当前"文学豫军"的发展十分看好。他说："'文学豫军'整体实力雄厚，在全国处于上升势头。这说明无论是在河南省内还是在省外的作家都很勤奋。相信大家都会有大作品出来的，眼下没有出来是正在酝酿的阶段。在省内的张宇、李佩甫、田中禾、墨白、李洱、行者等人形成的这个创作梯队绝不弱于其他省份，而搞文艺评论的孙荪、何向阳等在全国更是处于优势。所以,我们应该鼓励大家向前走,领导也要组织好。特别是出了小问题,不能总是批评。我们河南省以前在保护作家方面做了不少工作,今后希望能继续做好,给作家创造一个良好的环境与平和的氛围。有时批评一个人,对其他人的好心情也是有损害的。作品是在作家心平气和的情形下写出来的,总有压力怎能写出好作品来?对某些作品,即使有说法,也是正常的。文学作品就是这样,最怕的是一本书面世后无人问津。对有各种争议的作品,领导最好不要表态。"

周大新未来的写作,不会受城市生活的影响,主要还是写家乡和军队生活。他说,自己虽然在大城市生活,但很难融入这个城市,而且他血液里的东西也是永远无法与这个城市相融的。就像留学生在国外,你的一切努力都不可能成为那个国家发展的"主流",你的思维方式和背景本身与当地人不同。所以,他的写作也不可能受北京过多的影响。生活在京城也有很多好处,思维碰撞过多,能接触到许多鲜活的信息,对自己的思维和认识是有促进作用的。但是这里太热闹了,也容易让人心情浮躁,影响写作情绪,甚至直接影响到写作本身。自己如今已过了中年,未来的写作,会尽量沉静、慎重一些,只有自己满意的题材才会出手去写,再不可能轻易动笔了。

目前,作为创作室主任,周大新还兼着创作室办的一本军队文艺刊物的主编。除了审刊物的稿件外,他的时间都是用来在家读书和写作的。真正开始写作,他的习惯一般是上午8时到10时30分,下午2时到5时30分,其他时间就是看书。周大新说:"我对20世纪以前的文学作品读过不少,不管是小说、散文,还是诗词。之所以读这些,一是因为自己生活在20世纪,应该对过去的世纪里中国人创造的东西有所了解;二是因为读这些确实能给自己的写作提供帮助。读古文多了,会在语言表达上不知不觉地受其影响。文言文的精练和雅致是我们今天应该汲取的语言遗产。而且在我读过的书中,翻译过来的外国书也占有相当大的比例。我特别喜欢在冬天的夜里拥被半躺在床上读书。参加一些枯燥的会议时,我也喜欢在读书中打发时间。坐火车、睡觉前、在厕所里,没有书读是不行的。"

周大新的业余生活不多,不过是锻炼一下身体,散散步或打乒乓球,偶尔也打一回保龄球,或与朋友聚一聚。他目前最大的遗憾是,作为军队作家却没有写出一部自己满意的有分量的军事题材的小说来。

他的创作永远关注着故乡河南
——周大新谈他的长篇小说《湖光山色》

奚同发

周大新的长篇小说《湖光山色》一经作家出版社出版,立即让读者和评论家再一次看到他小说风格的多变性。一位在北京打工的姑娘暖暖,因为有了在外的打工经历,回到家乡,开始了一种全新的创业活动。经过她的努力,家乡的旅游业发展了起来。这种变化改变着她的生活,也改变着中原人的生活观念。周大新说,他之所以写这部小说,还是因为心中那份对家乡的关注。

近日,我在北京周大新的家中,就这部小说,与他聊了起来。

别具一格的"阴阳五行"结构

《湖光山色》分"乾卷""坤卷"两部分,全书以阴阳五行的"水、木、火、金、土、水"为结构。这种写法,至少在目前和已往的小说中是很少见的。

周大新解释说:"'阴阳说'是中国古代对宇宙起源的解释,'五行说'是对宇宙结构的解释。以此为结构,是预示人物关系和人物命运,暗示万物的此消彼长、相生相克。在小说中,以'阴阳五行'表现人物关系与人物命运,并不是说,五行的每个元素都对应着某一个角色或某一种命运。这种方法的运用,其实是暗示人生的混沌与无常。""命运的玄机"一直是我思索的问题,小说中的女主人公暖暖一直在人生路上奔波,寻找属于她的幸福,但得到的和企盼的相差万里,这让我们不得不去审视她脚下的路和那些路的拐弯处,也许导致不同结局的玄机就隐藏其中。

原型背景就是丹江口水库和伏牛山

在文学圈里，周大新一直给人们的印象是朴实、厚道、温和。每每与他聊起文学，聊起家乡，聊起生活，都会给人一种踏实的感觉。或许是温润的南阳盆地，造就了周大新性格上的谦和大气。反过来，谦和大气的周大新又不断地通过他的小说经营着这块属于他的"土地"。他不仅创作出了《走出盆地》《香魂塘畔的香油坊》《银饰》《向上的台阶》等多部以南阳为背景的小说，而且创作出了以南阳丝织业的百年发展历史为主线的《第二十幕》。这部被称为中国的《百年孤独》的长卷，为他捧得了"人民文学奖"。周大新表示，故乡河南永远是他创作的源泉和动力。

周大新说，作品《湖光山色》仍然把关注的目光投在了家乡，作品名字中的"湖"和"山"指的就是故乡邓州附近的亚洲最大的水库——丹江口水库和横亘南阳境内的伏牛山。虽然出版社也感到这个名字可能影响市场销售，但他认为，一个真正愿意坐下来阅读的人是不会被此左右的。何况，他觉得，湖光山色正是人们心中最美的自然景观，正是他家乡的魅力所在。然而，在这些风景背后，有着很多不为人知的故事，想想令人心酸。现在不少人走出农村，在外打工，后又回到家乡，但是他们从心理上已不再"安守"于原来的土地。如何改变农村面貌，如何用"城市的视角"发展农村成为他们心中的一个"结"。周大新说，他是农民的儿子，对这些年农村的变化、农民和土地之间关系的变化很关注，这些变化引发他很多的思考。他的老家古时候属"楚国"，那里有很多关于楚文化的传说。他就是把这些传说、当下的农村生活同他个人对农村未来发展方向的理想主义设想结合到一起，用两年的时间完成了这个恬淡、婉约的长篇小说。

主人公，仍然偏爱女性形象

当年，《小诊所》为周大新赢得了全国小说奖，以此改编而成的电视剧也一举夺得飞天奖。加之在他的名作《汉家女》等多部作品中，他都把女性作为作品的主人公，给予充分的偏爱，使他对女性的刻画更加引人注目。作品《湖光山色》也是以一位在生活和理想上饱受艰辛而不屈服于命运安排的女性为主人公的。

周大新说，暖暖是一位个性鲜明的乡村女子，曾在北京打过工，后来回到农村。与一直生活在农村的女孩子不同，她有自己的人生梦想，要为自己的命运做主：从抗婚，到为心爱的人付出全部感情；从以自己独特的眼光开发旅游项目——楚长城，到最后把省城的大公司吸引过来合作开发。她的企业应该说是如日中天，而她的人生梦想却出现了断裂——最终爱情彻底地背叛了她。

据周大新透露，小说中的主人公暖暖，是由两位姑娘的原型重叠而成的。第一位是他回老家采风时认识的向导。这位向导不仅上过大学，而且还在武汉工作过。另一位是在北京打工的山西姑娘。这位山西姑娘在周大新家还做过钟点工，她的勤劳、乐观给周大新留下了深刻印象。她们都有对幸福的憧憬，有着以往乡村女子少见的气质。

周大新之所以在作品中对女性形象有所偏爱，主要是他认为在这个世界上男性更多的是在颠覆、破坏社会的正常秩序，而女性则意味着保护、建设。他期望世界和平安宁，所以把这种理想寄托在女性身上。

城市生活，让我以全新视角回望故乡

周大新是在18岁那年离开家乡邓州的，他来到山东当兵。至今，家乡久负盛名的范仲淹当年在此创作《岳阳楼记》的花洲书院，还专门设有包括周大新的在内的姚雪垠、二月河等几位作家的作品陈列室。

虽然生活在北京军政机关的大院内，但是久居城市的周大新的内心与他的笔触一直牵挂的是故土——至今他只是创作了一部以城市为背景的小说《21大厦》。他说，虽然天天生活在城市，自己在心灵上却一直不能融于城市，但城市生活让他可以重新审视故乡的变化。多年来，他不断地思考着城市化进程中农民面临的种种问题。在他的眼里，城市化进程加快后，一方面使成千上万的农民荒废了土地，涌到了城市，他们赚到了钱也品味着无奈；另一方面，城市资本进入农村，吞噬了大量农田，为农村带来现代文明和物质财富的同时，也带来了城市的阴暗面和痛苦。作为一名作家，他想为中国的农村精神文明建设作出一点贡献，虽然他知道一部小说不可能承载太多的使命，但他还是希望用自己的文字安抚一些农民的困惑和焦虑。

采访结束时，周大新告诉我，《湖光山色》的影视改编权已被河南影视集团买断，正在改编电视连续剧。作为一名军旅作家，除了早期写过一些并为他赢得不少赞誉的军事题材的小说外，他觉得多年来有些愧对军队。不过，他目前正在写的就是一部以和平年代军人生活为背景的军事题材小说。这对周大新来说，又是一次新的挑战。多年后，他又回到了与以前的战争题材不同的军事题材小说的写作上，同样让我与读者一样充满了期待！

附获茅盾文学奖时，再度采访稿：

周大新：《湖光山色》就是写我家乡的变化

奚同发

上周末晚间，我电话连线了已到乌镇、住进通安客栈的周大新。他说，刚刚从外面进屋，之前大家一起坐着小船欣赏了乌镇如画的夜色，这也是他第一次来到茅盾的故乡。

问到他将在颁奖典礼上发表的获奖感言,周大新说了三句话:"这个奖让我感到很温暖;人在精神领域跋涉有时是需要鼓励的,我对给我的鼓励满怀谢意;应该写好下一部。"

《湖光山色》以亚洲最大的水库——丹江口水库为背景,描述了一个曾在北京打工的乡村女性暖暖与命运抗争、追求美好生活的不屈经历,是周大新历时两年创作的自己文学领域中的第一部农村题材的长篇小说。小说写的是春种秋收、择偶成家、生病离婚、打工返乡、农村旅游这些当下乡村寻常的生活事件,展示的却是对人性嬗变、历史遗产和权力运作等问题的深入思考。

周大新说:"《湖光山色》写的是我家乡的变化。我在那里生活了18年,后来为写这部小说又回去生活了两个月左右。《湖光山色》是我满怀对父老乡亲的挚爱,回望故乡时所写的一部作品。我希望父老乡亲们在城市化进程中能够越过越好。"如今看这部作品,当初在小说中展示的问题,由于土地政策的变化,处理起来会好办一些,但问题仍然存在。不过,他的小说更多的还是关注人性的问题,不是政策。作为他的第一部农村题材的长篇小说,写作缘起是他自己多年来对中国农村的思考。每次返乡看到乡村的变化,他都在思考这样一些问题:中国的农村应该走向哪里?在城市化进程中,土地存在的意义到底是什么?难道就任由房地产开发商无尽开发?而实际写作起来,周大新表示,自己的乡村写作有唯美倾向。"我理解的文学创作是用文字创造一个新世界,读者可以从这个世界得到美的享受,领悟一些道理,这就够了。"

继根据周大新的小说《香魂塘畔的香油坊》改编的电影《香魂女》获得柏林电影节"金熊奖"之后,近日,河南影视集团根据《湖光山色》改编的电影也已在河南开拍。

对于这次获奖,周大新表示很高兴,他认为获奖是对作家的关心和鼓励。而此前,他的长达近百万字的三卷本《第二十幕》曾入围第五届茅盾文学奖,在第六届茅盾文学奖评奖时再次被提名。我希望他对这两部小说能进行一下比较。周大新说,没法相比。作家对自己的作品都比较喜爱。更何况,这两部小说也不是一个类型的:一个是写农村的,一个是写民族工业的。他认为衡量文学作品的价值,不是以篇幅长短作为标准的。

据悉,目前,周大新正在写一部军事题材的小说,明年上半年可能完稿。

编者按:著名豫籍军旅作家周大新是自20世纪80年代以来活跃在中国当代文坛上的一位实力派作家。他的创作涉及面广,工农商学兵五种题材都有所涉及,其中回望家乡生活变迁的长篇小说《湖光山色》曾获第七届茅盾文学奖。他以现实主义的笔法讲述了典型的中国故事,集中反映了中国人的生存方式、思维方式和情感方式。他是一个需要不断重读的作家。因此,本期特设专栏,集中展示文学评论界对这一作家的阐述,以期为后续研究者提供借鉴。

文学以传达爱来推进共识

——访作家周大新

顾超

从1979年发表处女作《前方来信》起,周大新一直笔耕不辍。从《走出盆地》到《第二十幕》,从《湖光山色》到《曲终人散》,周大新不断拓展自己的写作视野。近期,笔者对作家周大新进行了采访,请他谈谈对阅读和写作的看法。

顾超:您最初的写作动机是什么?现在,写作对您又意味着什么?

周大新:最初的写作动机是挣点稿费,养家糊口,同时也是为了满足自己的愿望:我从小就爱读文学书,长大了便也想写一本书。随着写作时间的延长,我慢慢地意识到,写作其实也能满足自己的一种倾诉欲望,即把积压在心里的一些话通过文字倾诉出来,把一些情绪宣泄掉。再后来,就有了不自量力的想法,想通过写作来影响他人和外部世界,也就是说,想把自己对于人生、社会以及人与自然界关系的认识通过作品传达给读者,对读者的精神世界产生影响,从而对社会向美好方向发展也起点推动作用。我是军人,18岁当兵以后,国家和民族的安危成为当然的关切对象,一旦需要,随时准备上战场,必要时甚至准备牺牲生命。也因此,国家、民族利益这些问题在我心里占着很重要的位置,这对我的写作也会产生很大的影响。我想,所有的严肃的文学作家写到最后都会自然地开始为整个人类的命运进行思考。写作的最高境界是悲天悯人,是对人类未来命运的忧虑。

顾超:按照您对写作的理解,作家最终都可能会变成哲学家。

周大新:大概会是这样的。作家写到最后,随着对人生与世界看得越来越多,想得越来越透,认识得越来越深,慢慢就会觉得世上的每个人都活得不容易,整个人类的发展过程也是极其艰难曲折的。因此,就会去想一些形而上的问题,比如人活着的真正意义是什么、人类如何管理好自己、人类社会最终会向哪个方向发展等等。这些需要哲学家去想的事情,作家也会去思考。在人类社会中,有一群人需要担负思考之责任,哲学家和作家都属于这一人群。

顾超:经过这么多年的阅读和写作,您认为全人类最重要的价值观是什么?

周大新:对全人类来说,最重要的价值观是"爱",也就是爱心和爱意。人类社会里所有美好的事情都是因爱而生的,人类社会里所有丑陋的事情都是因无爱而起的。人性里面有两种不同性质的爱:一种是本能的,比如爱异性、爱自己的子女、爱自己的身体;另一种就是非本能的,比如对弱者、遭受灾难者,甚至对众多他者的爱。非本能的爱的一个例子是人们如何对待战争中的俘虏。在早期部落之间的战争中,俘虏是要全部被杀掉的,对他们不需要任何怜悯之心。后来大家慢慢地意识到,俘虏也是人,于是不再杀俘虏,甚至开始交换俘虏。最后,俘虏也可以重新回归社会、重新开始生活。类似这样的非本能的爱,我们人类社会还有很多,这是人类社会走向文明的标志。有了爱,人类的生活状况才会越来越好。人类的未来也给我们很美好的想象。因此,爱是人类最重要、最基本的价值观。

顾超:谁对您的这种价值观和写作观的形成影响比较大?

周大新:就写作而言,最早是沈从文,他的作品我基本上都找来读过。他写的湘西跟我自己所处的豫西南小盆地很相似。他笔下的那些人物,如童养媳、乡村的丈夫、船工、连长等等,他们的形象和生活,我都非常熟悉。在我的写作模仿期,沈从文给了我很大的影响。他作品中弥漫的那种对普通人命运的关注和同情撼动了我的心。国外对我影响最大的就是俄国的列夫·托尔斯泰。我最早读他的书是在18岁时,那时我刚去当兵。看到我的班长在读书,记得那本书既没有书脊也没有封面、封底,我都不知道是本什么书。但是我觉得班长整天在那儿看,它肯定很好看。我就偷偷地拿过来看,一看也立刻被吸引了,那本书就是《复活》。书里面玛丝洛娃和聂赫留朵夫的情感纠结,非常动人。改革开放以后,我国大量地引进托尔斯泰的书，我就都找来读。《战争与和平》对战争的思考，《安娜·卡列尼娜》对爱情的理解，都非常切合我的价值观，即爱是人活着的最重要的动力和目的。托尔斯泰的思想对我影响也很大。

顾超：您认为，文学在今天依然能够起到启蒙思想、弥合分裂、推进共识的作用吗？

周大新：我认为文学有这种作用。我写了一部长篇小说《预警》，就是想提醒读者警惕恐怖主义的兴起。很多人都不会意识到，腐败也可以滋生恐怖主义。老百姓受到腐败的影响以后，没法通过正常的法律渠道伸张正义的时候，就会采取极端的、暴力的、破坏性的、以普通人为袭击目标、让政府和人民群众感到切肤之痛的恐怖主义方式来发泄。我写这部小说，就带有启蒙的想法。我希望这种观念能被更多的读者所认识到。这些读者可能是政治家，也可能是普通人，他们会知道腐败是非常危险的。那本书是前些年写的，当时还没有开始高压反腐。我就是痛切地觉得社会这样腐败下去是极其糟糕的，最后会出大问题，所以启蒙的这种想法一直在我的作品中间隐含着。

好的文学作品可以传达爱，会弥合分裂。我访问过以色列的作家，也访问过巴勒斯坦的作家。这两个作家的儿子都在战争中丧生了，但他们作品的主旨依然是呼唤和平。他们整天思考人类的共同命运，体悟到两个民族应该和平相处，不能再互相杀戮。我写的长篇小说《战争传说》，就是以瓦剌人和明王朝的战争为背景来思考怎么处理民族关系的。当时的明王朝就是想彻底把北方少数民族打服，瓦剌人也卧薪尝胆来打明王朝，战争非常残酷，双方死了很多人。于是，我就思考怎么能弥合今天各个民族之间的矛盾。当今世界各地的很多局部战争其实都是民族问题引起的。所谓不同民族无非就是在不同的地域生活后，形成的不一样的生活习惯的人群罢了。都是人，只是有的在美洲，有的在非洲，有的在亚洲，吃的、穿的不一样，为什么就不能和平相处呢？我想用我的作品来弥合这种分裂。

但作家的力量其实是微乎其微的，因为读你书的人不会太多。今天的年轻人读书更少，可能平时更喜欢看微信、玩手机吧。我们作家只是把这些想法写出来，也许若干年以后被某一个成为政治家的人读了，他会通过系统的施政措施把问题给解决了。我觉得最近国家提出要建立书香社会指标体系是很正确的。如果大家都多读点书，都能思考一些问题，就会在自己的行动上表现出来，这可能也是文学推进共识的社会功用。作家既然把作品发表了出来，让更多的人读到了，那就得对读者有一种责任心。最终，有一些作家会让世界上的所有人都尊敬，因为他们摒弃了个人利益、家族利益、小团体利益、地域利益。他们的胸怀变得广阔了，他们想的是人间所有人如何幸福生活的问题。

储备阅读才能开启创新

周大新

我的创作不局限于军队,也不局限于地方,但是不管写哪个领域的生活,一直在完成两个任务:一个是去挖掘中华民族的精神内核——坚韧的品质;另一个是呈现民族精神的杂质,比如冷漠、自私、贪婪。

中国的文化底蕴深厚,每个人的价值观并不相同。民族文化要振兴,应该鼓励个人在自己的工作领域里取得成绩。有人怀着当官成功论,可我认为当官如同井下的挖煤工作,同属于高风险职业。如今社会,读书的人越来越少,上网的人越来越多。从精神文化一定要匹配物质生活的角度来看,读好书是一个好的切入口。我读的外国文学作品较多,其次就是中国的古典文学,当然国学、散文、历史之类的书兼有。

有的书对于年轻人来说读下去有困难,要花很多时间,但到了大学时期是需要"啃"一些有难度的书的。读了好书,人生更有价值。如果读者不能看到书里面包含的知识、思考等,也就无法去传达。现在国家提倡创新、创造。要创新、创造,首先自身要有储备,缺乏储备也就无从输出。我们必须大量阅读古今中外的文学作品,把知识储备到自己的脑子里、心里,这样才能创造、创新,继而为社会作出贡献。当然,从量变到质变是需要一个过程的。

一亩田不够贪官一道菜

周大新

以前想写贪官没法写

很早就想写反腐题材的小说,因为认识不少官员朋友,对官场生态比较熟悉,可一直没写。一方面是"十八大"前,各出版社不愿出这样题材的书,而且有一条看不见的红线,那就是最多只能写到副局级贪官,军内不能写到将军,否则发表不了。这个"规矩"虽不见于任何条文,但现实就这么操作,大家都懂。另一方面,市面上"官场小说"很多,打着"揭露黑幕"的旗号,实际上粗制滥造,令读者很反感。这给我带来很大心理压力,我不想跟这个风。

对此,我一直觉得挺遗憾:这么宝贵的创作资源,白白搁置了。

"十八大"以后,党中央厉行肃贪,"大老虎"纷纷落马,这给作家带来了契机,过去写不了的,现在也能写了。我没想迎合什么,只是想把我的一些思考、认识写出来,面对生活发出自己的声音。在今天反腐惩贪的大氛围中,文学不应缺席。

对反腐题材,人们特别关注,因为都有切肤之痛。有一段时间,干什么都得送钱,不然就别想办成事;买官卖官成了公开的秘密,连普通百姓都能感受到;小孩子从入幼儿园开始,到大学毕业找工作,统统得送礼……这些事都是明摆着的,可就是不让说。

在我这部小说中,好官逝去了,腐败者仍在四处活动,彼此的争斗并未结束,正义还没取得最终胜利……

后勤、院校、机关更易出问题

我是1970年入伍从军的,那时部队风气确实好。我来自农村,不懂什么叫跑关系。那时也没这个说法,大家只知道埋头干活,提不提拔全听领导的。从结果看,是真公正,得到提拔的都是训练中最不怕苦、最先完成任务的兵。

那时,哪个干部敢打战士?谁敢向战士要钱?我从没遇到过这种事。所以大家都很自觉,给家里写信连公家的信封都不敢用,生怕别人说你私心重,否则在军营里就没法立足了。那时,如果有人没得病却吃了病号饭,都不用别人说,自己马上脱军装走人,这就是好传统的力量。

我当时在野战军,谁也不敢到外面饭馆吃饭,最多在单位食堂里加个菜;要请客,也是把人家请到自己家里去。那时一天到晚忙得要命,根本没时间想那么多乱七八糟的事,好容易赶上周日不训练,只有三分之一的人能请假出营,剩下的在家洗衣服、休息,此外还经常要去帮周边老百姓干活或者帮厨之类。

我后来调到师机关后,才有了写小说的时间,在团以下部队时,根本不可能。要我看,野战军最不容易被腐化,而后勤、院校、机关等更容易出问题。

徐才厚在台上这10多年,把军队搞得乌烟瘴气。此前,军队也有一些问题,但不严重。后来,问题没人管,社会上的种种弊病便在军营中蔓延开了。部队的情况和地方不太一样:地方其他部门的监管多一些;在部队,如果单位领导不让查,确实没法查。所以,选好干部特别重要。

谷俊山为什么存那么多酒

我写"魏昌山",是受了谷俊山案的启发。都在一个院工作,我当然认识谷俊山。他很高傲,对他没用的人,瞧都不拿正眼瞧。况且院里总有一帮人围着他转,他也看不到圈外的情况,所以他应该不认识我。

与别的贪官不同,谷俊山比较张扬,出门坐专机,他觉得只要搞定上级,一切都不在话下。他来总后机关时,才是个副师,这才几年,到了大军区副职,比省长还高一点,升得太快了。把这种心中没有任何敬畏、只有自己利益的人提拔起来,实在是犯罪。

我写魏昌山在地窖中藏了1500箱茅台,源自谷俊山的实际案例。按正常思维,这么多酒,一辈子喝得完吗?干吗做得这么过分?让人觉得他是发疯了,到了正常人思维难以理解的地步。按理说,像谷俊山这个级别的干部,待遇相当高,一切花销都有公家包办,还要这些干什么?所以,他倒台后,大家都在议论,说:这真是上帝欲让谁灭亡,必先让他疯狂。

其实,那是因为我们不在他那个位子上,不明白他的心态。谷俊山还想继续往上爬,做更大的官。他春节时给别的官员送礼,一次就10箱。按这标准,10个人就是100箱,他那点存货还真不算太多。

至于书中欧阳千籽,则有郭正钢的影子。很多高干子弟都有他这种习气,学习不好,考不上大学,连读中央党校都没能读完,却能一路升官。他们没本事,不具备社会生存能力,可一切又来得太容易了,觉得唾手可得,所以对父母也没什么感情,整天只知胡来。你说你都被提拔上去了,还折腾商业街干什么?你缺钱吗?可他们从不想这些,一点儿也不体谅父母。

政策失误给了谷俊山机会

为什么原来作风过硬、传统优良的部队中会出现谷俊山这种贪官？这有历史原因。

有一个时期，地方经济发展快。相比之下，军队的收入太低了，留不住人才。当军人，随时要准备牺牲自己的生命，可如果连亲人都养不好，还怎么能安心呢？许多老同志都闹着要转业，各单位只好搞点经营项目，提高一下大家的待遇。

部队经商，这还得了？但当时确实出现了这样的政策失误，好在后来堵住了漏洞。

当然，那时社会变动剧烈，政策难免滞后，况且我们用几十年走过了西方上百年才走完的路，疏忽在所难免。西方发达国家在发展过程中，也出现了很多政策失误。有失误不可怕，关键看如何弥补。

正是这个失误，给了谷俊山机会。

谷俊山原是个志愿兵，工作能力和技术水平一般，在党员评议中多次获得"差"评。通过生产经营，他一步步发展起来。从那时起，他便四处送钱行贿，所以不少领导喜欢他。谷俊山刚当志愿兵时也很努力，他人生的前半部分与普通人的发展轨迹并无不同。可当他看明白所有的事原来都可以用钱来解决，就再也不相信其他的了。

人一开始都是好的，哪个少年不天真烂漫？哪个青年不积极向上？可最终走上不同道路。这与个人修养有关，与社会氛围有关，更与规矩约束相关。

说到根上，还是篱笆没扎牢。拿公款吃喝来说，过去一个人签字就行，现在必须几个人签字，所有参加者的名字都要写清楚，这不也就管住了？

说实话，那时有些公款吃喝真让人触目惊心。我从农村来，知道一亩好田，每年也就打个八九百斤粮食，收入不足千元，可在餐桌上，这点钱有时还不够一道菜。不少干部一晚上要吃两三次，请客的人太多，哪家不去都不合适。其实这样也很痛苦，弄了一身病，赚着什么了？

谷俊山也是农民的孩子，但他忘本了。

人的天性决定了人决不能放纵，因为越放纵就越变本加厉。你看那些冲动犯罪的，平时什么道理不懂？可文明的篱笆没扎牢，破坏欲就会显现出来，人就会被非理性的东西引领。

一人贪腐，全家遭殃

当然，官员队伍中有谷俊山这样的腐败分子，也有一批忠于理想、主动承担起国家与民族责任的人，比如我笔下的欧阳万彤。正是因为他们的努力，局面才没有坏到那个地步。欧阳万彤有野心，有手段，刚当官时，也只是为了实现个人价值，埋头往上爬。他三次求魏昌山帮忙，满足了升官保官的愿望。可成为高官后，他意识到了自身的责任，正如他所说的：如果连我这个级别的官员都不为国家、民族考虑，这个国家还得了吗？正是高度的责任感，让他在心中自觉地给自己画了一道红线。

人不可能没有私心，但只要对历史、百姓、民族有所敬畏，我觉得他还是一个好官。

在现实生活中，我遇到过许多欧阳万彤式的官员。虽然他们没有我写得那么理想化，但我总觉得我没法不去塑造这么一个人，因为欧阳万彤让我觉得明天还有希望。

当然，真正惊醒欧阳万彤的，是他前妻因受贿被抓，这给了他极大震动。从那一刻起，他才明白，社会抛弃一个干部很容易。就像谷俊山，在位时大家争着和他照相，以同他合影为荣；可他倒台时，没人再搭理他了，曾经巴结他的人都在忙着撇清关系。

历朝历代从来没给贪官平反过。一个人成了贪官，全家人都遭人白眼，此生再也没法说句硬气话，甚至子子孙孙都要背上骂名，这事还小吗？事实让欧阳万彤明白了不收敛就得死，所以他不肯贪、不敢贪。真希望今天的官员都能明白这一点……

窥见当下人们的精神世界

　　周大新

　　参加工作几十年，结识了很多政界的朋友，得以在很近的距离观看政坛的风景。但对这个领域里的生活，我除了写过一部中篇小说外，还没有用长篇小说来表现过。这是我有意储存的一处写作资源，没有轻易去触动。这片文学土地迟迟没有耕种的原因，一是我自己没有想好种什么、怎么种，二是外部气候环境也不是很适宜。一直到近几年，我才想出了个眉目，才感到外部气候适宜播种了。于是，就有了这部作品的出现。

　　政界、政坛、官场上的人，其实说到底，就是社会上不从事具体的物质产品和精神产品生产而专事社会管理的人。这部分人并不是今天的社会才有的，而是人类在地球上一出现就有了。因为人是必须组成社会才能生活的，有社会就必须有管理者。人类社会最初的管理者是氏族、部族的长老，他们的管理权威是建立在血缘关系上的。后来，随着人类社会的扩展和管理范围的扩大，奴隶主、王和皇帝开始靠强力从氏族、部族长老那里夺来管理权，正式的管理机构开始出现。再后来，人们通过改变管理者的选择方式，由社会推举一群精英人物来共同管理社会。目前，人类社会的管理基本上处于这第三个阶段。这一种管理方式可能还会持续很长一段时间。在这一阶段，社会能不能管理好，责任就在社会推举出的专事管理的精英人群身上。

　　中国从事社会管理的精英人群的素质究竟怎么样？这是大家包括我自己都非常关心的问题。我们把管理国家和社会的权利委托给他们，当然有权知道他们的素质和管理状况。应该说，在这部分精英人群里，有相当一部分人是非常优秀的。要不然，我们的国家不会也不可能发展到今天的程度，我们的民族在世界上也不会有今天的地位。但从反腐败揭露出的问题来看，又确实有一批人虽然身处要职，却还是只想着自己、家庭和家族的利益，贪婪不已。这就令人非常痛心。全国的省、部、军级的在位高官，加在一起，也就几千名，这部分人是经过层层选拔和推荐出来的。如果连这部分人也不为国家和民族利益操心，那我们的国家和民族不是太可悲了吗？我们国家和民族的前途不是堪忧了吗？

这部作品的主人公叫欧阳万彤。在他的身上，寄托了我对政界的全部理想。我写他的经历、他的作为、他的命运的目的是呈现目前官场的生态，让读者了解当下管理社会的官员队伍的景况，让人们看到在目前的社会现实下要做一个好官是如何得艰难，从而呼唤更多的高级官员能为我们国家和民族利益着想，成为令人尊敬的政治家，成为合格的社会管理者。一个民族和国家的前途，固然不是全由高官来决定的，但高官们的素质和作为，的确可能对一个民族和国家的命运产生重大的影响。我们的国家和民族现在正处在一个紧要时期，能不能使国力和国威继续上升成为全世界都敬重的对象，能不能使百姓的生活更富裕、幸福指数更高，既要看全民在物质和精神财富上的创造状况，也要看我们社会的高层管理人员的素质和管理状况。

这部作品也写了很多普通人，也就是非官员、非社会管理者。写他们的目的是想对整个社会生活的境况作个概略展现，打开一扇窥见人们当下精神世界的窗口。官员服务于百姓，官员的精神素质最终会影响到百姓的生活和百姓的追求；官员又来自民间，民间的精神取向其实也会影响官员的追求。治理官场，当然要先从官场动手，在体制和制度上下功夫，但提高全民的精神素质也应是一个重要任务。应该把当官发财的普遍认识彻底扭转过来。要不然，任何人做了官、掌握了社会管理权利的人，都有可能再钻制度的空子，变为贪官。我们眼下身在民间的人应该想想：假若有一天人们把管理社会的权利交给了你，你将成为一个什么样的官员？